odernization of University

大学现代化之路

李工真／著

名师讲堂 MASTER'S LECTURES

04

商务印书馆
The Commercial Press
创于1897

图书在版编目(CIP)数据

大学现代化之路/李工真著. —北京:商务印书
馆,2013
(名师讲堂丛书)
ISBN 978-7-100-10094-6

Ⅰ.①大… Ⅱ.①李… Ⅲ.①高等教育—教育
现代化—研究—世界 Ⅳ.G649.1

中国版本图书馆 CIP 数据核字(2013)第 142537 号

DÀXUÉ XIÀNDÀIHUÀ ZHĪLÙ
大 学 现 代 化 之 路
李工真 著

商 务 印 书 馆 出 版
(北京王府井大街36号 邮政编码 100710)
商 务 印 书 馆 发 行
北 京 瑞 古 冠 中 印 刷 厂 印 刷
ISBN 978-7-100-10094-6

2013 年 8 月第 1 版　　　　开本 787×1092 1/16
2013 年 8 月北京第 1 次印刷　　印张 21½
定价:45.00 元

序言

自 2005 年以来，本人在武汉大学开设了一门 36 学时、2 学分的全校公选性质的通识课——《大学现代化》。该课程系统讲授自 12 世纪以来的大学史，尤其是自 1810 年柏林大学创建以来的现代化大学发展史。其教学目的在于：通过对欧美大学发展史的讲授，激发学生们的学习热情，珍惜现有学习条件，努力成才，为日后的发展和研究拓宽视野，奠定良好的知识基础。

这本现定名为《大学现代化之路》的教材就是在本人的《大学现代化》课程讲稿以及多年相关研究成果的基础上整理出版的。全书分为三编，每编设两章，共六章，最后另附有结束语。

第一编：欧洲大学的兴起，包括第一章"中世纪大学的兴起"和第二章"德意志大学的现代化"。主要从大学发展史的角度，向学生讲述大学是如何在欧洲中世纪产生的，又是如何向现代大学过渡的，德意志人为什么能够创办起人类历史上第一所现代化大学——柏林大学，德意志现代化大学有哪些本质特点、取得了什么样的世界性成就。

第二编：欧洲科学精英的流亡，包括第三章"德意志犹太科学家的流亡"和第四章"欧洲知识难民在美国的'失语性'问题"。主要从犹太科学精英流亡史的角度，向学生讲述德意志学者阶层在国家政治剧变中发生了怎样的阵营分化与斗争、希特勒纳粹党发动的"文化清洗运动"给德意志的大学与科学造成了怎样的损失、德意志犹太科学精英是如何流亡到美国的以及他们又是如何在美国经受"失语性"问题的考验的。

第三编：美国大学现代化发展的新阶段，包括第五章"美国自然科学发展史上的'英雄时代'"和第六章"美国人文社会科学的'国际化'发展"。主要从美国大学学科发展史的角度，向学生讲述来自欧洲的科学巨匠们是如何促进美国大学的物理学、化学、数学、核科学以及艺术史、音乐学、社会学、经济学、国际关系学等学科的发展的。这种学科发展具有鲜明的"世界性"、"国际化"以及"跨大西洋综合"的特点，使美国的大学从根本上超越了那种欧洲"民族国家式"的大学，从而迎来了人类大学现代化发展的新阶段。

结束语：世界科学文化中心的洲际大转移。在对纳粹文化专制政策进行深刻反思的基础上，对欧美大学曲折的发展史进行了全面总结，并特别指出，这场世界科学文化中心由德国向美国的转移，体现了一场"科学国际化"的胜利，它标志着西方文明中"国家地方主义时代"的终结，它是通过那场纳粹统治时期的欧洲知识难民的流亡潮，才在这种"大西洋文明"中找到它的历史地位的。

这门课程的内容对来自几乎所有不同学科的大学生都有着不言而喻的亲近感，因而激起了学生们的极大兴趣，以至于它很快就成为了一门令全校学生蜂拥而至的通识课。不仅如此，本人还多次应邀前往北京大学、清华大学、北京师范大学、南开大学、华东师范大学、东北师范大学、华中科技大学、华中农业大学、中国地质大学、厦门大学、暨南大学等国内二十多所著名高校，专门讲授这门课程的相关内容。2011 年 10 月，这门课程的最后一讲"世界科学文化中心的洲际大转移"还走进了香港凤凰卫视的《世纪大讲堂》栏目。所有这些都成为了对本人的鞭策与鼓励，也推动着我认真总结教学经验，精益求精，永不满足，不断创新。

李工真

2012 年 2 月 6 日元宵节于武昌珞珈山

目录

第一编　欧洲大学的兴起

第一章　中世纪大学的兴起

欧洲中世纪给现代社会留下了三份最有价值的遗产：教堂、议会和大学。在欧洲中世纪大学创办以前，人类社会虽有高等教育，甚至这种高等教育已存在了数千年，但并没有今天我们已经使用了八九个世纪之久的"大学"一词所指代的这种教育机构。

古老的文明国家如埃及、印度、中国都是高等教育的发源地，甚至像古希腊、罗马、拜占廷以及阿拉伯帝国这样的国家都曾拥有相当发达的高等教育，而且那些古代伟大的智者先贤们，如孔夫子、苏格拉底等人，在法学、修辞学和哲学教育上也取得了许多令后人自叹不如的成就。但严格地讲，他们的教育并未发展成永久性知识机构的组织形态，因而并不是真正意义上的大学。像苏格拉底这样的伟大导师是不会给他的学生发毕业文凭的，正如同孔夫子的学生从没有从这位"至圣先师"的手中获得过任何一张毕业证书一样。但是，如果一名现代的学生拜在苏格拉底门下三个月的话，他一定会向他索要一份证书，一个可以证明这件事情真实性的、外在的东西。

"大学"实际上专指从 12 世纪开始在西欧出现的一种高等教育机构，这种机构形成了自己独有的特征：它组织了专门性的科系和学院，开设了规定的课程，实施了正规的考试，雇用了稳定的教学人员，颁发得到社会认可的毕业文凭和学位等等。[1] 从这个意义上讲，大学起源于 12 世纪的欧洲，而我

---

[1] 贺国庆：《中世纪大学和现代大学》，河北师范大学学报，2004 年 3 月，第 6 卷，第 2 期，第 22 页。

们现代的大学都是中世纪欧洲大学的继承人和接班人。

最古老的大学与我们现代大学之间存在着巨大而显著的差异。在起源时期，中世纪大学只是"人的组合体"，它没有图书馆、实验室、博物馆，也没有捐助基金和属它所有的建筑物，没有理事会，不颁布任何形式的日程表，没有学生社团（除非这所大学本身起源就是一个学生团体），没有学院报刊，没有演出活动，没有体育活动，更没有现代大学的"校外活动"。[1]

尽管如此，现今 21 世纪的大学却是中世纪大学的直系后裔，现代大学与中世纪大学的基本组织是一样的，历史的延续性并未中断。正是中世纪的大学创造了现代世界的大学传统，这个共同的传统是属于我们今天所有的高等教育机构的。

第一节　中世纪大学的起源

人们势必会问：为什么直到中世纪晚期的 12 世纪以后才形成独立的大学组织？为什么它出现在欧洲，而没有出现在世界其他地区的文明中？要回答这两个问题，就需要探讨欧洲中世纪大学起源上的条件问题，看看究竟是哪些因素促使大学在 12 世纪的欧洲产生。

一、欧洲新兴城市的发展与教育需求的出现

自从 11 世纪以来，随着商业和贸易的发展，西欧人口普遍增长，围绕着交通要道上的古老城堡，形成了人口集中的新兴商业城市。这些城市联结着周围的领地和大修道院，又能为前来居住者提供全新的经济、社会和政治条件，因而不断地吸引着乡村中由于人口增长、农业技术改进、领主管制放松

1　查尔斯·霍默·哈斯金斯：《大学的兴起》，上海，上海人民出版社，2007 年版，第 2 页。

而空闲的人。在这里，不同出身的人们相互接触，不仅为物质丰富，也为知识和精神丰富提供了前所未有的可能性。

这种新兴城市的发展，与西欧特殊的政治局势密不可分。在当时世界的其他文明中，不是教权压倒王权，就是王权压倒教权；而在西欧，教权既没有压倒王权，王权也没有压倒教权，因而形成了一种教权与王权二元并存、彼此冲突的局面。这种局面为新生事物的成长留下了宝贵的透气孔，欧洲城市的复兴正是这类新生事物之一。由于无论是王权还是教权都力图将这种新型城市拉到自己一方来壮大自己的力量，这就为城市的进一步发展赢得了自由的空间。

在城市的形成过程中，市民们一直在争取自由。正如社会史专家亨利·皮朗指出的那样："自由成为市民阶级的合法身份，但它不仅是一种个人特权，同时也是城市所具有的地区特权。"以自由为起点，城市通过自身的实力，也经常通过妥协，学会了与地方政权进行抗争和协商，逐渐形成了市镇的组织形式，实现了司法自治、行政自治，并建立起防御自卫体系。这就不仅为市民提供和保证了必要的特权，以至于"市民阶级成为一种特权阶级，而且城市也为所有进入者提供类似于教会避难所一般的保护"。[1]

与此同时，在城市发展过程中，出现了一种日益增长的教育需求，需要大量受过训练的管理者、律师、文书、医生和牧师来承担城市的管理工作并保证公共生活的运转，这样的人是必须通过高深的训练才能培养出来的。然而，中世纪早期设立的修道院远远不能满足这种需求，因为修道院只是宗教上的隐修组织和培训机构，它们"更加重视忏悔、祈祷和隐居生活"，[2] 只能实施初等的（读、写、算）教学，只能培养年轻的教士承担其礼拜仪式的任务，却无力应付新兴城市对知识人才的需求。因此，一种新的主教学校开

1　亨利·皮朗：《中世纪欧洲经济社会史》上海，上海人民出版社，2001 年版，第 48～54 页。
2　S.E.佛罗斯特：《西方教育的历史和哲学基础》，北京，华夏出版社，1987 年版，第 157 页。

始承担起教育和教学的职能。沙特尔、奥尔良、兰斯，尤其是巴黎的主教座堂学校，成为了最早试图满足这种需求的教育机构。它们通过吸收大批学生，迈出了创办大学的第一步。

二、西欧社会的学术复兴与知识基础的准备

西欧社会进入中世纪是以公元 476 年西罗马帝国的灭亡、日耳曼蛮族的大肆破坏、摧毁古希腊、罗马文化为开端的。当南下的日耳曼蛮族还在罗马放羊时，东方的拜占廷帝国、信奉伊斯兰教的阿拉伯帝国却成为了古希腊、罗马文化的保存者。在长达数百年的时间里，亚里士多德、欧几里得、托勒密等人的著作流传到了东方，并保存在这些国家的图书馆里，而占领西欧的蛮族却对先人如此灿烂的文化一无所知。

公元 10 世纪以后，由于与阿拉伯帝国以及拜占廷帝国的联系，西欧的文化和智力水平开始发生变化。西欧国家与这两大帝国接壤的边界虽是军事冲突和十字军东征的前线，但这并不排除在极其偶然的情况下也会有一两本著作溜过这条战线而落入西欧人之手。接受来自东方手抄本的主要是三个联络点：意大利、西西里，但更多是西班牙。意大利与拜占廷帝国接壤，西西里与阿拉伯世界隔海相望，而西班牙在公元 8 至 15 世纪这七百多年时间里，一直被阿拉伯人所占。西班牙穆斯林文明的辉煌，处于两种文化中介位置上的穆斯林与基督徒的文化联结，加上少数双语或三语重要人才（犹太人、摩萨拉布人）的存在，使来自西班牙的东方手抄本数量最多。总之，在这三个联络点上，总能发生这种奇特而少量的文化流通，却能带来巨大的文化交流效应。

更重要的是"十字军东征"，它"加强了与东方的文化接触，建立了学习和学术的中心，使东方丰富的文化宝藏能对西方有用"。[1] 在东征过程中，西欧人对古希腊、罗马文明的重新发现，以及东西方文化之间的交流，使中

---

1 S.E. 佛罗斯特：《西方教育的历史和哲学基础》，北京，华夏出版社，1987 年版，第 155 页。

世纪的欧洲出现了第一次学术复兴。它与 14、15 世纪的复兴一样意义重大，历史学家们甚至将其称之为"12 世纪的文艺复兴"。

显然，如果知识一直局限于中世纪早期的"自由七艺"，即文法、修辞、逻辑、算术、天文、几何、音乐，就不会出现后来的大学。正是在 1000 年至 1200 年间，当一股新的知识潮流以强劲的势头涌入欧洲时，西方文明才有了长足的进步，"西欧才以一种独立的姿态，一种有意识的文化领导者的姿态出现了"。[1]

在这场学术复兴运动中，翻译家成为了先驱，他们的贡献是具有决定性意义的。因为经过漫长的中世纪演变，西欧人变得不再懂希腊文了，无论是从伊斯兰国家引进的阿拉伯文原著，还是用阿拉伯文改写的古希腊著作，或是希腊文原著，都需要翻译才能被当时的西方学者所理解。于是许多学者个人，大多通过工作小组的组织形式，终身致力于翻译工作。[2] 正是这些翻译家们，成为了最早的研究者和专业化的知识分子。他们填补了拉丁遗产在西方文化中的空白。欧几里得的数学，托勒密的天文学，希波克拉底和盖伦的医学，亚里士多德的物理学、逻辑学和伦理学，所有这些，能为当时的西欧人所知，都是这些翻译工作者的巨大贡献。[3] 随着"新亚里士多德"和其他人物的重新发现，随着新翻译的古代著作被吸收，随着罗马法研究的复兴，出现了真正的知识激增。

这场知识的激增，突破了"自由七艺"的狭窄范围，冲破了主教座堂学校和修道院学校的枷锁，创造了学者这个职业，吸引着众多的热血青年翻山越岭，跨洋过海，汇集于巴黎和博洛尼亚。因此，在这些地方，围绕着翻译工作者，出现了许多文化、学术和教学中心，它们成了当时人们的指路明灯，

1　赫伯特·巴特菲尔德：《近代科学的起源》，北京，华夏出版社，1988 年版，第 157～158 页。
2　陈伟：《大学如何产生？——中世纪晚期欧洲大学的逐步形成及其历史意义》，现代大学教育，2005 年第 3 期，第 83 页。
3　雅克·勒戈夫：《中世纪的知识分子》，北京，商务印书馆，1996 年版，第 14 页。

成了圣徒们的耶路撒冷。

三、知识分子群体的形成与学术专业化人员的特征

在翻译阿拉伯文化、重拾古希腊、罗马文化之光辉的过程中，在西欧的新兴城市里，出现了许多以知识和学术为业的知识分子团体。它们是由更世俗化、更城市化的牧师们组成的，它们构成了 10 至 13 世纪"城市革命"的一部分。

与居住在修道院里的修道士不同，这些牧师深入城市生活，承担着管理外部世界的部分职责。随着他们人数的增加，大教堂所辖的主教学校也在增加，并在社会上逐渐培养起一种广泛尊重知识的风气，来自各地的学生们聚集在设有大教堂的城市里听他们讲课。在巴黎、博洛尼亚、牛津等地，学生往往数以百计。[1]

由此可见，"一个同时以写作和教学为职业的人，一个以教授与学者身份进行专业活动的人，简言之，知识分子这样的人，只能在城市里出现。"[2]他们在城市中以一个"劳动者"的身份，借助于教学、写作等学术活动谋生，并寻求职业发展。尽管这些人经常被人贬斥为"流浪汉、花花公子、小丑"，但他们更喜欢学习，而不是战争。在求知的浪游中，这种价值偏好使他们逐渐显露出作为早期"学术专业人员"的种种特征，[3]他们已经开始按照物理学法则和字面意义来对《圣经》的经文进行研究了。他们把自己作为与其他市民平等的专业人员，所不同的是：学校是车间，研究和教学是工作，图书则是他们的特有工具。[4]

1　贺国庆：《中世纪大学和现代大学》，河北师范大学学报，2004 年 3 月，第 6 卷，第 2 期，第 23 页。
2　雅克·勒戈夫：《中世纪的知识分子》，北京，商务印书馆，1996 年版，第 4 页。
3　陈伟：《大学如何产生？——中世纪晚期欧洲大学的逐步形成及其历史意义》，现代大学教育，2005 年第 3 期，第 84 页。
4　雅克·勒戈夫：《中世纪的知识分子》，北京，商务印书馆，1996 年版，第 44 ~ 58 页。

四、行会组织的兴起与大学行会的建立

随着西欧商业和贸易的发展，行会发展成为城市主要的社会组织形式。正如美国历史学家汤普逊指出的那样："行会是与市民阶级的产生和城市的形成同时发生的。在它们萌芽时，是组织起来的自由商人或手工艺人的团体，以帮助他们摆脱不自由的竞争和同等团体的竞争。"[1]

12 世纪出现于西欧城市中的知识分子，虽代表了一种崭新的文化倾向，但他们同古希腊的智者先贤一样，缺乏独立、世俗、专门的体制化支撑。作为市民阶级的一部分，他们也开始为自身的发展主动地争得自由，因为知识传播的一个先决条件，就是自由。当他们发现原来的修道院、主教座堂学校等组织不能从根本上支持自身的学术发展时，他们便开始着手建立新的组织机构，并按照新的运行机制来处理教学、研究等学术活动。正是这种组织结构上的创新，才导致了大学行会组织的建立。

最初，"大学"与"行会"是同义词，拉丁文"unversitas"一词的原意就是"行会"，这种行会是师生们仿照手艺人行会的形式，组成的教师或学生的行会。因此，"大学"一词在它诞生之初与知识的领域或知识的普遍性并无联系，它仅仅表示一个团体的全体成员，无论是理发师、木匠还是学生的团体，都无关紧要。但由于"大学不是一块土地、一群建筑，甚至不是一个章程，而是老师和学生的社团和协会。大学开办时也没有真正的地产，这一事实使得大学极富流动性，早期的大学因此能够以停办或迁址到其他城市作为交涉手段，而使地方当局做出某些让步"。[2] 这种让步，就是地方当局或教会通过批准特许状的形式，使它们获得某些特权，如免税、免服兵役、

1　詹姆斯·W. 汤普逊：《中世纪晚期欧洲经济社会史》，北京，商务印书馆，1992 年版，第539 页。

2　戴维·林德伯格：《西方科学的起源》，北京，中国对外翻译出版公司，2001 年版，第215 页。

免受地方司法惩罚、享受特殊法律保护的权利。

随着时间的推移，"大学"这种"行会"才由泛指的行会组织转化成为特指的高等教育机构，但大学的行会性质及其行会运行特征仍然保持着。它的组织动机和行为目标在于"维护行会利益、赢得自由和特权、实现自我保护"。[1]

第二节 中世纪大学的模式

中世纪大学最早出现在意大利和法国。它们是 1158 年诞生的博洛尼亚大学和 1200 年诞生的巴黎大学，它们构成了中世纪大学的原型，并代表着两种不同的大学模式。

一、博洛尼亚模式

根据博洛尼亚大学校史的记载，其前身是 1088 年成立的"公证人学校"，最初是一所只能从事以自由艺术为教学内容的机构。它作为一所"大学"而正式成立的时间是在 12 世纪以后。那时博洛尼亚已经变成了数百名学生的常去之地，他们不仅来自意大利，而且来自阿尔卑斯山以外的地方。由于远离故土，又没有防卫手段，他们就联合起来寻求彼此间的保护和援助，这个外来学生的组织就是大学的开端。

在这种所谓的"公立大学"模式中，大学由学生选举出来的校长总揽校务，而校长本人就是学生。"这不仅意味着学生自己保证着大学的运行，还体现着学生招聘教授，并对教授教学的价值与合法性进行经常性监控，甚至控制教授的私人生活"。[2] 因此，这类大学也被称为"学生大学"。博洛尼亚大学、

---

1 陈伟:《大学如何产生?——中世纪晚期欧洲大学的逐步形成及其历史意义》，现代大学教育，2005 年第 3 期，第 84 页。
2 雅克·韦尔热:《中世纪大学》，上海，世纪出版集团、上海人民出版社，2007 年 7 月第 1 版，第 38 页。

帕多瓦大学等皆属此类。这种模式也成为意大利、西班牙、法国南部大学的原型。

在这种博洛尼亚模式中，远离故土的学生组成这样一所大学，最初只是把它当作一种对抗市民的手段。"因为随着新租户和新消费群体的不断涌现，房租和生活必需品价格上涨得很快，而面对这类牟取暴利的行为，单个学生无能为力。联合起来之后，学生们就能以集体出走的方式迫使城市就范。以较低的价格租出房屋总比无人租住要好得多，学生团体就这样通过他们的代表获得了确定寄宿费和书价的权利。"[1] 到 1158 年，博洛尼亚的学生群体已经变得对城市生活相当重要了，以至于神圣罗马帝国的皇帝腓特烈·巴巴罗萨（Frederick Barbarossa）正式授予了他们权利和特权。

对市民的斗争取得胜利之后，学生们就转向了"他们的另一个敌人，教师"。这时学生们的威胁手段是集体罢课，因为教师最初完全依赖学生缴纳的学费生活，所以这一威胁同样奏效。

根据最早的法规 (1317 年)，"教师未经许可不得无故缺席，即使只有一天的时间。如果他想离开这座城镇的话，他必须交纳保证金，以保证他的归来。如果在常规讲座上，他不能保证有 5 名听众的话，他将受到罚款的处罚，形同缺课——不能保证有 5 名听众的课的确是一堂极其糟糕的课！他必须在铃声响起之后开始上课，下课铃声响起时马上离开。未经允许，他在阐释著作时不得略过任何一章，他也不能把一个有争议的问题推迟到一堂课的最后。他应该有计划有步骤地开展他的教学工作，每个学生的每个特定学期都要有所进展。没有人愿意将整个半年的时间浪费在导论和书目上！"[2] 像这类"高压统治"是以学生团体的有效组织为先决条件的。

---

1 查尔斯·霍默·哈斯金斯：《大学的兴起》，上海，上海人民出版社，2007 年版，第 8 页。
2 同上，第 8～9 页。

二、巴黎模式

巴黎大学是通过国家和教会的特许状而创办的。在这种"教会大学"模式中，大学的管理由教师行会负责，校长由行会成员选举产生。学生和教师在校长领导下形成一种密切配合的团体，学生相当于商业领域中的"学徒"，教师相当于"师傅"，因而也被称为"教师大学"。巴黎、牛津和剑桥等大学均属此类。这种模式也成为北欧许多大学的原型。

从制度的层面上讲，巴黎大学是巴黎圣母院主教学校的直接衍生物，1200 年，它得到了第一个王家特许状。当时的市民和学生之间发生了一场冲突，一些学生被杀，国王腓力·奥古斯都随后签署了一项正式的特许状，惩罚了偏袒市民一方的圣母院院长，承认了学生及其仆人不受世俗法庭审判的权利，由此也就造就了学生在法庭面前的特殊地位。[1]

而在 1231 年，由于又一场学生与圣母院院长及其随从之间的冲突，导致它获得了第一个教皇特许状，即所谓"知识之父"敕令。这个敕令承认了教师和学生所享有的权利，即制定规章条令、规定讲座和辩论课的方式与时间，服饰的穿戴、葬礼的参加，学生的讲座，房租的定价以及学员的人数等。[2]此外，还规定了大学学者能免除所有形式的兵役，并享有经济上的某些特权，如不缴纳向城市居民征收的间接税，以及自用商品，特别是葡萄酒和啤酒的商品运输税和市场税等，[3]因而这个特许状也被称为"大学的大宪章"。

牛津和剑桥等大学从组织结构上讲虽也属于"教师大学"，但最初却具有很强的"自发"性质。牛津隶属于英格兰的林肯郡的主教管辖，从宗教的角度来看，有些天高皇帝远。在 12 世纪时，一些鲜为人知的学校在牛津出现，

1　查尔斯·霍默·哈斯金斯：《大学的兴起》，上海，上海人民出版社，2007 年版，第 13 页。
2　同上，第 14 页。
3　雅克·韦尔热：《中世纪大学》，上海，世纪出版集团、上海人民出版社，2007 年 7 月第 1 版，第 42 页。

因而有一批学生在此聚集。牛津大学会在 1208 年突然出现，则在于城镇居民与学生之间的一次突发冲突。这次冲突由于国王和教皇英诺森三世都偏袒大学学者而得以解决，并使这所大学在 1214 年获取了最初的章程和特许权。牛津大学与巴黎大学有所不同，它的大学总监不是主教管辖的官员，而是这所"教师大学"行会的真正首脑。而剑桥大学则诞生于 1218 年与牛津大学的分裂，其组织结构与"母"大学相同。[1]

由于"学生大学"的组织形式没有为教师提供强有力的组织支撑，不利于维护教师的利益，因而逐渐淡出历史舞台。而"教师大学"则发展成大学的核心模式，成为学术专业据以发育、形成的基本组织依托。

公元 1300 年以前，欧洲已经出现了 18 所大学。而到中世纪末期，欧洲已建立起 80 所大学，其中意大利 20 所，法国 19 所，德国 14 所，英国 5 所，西班牙 4 所，葡萄牙 2 所。尽管许多大学都很短命，但像巴黎和蒙彼利埃、博洛尼亚和帕多瓦、牛津和剑桥、维也纳和布拉格、莱比锡等 16 所大学，它们卓越的历史从未间断，直到今天仍然十分活跃。[2]

第三节　中世纪大学的教学活动与学生生活

教学活动当然是大学最基本的职能。13 世纪以前最初创立的欧洲大学都是单科大学，甚至可以说具有某种现代专门学院的性质。例如，巴黎大学最初是专修神学的，博洛尼亚是专修法学的，萨莱诺大学是专修医学的。这些各不相同的大学，在课程设置方面也仍然有其共同点：它们都以"自由七艺"，

1　雅克·韦尔热：《中世纪大学》，上海，世纪出版集团、上海人民出版社，2007 年 7 月第 1 版，第 32 ～ 33 页。
2　查尔斯·霍默·哈斯金斯：《大学的兴起》，上海，上海人民出版社，2007 年版，第 18 页。

也即文法、修辞、逻辑、算术、天文、几何和音乐为基础，这反映了这些早期大学与过去主教座堂学校之间的一种知识基础上的联系。到 13 世纪以后，根据教皇的敕令，各大学的课程开始固定下来，因而在课程体系上出现了一种各校之间的高度统一性。

一、中世纪大学的教学活动

由于当时的大学并无校舍，因此课程的开设在教师租来的厅堂里进行，而学校的全会、严肃的辩论、考试、授予学位的典礼之类的活动均在教堂和修道院里举行。

13 世纪以后的所有的大学都开始设立文、法、医、神四科或四大学院。在此，文科是进入所有专门学科学习的准备阶段，任何一名学生都必须在修完文科之后，才能进入被称之为"高级"学院的神、法、医三科中继续深造。文科包括"自由七艺"；法科分为民法与教会法两科，民法（罗马法）以《民法类编》为法定课本，教会法以《教会法汇编》为正式课本；医科包括希腊人及阿拉伯人的医学著述；神科包括《圣经》及经院哲学家的神学著作。[1] 在此，文科实际上扮演了一种类似于现代美国大学中文理学院"通识课"的角色。

在中世纪，由于教会对大学的严密控制，神学院被称为"四大学院之首"，但这并不意味着大学的所有课程都具有神学的性质。事实上，获得大学学士学位的年轻人更热衷于去攻读那些具有实用主义色彩的法、医这样的"高级"学科，以至于大多数的大学里，神学反而成为最不受欢迎的学科。这是因为，人们普遍认为神学太理论化了，而且"入学条件很苛刻，学习时间很长，神学课本价格昂贵，《圣经》累计起来可能多达 7 卷，尤其当它带注解和评论的时候，而且手工抄写这么多卷书是一件枯燥无味、代价高昂的苦差事"。[2]

---

1 贺国庆：《中世纪大学和现代大学》，河北师范大学学报，2004 年 3 月，第 6 卷，第 2 期，第 24 页。
2 查尔斯·霍默·哈斯金斯：《大学的兴起》，上海，上海人民出版社，2007 年版，第 29 页。

在医、法、神三个"高级"学院里，最受欢迎的领域首先是民法，其次是教会法，然后才是医学。关于法学为什么会那么吃香，美国著名中世纪教育史专家查尔斯·霍默·哈斯金斯（Charles Homer Haskins）解释道："至13世纪，中世纪教会俨然是一个庞大的管理机器，需要法学家们来开动它，所以一个训练有素的宗教法规学者就有机会爬到最高教职。难怪教会法吸引了许多有识之士、富家子弟，甚至是不务正业之徒。"[1] 总之，中世纪大学主要培养的不是哲学家、文学家、科学家之类的纯学者，而是城市市政官员和教会管理人员、律师以及医生。因此，"逻辑课，学生们趋之若鹜，文法课，学生们渐渐丢弃。光彩照人的罗马法，高高在上的教会法，凌驾于其他学科之上。"[2]

由于这种局势，中世纪大学成为了古典研究的障碍。古典研究之所以会受到大学的抑制，是"因为大学强调的是逻辑、法律、医学和神学"。从今天的角度来看，中世纪的文科课程当然显得非常狭窄和专业化，不仅省掉了大多数古典文化，而且还"完全不包括实验科学、现代语及历史和其他称作社会科学的内容"。[3]

中世纪大学的课程普遍具有很强的实用性、功利性和职业性，否则不会有那么多的年轻人要来大学学习。这些年轻人力图通过大学这一门槛获得向上攀登的阶梯，学校也不能无视这种强烈的实用主义目的和旺盛的社会需求。因此，在中世纪大学里，即使是文学院的课程也不例外，其实用性甚至超过了神学院。由于"绝大多数学生可能不再继续就学，文学部为他们在读写、辩论、思维、计算、测量和自然科学基础知识方面提供的有用训练，使他们适于承担教会和世俗政府中的种种职业。以辩论为主的教学方法，使学生个个变得能言善辩。

---

1 查尔斯·霍默·哈斯金斯：《大学的兴起》，上海，上海人民出版社，2007 年版，第 31 页。
2 同上，第 25 页。
3 贺国庆：《中世纪大学和现代大学》，河北师范大学学报，2004 年 3 月，第 6 卷，第 2 期，第 24 页。

学生们正是依靠这种本事在布道、法庭听证和政府讨论中崭露头角的"。[1]

中世纪大学的教学方法以讲授、辩论为主。讲授的目的在于使学生认识"权威"，并通过权威使学生掌握所学学科的内容。但讲授并不是系统地阐述学科内容，而是教师讲解一些选定的文献原文和对原文进行注释和评论。讲授程序是先由教师向班级读古典作家的文献原文，接着对原文进行详细说明，再评论特别有兴趣的段落，最后提问题进行讨论。讲授分为普通讲授和特别或临时性的讲授。普通讲授是学校制度中规定的正式讲授，通常在上午进行；特别或临时性的讲授是非正式性质的，一般在下午进行。所有讲授一律用拉丁文。许多历史学家认为，讲授之所以在中世纪占主导，是因为当时还没有发明活字印刷术，因此也没有出版社，书籍缺乏。[2] 要知道，直到1436 年，德国人古腾堡才发明欧洲的活字印刷术。

辩论是讲授的必要补充，其目的是使学生能扫清修业中遇到的困难。在这种教学活动中，对于教师来说，辩论是比文献评述更为自由地深入探讨某些问题的方法；对于学生来说，辩论则是实践辩证法原则的机会，也是检验其思维敏捷和推理合理状况的时机。

辩论有严格的规则，要忠实地遵循亚里士多德《工具论》中所包含的逻辑规则。在各个学院，辩论由教师组织实施。如在 13 世纪的巴黎大学，辩论的题目由教师每两周提出一次，作为班上同学的训练之用，然后教师试图解答或"裁定"这些问题。具体做法是：对学生的不同论据及其论证的正确性的优缺点做出结论。教师也要当着许多学生举行大的辩论，一年中有两次，一次是在圣诞节，一次是在复活节。这些辩论的主题可以是任何想辩论的内容。[3]

这套标准化的辩论程序是由巴黎大学开创的，也为所有的欧洲中世纪大

---

1 伯顿·克拉克：《高等教育新论》，杭州，浙江教育出版社，2001 年版，第 31 页。
2 Willis Rudy, *The Universities of Europe, 1100~1914, A History*, Associated University Press, 1984, p. 32.
3 贺国庆：《中世纪大学和现代大学》，河北师范大学学报，2004 年 3 月，第 6 卷，第 2 期，第 25 页。

学所遵循。中世纪的大学生在读完一年级之后便开始反复练习这一辩论艺术，以至于能否辩论成为衡量一名年轻人是否读过大学的标准之一。它造就了中世纪大学特有的活跃氛围，训练了学生们思维的机敏，培养了他们能言善辩的技能和辩证看待事物的精神，成为了中世纪大学留传后世的宝贵传统。

另外，现今大学的学位制度也是中世纪的大学所创造的。"学士"、"硕士"、"博士"之类的学位那时就有了，甚至连"教授"在当时都属于学位的范畴。在这些学位当中，"学士"最初并不是真正的学位，只表明这名学生已经获得了"学位候选人"的资格，后来才发展成为一种独立的正式学位。一名中世纪的大学生在修完文科基础课程，并通过一场答辩性质的仪式之后，便可获得"学士"学位，也就是说，他现在有资格进入法、医、神这样的"高级"学院中学习，去争取"硕士"、"博士"、"教授"之类的正式学位了。

这些正式学位实际上指的是任教执照，也就是"教师资格证书"。若能获得这样的正式学位，也就意味着你已被教师行会所接纳，成为其中的一员了。这三个正式学位起初并没有高低贵贱之分，在中世纪时也完全是同义语。只是到后来，"硕士"只被授予"低一级"的文学院的毕业生，而"博士"、"教授"则被专门授予医、法、神学三个"高级"学院的毕业生。也就是说，一名在文学院获得学士学位的人，还需在一名导师的指导下深造两年，方能获得文科硕士学位，然后才有资格进入一个"高级"学院中学习，去争取"博士"或"教授"学位。人们不难看到，这种学位制度实际上已与现今大学的学位制度相差无几了。

二、中世纪大学生的生活

要想从中世纪留下的史料中获取当时大学生们生活的正面素材总是相当困难的，这可能是由于好学生总是难以在历史中留下特别记载的缘故。历史上留下来的往往都是关于学生违规乱纪的突发事件的记载，而非学校生活的健康惯例。美国著名中世纪教育史专家哈斯金斯的研究为我们提供了这方面丰富的素材。

例如，巴黎大学有这样的记载："学生的心灵被玷污了，他们的眼睛盯着教堂牧师的薪俸和世俗的东西，心里盘算着如何满足自己的欲望。""他们如此爱打官司、爱争吵，以至于彼此之间无法和睦相处，不管走到哪里，巴黎还是奥尔良，他们都会扰乱这个地区，扰乱他们的同事，甚至扰乱一所大学。"他们中的许多人携带着武器在大街上闲逛，攻击市民，私闯民宅，凌辱妇女。他们之间因狗、女人或者诸如此类的话题争吵不休，恼羞成怒的话，或者挥剑斩掉对方的手指，或者只拿一把匕首，也不顾裸露在外的秃顶就突然投入战斗，见此阵势，就连全副武装的骑士也会畏缩不前。[1]

由于学生们来自不同的家庭背景，因此中世纪的大学中什么样的人都有，更多的是市民和农民的子弟，但也有贵族子弟。当然这里面有不少家境贫寒的穷学生，这样的人往往没有一个朋友。他需要寻找自己能够得到的施舍，或是通过搬运圣水或替别人抄写作业挣点工钱，有时由于实在太贫困了，以至于买不起书本或负担不起神学课程的支出。但他们在学习上通常胜于比他富有的同学，尽管这些富有的学生拥有大量他从未看过的书。

在家境殷实的学生的房间里，除了书和桌子之外，必然有一根蜡烛，一张舒适的床，床上铺有柔软的床垫和华贵的被褥。他总会因为抵挡不住诱惑而沉溺于中世纪人们对盛装艳服的嗜好，远远超出了学校法令规定的长袍、披肩和简朴的服饰。

也有不少不务正业和胸无大志之徒，他们在教师和学校之间游荡，从未听完全部课程，也从未完整地听完常规讲座。他们中的一些人——只关心学者名声和上大学所获收益的一帮人——每周只听一两次课，而且优先选择教

---

[1]　查尔斯·霍默·哈斯金斯：《大学的兴起》，上海，上海人民出版社，2007 年版，第 52 页。

会法讲座，因为这可以保证他们早晨有足够的时间睡懒觉。许多人在本该学习的时间里吃点心，或者在教室里睡觉，在剩下的时间里，就去酒馆喝酒或者想入非非。到了该离开巴黎的时候，为了炫耀自己的学问，他们开始搜集牛皮书卷，然后带着博学的粗布袋和空虚的大脑，回到父母身边。一位传道士这样质问道："这是什么知识，窃贼可以将其偷走，老鼠和飞蛾可以将其吃光，火或水可以将其毁于一旦？"[1]

在假期里，当富裕学生带着仆从策马而去，穷困学生头顶烈日长途跋涉回家的时候，许多无聊之徒仍然留在巴黎，害人害己。奈杰尔·怀尔克记载了一位名叫布鲁内鲁斯的英国学生，他在巴黎大学学习了七年，没有学会一个单词，结课时跟开课时一样，只会发出驴叫似的声音，最后离开时却信誓旦旦地要成为一名修士或主教。

与家庭的联系就只剩下家书了。但"永远也不会有一封不要现金的家书"。[2] 如何保证基本生活必需品，无疑是摆在中世纪学生面前的最为重要的问题之一。为此，大学里的修辞学家们把许多书信样本摆在学生面前，以证明自己技艺的现实价值。而且"写信艺术"在学生向家长索要金钱上，有着"当天学，当天用"的功效，也最能体现那种"时间短、见效快"的实用主义。一位大学的修辞学家在课堂上这样讲道："我们今天的主题是巴黎一位贫苦、勤奋的学生如何写信向母亲索要必要的花销。"这难道还不能保证在场的每位听众至少能从中听出弦外之音吗？

这类给父母的书信总在诉说，在一个如此这般的学问中心里，他既健康又快乐，不过他急需要钱购买书本或预备其他的必要花销。在信的结尾之处，总少不了这样的话："为此，我恭敬地乞求父亲大人，看在上帝的分上，给我援助吧，这样我才能完成已经开了好头的学业。因为您肯定知道，没有巴

1　查尔斯·霍默·哈斯金斯：《大学的兴起》，上海，上海人民出版社，2007年版，第53～54页。
2　同上，第64页。

克斯和克瑞斯的话，阿波罗也会感到寒冷。"

如果父亲出手不大方的话，学生们便将自己的不幸以催人泪下的文学来进行刻画，其间不乏对父亲虚荣心和爱子之心的呼吁。在博洛尼亚大学，甚至能听到学生们对自己最耸人听闻的糟蹋：一位年轻人在信中说，他必须沿路挨家挨户地乞讨，喊着"啊，善良的主人"，但是仍然会两手空空地回到家里。一位奥地利的学生在家书中说自己"正处于地狱的最深处，面包硬且发霉了，喝的水里掺和了泪水，黑暗如此凝重，事实上已经感觉不到它的存在"。另一个学生说自己"睡在没有任何遮盖物的稻草上，光着脚丫或上身走路，吃着难以启齿的食物"。[1]

对于这类请求的合适答复自然是一封饱含深情的回信，既赞美这位年轻人勤奋刻苦的好习惯，又把他渴望得到的钱一并寄过来。当然也有的父亲竟然援引贺拉斯的话为自己辩解说，葡萄园破产了，恳请儿子原谅自己无能为力。也经常会发生这样的事情，即父亲听到了有关这名学生的负面报道，这时，这位学生必须立即写好回信，义愤填膺地进行否认，使父亲相信，这类诽谤纯属仇人无事实依据的胡编乱造。

大学生们彼此之间关心的话题，直言不讳地表达了一种异教徒式的生活方式。他们的上帝是维纳斯和巴克斯，爱情、美酒、春天、大路朝天、浪迹天涯，这些才是他们的共同主题，其精神实质是强烈的现世享乐精神，即纯生活享受。[2] 这些名义上的教士，却过着非教士的生活。大量的学生诗歌反映出这样的倾向，他们"远离故土，卸去责任，囊中羞涩，心情轻松，无忧无虑，寻欢作乐，任由自己，无拘无束，声名狼藉"。这类学生写下的诗歌与中世纪的传统观念如此相左，以至于有些历史学家甚至否认这种学生的生活具有中世纪特征，认为它只是在时间纪年上属于中世纪；还有的历史学家则找出了它与文艺复兴精神或宗教改革精神之间的姻亲关系。

1　查尔斯·霍默·哈斯金斯：《大学的兴起》，上海，上海人民出版社，2007年版，第65页。
2　同上，第71页。

事实上，金钱、衣服、房间、教师、书本、美酒佳肴和良师益友是所有时代、所有地方的兴趣话题。历史教学的最大困难在于让学生们相信过去发生的事情并非与我们毫无关联。中世纪离我们并非遥远。人们很难意识到过去和现在的男人和女人毕竟是同样的人。人类发展的基本要素在各个时代里几乎是一样的。

中世纪大学生与现代大学生之间的相似程度要比人们常常猜想的程度大得多。如果说中世纪大学生的生活环境不同，他们所遇到的问题却与现代大学生如出一辙；如果说他们的道德品行较为恶劣，他们的志向却与现代大学生一样积极；他们所面临的竞争也同等激烈，他们对知识的渴望也同等热切。对他们而言，就像对我们而言，在知识上取得成就，意味着获得了不仰仗手艺的知识之城——"古老而普遍的学者团体"——的成员资格。

第四节　中世纪大学的特征

中世纪大学的许多特征恰恰也是现代大学的特征，或者说是现代大学所追求的理想和目标。

一、大学自治与学术自由

大学自治是指机构本身不受外来干涉而具有自我管理的权限，学术自由主要指大学成员在教学和研究上的自由。这两个概念，实际上都是中世纪大学的遗产，也是当今现代大学孜孜以求的目标。

中世纪是教师或学生管理大学的伟大时代。由于没有重大捐赠资金，没有理事会，又不是现代意义上的管理部门，这种具有行会特征的大学既自我尊重，又自我管理，从而避免了社会控制体制所造成的一系列弊端。

中世纪的教师也是有知识自由权的，即教师有权讲授他认为是真理的东西。必须承认，这是一种学术自由。尽管中世纪的人认为"信仰高于科学，它确定科学的边界，规定科学的前提条件"，但 "学术自由思想的提出以及通过永久的警戒来保护它的需要，是中世纪大学史上最宝贵的特征之一"。[1]

在中世纪的大学里，法学、医学、文法和数学教师通常可以依据自己的意愿自由授课和辩论。至少在16世纪以前，还未出现过有组织的书籍审查制度。

在防范严密的哲学与神学领域里，许多人也不见得发现自己被限制了。正如哈斯金斯所指出的那样："篱笆对于那些不想跳出来的人而言并不是障碍，许多在一个更具怀疑精神的时代看来似乎无法忍受的障碍物，在当时经院哲学家的眼里，并不是障碍物。自我感觉自由的人就是自由的。"[2]

当然，在中世纪，大学获得的学术自由通常是短暂的，教权与王权也常常对大学进行多方面的干预，以求控制大学。因此，从中世纪至今，大学自治与学术自由始终都是大学坚持不渝的目标和理想。因为，"大学一旦失去自治和成为教会或国家的卫道士的时候，也就失去了它高水平的学术地位和可贵的社会批评职能。"[3]

二、宗教性和国际性

中世纪的大学虽不是教会，却继承和保留了教会的特点。它与教会一样，"接受来自任何地区或任何种族的成员，成员之间赤诚相待，不拘囿于地区利益，使用一种共同的语言——拉丁语，并拥有共同的神学观。"[4]

德国教育史专家鲍尔生指出：中世纪大学"是按照教会独特的生活方式来活动的，因此特别重视教会的世界性质和国际性质"。这也"使教师和学生养成乐于到国外居住的习惯和勇于冒险的精神"。[5]

---

1 Alan B. Cobban, *The Medieval Universities: their development and organization*, Methuen & co Ltd, 1975, p. 235.
2 查尔斯·霍默·哈斯金斯：《大学的兴起》，上海，上海人民出版社，2007年版，第47页。
3 赵荣昌、单中惠：《外国教育史教学参考资料》，上海，华东师范大学出版社，1991年版，第167页。
4 同上，第165页。
5 弗·鲍尔生：《德国教育史》，北京，人民教育出版社，1986年版，第18页。

由于在课程体系方面，各大学之间具有高度的统一性，这种统一性为欧洲各大学自由交往和人员流动提供了可能和便利。因此，"一个在巴黎大学获得了学位的学者能在牛津大学教书而不会受到任何干涉。"[1]

中世纪大学的宗教性特征早已为现代大学所剔除，它的国际性特征也在经历了宗教改革以及民族国家的崛起时代之后消失了，却在今天再度成为了现代大学的重要特征之一，甚至成为衡量大学水平和影响的重要尺度。当今世界一流的大学无一不是国际性的机构。[2]

三、职业性和实用性

中世纪大学大多是职业性的教育机构，这些大学一般都开设文、法、医、神四科或四院。在中世纪的大学里，不仅被视为"高级"的神、法、医三科的学习内容是明显具有职业实用性的，甚至连文科中的学习内容，也同样具有某种程度的职业实用性。

对此，著名教育史专家威利斯·鲁迪（Willis Rudy）做过这样的评价："不仅高等教育机构中的许多培训内容是不加掩饰的职业性的，并且有段时间中世纪大学还包括我们今天称为商业课程的东西，或是更确切地称作秘书学科的科目，这即是'写信艺术'这一课程，有时也称作'文书艺术'。当时人们急需接受准备信函、设计法律条文和起草公告以及其他政府文件等方面的训练。这些研究便作为中世纪修辞课程的一个实用分支而发达起来了。"[3]

中世纪大学为世俗政权和教会的管理及统治培养所需人员，在这方面它也是相当成功的。中世纪大学的毕业生就职于各级国家机构和教会机构，有的担任政府的主要官员、王室的顾问；有的担任牧师、主教、修道院长、教会团体的领导等；有的担任世俗和教会法庭的法官、议员、贵族家庭中的各

---

1 戴维·林德伯格：《西方科学的起源》，北京，中国对外翻译出版公司，2001年版，第220页。
2 贺国庆：《中世纪大学和现代大学》，河北师范大学学报，2004年3月，第6卷，第2期，第26页。
3 Willis Rudy, *The Universities of Europe, 1100~1914, A History*, Associated University Press, 1984, p. 32.

类职务；有的就职于公共性的公证机构；有的担任学校校长、家庭教师等。[1]

尽管中世纪大学主要培养的是市政和教会管理人员、律师以及医生，但它也同样培养出法学家、哲学家、逻辑学家和神学家。只要大学中的学者能"得到终身的保障和支持，他们就能致力于具有永恒价值的学术研究，而无须向教育的功利性妥协"。[2]

总之，作为西欧特有的产物，大学是中世纪留给现代社会最有价值和最丰富的遗产之一。它以行会组织模式为依托，促进了学术生活的体制化变革。它以永久性知识机构的组织形态，成为了观念生产和知识传播的场所。它的兴起对发展科学和知识、推动人类文明进步发挥了重大的作用。

第五节　向现代大学的过渡

从中世纪大学向现代大学过渡的趋势出现于文艺复兴与宗教改革的这数百年间。文艺复兴是指13世纪末在意大利各城市兴起，以后扩展到西欧各国，并于16世纪盛行于整个欧洲的一场思想文化运动，这场前后历时300年的运动，带来了一场艺术、知识、科学的革命，并揭开了近代欧洲历史的序幕。在这个被历史学家们称之为"近代早期"的时代里，1517年又爆发了轰轰烈烈的宗教改革运动。这两场运动促进了欧洲传统教育的变革，推动了欧洲大学由中世纪大学向现代大学的过渡。在经历了17至18世纪的启蒙时代后，到19世纪初年，这场过渡才最终完成。

一、文艺复兴与欧洲大学

中世纪晚期，由于经院哲学把持了大学课堂，并拒绝一切新知识，欧洲

1　Alan B. Cobban, *Universities in the Middle Ages*, Liverpool University Press, 1990, p.30.

2　Alan B. Cobban, *Universities in the Middle Ages*, Liverpool University Press, 1990, p.30~31.

大学日趋保守，严重滞后于时代发展的要求。随着 13 世纪末文艺复兴运动的兴起，在人文主义思想的冲击下，欧洲各大学先后发生了大学课程的演变。那些以人文主义为中心内容的新学科，如希腊文学、修辞学、诗歌、历史和柏拉图哲学，被正式纳入了大学课程。

但人文主义思想进入大学的过程并不是一帆风顺的。直到 15 世纪后半期，人文主义学说才开始真正渗透到大学之中。这种渗透缓慢的原因在于以下几点：

一、当时年轻人读大学为的是将来成为神职人员、医生、政府官员和律师。在这种情况下，"无论是普通公众，还是城市的领导阶层都没有想到要去关心大学里的人文主义教育。"[1] 因此，在很长一段时间里，人文主义对大学的影响极小，连人文学科的教师也很少，他们也是大学教师中薪金最低的人。

二、在那些保守的教授看来，人文主义的"新知识"是一种具有颠覆性特征的外来进口货。不仅会对他们既得的学术利益造成威胁，而且会颠覆高等教育一直要维护的那种信仰。

人文学者讲授的是古罗马时代正宗的拉丁文，而这些保守的教授们所讲的是中世纪的拉丁文，是与当时极受尊崇的拉丁文《圣经》中的圣篇结合在一起的。对他们来说，这种拉丁文才是正统性的象征，真正的智慧和正确的知识。另外，在他们看来，希腊文有许多弦外之音，是与信奉异教、教会分裂甚至是与不信教联系在一起的，而希伯来文则被他们斥为"犹太文化"。[2] 因此，他们顽固地拒绝人文主义"新知识"的渗入。

然而，到 15 世纪后半期，各大学都开始或快或慢地接纳人文主义思潮，尽管接纳的程度有所不同。

在文艺复兴发源地的意大利，"学生大学"成为了人文主义者传播新思潮、

---

1 G.R.波特：《新编剑桥世界近代史》，（第三卷），北京，中国社会科学出版社，1999 年版，第 568 页。
2 贺国庆：《中世纪大学向现代大学的过渡——文艺复兴与宗教改革时期欧洲大学的变迁》，教育研究，2003 年第 11 期，第 51 页。

培育新人的重要阵地。自 1453 年"君士坦丁堡陷落"以来，一批从拜占廷流亡而来的学者首先在意大利从事人文主义教育的开拓性工作。他们最初集中于那些私立性质的学园。由于他们在学园的讲授深深吸引了来自博洛尼亚、帕多瓦、那不勒斯、佛罗伦萨大学的文科学生，因此他们被很快聘往这些"学生大学"，专门讲授古希腊的语言和文学课程。

在法国，巴黎大学一直是顽固的经院主义堡垒，人文主义长期遭到敌视。直到 1450 年后才在艺术系开始聘请少数意大利人文主义学者来担任希腊语教师，并用一些人文主义教科书取代了中世纪的拉丁文法。"但是，这些只是次要的改革，并未影响任何院系的学习方向。"[1] 对法国来说，真正具有标志性进步意义的事件是，国王弗兰西斯一世在人文主义者比代的劝说下于 1530 年在巴黎创办了法兰西学院。这所学院不事经院之学，热情欢迎新的古典主义教育并从事以人为中心的研究，与教会大学分庭抗礼，开时代先风。它设立了一系列教授讲座，还开设算术、医药和东方研究等课程。[2]

在更为保守的德国大学里，尽管经院哲学家一直保持着强势地位，而且影响巨大，但是到 15 世纪中期以后，这里也汇聚了一大批人文主义思想家，如彼得·路德、康拉德·策尔提斯等。这些学者反对经院主义教育，主张学习修辞、文体、诗学，倾心于诗歌和书信艺术，他们开展的人文主义教学活动吸引了越来越多的听众。

在英格兰，人文主义知识是在 15 世纪的最后 20 年间才开始产生影响的。1490 年，牛津大学开设了希腊语言和文学；1511 年，剑桥大学创办了圣约翰学院，为希腊文和希伯来文的教学提供了大量机会；1540 年，剑桥又成立三一学院，完全以人文主义精神为指导。国王亨利八世还特别在牛津和剑桥

---

1 G. R. 波特：《新编剑桥世界近代史》第一卷，北京，中国社会科学出版社，1999 年第一版，第 84 页。
2 贺国庆：《中世纪大学向现代大学的过渡——文艺复兴与宗教改革时期欧洲大学的变迁》，教育研究，2003 年第 11 期，第 51 页。

设立了民法、希伯来文以及希腊文的皇家教授席位。[1] 所有这些，都导致了人文主义教育在英国大学里迅速、稳步的发展。

人文主义在英国取得胜利有两方面的原因。一方面，当人文主义向大学渗透时，恰值英国正在进行一场深入的宗教和政治改革。都铎王朝的统治者亨利八世和伊丽莎白一世不信任旧"教士"和经院主义的知识，认为它们在某种程度上是与反对他们统治的"教皇至上主义者"沆瀣一气的。相反，他们青睐这种"经过革新"的新知识。另一方面，在英格兰，人文学科的学习是与实际生活和某种职业相关联的。人们把新近开始流行的人文学科的学习看作是获得令人渴望、受人尊敬的绅士地位的通行证，这在某种程度上与人文主义在欧洲大陆上相对抽象的作用是不同的。[2]

在这场文艺复兴运动中，除了欧洲各大学在文科课程上发生了演变外，一些从本质上讲属于近代科学的思想观念和科学人文主义的精神也在迅速滋生，并对西方科学复兴运动以及科学世俗化变革产生了影响。虽然自然科学当时在大学里还未取得应有的地位，但那个时代自然科学大师级的人物都集中在大学里，大学仍然代表了当时自然科学的最高水平。在这方面，最为典型的例子当数意大利的帕多瓦大学。

帕多瓦大学从 15 世纪初起便拥有比较宽松自由的社会政治和宗教文化环境，这在很大程度上避免了教会的控制和宗教意识形态的干预。因此，这所大学享有了更多的思想自由，成为了近代科学革命的重要基地以及当时世界著名的学术中心。

在生理学方面，帕多瓦大学培养了像哈维、维萨里、可伦坡和法布里修斯这样著名的生理学家。在天文学领域里，这所大学也有骄人的成就。例如，

1　辛彦怀：《欧洲文艺复兴时期的大学》，社会科学论坛，2002 年第 12 期。
2　贺国庆：《中世纪大学向现代大学的过渡——文艺复兴与宗教改革时期欧洲大学的变迁》，教育研究，2003 年第 11 期，第 52 页。

哥白尼、伽利略这两位天文学大师，都曾在帕多瓦度过了他们一生中的重要时期。对此，著名科学史专家巴特菲尔德做出了这样的评价："从任何角度看，都可以断言，作为科学革命宝座的荣誉，帕多瓦应当是首屈一指的。"[1]

正是在帕多瓦大学的影响下，波兰的雅盖沃大学开始将学术工作的重点由神学和法学转移到了数理和天文学等学科方面，并最终形成了天文学界著名的"克拉科夫学派"；英国的牛津、剑桥大学设立了包括医学在内的 5 个皇家教授席位。这反映出，一些大学已开始对科学世俗化的发展做出了审慎的选择。

总之，文艺复兴运动促进了欧洲大学的发展，它冲破了经院主义神学的壁垒，兴起了人文主义教育的热潮，并为大学带来了文科教学内容和教学方法的变化。与此同时，它将科学从神学中解放出来，并为大学引入自然科学、确立科学研究的职能创造了条件。正如德国教育史专家鲍尔生所讲的那样："没有文艺复兴运动就不会有宗教改革运动的产生，更不会有后来的思想与学术的发展；哲学与自然科学，史学和人文科学，无一不是在文艺复兴运动的雨露滋润下成长起来的。"[2]

二、宗教改革与欧洲大学

宗教改革与文艺复兴不同，文艺复兴起源于大学之外，而宗教改革运动本身就起源于大学。

1517 年 10 月 31 日，德国维滕堡大学教授马丁·路德在维滕堡教堂大门上贴出自己亲笔写的《九十五条论纲》，痛斥教皇特使约翰·特策尔之流到德国贩卖"赎罪券"的卑劣行径。特策尔立即撰文进行辩解，并通过法兰克福大学出版社出版了他的《106 条反论纲》，但是当这本小册子在维滕堡出售时，却被大学生们付之一炬，甚至连他本人也遭到大学生的一阵痛打。

1　易红郡、刘东敏：《文艺复兴时期欧洲大学的变迁》，清华大学教育研究，2005 年第 6 期，第 45 页。
2　弗·鲍尔生：《德国教育史》，北京，人民教育出版社，1986 年版，第 61 页。

德国的大学围绕着"赎罪券"的功效问题分成了两派，维登堡大学的师生们站在路德一边，莱比锡大学却成为了反路德主义的堡垒。神学博士、英戈尔施塔特大学校长约翰·艾克教授公开向路德发起挑战，并声称自己完全能驳倒路德，路德勇敢地接受了这一挑战。

这场大学神学教授之间的辩论于 1519 年 6 月 27 日至 7 月 18 日在莱比锡大学举行，由来自巴黎大学和爱尔福特大学的教授充当裁判，并由萨克森公爵亲自主持。在路德唇枪舌剑、咄咄逼人的攻势之下，艾克狼狈不堪地败下阵来。这场历史上最著名的辩论成为了路德宗教改革生涯中的一次重大转机。

路德从此走上了与罗马教廷彻底决裂的道路。他提出了"因信称义"说，认为教徒无需教会的帮助，仅通过个人的信仰就能得救；他宣布教皇并不代表上帝，从根本上否定了教皇的权威；他抨击天主教会的烦琐礼制，要求进行根本改革；他呼吁君主进行干预，并号召人们起来斗争。这样，一场宗教改革之火在大学里点燃，并蔓延到整个欧洲社会。它不仅导致了新教的产生，而且导致了基督教的分裂。

与文艺复兴相比，宗教改革更具群众性和革命性，对社会各方面的影响也更为强烈，因而比文艺复兴更为迅猛地影响了大学。

其一，宗教改革导致了成批新教大学的创办。

宗教改革之初，由于很多地方当局没收了教会原来用于资助大学神职人员教育的捐赠，激烈的神学辩论又吓走了潜在的生源，加之神职人员已名声败坏，家长们感到没有必要再为自己的儿子支付如此昂贵的学费，所以德国的大学生人数一时间锐减。例如，罗斯托克大学的入学人数从 1517 年的 300 人降到 1525 年的 15 人；爱尔福特大学的入学人数从 1520 年的 311 人降到 1525 年的 14 人；而巴塞尔大学的 1526 年的入学人数仅为 5 人。[1]

---

1 贺国庆：《中世纪大学向现代大学的过渡——文艺复兴与宗教改革时期欧洲大学的变迁》，教育研究，2003 年第 11 期，第 54 页。

在创立新教的过程中，马丁·路德本人于 1520 年发表《致德意志基督教贵族书》，其中不仅表达了他对经院主义神学的仇视，还谴责"大学是教皇的危险使者，是异教的亚里士多德信徒们的中心"，对此，伊拉斯谟当时做出过这样的评价："凡是马丁·路德得势的地方，文学与学术事业就完蛋了。"[1]

然而，欧洲政局的动荡，新教在传播中遇到的困难，使路德派认识到，学校和大学可以成为新宗教的特殊工具。因此，"路德派开始极力建议世俗政府建立这类机构，其他教派也意识到不能落后，大学遂普遍发展起来。"[2]

新大学遍布 16 世纪的整个欧洲。仅在德国，就新建了 9 所大学，其中，路德派建立了马尔堡大学、耶拿大学、柯尼斯堡大学等。在瑞士，茨温利组建了苏黎世大学，加尔文派则于 1558 年创建了日内瓦学院，荷兰建立了莱顿大学 (1575)，苏格兰建立了爱丁堡大学 (1583)、爱尔兰建立了都柏林大学 (1591)。[3]

随着新教大学的开办，人们开始更多地强调神学研究，神学便逐渐支配了大学生活，法学和医学却丧失了以往的优势地位。由于这种神学研究需要希腊语和希伯来语这些注释《圣经》的工具，因此一系列的新学科如希腊文、希伯来文以及修辞学、诗歌、历史等学科都被正式纳入了大学课程。[4]

其二，宗教改革加快了大学世俗化的进程。宗教改革使各国政府加强了对大学的控制，因为大学对政府来说实在太重要了。大学既为政府部门培养世俗官员，也为教会培养神职人员，因此政府想方设法控制大学，甚至大学

---

1 弗·鲍尔生：《德国教育史》，北京，人民教育出版社，1986 年版，第 36 页。
2 Walter Rüegg, *A History of the University in Europe, volume II, Universities in Early Modern(1500~1800)*, Cambridge University Press, 1996, p.116.
3 与此同时，为争夺教育阵地，反宗教改革阵营也努力新建学校。例如，天主教的耶稣会在西班牙建立了两所新大学，在德国建立了维尔茨堡大学和格拉茨大学。
4 G. R. 波特：《新编剑桥世界近代史》，（第三卷），北京，中国社会科学出版社，1999 年版，第 812 页。

教授也被要求进行宣誓效忠，不仅要效忠于国王或国家，还要效忠于政府承认的教义。学生们则处于更为严格的限制之下，被明令禁止进入对立教派的大学学习。[1]

事实上，无论是天主教阵营还是新教阵营，虽有教派的不同，但大学必须从属于当地政府的旨意却是相同的。因此，大学最终成为了世俗政权的工具，并服务于国家的需要。

其三，宗教改革使大学由国际性的机构转变成为民族性的机构。

宗教改革运动导致了宗教民族化的趋势，并有力地推动了民族国家的发展。在英格兰，要建立民族国家的亨利八世，在与教皇决裂后，迫使牛津和剑桥这两所大学交出以前从教皇那里获得的特许状以及所有的"教皇契据"、大学地产和其他财产清单。不久，国王又没收了这两所学校所有的隐修院财产和房屋。1553 年规定：所有大学学位的申请者都必须赞成英国国教的宗教教规。[2] 随后，欧洲各国纷纷仿效，这就导致了大学民族化的普遍发展。

过去的中世纪大学是以国际性特征而著称于世的，但由于宗教改革时期各国政府的干预和控制，"欧洲所有 80 所大学都从国际性大学变成了国内大学，并为其国家政府服务。"[3] 过去大学的通用语言——拉丁语，也最终为各民族的语言所取代。

其四，宗教改革催生了学术自由的萌芽。

宗教改革时期各教派之间无休止的论争和宗教迫害，极大地损害了大学学术自由的风气。宗教法庭和禁书目录使许多学者噤若寒蝉。然而，正是这

---

1 贺国庆：《中世纪大学向现代大学的过渡——文艺复兴与宗教改革时期欧洲大学的变迁》，教育研究，2003 年第 11 期，第 54 页。

2 同上，第 55 页。

3 G. R. 波特：《新编剑桥世界近代史》，（第三卷），北京，中国社会科学出版社，1999 年版，第 64 页。

种高压或迫害，又萌生出追求学术自由的种子。当长期的宗教战争仍然无法确定新教或天主教谁是胜利者，也无法实现宗教统一时，"宽容"便开始成为时代的口号。学术自由这颗种子终于在宗教改革的策源地德国长成参天大树，这绝不是偶然的。[1]

德国学者鲍尔生对宗教改革做出了这样的评价："从以封建制度为基础的中世纪国家，过渡到以民族文化和民族教育的利益为基础的现代国家，如果没有宗教改革运动，同样是不可想象的事。从中世纪末叶到现代历史时期的开始，这 150 年间，文化与科学在广度方面的迅速发展，学术与教育在推行的范围方面的不断扩大，都应毫无疑义地归功于宗教改革运动。"[2]

三、现代大学的萌芽

经过文艺复兴与宗教改革的洗礼，特别是在启蒙运动的推动之下，欧洲的大学逐渐由中世纪盛行的教会主义转向现世主义，由神学和古典学科转向科学，由教会操纵的机构向世俗化机构过渡，其职能也开始由主要是传授知识转变为更注重科学研究。这些变化标志着现代大学萌芽的产生，也最为鲜明地体现在莱顿大学、爱丁堡大学、哈勒大学和哥廷根大学身上。

从宗教改革到启蒙运动时期，欧洲大陆上最好的大学不是久负盛名的法国巴黎大学，而是新创建的荷兰莱顿大学。[3] 莱顿大学建于 1575 年，为荷兰第一所国立大学，也被称为"欧洲第一所新教大学"。这所大学在 17 世纪初已发展成为有国际影响的神学、自然科学和医学中心。到 1709 年，它的

1　贺国庆：《中世纪大学向现代大学的过渡——文艺复兴与宗教改革时期欧洲大学的变迁》，教育研究，2003 年第 11 期，第 56 页。
2　弗·鲍尔生：《德国教育史》，北京，人民教育出版社，1986 年版，第 61 页。
3　法国虽是启蒙运动的中心，但这场运动却是在大学外部的沙龙中得到孕育的，像孟德斯鸠、伏尔泰、狄德罗、卢梭这些反对专制主义的启蒙思想家虽是法国的大学培养出来的，但他们恰恰是当时法国大学制度的反叛者。这些启蒙思想家是在地下秘密从事写作的，而且他们的思想也是首先在民间，而不是在大学里进行传播的，因为连同巴黎大学在内的所有法国大学都已经受到了专制政府严密的控制。

医学院已赢得了"欧洲最好的医学院"的美誉。莱顿大学还拥有当时最好的研究设施，包括化学实验室、植物园、医院的临床教学等，这对后来的欧洲大学产生了强烈的示范作用和影响。

莱顿大学的物理学也是闻名的。物理学家 W. 格雷夫桑德 (W. J. Gravesand) 是欧洲大陆上第一位将教学活动全部建立在牛顿力学之上的大学教师。他运用牛顿的理论，根据数学演算实验结果编写的物理学教科书被译成英文和法文，广为流传。直到 19 世纪初，人们仍然在参阅他的著作。只是由于荷兰共和国的衰落，莱顿大学在欧洲独一无二的地位才受到了其他大学的挑战。

在英伦三岛上，不是在英格兰，而是在苏格兰，产生出以科学教育闻名于世的大学。[1] 1708 年，爱丁堡大学向莱顿大学学习，废除了过时的大学董事制度，建立起新的大学教授职位制度，并先后在拉丁文、希腊文、逻辑学、自然哲学、数学、伦理学、医学等领域中设立教授职位。由于教师们从繁杂的学科中解脱出来，集中于他们感兴趣的研究领域，因而开创了学科和教学专门化的先河。随后格拉斯哥大学、阿伯丁等大学也先后完成了此项革新。

以爱丁堡、格拉斯哥、阿伯丁为代表的苏格兰大学在 18 世纪中叶为不列颠岛提供了最好的高等教育。许多天才的学者和科学家都与这些苏格兰大学有关，如亚当·斯密、弗朗希斯·哈奇森 (Francis Hutcheson)、亚当·弗格森 (Adam Ferguson)、达加德·斯图尔特 (Dugald Stewart) 和威廉·卡伦 (William Cullen) 等人。亚当·斯密是格拉斯哥大学教授，市场经济学说的奠基人，哈奇森是格拉斯哥大学的道德哲学教授，也是将欧洲的启蒙思想引入苏格兰的关键人物。弗格森先在格拉斯哥大学，后在爱丁堡大学任教，他开辟的社会关系研究，后

---

1 英格兰虽是创办大学最早的欧洲国家之一，牛津和剑桥也曾是中世纪大学的佼佼者，并在启蒙运动之初培养出培根、牛顿这样的大科学家，然而从 17 世纪到整个 18 世纪，英国的大学却落后于时代，与世隔绝，处于持续的衰退之中。大学被传统的保守势力所控制，学术空气十分沉闷，自然科学不受重视。工业革命过程中起主导作用的各类人才都不是大学培养出来的。

来逐渐发展成为社会学。他在爱丁堡大学的继任者斯图尔特，是苏格兰"常识"哲学学派的阐述者，该学派后来对美国高等教育产生了重要影响。到19世纪，爱丁堡还培养出达尔文这样的著名科学家。正是因为上述这些学者发起了"苏格兰启蒙运动"，爱丁堡大学才被人称之为"不列颠的雅典"。

哈勒大学是由普鲁士国王威廉一世于1694年出资创办的，它的振兴要归功于三个人的努力。其一是德国"启蒙运动之父"克里斯蒂安·托马修斯(Christian Thomasius)，他也被称为"哈勒大学的第一位教师"和"新大学学术的奠基人"。他废弃了经院主义课程，使哲学脱离神学而独立。他最先采用德语讲学，打破了拉丁语在大学讲课中的垄断地位。他在教学中重视对生活有用的科学的运用，使大学教育更接近于生活。其二是虔信教派的神学家奥古斯特·赫尔曼·弗兰克(August Hermann Francke)，他突破了盛行的神学正统观念，是德国大学里最先讲授虔信主义神学的人。其三是启蒙哲学大师克里斯蒂安·沃尔弗(Christian Wolff)，他被视为"创建现代哲学体系的第一人"，这种现代哲学是以数学和自然科学为基础的。[1] 总之，经此三人，哈勒大学成了德国最先倡导学术自由和创造性科学研究的大学。

1737年新建的哥廷根大学便是效仿哈勒大学的产物，它是由汉诺威国王乔治·奥古斯特出资创办（由于他又当上英国国君，因此在英国他又被称为乔治二世）。这位国君当初创办这所学校只是为了赚钱，指望通过这所大学每年能带来十万塔勒的财政收入。但他知道，要赚钱就必须先花钱，因此没有对下属提出诸如"白手起家"之类的要求。另外，他并不认为自己懂得如何办教育，因此除了出钱外，其他的事情都让他的德国内阁大臣、枢密顾问格拉克·阿道夫·冯·闵希豪森(Gerlack Adolf von Munchhausen)去办。总之，他做了他应该做的事，没有去干预那些他不该干预的事。[2]

---

1 Daniel Fallon, *The German University*, Coloado Associated University Press, 1980, p. 7.
2 戴问天:《格廷根大学》，长沙，湖南教育出版社，1986年9月第1版，第36页。

　　冯·闵希豪森毕业于哈勒大学，其教育思想具有明显的哈勒特征。在长达 36 年的校长生涯中，他大大削弱了神学家在大学中至高无上的地位，使神学第一次丧失了凌驾于其他学科之上的特权。他不仅加强了哲学学科的分量，还特别注重历史、语言和数学等基础学科的发展。他建立了装备优良的科学实验室、天文台、解剖示范室、植物园、博物馆、大学医院等。在很短的时间里，哥廷根就获得了极高的声誉，成为中欧主要的学术和科学中心，其医学院更被认为是当时最好的医学院之一。

　　德国教育史专家鲍尔生指出："哥廷根大学不同于别校的优点，是该校使真正的科学研究受到大力的鼓励和支持，其中最主要的是它有经费充裕和设备富丽的图书馆，还有专门从事自然科学和医学研究的研究所。"[1] 显然，哥廷根大学已经开始具有许多现代大学的基本特征，如学术自由、注重研究、将自然科学纳入大学课程，以及政府对大学的资助和控制等。

　　从教育发展的继承关系上讲，1810 年，由德国著名教育学家威廉·冯·洪堡（Wilhelm von Humboldt）创办的柏林大学综合了以上这些大学所有的现代特征。洪堡本人毕业于哥廷根，他"创立大学所依据的精神和道德准则是其他人先期设想的"，但正是通过他，才"把早已形成的思想和一般的趋势加以具体化来实现改革的"。[2] 正是由于柏林大学最为集中地反映了自启蒙运动以来欧洲大学改革的总趋势，才使它成为了"真正意义上的第一所现代化大学"。因此，这所大学的创办标志着这场向现代大学过渡的完成。

本章参考书目

中文

辛彦怀：《欧洲文艺复兴时期的大学》，社会科学论坛，2002 年第 12 期。

1　弗·鲍尔生：《德国教育史》，北京，人民教育出版社，1986 年版，第 82 页。
2　彼得·贝各拉：《威廉·冯·洪堡传》，北京，商务印书馆，1994 年版，第 70 页。

贺国庆:《中世纪大学和现代大学》,河北师范大学学报,2004年3月,第6卷,第2期。

贺国庆:《中世纪大学向现代大学的过渡——文艺复兴与宗教改革时期欧洲大学的变迁》,教育研究,2003年第11期。

陈伟:《大学如何产生?——中世纪晚期欧洲大学的逐步形成及其历史意义》,现代大学教育,2005年第3期。

易红郡、刘东敏:《文艺复兴时期欧洲大学的变迁》,清华大学教育研究,2005年第6期。

赵荣昌、单中惠:《外国教育史教学参考资料》,上海,华东师范大学出版社,1991年版。

戴问天:《格廷根大学》,长沙,湖南教育出版社,1986年版。

查尔斯·霍默·哈斯金斯:《大学的兴起》,上海,上海人民出版社,2007年版。

亨利·皮朗:《中世纪欧洲经济社会史》上海,上海人民出版社,2001年版。

S.E. 佛罗斯特:《西方教育的历史和哲学基础》,北京,华夏出版社,1987年版。

赫伯特·巴特菲尔德:《近代科学的起源》北京,华夏出版社,1988年版。

雅克·勒戈夫:《中世纪的知识分子》,北京,商务印书馆,1996年版。

詹姆斯·W.汤普逊:《中世纪晚期欧洲经济社会史》,北京,商务印书馆,1992年版。

戴维·林德伯格:《西方科学的起源》,北京,中国对外翻译出版公司,2001年版。

雅克·韦尔热:《中世纪大学》,上海,世纪出版集团、上海人民出版社,2007年版。

G. R. 波特:《新编剑桥世界近代史》,(第三卷),北京,中国社会科学出版社,1999年版。

弗·鲍尔生:《德国教育史》,北京,人民教育出版社,1986年版。

彼得·贝各拉:《威廉·冯·洪堡传》,北京,商务印书馆,1994年版。

英文

Willis Rudy, *The Universities of Europe, 1100~1914, A History,* Associated University Press, 1984.

Alan B. Cobban, *The Medieval Universities; their development and organization,* Methuen & co Ltd, 1975.

Alan B. Cobban, *Universities in the Middle Ages,* Liverpool University Press, 1990.

Walter Rüegg, *A History of the University in Europe, volume II, Universities in Early Modern(1500~1800),* Cambridge University Press, 1996.

Daniel Fallon, *The German University,* Coloado Associated University Press, 1980.

第二章　德意志大学的现代化

德意志是世界历史上第一个遭受到工业文明冲击的"发展中国家"。18世纪末 19 世纪初的德意志非常落后，仍处于传统的农业社会中。当英国开始的工业大革命与法国开始的政治大革命，像压路机一样从欧亚大陆西北角上辗压过来时，压倒的第一个国家就是"德意志民族的神圣罗马帝国"，所以德意志是第一个"因落后而挨打"的发展中国家。

但德意志同时也是第一个通过"自上而下"的改革道路迈向现代化社会的国家。从当时英、法、美的现代化发展道路来看，人们普遍认为，一个国家要想从传统农业社会发展成现代工业社会，必须经过一场"自下而上"的民主革命，但德意志人改写了这段历史。1807 年，德意志最大的邦国普鲁士，在现存统治精英的领导下，通过一场轰轰烈烈的"自上而下"的大改革运动，把这个社会带进了工业现代化的门槛。

德意志还是第一个提出"国兴科教"战略的国家。自 1810 年柏林大学创办以来，德意志的教育现代化取得了令世人惊叹的伟大成就，以至于"柏林大学模式"成为了世界大学的样板。不仅是它的欧洲邻国，而且连远隔重洋的日本、美国都纷纷仿效，今天所有工业化国家的大学，如果从现代化大学体制的角度来追根溯源，那么一定会追溯到 1810 年创办的这所柏林大学。不仅是德国历史学家，而且连同全世界所有的教育史专家都公认这个事实：唯有 1810 年建立的这所柏林大学，才能称得上"人类历史上第一所现代化大学"。

第一节 现代化大学的由来

现代化大学是经历了启蒙运动之后才产生的。但是为什么第一所现代化大学会在德意志产生？它是如何产生的？又是在什么理论的指导下产生的？这就是本节所要探讨的问题。

一、是"科教兴国"，还是"国兴科教"？

要想真正理解"柏林大学模式"的意义，有必要首先对人们极易产生误解的"科教兴国"概念加以澄清。

什么是"科教兴国"？从字面上就能看出来："科教"是主语，"兴"是动词，"国"是宾语。所谓"科教兴国"，指的是国家政府在不作任何干预的情况下，允许教育与科学自由发展，通过其成就来自动提高国民素质，推动经济发展并繁荣国家。这就是"科教兴国"的内涵。

英、美等早起的"现代化源生型国家"，在不断摸索前行的进程中，走的就是这种"科教兴国"的路子。当它们在摸索中发展时，并不知道自己在搞现代化，也就是说，并不知道自己在干着一件惊天动地、划分传统与现代社会分界线的事情。这些最先走上现代化道路的国家当时处于相当有利的出发局势中，很少遇见真正的对手，这种局面与今天后起的发展中国家所面临的局面是很不一样的。它们当初并没有觉察到科学、教育与现代化发展之间有多么重要的联系，只是在随着发展的惯性继续朝前走。它们当时所取得的现代化发展成就也并不是通过国家有意识地促进教育和科学的方法才取得的。例如在当时的英国，那些推动工业化伟大进步的人，像瓦特这样的人，也都不是来自大专院校的科学家，只是些能工巧匠。他们是根据自己工作的经验和闪现的灵感，通过总结过去失败的经验教训，才获得成功的。

对于那些后起的发展中国家来说，它们推行的战略都不是什么"科教兴国"，而是"国兴科教"。什么是"国兴科教"呢？在这里，"国"是主语，

"兴"是动词，"科教"是宾语。所谓"国兴科教"指的是，国家政府运用自己的权威，通过对教育与科学事业采取积极、强有力的干预政策，促进教育与科学的昌盛，继而提高国民素质，推动经济发展并繁荣国家。或者说，发展中国家得先有"国兴科教"，然后才可能有"科教兴国"的。

后起的发展中国家之所以选择这种"国兴科教"的战略，有着相当自然的逻辑。由于在遭受现代化浪潮的冲击时陷入了深刻的民族生存危机，为救亡图存，这些传统国家的权力精英们必须去走一条"自上而下"的改革道路，这就决定了它们进行的现代化是一场预定性的现代化。正因为如此，在最早遭受工业文明冲击的德意志土地上，现代化第一次获得了它自觉的、目标明确的进程，它从一开始就意识到它要达到的目标，指引它的也是经过公开讨论和刻意选择的策略。普鲁士的上层统治者在总结拿破仑战争中的失败教训时发现，自己士兵的素质不如法国，这涉及"教育"；自己手里拿的武器不如法国，而这涉及"科学"。当国家当局认识到"教育"与"科学"在这种"赶超型的现代化进程"中所具有的特殊意义时，便不再像过去那样听任教育与科学自身的缓慢发展，而是将其放到国家战略决策的高度上来积极加以促进了，这种国家战略也就体现为"国兴科教"。

由此，在后起国家的发展进程中，出现了一种与"现代化源生型"国家在大学教育体制上的区别。在英、美等国，最好的大学是那些与中世纪的神学院有着相当连续性发展关联的大学，或是由私人自由创办起来的大学。这些非公立性质的大学为了保持其自身发展的稳定性，都与国家政治保持着一定的距离，而且一般都不设在"天子脚下"。正如人们所看到的那样，牛津、剑桥不在伦敦，哈佛、麻省、耶鲁、普林斯顿、康乃尔、哥伦比亚、斯坦福不在华盛顿。这些大学拥有极大的自由度、独立性，并呈现出多样化的特征。

而在后起的发展中国家里，首先从德意志开始，包括以后的日本、俄罗斯，甚至连同后来的中国在内，由于大学教育的发展从一开始就被纳入到国家战略决策之中，以至于它不再是教会或私人性质的事务，而是事关国家命运前途的大事。因此，最好的大学都是那些以国家财政为后盾的公立大学，并往往设在"天子脚下"。例如，德意志最好的大学是位于首都的柏林大学。向德意志学习的俄罗斯也是如此，它最好的大学先是位于老首都的彼得堡大学。后是位于新首都的莫斯科大学。日本也是如此，在明治维新时代，它最好的大学是位于老首都的京都大学，后来迁都到了东京，最好的大学就是东京帝国大学了。

中国也是如此，而且更鲜明地体现出政治统治与创办大学之间的紧密关系。满清政府时期，最好的大学是 1898 年创办起来的京师大学堂。经过辛亥革命，到 20 世纪 20 年代后，中国政治严重分裂，孙中山在广州建立国民政府，于是就有了国立广州中山大学。北伐之后，国民党右派定都南京，于是有了国立南京中央大学。国民党左派定都武汉，于是有了国立武昌中山大学。发展中国家的政权之所以要将最好的大学建在首都，一是为了向世人昭示国家统治者多么重视科学与教育，二也是为了便于控制知识分子和文化精英。

与之相联系，这些发展中国家的大学体制也就往往具有一种模式规范化的特点。在此，人们千万不可小视这种模式规范化的意义。当这种模式能在"科学、理性、自由"原则的指导下产生出来，并能获得健康发展时，它所带来的大学体制上的先进性、科学上的快速进步以及文化上的普遍繁荣，甚至是那些早起的"现代化源生型国家"的非公立性大学都无法比拟的。这也就是为什么后来美、英这样的发达国家的大学也会向后起的德意志大学模式学习的原因。

但问题总是具有两面性的。在这种发展中国家的大学模式中，当国家当局一旦废弃大学的"科学、理性、自由"原则，便会迅速地带来大学教育、科学事业以至于整个社会文化的衰败。这种衰败自然意味着国家整体战略的失败，同时也成为国家当局无法推卸的历史罪责。

人们会问，为什么德国的大学今天不是世界上最好的呢？为什么人们今天看到的世界上最好的大学是哈佛、麻省、耶鲁、普林斯顿、牛津、剑桥，而不是柏林大学、慕尼黑大学、哥廷根大学呢？道理其实很简单，因为英美等国的现代化政治体制具有长期的稳定性，而德国近现代史上却出现了多次的"改朝换代"，这种政治发展上的"断裂"不能不影响到大学教育发展上的连续性。最剧烈的政治变动是 1933 年 1 月 30 日希特勒的纳粹党在德国的上台，纳粹党一上台，搞的就不是"国兴科教"，而是"国衰科教"了。它毁掉了德意志伟大的教育体制，毁掉了德意志的世界一流大学，也毁掉了德国人曾拥有的"世界科学文化中心"地位。从这个意义上讲，"柏林大学模式"的兴衰史，正是对这种教育和科学发展的辩证法最为典范的注解。

二、"国兴科教"战略的提出

18 世纪晚期，在整个"德意志民族的神圣罗马帝国"境内，有各类大学六十余所，这在当时的欧洲各国中是数量最多的。但由于政治上的分裂与内外局势的混乱，德意志的大学教育在欧洲却是极为落后的。"狂飙突进运动"的著名人物戈特霍尔德·埃菲赖姆·莱辛（Gotthold Ephraim Lessing）当时就曾经尖锐地指出过："德意志的大学只是一些经院哲学式的神学院，它们正在行会精神、任人唯亲、裙带关系、普遍的僵化和经院哲学的败落中沉沦。"[1]因此，他对当时的德意志旧大学是不抱任何希望的。

不过在那个时代里，德意志也仍然有两所稍具现代性的大学，这两所大学并不来源于教会，而是由邦国国君创办的。这就是哈勒大学和哥廷根大学。哈勒大学是普鲁士国君威廉一世于 1694 年出资创办的，而哥廷根大学则是由汉诺威国君、后又当上英国国君的乔治二世于 1737 年创办的。哈勒大学是哥廷根大学的榜样，哲学最先从神学中分离出来就是从哈勒大学开始的；而哥

1　Thomas Nipperdey: *Nachdenken über die deutsche Geschichte*, München, C. H. Beck Verlag, 1986, S.144.

廷根大学则是最先建立起图书馆、科学研究所的大学。

在 19 世纪初年的拿破仑战争中，法军横扫欧洲大陆，所到之处首先就是关闭占领区内的大学，而哈勒大学首当其冲。拿破仑手下的将军们对此举都很不理解，拿破仑对这些手下说了一句很内行的话："彻底征服一个民族最为成功的方法，就是首先打击它的知识分子。"[1] 拿破仑懂得这个道理，一时打败了一个民族的军队不算什么，它的灵魂还在，思想还在，士气就还在；如果打败了它的知识分子和文化精英，剩下的人就是群氓了，就好对付了。[2]

哈勒大学与当时几乎所有法国占领区的德意志大学一样，被拿破仑撤掉了。当撤到哥廷根大学时，发生了一件很具有戏剧性的事情，从而保全了哥廷根大学。这要归功于一位伟大的法国女性索菲·热尔曼。她曾女扮男装并化名为"勒布朗先生"，成为了哥廷根大学那位当时世界上最伟大的数学家高斯的学生，她后来还与高斯用通讯的方式讨论过"费马大定理"问题，并取得了重要的成果。当拿破仑的军队打到汉诺威，并准备撤掉哥廷根大学时，她非常担心高斯的安全。为了救她的老师，她给她的未婚夫——拿破仑手下的一名军官——写了一封信，要他一定要保护她的老师高斯的安全，以避免犯下当年罗马兵杀害大科学家阿基米德的错误。她还要她的未婚夫劝说拿破仑保留住哥廷根这所世界上最好的大学。这名军官就真的去劝说拿破仑。拿破仑听了后问道，"这所大学真有那么好吗？"结果他在这位军官的陪同下去了哥廷根大学，并在一间教室的最后一排坐下，听了一堂课。出来后拿破仑非常感慨地说："这所大学真是世界上最好的大学，可以保留下来。"[3]这样，哥廷根大学才总算逃过了被撤的厄运，而拿破仑也就成为了这所名校

1　Gordon A. Craig: *Deutsche Geschichte*，1866~1945，München，C. H. Beck Verlag，1989，S.179.

2　这个道理后来也被希特勒接受了，纳粹德国在 1939 年 9 月占领波兰后，干的第一件事就是把华沙大学包围起来，干掉这个民族的科学文化精英。

3　金克木：《数学花木兰·李约瑟难题》，读书，2000 年第 3 期，第 92 ~ 97 页。

的"校友"。

　　法国大革命以及拿破仑战争的冲击推动了德意志的改革运动,因为在拿破仑时代,对欧洲所有的民族和国家来说,生存条件已发生了变化。过去一个王朝政权的维持,靠的是封建传统、宗教法规、世袭继承制和正统主义;而在经历了工业化和民主化这两场大革命给欧洲带来的新时代洗礼后,要靠实力才能生存下去了。后出任普鲁士宰相的著名官僚改革家卡尔·奥古斯特·冯·哈登堡男爵(Carl August Freiherr von Hardenberg)在他的备忘录中这样写道:"谁要想继续生存下去,谁就必须保持竞争能力和效率,必须进行民族的自我更新。所有的国家都必须强制性地接受这一时代的新原则,否则就死路一条!"[1] 这样一来,外来现代化的强制性动员起德意志内部正在形成的现代化意志,并赋予了它改革的推动力,德意志最大的邦国普鲁士,成为了这场大改革的代表和中心。

　　1806年签订了《堤尔西特和约》后,普鲁士被拿破仑的法国剥夺了一半的领土,这个流尽鲜血、一贫如洗的国家还得向拿破仑法国交纳沉重的战争赔款。普鲁士当时的国君是"具有哲学家头脑"的威廉三世。当哈勒大学的教授逃到柏林跪倒在这位国君面前哭诉法军撤校的罪行时,威廉三世说出了一句惊天动地的话:"这个国家必须通过它精神上的力量来弥补它物质上的损失。"[2] 这句话的意思是说,当一个国家的物质已经极度匮乏的时候,如果精神也垮掉了,那么这个国家就彻底完蛋了。但是,一个国家暂时的物质匮乏并不要紧,只要精神还在,就能够精神变物质。

　　1807年10月,也就是普鲁士刚刚开始大改革的时候,国王召集了一次重要的内阁会议,讨论"经济困境与办教育的关系问题"。这个国家已处在

1　Werner Weidenfeid: *Der deutsche Weg*, Berlin, Viking Verlag, 1990, S.25.

2　Thomas Nipperdey: *Deutsche Geschichte*, 1800~1866, München, C. H. Beck Verlag, 1983, S.64.

那样一种经济状态下了，居然还会讨论这样的问题，可见这位国君是确有真知灼见的。会议由威廉三世亲自主持，他第一个发言，并说出以下这段话，这段话也永远被记载在人类教育发展史中："正是由于贫穷，所以要办教育。我还从来没有听说过一个国家是因为办教育办穷了、最后办亡国了的。教育不仅不会使国家贫穷，恰恰相反，教育是摆脱贫困的最好手段！"[1] 一位二百多年前的封建君主，竟能有如此的眼光和思考，真是太了不起了！

威廉三世为什么会有如此的眼光和思考呢？这与普鲁士的启蒙运动有关。普鲁士与法国不同。法国是欧洲启蒙运动的中心，它之所以能"自下而上"地革命，也是因为它的人民大众已经被启蒙了，而法国的皇帝却没有被启蒙，所以发生了对抗，发生了革命。普鲁士则是倒过来的，是国王被启蒙了，而人民大众还没有被启蒙。启蒙思想家伏尔泰在法国受到迫害，没有地方逃，却被威廉三世的父亲威廉二世，也就是著名的"腓特烈大帝"收留在普鲁士的王宫里。威廉二世不仅与他讨论启蒙问题，还让他给自己的王室成员讲启蒙思想。因此威廉三世从小就受到了启蒙思想的熏陶，这是很有意思的。所以说，普鲁士的领导层恰恰受到了浓厚的启蒙思想的影响，而它的老百姓却没有，因此，要将这个社会推向前进，走"自上而下"的改革道路也就成为了国家领导层的一种十分自然的选择。通过教育现代化来让德意志人摆脱落后挨打的局面，正是启蒙思想在普鲁士大改革实践中获得发展的一个结果。

国王的话讲完后，下一个发言的是国防大臣格哈德·沙恩霍斯特（Gerhard Scharnhorst）将军，一个捏刀把子的人，一个谁都认为会与教育领域抢经费的人。哪晓得这位国防大臣听完了国王的话后当即就表示赞同。为什么？因为在1806年的耶拿大战中，曾经战无不胜的普鲁士军队碰到拿破仑的法国军队后便一触即溃。这样的场面是他万万没有想到的。他站起来讲了一句非常

1　Ellen Anrich: *Die Idee der deutschen Universität und die Reform der deutschen Universitäten*, Darmstadt, Wissenschaftliche Buchgesellschaft, 1960, S.16.

经典的话："普鲁士要想取得军事和政治组织结构上的世界领先地位，就必须首先要有在科学与教育上的世界领先地位！"[1]

接下来讨论的是在内政部设立教育司的问题。列席会议并即将担任首任教育司司长的教育思想家威廉·冯·洪堡（Wilhelm von Humboldt）[2] 在会上指出："大学是一种最高级的手段，唯有通过它，普鲁士才能为自己赢得在德意志以及全世界的尊重，从而取得在启蒙和教育上真正的世界领先地位！"[3]

大哲学家约翰·戈特利布·费希特（John Gottlieb Fichte）听说普鲁士内阁召开了这样一次会议后非常激动，在柏林市中心广场的集会上，他发表了慷慨激昂的演说。当他发表演说时，法国的巡逻兵正在广场周围，敲着军鼓"嘟嘟嘟"地走了过来，一副杀气腾腾的样子。但是费希特面无惧色，他在广场演说中这样讲道："普鲁士的解放取决于它能否建立起一套适当的教育体系，这套体系应当是国有化的体系。"因此，他要求国家"应主动承担起教育民族这个最为伟大的任务"，并认为"这是任何一届普鲁士政府都无法推托的最为重要的任务"。[4]

总之，普鲁士的大改革运动从一开始就与"国兴科教"战略联系在一起，"教育"与"科学"成为了改革派官僚的口号。普鲁士决心废弃原有的旧大学，建立理性的新组织——现代化的大学。它力图通过教育的现代化来优化国民素质，以求获得更高的生产率，更高的纳税能力，更多的理性，更多的

---

1 Ellen Anrich: *Die Idee der deutschen Universität und die Reform der deutschen Universitäten*, Darmstadt, Wissenschaftliche Buchgesellschaft, 1960, S.16.
2 德国教育史上有著名的洪堡俩兄弟：哥哥威廉·冯·洪堡是著名的教育学家和文学家，柏林大学的奠基人，被誉为"德国教育之父"；弟弟亚历山大·冯·洪堡是柏林大学著名地理学教授，是地球物理学、水文地质学、气象学、地理学、植物学的奠基人。为纪念洪堡俩兄弟，国家不仅在柏林大学校门口立有洪堡俩兄弟的塑像，而且还设立了德国最高标准的科学研究基金——"洪堡基金"。
3 Ellen Anrich: *Die Idee der deutschen Universität und die Reform der deutschen Universitäten*, Darmstadt, Wissenschaftliche Buchgesellschaft, 1960, S.16.
4 S.E.佛罗斯特：《西方教育的历史与哲学基础》，北京，华夏出版社，1987年版，第398页。

忠诚，更少的犯罪，更好的官员，使德意志民族能早日摆脱落后挨打的被动局面，并跻身于世界民族之林。这就是普鲁士推行"国兴科教"战略的历史背景。

三、新人文主义的"教育"与"科学"定义

在推行"国兴科教"战略、创办柏林大学的过程中，一种关于教育与科学的新观念得到了贯彻，这就是理想主义的新人文主义。

所谓理想主义就是德语中的"idealismus"，这个名词有两个意思，一个是"唯心主义"，另一个就是"理想主义"。德意志人的确是有唯心主义哲学传统的，也可以说有理想主义传统。现在经常有人会说："年轻人不要太现实了"，实际上就是希望年轻人要有一点理想主义。

德意志人跟中国人大不一样。中国人在向前闯的过程中是习惯于"摸着石头过河"的，这本身也反映出中国人所具有的那种随机应变的灵活性特点；而德意志人干任何事情之前都首先要进行理论上的思考、逻辑上的论证与方案上的精确设计。把方案定出来之后，就会严肃认真、一丝不苟、坚定不移地按原定的路子走，任何人都改变不了，除非发生了政治上的剧变。正如大诗人海因里希·海涅（Heinrich Heine）所言："德意志不是一个轻举妄动的民族，当它一旦走上任何一条道路，那么它就会坚忍不拔地把这条路走到底。"[1] 这句名言相当准确地表达了德意志民族的这一特点。

德国人是在他们的哲学思想指导下行事的。当时最伟大的哲学家就是伊玛努尔·康德（Immanuel Kant）。康德哲学是普鲁士一切改革，包括大学教育改革的思想基础。康德认为，"人不应该被作为手段，不应该被看作一部机器上的齿轮。人是有自我目的的，他是自主、自律、自决、自立的，是由他自己来引导内心，是出于他自身的理智，并按他自身的意义来采取行动

1　《图说天下 世界历史系列》编委会主编：《德国》，长春，吉林出版集团有限责任公司，2008 年 5 月第 1 版，第 1 页。

的。"[1] 这是康德教育哲学中最基本的东西，也是新人文主义教育思想最基本的出发点。而他的学生、哲学家约翰·戈特利布·费希特和教育思想家威廉·冯·洪堡更是发展了他的教育思想。

费希特的一个伟大贡献在于，他头一个提出了"全民教育"的思想。这一思想的提出，无疑有益于全德意志民族的解放。

费希特认为"教育必须培养人的自我决定能力，而不是要培养人们去适应传统的世界"。也就是说，一个人受过教育没有，不是看他按照老祖宗传下来的清规戒律做好了没有；而是要看他的自我决定能力培养出来没有。

中国人现在干什么事情都很功利，不仅教师教书，而且连学生学习都很功利，首先看学这门专业将来能不能赚钱。中国人的功利主义今天已经发展到年轻人进大学，不是为了科学，而是为了"科举"，不是为了求知，而是为了求职的地步。事实上，就连"求知"也并非接受教育的首要目的。费希特指出，"教育不是首先着眼于实用性的，甚至也不是首先要去传播知识和技能，而是要去唤醒学生的力量。"也就是说，任何人实际上都有力量，只不过这个人的力量在他的体内沉睡着，做老师的人就是要去唤醒学生体内还在沉睡的力量。这就是"启蒙"，这就是教育的本质，也是为什么学生需要鼓励的原因。

那么，"唤醒学生的力量"又是为了什么呢？费希特做出的回答是："培养学生的自我性、主动性、抽象的归纳力和理解力，以便使他们在目前还无法预料到的未来局势中，自我做出有意义的选择。"这就是教育的目的。

你受过教育吗？如果你受过教育，你就会知道如何去做有意义的选择。做选择并不难，没钱了就去抢银行也是一种选择，但这种选择不仅危害国家和社会，而且最终自己也难逃法网。一个人做出的选择，应能既有利于国家，又有利于社会，同时也有利于个人，这才是一种"三赢"的局面。这样的选择，

1　Thomas Nipperdey: *Deutsche Geschichte*, 1800~1866, München, C. H. Beck Verlag, 1983, S.34.

就是有意义的选择。

为了让所有的德意志人都能做出有意义的选择，就应该让所有的德意志人都尽可能接受更好的教育。因此，教育不是特权阶层才能享有的权利，而是所有德意志人都应承担的义务。从这种思想出发，费希特提出了这个口号："教育是全民族的事，要教育的是整个民族！"[1]

被后人视为"德国教育之父"的威廉·冯·洪堡，提出了"和谐发展论"的观点。他认为，"教育就是使个人状况获得全面和谐的发展，就是使人的个性、特性获得一种整体发展。教育是一个人一辈子都不可能完成的过程，教育是人的自身目的，也是人的最高价值体现。"[2]

这位"现代化大学的奠基人"于1810年9月29日宣告了柏林大学的诞生。在总结自启蒙时代以来的教育思想和大学发展的一般趋势的基础上，根据"科学、理性、自由"的精神，他提出了著名的"洪堡大学三原则"，即"大学自治"、"学术自由"、"教学与科研相统一"。与此同时，他还呼喊出"为科学而生活 (Das Leben für die Wissenschaft)！"的口号，这句口号立即成为了柏林大学的校训。

更为重要的是，洪堡还给出了现代世界中的"科学"定义，这就是著名的"洪堡科学五原则"。

洪堡科学原则的第一条："科学是某种还没有被完全发现、完全找到的东西。它取决于对真理和知识永无止境的探求过程，取决于研究、创造性以及自我行动原则上的不断反思。"由此可见，如果谁说，"这就是最后的结论！"那么，他就是在有意或无意地散布神学观点，而不是科学观点。

1　Thomas Nipperdey: *Deutsche Geschichte*, 1800~1866, München, C. H. Beck Verlag, 1983, S.57.
2　Thomas Nipperdey: *Deutsche Geschichte*, 1800~1866, München, C. H. Beck Verlag, 1983, S.57.

　　洪堡科学原则的第二条："科学是一个整体，每个专业都是对生活现实的反思，对世界的反思，对人行为准则的反思。唯有通过研究、综合与反思，科学才能与苍白的手工业真正区别开来。"

　　洪堡科学原则的第三条："科学首先有它的自我目的。至于科学的实用性，其重要意义仅仅处于第二位。当然，对真理进行的这种目标自由式的探求，恰恰可能导致最为重要的实用性知识，并能服务于社会。"这里谈论的实际上是基础科学与应用科学的关系问题。洪堡看得很清楚：基础科学只提出并解决它所需要解决的问题，科学家们并不是仅仅为了应用才去发展科学理论的。但他也并没有否定科学的实用性，而是告诉大家，科学的终极目标是什么：发现真理！

　　洪堡科学原则的第四条："科学是与高等院校联系在一起的，唯有通过对学术的研究、与科学的交道、对整体世界的反思，才能培养出最为优秀的人才。"因此他认为，"大学生要学的不是材料本身，而是对材料的理解。唯有这样，才能形成他独立的判断力和个性，然后，他才能达到自由、技艺、力量的境界。"

　　洪堡科学原则的第五条："高等院校的生存条件是'孤寂'与'自由'"，即"坐冷板凳"与"学术自由"。没有这两条，它就不是一所高校。"国家必须保护科学的自由。在科学中永无权威可言。"[1]

　　洪堡将这些原则写在一份关于柏林大学建校原则的备忘录上，并送到了威廉三世的案头。威廉三世看了以后非常满意，并在这份"洪堡备忘录"上批下了这样一段可以流芳千古的至理名言："大学是科学工作者无所不包的广阔天地，科学无禁区，科学无权威，科学自由！"[2]与此同时，他还下令

---

[1] Thomas Ellwein: *Die deutsche Universität, vom Mittelalter bis zur Gegenwart*, Königstein, Athentätum Verlag, 1985, S.116.

[2] Paul Baumgart: *Bildungspolitik in Preußen zur Zeit des Kaiserreichs*, Stuttgart, KlettCotta Verlag, 1980, S.12.

将太子宫让出来用于创办柏林大学。

由此可见，1810年创办的这所柏林大学之所以会成为"人类历史上第一所现代化大学"，之所以具有里程碑式的意义，是因为它是在当时世界上最先进的教育理论和科学定义的指导下创办起来的。在当年"落后挨打"之后觉醒的德意志民族中，竟然会有一位如此具有眼光和气度的君主，实在是难能可贵！伟大教育思想家的深邃理论与开明君主的宽容政策两者的结合，正是德意志大学教育现代化能取得世界性辉煌成就的一个重要原因。

第二节 "柏林大学模式"的现代化特点

1810年9月29日，大教育思想家威廉·冯·洪堡（Wilhelm von Humboldt）出席并主持了柏林大学隆重的开办典礼仪式。他发表了重要的讲话，提出了他的"大学三原则"，阐述了他的"科学"定义，并呼喊出了"为科学而生活"的口号。这位"现代化大学的奠基人"同时还宣布自己辞去柏林大学筹办负责人以及普鲁士教育司司长的职务。根据他的要求，全体到会教授随后通过自由选举的方式选出首任柏林大学校长，大哲学家约翰·戈特利布·费希特（John Gottlieb Fichte）教授以压倒多数票当选。

柏林大学开办后，现代化大学在德意志当时三十多个邦国里如雨后春笋一般发展起来。柏林大学模式，成为了全德意志大学、继而也是全世界大学仿效的样板，归纳起来，具有以下特点：

一、"综合性的大学"

洪堡创办的不是英、法式的高等专门学院，而是综合性的大学。德文中"大

学"（Universität）这个名词大有来头，它来源于拉丁文中的名词"Universitas"，[1]
并有两层含义。它首先有"行会"的意思，因为大学在中世纪晚期产生出来时，
本身就是一种行会，这种行会是师生们仿照新兴工商业城市中手工艺人的行
会形式组织起来的。随着时间的推移，"大学"这种"行会"组织由泛指的
行会组织转化成为特指的高等教育机构，但其行会性质及其行会运行特征仍
然保持着。现代化大学正是从这种特殊的行会组织转化而来的。此外，它还
有更深一层意思，它同时也是对拉丁语中的"Universal"这个形容词的一种
名词化的表达，而这个形容词本身有"普遍的、无所不包的、万有的、广博的"
之义。

所以在德国，如果将一个教育机构称之为"大学"，那它就一定是综合
性的大学。科学知识的推广和应用是专门学院的任务，而大学不一样，它是
有特殊意义的，它是对世界进行新解释、粉碎宗教迷信的世俗化中心。正是
在这里，人文科学才摆脱了神学，一系列自然科学的新体系，如数学、物理学、
化学、生物学、地理学、天文学等，才最后确定了它们真正的独立地位。因此，
现代化大学的首要特点在于它的综合性。

二、"追求科学真理"的人生目标

自洪堡创立柏林大学以来，在德国大学教授们那里，"追求科学真理"
成为了最高的人生目标，由此也形成了一种对自我角色的新理解。教授们不
再像神学院时代那样，只能在一种固定的思考模式中进行思考了，因为规定
思考模式正是神学的特点，而不是科学的特点。"科学"与"神学"在汉语
的翻译中虽只有一字之差，但却差之千里！简单地讲，所谓"科学"，就是
对任何问题都要去问它一个为什么，而所谓"神学"呢，就是对老祖宗传下
来的任何东西都不允许有丝毫的怀疑！因此，如果谁说，只能从某个角度来

1　英文中的 University，德文中的 Universität，皆来源于拉丁文中的 Universitas。

考虑问题，他就是在有意或无意地散布神学观点。而在 1810 年后的德国大学里，"不断研究不为人知的新东西，不断发现新规律，不断向真理逼进，这种对永恒的参与，成为了大学教授们最高的道德义务，最高的存在形式。"[1] 按照德国人的这种观点，如果一个人成为教授之后便不再做科学研究了，就叫"缺德"。

三、"研究者的共同体"

大学成为了研究者的共同体。在德国的大学里，无论是老师还是学生，都是科学工作的研究者。柏林大学开创了严格的"科学成就原则"作为评价的准则。因此，在德国的大学里，唯有做一名优秀的科学研究者，才可能成为教授，而照本宣科、拾人牙慧的人是永远做不了教授的。德国大学在人事选择上，不是出于同事间的好恶，不是出于对家庭地位、个人出身的考虑，甚至也不是口才、写作能力和教学技巧。做到后三者并不足以成为一名大学教授，因为那只是工科专门学院和师范学院的教师资格，而不是大学教授的资格。唯有研究的独立性、研究的独创性和研究的成果，这三点才决定着大学教授位置的占有。[2]

每所大学就是一个研究者的共同体，研究者之间可以进行充分的学术交流的，但这里的每个研究者又都是独立的和充分个性化的。德国的大学特别强调这种研究的独立性和个性化。一名学者通过自己独立的研究成果成为了教授，他也就成为了这门学科里的"带头人"，但这种"带头人"并非指他拥有一个研究的团队，而是指他的研究新方向和新成果在带动着这个领域前进。在德国学者看来，"只有豺狼才需要成群结党，

---

1 Karl Bahnson: *Akademische Auszüge aus deutschen Universität-und Hochschulorten*, Saarbrüken, Dr. Müller Verlag, 1973, S.46.
2 Thomas Ellwein: *Die deutsche Universität, vom Mittelalter bis zur Gegenwart*, Königstein, Athenäum Verlag, 1985, S.132.

而狮子永远都是孤傲的！"

四、"必须献身于科学"

在德国的大学里，一名年轻学者要想站住脚并最后获得教授的岗位，"必须献身于科学"。什么叫做"献身于科学"呢？就是"必须敢向已形成的舆论挑战，必须敢冒与他人在学术上冲突的危险，必须要有科学研究上的真正突破"。[1]事实上，绝大多数的科学成就与突破，都是由年轻人来完成的。

这里还有一种压力与鼓励机制在起作用。由于在德国的大学里，只有正教授才是国家公职人员，一名年轻学者最初只能占据"编外讲师"和"额外教授"的职位，这类资格需经国家的严格考试才能认定。虽然他们只能拿到较少的工资，但是国家为这样一些年轻人设立了专门的研究基金，从而为他们的学术研究提供有保障的鼓励和支持。德国的科研基金都是给年轻人的，不是给大学教授的。

五、流动性的人才升等制度

任何一所德国大学的教师队伍必须来自"五湖四海"，必须由来自各大学的佼佼者组成，而绝不允许主要由同一所大学毕业出来的人组成。这成为现代化大学用人体制的一条最基本的原则。

在德国，大学教授岗位的设立，取决于一所大学能否开辟出新的学科专业方向。任何一所德国大学，在任何一个学科专业方向上只能设置一名教授。唯有这样，一所大学的教授集团的规模才有意义，才能成为评价一所大学威望和地位的标准之一。

德国大学里的人才升等制度极为严格，一名"额外教授"要想取得正教授资格，需由五位同行专家来决定。因此，要评定一名学者的教授职称，

1　Paul Baumgart: *Bildungspolitik in Preußen zur Zeit des Kaiserreichs*, Stuttgart, KlettCotta Verlag, 1980, S.61.

得首先对这五位投票人进行严格审核。在这五人与申请者本人的关系上有这么几条规定。第一条：与申请者本人没有同校关系；第二条：与申请者本人没有师承关系；第三条：与申请者本人没有同学关系；第四条：与申请者本人没有合作关系。经过投票后，若能取得其中的多数票，就具有了"教授资格"。

但是，这并不说明这位学者已经是真正的正教授了，还必须经历一个流动程序。德国大学里有这样一条规定："任何一名大学毕业生不能直接留校任教，任何一名大学教师的升等，必须换一所学校才能进行。"[1] 也就是说，唯有当某所大学一位级别很高的教授退休或去世了，空出一个高等位置后，另外一所学校的一位级别稍低的教授才能去填这个位置，而他又在原来的学校里空出了一个位置，你这位获得了"教授资格"的人才可能去填这个空位。

即使这位学者取得了"教授资格"，还"必须再写一篇教授论文，并在有空位的这所学校里进行教授论文答辩，通过之后才能正式成为大学的正教授"。[2] 由于每一个教授的空位都有诸多的竞争者，因此，一名具有"教授资格"的学者，要经过激烈的竞争并胜出之后，才可能成为真正的教授。任何一位德国的大学教授都是这样熬出来的，因此，他们绝不允许没有真才实学者通过各种非学术手段取得与他们千辛万苦才换来的同样地位。总之，要的就是研究科学上的独立性、独创性和成果。这是德国人最先做出的"扫除门户之见，防止近亲繁殖"和裙带关系的现代化措施，后来在世界各国的现代化大学中普遍推广开来。今天，发达国家的教授基本上都是这样评出来的。

---

1 Paul Baumgart: *Bildungspolitik in Preuβen zur Zeit des Kaiserreichs*, Stuttgart, KlettCotta Verlag, 1980, S.62.

2 Paul Baumgart: *Bildungspolitik in Preuβen zur Zeit des Kaiserreichs*, Stuttgart, KlettCotta Verlag, 1980, S.62.

六、"民族人才的收容所"

当时的德国还是一个严重分裂的国家，有三十多个邦国，普鲁士不过是它最大的邦国之一。各个邦国之间展开了紧张的人才争夺战，凡不是因学术才能上的原因而遭到驱逐的教授，在别的邦国和大学里总是大受欢迎的。例如，柏林大学教授、著名生物学家奥肯和维尔克夫，因反对普鲁士专制而被驱逐出境，他们两人决定前往巴伐利亚。巴伐利亚的国王知道后非常高兴，派人专程去迎接他们，并当即将两人聘为慕尼黑大学教授。当时分裂的德国社会很有点像中国春秋战国时期的社会，你有一样好东西，我作为你的邻居，就一定要学到手，否则我就落后了，久而久之就会被你吞并掉。你那里少了一个能人，我这里多了一个能人，我就比你多出两个。所以，当这两位教授到慕尼黑大学任教的消息传到柏林后，威廉三世非常后悔，当夜派人骑上快马，跑到巴伐利亚，重新将他们又请了回来，国王还向他们赔了礼，不仅允许他们自由言论，而且还将他们的工资涨了一倍。其他教授看在眼里，跟着都想跑，因为一跑，回来后就可以增加一倍工资。由于害怕人才外流，威廉三世索性将整个柏林大学所有教授的工资全都翻了一番。闹得其他邦国的大学教授都想到柏林来，结果其他邦国只有把自己大学教授的工资也提起来，防止自己的人才外流。这种人才竞争形成了一种非常奇妙的局面，得好处的当然是知识分子。

还有一位著名人物，即柏林大学的唯物主义哲学家路德维希·费尔巴哈（Ludwig Feuerbach）。此人原是神学系教授，却带领一帮青年学生，亵渎神灵，大反神学。普鲁士教育部曾经想开除他，威廉三世考虑再三，最后决定："这个人既然已经不信神了，就干脆把他调到哲学系去吧。"[1] 以后又有大批的"青

---

[1] Thomas Nipperdey: *Nachdenken über die deutsche Geschichte*, München, C. H. Beck Verlag, 1986, S.152.

年黑格尔派"跟随费尔巴哈到了哲学系。总而言之,德意志这样的一种联邦主义结构,以及各邦国大学的多样性、虚荣心,的确弱化了国家和社会力量对学者个人的压力,也促进了学者的能动性、灵活性和创新性。

大学和科学对有才能的人之所以特别具有吸引力,不仅是由于科学在社会中的地位变得日益重要,也是与这个国家的政治和社会结构联系在一起的。"由于通向其他社会领导岗位如管理、军事、政治的入口,事实上向贵族子弟的优先权倾斜,因此对于一般平民子弟来说,政治上发迹的可能性大大减少,因而在科学研究中取得成就,在大学中占据岗位,成为对受歧视的平民子弟的一种重要补偿,所以人们蜂拥而至。"[1]

七、"教授治校"的先河

"教授治校"这一传统是由柏林大学开创的。1810 年创建柏林大学之初,普鲁士政府不仅宣布了"国家取代教会充当大学财政提供者"的角色,同时还确立了"大学是国家的文化代表者"的特殊地位。这一决定的开明性在于,国家在承担大学财政资助重任的同时,并不以此作为干预、限制大学内部事务的理由。因此,就连大学校长也是由教授们自由选举产生的,大家"轮流坐庄"。大学教授与自己选出来的校长一起,组成"教授会",自我决定内部事务,国家不作任何干预。这不仅使大学成为了一种完全世俗化的机构,而且成为了一种实行现代化自我管理的国家组织。与此同时,"教学和研究上的独立与自由"也被奉为"大学与科学最为重要的原则",因而形成了一种相对的"大学自由"。[2]

八、严格的退休制度

德国的大学里没有"越老越值钱"的观念,而是实行严格的退休制度。

---

1 Hagen Berding: *Universität und Gesellschaft*, Frankfurt, Campus Verlag, 1980, S.89.
2 Gordon A. Craig: *Deutsche Geschichte, 1866~1945*, München, C. H. Beck Verlag, 1989, S.184.

不管是什么人，不管拿过什么奖，不管取得过什么样的科学成就，也不管是什么院士，67 岁一到，就得把位置让给年轻人，任何人都不能例外。

德国的大学之所以实行严格的退休制度，是因为真正在科学前沿上奋斗并取得突破性进展的是年轻人。例如，爱因斯坦提出狭义相对论时不过 26 岁；海森堡证明"测不准定理"时不过 26 岁；狄拉克完成"狄拉克方程式"时不过 26 岁；玻尔证明"普朗克方程式"并提出他的量子理论时不过 28 岁；薛定谔成名最晚，但创立他的"波动力学理论"时也只有 39 岁。[1] 我曾组织一批研究生对 20 世纪诺贝尔自然科学奖项得主的情况调查表明，一位自然科学家取得突破性成就的平均最高年龄是 37.6 岁。在德国的大学里，科学上的投入主要是向这个年龄的学者倾斜的。让过了 67 岁的老教授退休，是为了让年纪更轻、精力更旺盛、创新潜力更强的学者能及时站到科学研究工作的最前沿上来。

九、大学教授的崇高地位

德国的大学教授是"民族的科学精英"，因而享有崇高的地位，其生活待遇在全世界大学中也是最高的。他们的工资完全由国家支付，当时的标准为年薪 1500 塔勒，足以养活 10 户手艺人家庭，或两户中产阶级家庭。即使在退休以后，他们也仍能保持原有的生活水平。

为教授们提供如此上乘的生活水平，除了联邦主义结构引起的各校之间的人才竞争局势以外，也要归功于威廉三世。这位聪明的统治者这样讲道："经济上的压迫感是会影响到我们教授们的思考的，虽然从事任何有价值的活动都可能得到内心的满足，但是内心的满足不能当作工资，教授们也是不能用内心的满足来填饱他们妻儿的肚皮的。"[2]

---

1 参见杨建军、王美红：《诺贝尔奖百年大典》，第二卷，呼和浩特，内蒙古少年儿童出版社，2002 年版。

2 Paul Baumgart: *Bildungspolitik in Preußen zur Zeit des Kaiserreichs*, Stuttgart, KlettCotta Verlag, 1980, S.79.

德国大学教授不仅享有极高的生活待遇，而且享有充分的学术自由和任意的开课权。[1]只有一点是严禁教授做的，那就是绝不允许大学教授办公司、"搞创收"。恰恰相反，自从普鲁士大改革时代以来，德国的经济立法中便有这样一条规定，"企业家凡资助一位教授的科研课题，并持有这位教授与该校校长联名签字的文本，便可到税务局申请减税。"[2]一位企业家若投资于名教授的科研课题，或是资助创新性课题，不仅能获得减税上的好处，而且能极大地提高该企业的知名度。因此，德国的教授从来不缺科研经费，这也是为什么德国的科研基金是为年轻的"编外讲师"或"额外教授"准备的，而不是为教授准备的原因。

德国的大学严禁教授办公司，这一点不同于美国。美国教授中有不少人干第二职业，甚至不少人自己家里还有农场，因为美国教授在假期里拿不到工资，而德国教授全年都拿工资。因此，就连其他发达国家的教授，也都是用"气宇轩昂"这样的词句来形容德国教授的。一位德国国家乐团的指挥家，若能在他60岁生日那天，得到国家授予他的"名誉教授"头衔，那他的一生就等于走到了光辉的顶点！[3]

德语中有这样一句名言："Alles in Ordnung"，可译为"一切在秩序中"或"一切都井井有条"，意思是"你该干什么就干什么，不该干什么就不要干什么"。这一点成为了德意志文化的重要内涵，反映出德意志人的稳重、自信、脚踏实地、绝不随波逐流、干好自己本职工作的优良品质。

十、"远离社会实际的政治和经济利益"

国家政府要求大学教授"远离社会实际的政治和经济利益"，这使德

---

1 Gordon A. Craig: *Deutsche Geschichte, 1866~1945*, München, C. H. Beck Verlag, 1989, S.184.

2 Hagen Berding: *Universität und Gesellschaft*, Frankfurt, Campus Verlag, 1980, S.127.

3 Ralf Dahrendorf: Gesellschaft und Demokratie in Deutschland, München, Deutscher Taschenbuch Verlag, 1968, S.308.

国的学者成为了一种特殊的社会力量。威廉·冯·洪堡认为："教授与学者应处于政治与社会环境的彼岸，科学的自由，作为一种精神上的自由，正是这样一种'彼岸的自由'。它能为国家和社会保存一支校正力量，去校正那些在社会和政治上虽已形成了优势，但并不一定健康的东西。"[1] 的确，并非形成了风气和优势的东西就一定是好东西，大家都这样做并不说明事物的正确性，因为完全有可能大家都错了，真理有时就是只掌握在少数人手里的，尤其是当真理刚刚被揭示出来的时候。由于德国的大学里本身就有种氛围，因此，德国的学者往往在面对社会的不公正时敢于发挥他们的纠错机能。

当然，教授、学者本身也生活在现实世界之中，这种"校正力量"能否作为现实力量而存在，最后仍然要取决于他们的校正方案能否符合政治领导者的利益。不过，学者与官员被黑格尔称之为两个"普遍阶层"是有道理的。黑格尔认为，"所有阶层都有自己的利益，但唯有学者与官员是现代国家的两个普遍阶层，它们并不占有生产资料，但具有将社会的个别利益与进行平衡的国家行动彼此联系起来的功能。"[2] 他们两者之间的分立与合作，对这个社会的现代化进程有着极为重要的意义。在德意志的现代化进程中，大学教授为国家官僚机器提供了大量可供选择的改革方案。"社会保险计划"、"福利国家方案"、"社会市场经济理论"等，无一不是德国大学教授们为克服自由放任的资本主义弊端所做出的努力。

第三节 "辉煌的哥廷根时代"

哥廷根大学是由德意志汉诺威王国国君、同时又当上了英国国王的乔治

---

1 Thomas Nipperdey: *Deutsche Geschichte, 1800~1866*, München, C. H. Beck Verlag, 1983, S.59.
2 Hans-Ulrich Wehler: *Moderne deutsche Sozialgeschichte*, Köln, Kiepenheuer & Witsch Verlag, 1970, S.55.

二世（Georg August）于 1737 年创建的，全称为"乔治—奥古斯特—哥廷根大学"。柏林大学创办以前，它无疑是世界上最先进的大学之一。19 世纪中期以前，该校便涌现出一批享誉世界的著名学者，如数学大师高斯、黎曼、狄利克雷、雅可比，物理学大师韦伯、医学大师哈勒、文学大师格林兄弟等。自 19 世纪中期以来，它一直是德意志三大研究型大学之一，[1] 据统计，共有 18 位诺贝尔自然科学奖项得主出自于哥廷根大学的教师队伍，若将在这里求过学的诺贝尔奖得主也算进去，总数多达 45 名。此外，梅特涅、俾斯麦、魏茨泽克、施罗德、洪堡兄弟、格林兄弟、海涅、叔本华、胡塞尔、马克斯·韦伯、哈贝马斯等著名政治家和学者都先后求学于哥廷根大学。20 世纪前期，它曾创造过人类教育与科学发展史上"辉煌的哥廷根时代"，现今仍为世界八大名校之一。[2]

　　哥廷根大学原本是汉诺威王国大学。但 1866 年的普奥战争以普鲁士的胜利而告终后，根据同年 8 月 23 日普、奥签署的《布拉格和约》，奥地利退出德意志世界，曾协助奥地利作战的汉诺威王国，则被强行并入"北德联盟"的领导国——普鲁士，成为这个德意志最大邦国中的一个行省，哥廷根大学也自然被划归普鲁士文化教育部管辖。

　　对这所大学后来的发展来说，具有决定性意义的是 1871 年普法战争之后统一的德意志帝国（1871 ~ 1918）的建立。随着柏林从普鲁士邦国首都一跃而成为整个德意志帝国首都，将柏林大学扩建成新帝国教育与科学中心的计划开始启动，此举改变了普鲁士以至整个德意志帝国的大学体制及其结构，也使哥廷根大学传统的优势地位发生了动摇。

1　19 世纪中期至 1933 年，德意志三大研究型大学为柏林大学、慕尼黑大学与哥廷根大学。
2　根据整个 20 世纪 100 年间拥有诺贝尔奖得主的多寡，排列居前十位的世界一流大学为：英国剑桥大学、美国哈佛大学、美国哥伦比亚大学、德国柏林大学、德国慕尼黑大学、美国芝加哥大学、法国巴黎大学、德国哥廷根大学、英国牛津大学、美国加州大学伯克利分院，其中美国 4 所，德国 3 所，英国 2 所，法国 1 所。据统计，共有 18 位诺贝尔奖得主出自于哥廷根大学，其中大多数得主的获奖成就都完成于 1900 年至 1933 年"辉煌的哥廷根时代"。

一、遭到国家当局冷落的哥廷根大学

19 世纪初至 1866 年，在人文社会科学领域里，哥廷根大学显然引导了教授岗位的设立进程。1815 年，这所大学在人文科学领域中就拥有 11 名教授，在当时所有德意志大学中"独占鳌头"。1837 年 11 月 18 日，由于著名的"哥廷根七君子"，即语言学家格林两兄弟、历史学家达尔曼、格维努斯、东方学家埃瓦尔德、国家法专家阿尔布雷希特、物理学家韦伯等 7 位著名学者，为抗议国王废除宪法，愤然集体辞职，使哥廷根大学在这个领域中元气大伤。[1]直到 19 世纪 50 年代，这种损失才得以弥补。1866 年归并普鲁士前夕，哥廷根大学的人文科学教授已增加到 16 名，超过了柏林大学（14 名）、慕尼黑大学（14 名）和海德堡大学（11 名），是当时人文科学教授数量最多的德意志大学；若再加上神学（6 名）、法学（9 名）教授，其整个文科教授集团的规模达 31 名，同样超过柏林大学（30 名）而居第一位。自然科学领域中也不例外，哥廷根大学早在 1866 年以前就拥有最为基础的所有学科，如数学、天文学、物理学、化学、植物学、动物学、矿物学、地理学、医学等，有教授 32 名，比柏林大学（24 名）多 8 名，在当时所有德意志大学中拥有最雄厚的实力。[2]

然而，自德帝国建立以来，哥廷根大学的这种领先地位逐渐丧失。这所大学不仅从过去王国唯一大学的独尊地位上跌落下来，更重要的是，整个学科发展遭到了普鲁士文化教育部有意的抑制与冷落。1871 年至 1886 年之间，在人文社会科学方面，哥廷根大学没有增加过 1 名教授；而在自然科学方面，哥廷根大学仅为植物学增加过 2 名教授（1878 年）。[3]

---

1 *Harenberg Kompaktlexikon, Band.1,* Dortmund: Harenberg Lexikon Verlag, 1996, S. 1084.

2 Karl Strobel, *Die deutsche Universität im 20. Jahrhundert,* Greifswald: SH-Verlag, 1994, S. 32.

3 Günther Meinhardt, *Die Universität Göttingen. Ihre Entwicklung und Geschichte von 1734~ 1974,* Göttingen, Musterschmidt Verlag, 1977, S. 71.

柏林大学创建于 1810 年，19 世纪 60 年代以前不过是德意志五大名校之一，但在 70 至 80 年代的教授岗位设立浪潮中，却增加了 8 名人文科学教授和 10 名自然科学教授，整个教授集团的规模也由 1866 年的 54 名上升到 72 名。1881 年后已经牢牢占据了第一位。[1] 而哥廷根大学教授集团的规模不仅没有得到什么扩展，反而逐渐下降到一所普鲁士中等规模高校的"正常水平"。到 1886 年初，它（66 名教授）不仅与柏林大学（72 名）保持了一种相当的距离，而且被哈勒大学（51 名）、波恩大学（54 名）、布雷斯劳大学（61 名）逐渐追了上来。[2]

直到 1886 年下半年，哥廷根大学才终于为它的文科领域赢得了帝国建立后的第一个教授岗位增设权。这是德国、也是世界图书馆学中的第一个教授岗位，就连柏林大学也是迟至 1920 年才拥有图书馆学教授的。[3] 这表明，在抑制和冷落了长达 20 年后，普鲁士国家文化教育部才开始对哥廷根大学的文科发展采取迎合态度。但是自然科学学科上受抑制的局面仍无改观。

1887 年，哥廷根大学校庆 150 周年之际，新任校长、著名语言文学家乌尔里希·冯·维拉莫维茨—莫伦多夫（Ulrich von Wilamowitz-Moellendorff）教授在校庆庆典上见到普鲁士文化教育部次长、高教司司长弗里德里希·阿尔特霍夫（Friedrich Althoff），曾就哥廷根大学的学科发展问题与这位政府要员进行过交谈。这位校长在事隔多年后回忆道："在那些日子里，我们一直徒劳地盼望能从政府那里得到一份有价值的礼物，期待能新建哥廷根。阿尔特霍夫先生也说，'我们没有忘记哥廷根，国家将要新建一批医学研究所，其中包括哥廷根'。而事实上，这场广泛的新建直到 80 年代末才开始，轮

1　Adolph Wagner, *Die Entwicklung der Universität Berlin*, Berlin: Wilhelm Ernst & Sohn Verlag, 1896, S. 20.

2　Thomas Ellwein: *Die deutsche Universität, vom Mittelalter bis zur Gegenwart*, Königstein: Athenäum Verlag, 1985, S. 167.

3　Werner Dube und Ruth Unger, *Geschichte des Instituts für Bibliothekswissenschaft*, Berlin: Herbert Witting Verlag, 1960, S. 81.

到我们哥廷根大学时，已是 90 年代了。"[1]

到 1914 年，平均每所德意志大学有 45 名文科教授和 28 名自然科学教授。哥廷根大学的文科教授队伍的规模虽扩大到 36 名，但此时柏林大学已突破了 48 名。在哲学、历史、语言等这些最为基础的人文科学领域里，哥廷根大学因拥有 21 名教授而名列全国第三，排在它前面的是柏林大学（29名）、慕尼黑大学（24 名）。也就是说，哥廷根大学的整个文科教授集团近半个世纪才增加了 5 名成员；而它人文科学教授的人数花了整整一个世纪才翻了一番。[2]

所幸的是，从 19 世纪末到 20 世纪初，哥廷根大学的自然科学学科奇迹般地获得了巨大发展，1914 年，它自然科学教授集团的规模达到了 48 名，超过了柏林大学的 44 名，成为了当时自然科学教授数量最多、质量最高的德意志大学。[3]

二、获得巨大发展的自然科学学科

哥廷根大学的自然科学学科之所以能获得巨大发展，主要不是因为普鲁士文化教育当局的意志，而要首先归功于世界著名数学家费利克斯·克莱因（Felix Klein）的倡议。正是因为克莱因，才巩固并扩大了哥廷根大学在自然科学上的荣誉。作为数学大师高斯、黎曼的接班人、哥廷根大学数学—自然科学专业集团杰出的领导者，克莱因对于 19 世纪末 20 世纪初的科学发展与第二次工业革命之间的关系有着特别清醒的认识。这种认识有着独特的时代背景。

---

1 Ulrich von Wilamowitz-Mellendorff, *Erinnerungen 1848~1914*, Leipzig: Breitkopf & Härtel Verlag, 1928, S. 209.

2 Karl Strobel, *Die deutsche Universität im 20. Jahrhundert*, Greifswald: SH-Verlag, 1994, S. 32.

3 Karl Strobel, *Die deutsche Universität im 20. Jahrhundert*, Greifswald: SH-Verlag, 1994, S. 30.

1873 年，新建立起来的德意志帝国便遭遇到一场经济上的长期萧条。德意志经济直到 90 年代初也仍然没有出现复苏的迹象，与此同时，德国产品在世界市场上却日益受到来自美国高科技产品的强烈排挤。因此，在德意志企业家与工程师们看来，这场萧条唯有通过一场技术上的全面更新才可能摆脱。1890 年 12 月，经济界与学界人士为此召开专门会议。在这次会议上，德意志企业家联合会与工程师联合会对德意志的大学与经济、技术领域之间的疏远状态表达了强烈不满。它们在一份给普鲁士文化教育部的呈文中指出："目前，高校对于职业领域、对于德意志工业的效率所能产生的作用实在太少。但无论在和平或是战争时期，德国占据世界领先地位的绝大部分东西都将以这种效率为基础，这种世界领先地位的维持是要靠工业来提供物质手段，靠技术来提供武器和工具的。因此，教育改革的任务，从相当大的程度上讲，在于通过对新语言和自然科学教育手段的培植，来为民族提供高效率的职业圈子。"[1] 工业界对新技术、新人才的渴望，给参加这次会议的克莱因留下了极为深刻的印象。

带着这种印象，克莱因出席了 1893 年在美国芝加哥举办的世界博览会。在这次博览会上，克莱因发现，"眼前正在发生的这场工业新革命，实际上标志着人类的技术革命已开始由过去的'工匠革命'阶段进入到'科学家革命'的新时代。它的引发力量已不再来自于生产技术本身，而来自于似乎同生产毫无关系的科学研究成果。任何重大新技术的出现，已不再来源于单纯经验性的创造发明，而来源于长远的科学实验和理论的基本研究。过去科学的主体部分与技术的疏远状态，随着电磁波理论的发展、电力时代的到来已被打破。因此，科学对生产技术的指导意义不仅无可怀疑，而且责任重大，

1 Ludwig von Friedeburg, *Bildungsreform in Deutschland, Geschichte und gesellschaftlicher Widerspruch*, Frankfurt am Main: Suhrkamp Verlag, 1989, S. 192.

它必将开辟出一个新的工业体系。"[1] 摆在克莱因面前的问题是，在生产技术的发展日益依赖于科学研究的局势下，如何将科学研究的成果转化为技术性的生产力，以及解决由技术本身所提出的科学问题。对此，他的回答是，"这需要科学家们跳出过去的理论框架去开辟一种交叉性的、与应用相关的新科学领域。发展应用科学必将成为大学自然科学学科发展上的一个新方向！"[2]

在芝加哥博览会期间，克莱因顺便考察了几所美国大学，并对这些大学的自然科学学科与工业技术运用相结合的尝试大加赞扬。相比之下，他认为，"德国大学的自然科学却仍然只是在'哲学统一王国'中承担着解释世界的任务"，[3] 而"科学的任务显然不仅在于解释世界，更在于认知并改造世界"。因此，他立志要消除当时在德国以及整个欧洲的大学中都严格保持的"纯科学与各种实际运用之间的界线"。[4]

归国后，克莱因特别提倡"突破柏林大学模式中不合理的限制"，"向美国大学模式学习"，"走一条理论与实践相结合的道路"。[5] 他竭尽全力地证明："数学应该与实际运用活动紧密地联系起来。"[6] 在他长年的积极努力之下，哥廷根大学的整个自然科学终于脱离了哲学领域，并先后独立成立了数学、天文、物理、化学、技术和机械学院。与此同时，本着"数学必

1 Karl-Heinz Manegold, *Universität, Technische Hochschule und Industrie, Ein Beitrag zur Emanzipation der Technik im 19. Jahrhundert unter besonderer Berücksichtigung der Bestrebungen Felix Kleins,* Berlin, Duncker & Humbolt Verlag, 1970, S. 46~47.

2 Karl-Heinz Manegold, *Universität, Technische Hochschule und Industrie, Ein Beitrag zur Emanzipation der Technik im 19. Jahrhundert unter besonderer Berücksichtigung der Bestrebungen Felix Kleins,* Berlin, Duncker & Humbolt Verlag, 1970, S. 49.

3 Karl Strobel, *Die deutsche Universität im 20. Jahrhundert,* Greifswald: SH-Verlag, 1994, S. 33.

4 Karl-Heinz Manegold, *Universität, Technische Hochschule und Industrie, Ein Beitrag zur Emanzipation der Technik im 19. Jahrhundert unter besonderer Berücksichtigung der Bestrebungen Felix Kleins,* Berlin, Duncker & Humbolt Verlag, 1970, S. 50.

5 Karl-Heinz Manegold, *Universität, Technische Hochschule und Industrie, Ein Beitrag zur Emanzipation der Technik im 19. Jahrhundert unter besonderer Berücksichtigung der Bestrebungen Felix Kleins,* Berlin, Duncker & Humbolt Verlag, 1970, S. 51.

6 罗伯特·容克：《比一千个太阳还亮》，北京，原子能出版社，1980年版，第8页。

须与其他科学、与社会有着积极而互惠的关系"的强烈信念，[1] 克莱因为哥廷根大学建立起一种与产业部门之间富有成果的联系。1898 年，哥廷根大学与工业界之间的成功谈判，导致了"哥廷根应用数学与应用物理学促进协会"的建立，它开创了以后各类科学基金会的先河。[2]

由于克莱因的卓越领导，哥廷根大学不断开辟出新的交叉学科生长点。仅在 1896 年至 1907 年这 11 年间，该校就诞生了德国和世界上最早的物理化学和电化学（1896）、地球物理学和应用数学（1904）、应用机械学和应用电子学（1907）等新兴应用学科，并在这 6 个学科中设立了教授岗位。在那些自然科学最为基础的学科中，哥廷根大学也通过新专业方向的开辟增设了5 个教授岗位，因而拥有 4 名数学教授、8 名物理学和化学教授，比当时其他任何一所德意志大学都要多。[3] 而在医学领域中，通过 19 世纪 90 年代医学研究所的建立，哥廷根大学也增加了 3 名教授。

总之，19 世纪末 20 世纪初，哥廷根大学在其人文社会科学地位下降的同时，通过对数学、物理学、化学三大自然科学基础学科的广泛扩建，通过对大量新兴应用学科的开辟，占据了大学专业化进程中的领导地位，从而也成为当时唯一的一所发生了科学重心从人文社会科学向自然科学转移的大学。

三、哥廷根大学的独特魅力与学术氛围

在人才自由流动的机制下，教授流动率越低，说明这所大学的威望和地位越高。据统计，1866 年至 1914 年间，受聘于哥廷根大学的学者中，只有28% 的文科教授和 34% 的自然科学教授最后离开了哥廷根，这在当时的德意

---

1 康斯坦丝·瑞德：《库朗，一位数学家的双城记》，上海，东方出版中心，2002 年 7 月版，第 157 页。
2 Bernhard vom Brocke, *Wissenschaftsgeschichte und Wissenschaftspolitik im Industriezeitalter*, Hildesheim: Lax Verlag, 1991, S. 87.
3 Karl-Heinz Manegold, *Universität, Technische Hochschule und Industrie, Ein Beitrag zur Emanzipation der Technik im 19. Jahrhundert unter besonderer Berücksichtigung der Bestrebungen Felix Kleins*, Berlin, Duncker & Humbolt Verlag, 1970, S. 85.

志大学中是最低的。[1] 这说明哥廷根大学在教授们心目中有着独特的魅力与威望，关于这一点，也不难从当年教授们的回忆中找到证明。

著名历史学家、教育史专家鲁道夫·斯门德（Rudolf Smend）教授曾做过这样的描述："哥廷根大学的教授从不轻易接受一所外地大学的聘书，即使是来自柏林大学的聘书也不例外。在柏林的人，若不作根本性的比较，可能还感受不到哥廷根大学的特殊地位。在归并后的十多年里，就连柏林大学也不能赢得哥廷根大学的教授。"[2] 而事实上，直到 19 世纪 90 年代初，也仍然存在哥廷根大学教授拒聘柏林大学的现象。

哥廷根大学无疑是世界上最美的大学之一，著名科学史专家罗伯特·容克（Robert Jungk）曾做过这样的描述："哥廷根是一座宁静而又安逸的小城，城中耸立着高高的哥德式雅克布吉尔赫尖塔。在威廉韦伯街上布满了一座座教授们的住宅，墙上爬满了紫藤和铁线莲，看去好像什比茨维尔的风景画；那烟雾腾腾的大学生酒馆，那古典式的带有白色圆柱的明亮的大礼堂，都给人一种古色古香和闲雅的印象。"[3] 当然，仅靠宜人的景色和秀丽的风光，不足以使教授、学者们如此想往和留恋哥廷根，最为关键的还是这里特有的学术氛围。

在德帝国时代，哥廷根可算是一座普鲁士官僚主义气息最少的城市。不同于那所位于帝国首都的柏林大学，在这座小小的大学城里，在这个自由研究的世外桃源中，最受人尊重的不是那些王公贵族、世家子弟、高级官员和耀武扬威的军官，而是这些大学教授与科学家。即使是那些已经退休的教授，人们也像对待亲王一样地尊敬他们。罗伯特·容克继续写道，"每当这些受

[1] Karl Strobel, *Die deutsche Universität im 20. Jahrhundert*, Greifswald: SH-Verlag, 1994, S. 39.

[2] Rudolf Semend, *Die Berliner Friedrich-Wilhelms-Universität*, Göttingen: Vandenhoeck & Ruprecht Verlag, 1961, S. 19.

[3] 罗伯特·容克：《比一千个太阳还亮》，北京，原子能出版社，1980 年版，第 6 页。

尊敬的先生们在城里的马路上（有的马路就以他们的名字命名）漫步时，到处都受到人们的欢迎。有时就在马路上回答人们提出的问题，提问题的人有的是坐在敞开着的窗子旁边准备讲稿的年轻的学者，有的是不久前应邀从某大学来到这里的年轻的教师。看来，没有什么外界原因能阻碍科学家勇往直前地发展学术和积累知识。"[1]

著名地理学家、原柯尼斯堡大学教授赫尔曼·瓦格纳（Hermann Wagner），其父生前也是一名哥廷根大学教授。作为一个从小在这座大学城中长大的人，他对这里严肃的学术氛围做出过极高的评价。1880 年夏天，他同时接到两份聘书，一份是去哥廷根大学的，另一份是去莱比锡大学的，他毫不犹豫地选择了哥廷根。说到做出这种选择的原因时，他这样讲道："在我很小的时候，我就熟悉了这里的气氛并认识这里的许多教授，我知道，在这座小城里，在这种宁静之中，人们能够充分利用它藏书丰富、极为舒适的图书馆投身于科学工作，这在当时就像一座高山一般在吸引着我，我当然不想去尝那些大城市拥挤喧嚣的味道。"[2]

著名数学家赫尔曼·闵可夫斯基（Herman Minkowski）[3] 1901 年曾作为苏黎世大学教授到哥廷根大学做学术访问。在此期间，他被这里浓厚的学术气氛所深深打动，便将能成为哥廷根大学教授视为自己一生的理想。第二年，他终于如愿以偿。他这样讲道："任何一个到过哥廷根的人，都会对这儿激动人心的气氛留下深刻的印象……一个人哪怕只是在哥廷根作一次短暂的停

---

1 罗伯特·容克：《比一千个太阳还亮》，北京，原子能出版社，1980 年版，第 7 页。

2 Hermann Wagner, *Göttinger Professoren*, Göttingen: Vandenhoeck & Ruprecht Verlag, 1924, S. 18.

3 赫尔曼·闵可夫斯基（1864～1909），世界著名数学家，几何学大师、数学物理学科方向的开创人，1896～1902 年任苏黎世大学教授，1902～1909 年任哥廷根大学教授，也是阿尔伯特·爱因斯坦当年的数学老师，爱因斯坦的相对论就是运用他的数学公式进行论证的，因此，相对论原理所表述的物理现象，其背后数学结构的发现应归功于闵可夫斯基，它是现代电磁理论的支柱。

留，呼吸一下那儿的空气，都会产生强烈的工作欲望。"[1]

哥廷根大学的确是一所典型的"工作型大学"。诺贝尔化学奖得主奥托·瓦拉赫（Otto Wallach）教授曾这样告诫新来者："在哥廷根，人们是最不容易从工作中抽身出来的。"[2] 著名英国语言文学专家阿洛伊斯·勃兰德尔（Alois Brandl）教授则这样赞美哥廷根大学的学术氛围："在哥廷根，我所有的同事们都被一种科学上的竞争热情所鼓舞，这种精神在我面前从未消失过。哥廷根大学很可能是世界上最有雄心的大学，谁要想在这个社会中有地位，谁就必须写出世界上最优秀的著作，做出世界上最出色的成就！"[3]

著名法学家鲁道夫·冯·依尔林（Rudolf von Ihering）教授的回忆以另一种方式反映了这里严肃的研究工作氛围。抱着献身于自己所热爱的科学工作的热情，他从维也纳来到了哥廷根。15 年过去之后，他有些怀疑自己当年的这个决定："我发现这里的科学家们都处于一种近乎于'自杀式的工作气氛'之中。我对我自己说：'如果你当初去柏林、莱比锡、海德堡，那就不存在这种科学生活的严肃性了，当然，你也就得放弃你的科学义务、工作上的方便和舒适的自然环境。'但是我已经这样做了，这对当时的我来说并非如此沉重。可是我不知道，真的不知道，如果将来有一天，我又一次得到去海德堡大学的邀请，我又会怎么做呢？尽管我想献身于义务和科学。"[4]

不仅是这些当年受聘于哥廷根大学的教授，就连那些当年来访的外国教授也对哥廷根大学的学术氛围赞不绝口。例如，美国著名数学家桑德斯·麦克莱恩（Saunders MacLane）教授这样评价他曾访问过的哥廷根大学："世界

1 康斯坦丝·瑞德：《希尔伯特——数学王国的亚历山大》，上海，上海科学技术出版社，2001 年 8 月版，第 93 页，第 127 页。

2 Otto Wallach, *Göttinger Professoren, Lebensbilder von eigener Hand*, Göttingen: Vandenhoeck & Ruprecht Verlag, 1924, S.41.

3 Alois Brandl, *Zwischen Inn und Themse. Lebensbeobachtungen eines Anglisten*, Berlin: Alt-Tirol Verlag, 1936, S. 224.

4 Rudolf von Ihering, *In Briefen an seine Freunde*, Leipzig: Breitkopf & Härtel Verlag, 1913, S. 314.

上没有其他任何地方可能同它相比。它是一个真正的智能活动中心，那里进行着十分激动人心的工作。不论什么都让人感到那是真正的本质，是事物的中心。……我曾在芝加哥念研究生，它比芝加哥强得多，我曾在耶鲁当大学生，它比耶鲁强万倍！"在谈到美国的哈佛、伯克利等大学后来也有活跃的学术气氛时，他特别强调，"但是哥廷根是头一个！"[1]

到 1914 年，哥廷根大学拥有规模上仅次于柏林大学（92 名）的第二大的教授集团（84 名），但同时它拥有全国规模最大、实力最强的自然科学教授集团。在自然科学领域里，它已是当之无愧的世界一流大学。

四、自然科学领域中的"世界一流大学"

在人文社会科学领域里，所有德意志大学之间，形成了一种相对格式化、等级化的人才交流与交换体制，不同的大学被划分成"入门型大学"、"一般上升型大学"、"著名上升型大学"以及"终点型大学"四大类。一名年轻教师虽然可以流动，但必须顺着这种等级向上流动。在新教的普鲁士，虽拥有德国近三分之二的大学，但只有柏林大学才是"终点型大学"，而哥廷根大学、哈勒大学等只被定为"著名上升型大学"，这当然很难保证哥廷根大学能得到普鲁士最好的文科人才，更不要说获得天主教地区的大学如慕尼黑、莱比锡、海德堡大学的文科人才了。

但是在自然科学领域里，所有德意志大学之间，并没有形成这样一种相对格式化、等级化的人才交流与交换体制，其原因是多方面的。

首先，在德意志，人文社会科学家与自然科学家之间存在着这样一种区别：人文社会科学家往往有教派信仰上的种种束缚；而自然科学家在教派信仰上只有很少的或是根本没有什么束缚。因此，在新教大学与天主教大学之间，自然科学家要比人文社会科学家在人才交换与交流方面自由得多，而

---

[1] 康斯坦丝·瑞德：《库朗，一位数学家的双城记》，上海，东方出版中心，2002 年 7 月版，第 162 页。

这一点是有利于自然科学家们突破新教地区的普鲁士大学之间的人才交流体制，自由迁入任何一所德意志大学的。

其次，人文社会科学家在任何一所大学里都能独当一面，而自然科学家则不尽然。这一方面是因为，人文社会科学家的研究工作是充分个性化的，而在自然科学家中，除数学家外，其他科学家的研究工作往往是相互协作的；另一方面则是因为，在当时任何一所德意志大学里，人文社会科学的专业分布都是相对简单的，而自然科学领域的专业分布在不同的大学里，却是有的简单，有的复杂。一般来说，水平越低的大学，其专业分布越简单；水平越高的大学，其专业分布越复杂。因此，一位文科教授，若向更高水平的大学升迁，总能得到更为优越的全面待遇；但是对一位自然科家学来说，情况可能恰恰相反，若是他去一所专业分布相对简单、水平更低的大学，他几乎总能成为独立的、不受限制的研究机构的领导人；而当他去一所专业分布相对复杂、科研水平更高的大学时，他就必须与他人分享影响与权力，与此同时，他与本校同行科学家之间成就上的竞争也就更加激烈。这意味着，唯有那些真正立志于献身科学的最为优秀、最有潜力的自然科学人才，才敢于向那种专业分布更复杂、科研水平更高的大学流动。

基于以上原因，在所有德意志大学之间仍然存在着自然科学人才充分自由流动和自由竞争的前提条件。正是在这种条件下，哥廷根大学的自然科学摆脱了等级、格式上的种种限制，并利用它交叉广泛、分布复杂的新兴学科优势，招聘到全德国甚至是全世界最为优秀的自然科学人才，[1] 创立了著名的"哥廷根学派"，形成了与柏林大学充分竞争的局面。进入 20 世纪以后，哥廷根大学在自然科学上成为了当之无愧的"世界一流大学"，并在 1900 年

1　例如，著名数学家希尔伯特来自柯尼斯堡大学，著名化学家能斯特、著名物理学家弗兰克均来自柏林大学，著名化学家席格蒙迪来自耶拿蔡斯工厂，著名数学家闵可夫斯基来自瑞士苏黎世大学，著名化学家德拜则来自荷兰乌德勒支大学。

至 1933 年间创造了人类自然科学发展史上"辉煌的哥廷根时代"！

首先，在数学领域里，哥廷根大学拥有费利克斯·克莱因（Felix Klein）、大卫·希尔伯特（David Hilbert）、赫尔曼·闵可夫斯基（Herman Minkows-ki）、卡尔·龙格（Carl Runge）等最为杰出的人物，后又有爱德蒙·兰道（Edmund Landau）、理查德·库朗（Richard Courant）等后起之秀。[1] 他们当中的任何一位，都堪称"世界一流的数学大师"。[2] 由于他们的存在，哥廷根大学成为了"数学的麦加"，名副其实的"世界数学中心"，以至于在当时全世界数学专业的学生中，最响亮的口号就是："打起你的背包，到哥廷根去！"[3]

其次，到 20 年代，受聘于哥廷根大学物理学与化学这两大基础学科中的所有教授（共 8 名），个个都是当时或后来的诺贝尔奖得主！他们是著名物理学家约翰内斯·斯塔克（Johannes Stark，1919 年获奖）、詹姆斯·弗兰克（James Franck，1925 年获奖）、马克斯·玻恩（Max Born，1954 年获奖）；著名化学家奥托·瓦拉赫（Otto Wallach，1910 年获奖）、瓦尔特·能斯特（Walter Nernst，1920 年获奖）、理查德·席格蒙迪（Richard Zsigmondy，1925 年获奖）、阿道夫·奥托·莱因霍尔德·温道斯（Adolf Otto Reinhold Windaus，1928 年获奖）、彼得·德拜（Peter Debye，1936 年获奖），[4] 从而形成了当时物理学与化学领域里"世界上所有大学中的最强阵容"！[5] 而这两大领域的哥廷根

1 克莱因于 1886 年、希尔伯特于 1895 年、闵可夫斯基于 1902 年、龙格于 1904 年受聘为哥廷根大学教授，而兰道是在闵可夫斯基去世后的 1909 年、库朗是在克莱因退休后的 1920 年受聘为哥廷根大学教授的。

2 Karl Strobel, *Die deutsche Universität im 20. Jahrhundert*, Greifswald: SH-Verlag, 1994, S. 37.

3 康斯坦丝·瑞德：《希尔伯特——数学王国的亚历山大》，上海，上海科学技术出版社，2001 年 8 月版，第 148 页。

4 这 8 人中有 6 人都是在 1918 年帝制崩溃前就来到了哥廷根大学。其中，瓦拉赫于 1889 年、斯塔克于 1900 年、能斯特与席格蒙迪于 1908 年、德拜于 1914 年、温道斯于 1915 年、弗兰克于 1920 年、玻恩于 1921 受聘为哥廷根大学教授。

5 Friedrich Hund, *Die Geschichte der Göttinger Physik*, Göttingen: Vandenhoeck & Ruprecht Verlag, 1987, S. 36.

学子中，又有物理学博士马克斯·冯·劳厄（Max von laue，1914年获奖）、维尔讷·卡尔·海森堡（Werner Karl Heisenberg,1932年获奖）、恩里科·费米（Enrico Fermi，1938年获奖）、沃尔夫冈·泡利（Wolfgang Pauli，1945年获奖）、尤金·P.维格纳（Eugene P.Wigner，1963年获奖）以及化学博士伊尔维因·朗缪尔（Irving Langmuir，1932年获奖）、弗里德里希·布特南特（Friedrich Butenandt，1938年获奖）等人先后获诺贝尔物理学奖或化学奖。

此外，在希尔伯特、弗兰克、德拜、玻恩等人的领导下，哥廷根大学的科学家们早在1914年第一次世界大战爆发前夕，就已经开始了原子核物理方面的研究，从而使哥廷根成为最早的"世界原子核物理中心"。1938年，威廉皇家科学院化学研究所研究员、哥廷根大学教授奥托·汉恩（Otto Hahn）成功地完成了人类历史上第一次成功的核裂变。这场试验引发了世界各国研制原子弹的竞赛热潮，他本人也因此在二战结束后被追授了1944年诺贝尔化学奖。至于后来成为美国"曼哈顿工程负责人"的"令人惊讶的奥本海默"，以及"坚毅果断的维纳、爱沉思的布洛德、谦虚谨慎的瑞奇麦尔、精神饱满的鲍林"、希尔士费尔德、豪特曼斯、阿特金逊、迪拉克等这些"曼哈顿工程"中的杰出科学家，都是当年哥廷根大学勤奋好学的年轻学子。[1] 另外，当年哥廷根大学应用力学研究所年轻的编外讲师西奥多·冯·卡门（Theodor von Karman）博士，后来成为了"美国导弹之父"以及航空和空间研究的领导人。[2] 而爱德华·特勒（Edward Teller）博士后来也在美国成为了"氢弹之父"。

在哥廷根大学的数学、天文、物理、化学、技术和机械学院脱离哲学领域独立成立之后，在这些学院的周围，出现了一大批制造科学测量设备和光学精密仪器的私人工业企业。从此，这座古老的小城变成了世界最新技术的

---

1 罗伯特·容克：《比一千个太阳还亮》，北京，原子能出版社，1980年版，第13～18页。
2 西奥多·冯·卡门，哥廷根大学博士、应用力学研究所编外讲师，1930年去美国，后成为美国火箭技术的开创人，也是"中国导弹之父"钱学森留学美国时的导师。

摇篮。[1] 科学与产业的紧密结合，成为进一步推动哥廷根大学自然科学发展的杠杆，也使这一时期的哥廷根大学在自然科学方面成为柏林大学乃至全世界大学仿效的样板。

五、总结：哥廷根大学的成功之路

自 1866 年汉诺威归并普鲁士后，哥廷根大学的学科发展受到了普鲁士文化教育部长达 20 年的冷落和抑制。这种长期歧视显然和哥廷根大学与柏林大学之间的竞争性有因果关联。这两所大学当时的重点都在人文社会科学上，而人文社会科学，作为直接关系到国家意识形态与政治统治的科学，其发展重心当然不可能放在一所出身明显带有英国文化痕迹而又具有传统优势地位的地方性大学身上。特别是 1871 年德意志帝国的建立，更是成为立即抑制哥廷根大学发展的直接原因。在柏林上升为帝国首都后，将柏林大学扩建成整个德意志民族的教育与科学中心，成为帝国统治者十分自然的选择。而哥廷根大学则相反，被普鲁士文化教育当局有意装备成一所中等规模的大学。

但是，哥廷根大学的自然科学却走上了一条完全不同的发展道路，它上升为"世界一流大学"的辉煌成就，丝毫不亚于柏林大学。究其原因，可总结出以下几点：

其一，著名数学家克莱因 1893 年的美国芝加哥之行以及他归国后的倡议，起到了关键性的作用。

自 1871 年以来，德意志所有的大学都在经历一场"柏林大学模式"的改造过程。这种模式的一个重要特点在于：强调"哲学学科对其他学科的统治地位"，由此也勾画出"纯科学与各种实际运用之间的界线"。这种"科学统一观"的理解必然与科学化、并因此也与具体学科方向上的长远发展发生矛盾。

到 19 世纪 90 年代，人类的自然科学活动已在发生由理论研究向实验研究的重大转变，并脱离了哲学上的固定化。自然科学在转入实验—实证主义

---

1 罗伯特·容克：《比一千个太阳还亮》，北京，原子能出版社，1980 年版，第 8 页。

的具体方向中,已经找到了与实践紧密联系的连通口。因此,此时的哲学学科,实际上患上了一种最不纯一、最具专横性的"脑积水",而多元性的、环节上与实践相关的科学,已经开始统治仍被强行捆扎在哲学领域里的专门学科。哲学与其他学科的有效分界线已是再清楚不过的事实了,这就将"科学统一观"的要求变成了一幅漫画。

显然,唯有突破过去严格遵循的"纯科学与各种实际运用之间的界线",才能为自然科学的进一步发展找到出路,这就是克莱因 1893 年在美国芝加哥博览会上感悟到的现实。而他提出的"理论与实践相结合"原则,突破了单一化的"柏林大学模式",使哥廷根大学成为"柏林大学模式"与"美国大学模式"结合得最早、最好的大学。而它在自然科学上取得的伟大成就,更是反过来证明了"理论与实践相结合"道路的正确性。

其二,哥廷根大学能成为自然科学上的"世界一流大学",也是由于它本身有着数学研究上的雄厚根基以及自然科学方面的长期积累,否则它成功的几率就会小得多。

数学,作为科学的神经与科学时代的前锋,将人类思维的发展高度地精确化与数字化,任何人类科学实践活动的最后归纳,都会遇到大量的数学问题,而新科学观点的提出,也往往需要得到数学上的证明,需要数学上的公式来表达。正如 20 世纪最伟大的数学家、哥廷根大学教授希尔伯特所言:"数学是调节理论和实践、思想和经验之间差异的工具。它建立起了一座连通双方的桥梁并在不断地加固它。事实上,全部现代文明中有关理性认识和征服自然的部分都有赖于数学!"[1] 而在这方面,哥廷根大学恰恰是得天独厚的。

将数学的方法引入物理学,便带来了物理学的革命;将物理学的方法引入化学,便带来了化学的革命,这就是以数学为先导的"哥廷根学派"的成

1　康斯坦丝·瑞德:《希尔伯特——数学王国的亚历山大》,上海,上海科学技术出版社,2001 年 8 月版,第 278 页。

功之路！正如 1932 年诺贝尔物理学奖得主海森堡后来回忆道的："凡是 20年代在哥廷根学习过的人，对于这种影响都有充分的体会……这种哥廷根特有的数学环境，对于这些领域中的每一项理论发展来说，始终都是比其他任何地方更合适的场所。"[1]

可以这样说，没有哥廷根大学的"世界数学中心"，就没有它的"世界物理学与化学领域中的最强阵容"，也就更没有它的"世界原子核物理中心"。从这个意义上讲，克莱因的"数学应该与实际运用活动紧密地联系起来"原则的提出，的确带来了自然科学上的一场伟大革命，这场革命发端于世界上数学研究根基最为雄厚的哥廷根大学，绝非偶然！

其三，哥廷根大学能成为"世界一流大学"，也是由于它适应了这个"科学与工业化时代"的真正需要。

19 世纪末 20 世纪初，在摆脱了长期的经济萧条后，整个世界迎来了一个经济发展的高峰期。在激烈的国际竞争中，德意志帝国一直寻求巩固它在第二次工业革命中的领导性部门——电气技术、化学工业、人造石油、机械工业——的世界领先地位，因此，最早产生于哥廷根大学的物理化学和电化学、地球物理学和应用数学、应用机械学和应用电子学等新兴应用学科领域，成为了德意志帝国工业化发展的基础性科学资源。这不仅使得哥廷根大学的自然科学能通过承担或解决工业化提出的任务或问题得以向前推进，从而开辟了基础研究与应用研究上的新前景，而且它所培养的应用科学人才也极大地满足了德意志帝国生产技术与工业经济发展上的迫切需求。所有这些都使得国家当局变得乐于向哥廷根大学的自然科学进行大规模投资了。[2]

---

1 康斯坦丝·瑞德：《希尔伯特——数学王国的亚历山大》，上海，上海科学技术出版社，2001 年 8 月版，第 262 页。
2 Karl Strobel, *Die deutsche Universität im 20. Jahrhundert*, Greifswald: SH-Verlag, 1994, S. 45.

　　其四，哥廷根大学成为"世界一流大学"的历程，证明了人才充分自由流动与自由竞争对大学发展的至关重要性。

　　自 1871 年以来，普鲁士文化教育部是将整个大学教育与科研发展的重点放在人文社会科学上的，又是将其发展的重心放在位于首都的柏林大学上的，因此，它最关心的是柏林大学能否获得文科方面最优秀的人才。19 世纪 80 年代形成的那种相对格式化、等级化的文科教授流动体制，也是为这一目标服务的。这种体制使其他大学都难以真正获得最优秀的文科人才，因而形成了柏林大学对文科最优秀人才的垄断局面。而在自然科学领域中，由于没有形成这种人才交流格式化的等级体制，因而在所有德意志大学之间，仍然存在着人才充分自由流动和自由竞争的局面，这就使得哥廷根大学能聘用到最优秀的自然科学人才，从而形成与柏林大学充分竞争的局面。

　　其五，严肃的学术氛围与优良的学风是哥廷根大学自身发展的根本保证。

　　在哥廷根这座远离闹市、宁静安逸的大学城内，对官僚主义气息的排斥，对教授、科学家们的尊重，对科学事业宗教般的虔诚信念，心无旁骛的自由思考，科学研究上的竞争热情，"自杀式的工作气氛"以及"创造世界上最优秀成就"的奋斗目标，所有这些，都是那些立志于献身科学的人们所醉心向往的。因此，哥廷根大学能广揽天下科学英才，共铸辉煌，从而创造出一个在人类教育与科学发展史上闪烁光芒的"哥廷根时代"。

第四节　德意志大学生的学习生活

　　现代化大学是提高国民素质、培植民族科技竞争力的地方。一名年轻人能否通过大学期间的学习，成为有理想、有道德、有创新能力的国家栋梁之才，是由学习动机、入学制度、教学方法以及与之相关的社会与大学环境等多种因素决定的。

一、德意志大学生的学习动机

现代化大学本身要求大学生们的学习要有一种新动机，"为谋生而学习"（Brotstudium）的人在德国的大学里是受人鄙视的。自从 1807 年大改革时代以来，以普鲁士人为代表的德意志人必须服从三大义务，也就是"现代公民的三大义务"：

一、"纳税"，任何有收入的人必须根据累进税制向国家纳税。

二、"服役"，任何健康的男性在 18 至 24 岁期间必须为国家当兵两年。（"二战"后，任何健康的男女青年也必须在相同的年龄段上服"社会役"一年）。

三、"受教育"，任何德意志人必须接受教育，这是你对社会的最好贡献。

为什么德意志人能将"受教育"作为"国民义务"来接受呢？

首先，德意志的传统文化是一种基督教文化，这种文化是研究"神"的，即研究"上帝的心思"的。后来德国人终于发现，"上帝"看不见、摸不着，"上帝的心思"没法猜透，因此，他们终于在文艺复兴、宗教改革、启蒙运动之后，转而研究"造物主"创造的这个世界，一个包括了人与物质的世界。他们力图通过对这个世界的研究来窥视"上帝的心思"，这就导致了德国人由神学到科学的转化。这种转化反映出，近代以来的西方科学研究本身就具有一种对终极真理的精神追求。因此，读大学的德国年轻人，往往具有某种追求终极真理的神圣感，他们不是以实用主义，而是以理想主义为方向的。

其次，德国过去的传统社会是一个严格的等级制的社会，在这种等级制中，最有地位的人是贵族，而不是官僚，官僚是被称之为"公仆"的。平民子弟固然可能通过读书成为公务员，但不能成为贵族，因此，从这种等级社会中脱胎出来的德国，没有造就出一种类似于中国式的"官本位"传统。年轻人读大学并不是以当"官"和当"白领",而是以当科学家为目标的。"德国的大学也不是以培养国家公务员和绅士阶层,而是以'培养科学家'为第一要务的,这一点显然不同于英国。"[1]

另外,德意志世界中的普鲁士是世界上最先实行全民义务教育的国家。早在 1763 年 8 月 2 日,世界上第一部《普遍义务教育法》就在普鲁士颁布,腓特烈大帝在极为贫弱的 18 世纪就已经开始将贯彻"义务教育"作为基本国策了。当时的普鲁士政府发现,一个人如果不接受教育,需要 8 个警察一天 24 小时地严密监视,才能保证这个人不犯罪。也就是说,不接受教育,不仅是你自己的事情,更是关系到国家和社会安危的事。普鲁士政府想通了:"与其花钱养 8 个警察,不如投资培养一文明教育的接受者。"

普鲁士政府虽实行义务教育,但这种义务不仅是国民要去承担的,更是国家政府要去承担的。国家承担的义务就是对教育实行全面免费,但不允许学生逃学。凡逃学者,其家长是要被罚款的。因此,在德国,读书首先不是作为一种"谋生"的手段,而是作为一种培养"合格的国家公民"的途径来出现的。

由于以上这些原因,即使在还相当贫穷、落后的 19 世纪上半期,德国的大学生也是"学以致知",而不是"学以致用"的,因而培养起一种"为受教育而受教育"、"为艺术而艺术"、"为科学而科学"的风气。他们甚至将能在一所名校中接受一位名师的指导,视为自己"人生极为重要的阶段"。这种社会风气使他们很少去考虑要将这些东西与职业选择直接挂起钩来,因而也使"受教育"为了一种真正的"国民义务"。

当然,这也绝不是说德国大学里没有人抱着"为谋生而学习"的动机,而是说,从社会风气上讲,这种动机是遭到人们鄙视的。爱因斯坦认为:"为

---

1 Ernstb Barker, *Universities in Great Britain*, London, Oxford University Press, 1932, p. 32.

谋生而学习会直接导致对伦理价值的损害。我想得较多的还不是技术进步使人类直接面临的危险，而是务实的思想习惯所造成的对人类互相体谅的窒息。这种思想习惯会像致命的严霜一样压迫在人类的关系上的。"因此，他强调："青年人离开学校时，应是作为一个和谐发展的人，而不只是作为一位专家。否则，他连同他的专业知识，就像是一只受过训练的狗，而不像一个和谐发展的人。要成为一个和谐发展的人，则需要培养全面的自我辨别力，而这取决于自由而全面的教育！"[1]

二、德意志大学的入学制度

自 1807 年市场化正式启动以来，国家改革的首要目标就是要"释放所有的生产创造能力和个人力量"，因此，崇尚理性的德意志社会没有出现一种普遍"鄙视劳动"的现象。恰恰相反，在德国人看来，受教育的目的是为了获得一种与个人兴趣、爱好相适应，并得到国家和社会认可的能力，这样的能力才是通向未来就业的阶梯。所有个人的兴趣和爱好都被视为"上帝的旨意"，所有的职业都被视为"天职"，即"上帝要你去干的终身事业"，因此，不同的职业之间并无高低贵贱之分和门户之见。这里显然打有 16 世纪新教改革时期的那种思想烙印。按照马丁·路德的说法，"所有的职业都有同等的价值，而不管它是神职的还是世俗的，每个人都以自己的天职为上帝服务"。[2] 因此德国人认为，只要大家都爱岗敬业，忠于职守，社会便能发展和进步。在德国的社会里，任何诚实劳动、精益求精、具有创造性的人才都是受人尊重的。

在这种观念之下，自 19 世纪 30 年代以来，德国人便开始着手创建一种独具特色的现代教育三轨制：一个孩子在 4 年制的国民小学毕业后，完全能

1　《科技导报》，北京，1992 年第 8 期（总第 50 期）。第 41 页。
2　约翰·巴克勒，贝内特·希尔，约翰·麦凯：《西方社会史》第二卷，桂林，广西师范大学出版社，2005 年 5 月第 1 版，第 116 页。

凭自己个人的兴趣与志向或是家长的意图，对 6 年制的普通中学、8 年制的实验中学和 9 年制的人文中学进行选择。这三类中学的学生毕业后，无需经过高考，便可直接升入三种不同的高校：即职业高校、专门学院和大学。因此，德国的年轻人并不是"亿万人同走独木桥，人人都要读大学"的。在现今德国的中学生中，70% 是读职业高校的，10% 是读专门学院的，20% 是读大学的。

德国历来就没有什么高考，也没有什么分数线。一名德意志青年，只要他完成了人文中学的毕业考试，他就自动成为了大学生，可以到任何一所大学去学习，只要那所大学还有名额可以注册。[1] 卡尔·马克思（Karl Marx）是个很好的例子。他一年级在波恩大学，二年级在柏林大学，三年级在耶拿大学，最后在耶拿大学获得博士学位。约瑟夫·戈培尔（Joseph Goebbels）是个更出名的例子。此人读大学时正遇上第一次世界大战，那时大学生几乎都上了战场，因此，大学里很容易注册，而戈培尔由于身患小儿麻痹症，无资格当兵，便趁此机会读大学。他一个学期换一所，先后读过波恩大学、弗莱堡大学、伍兹堡大学、科隆大学、法兰克福大学、慕尼黑大学、柏林大学、海德堡大学，并在海德堡大学获得博士学位。

三、德意志大学的教学方法

自 1810 年以来，在"德国教育之父"威廉·冯·洪堡的创导下，德国的大学主要采用以下两种教学法：Vorlesung 与 Seminar。

Vorlesung，也即"上大课"，就是"老师讲，学生听"的讲授课。在德国大学课堂教学中，有这种不成文的规定：老师所讲的应是他目前正在研究的新东西，而不是他已出版著作中的内容。这意味着，如果老师的一本著作出版了，那么以"上大课"方式进行的关于这本著作内容的专门性教学就要被取消，学生要了解这本著作的内容，自己可以去看书。

1　Thomas Ellwein: *Die deutsche Universität, vom Mittelalter bis zur Gegenwart*, Königstein, Athenäum Verlag, 1985, S.133.

听大课的学生人人都能得到同样的"合格"评语，但需具备以下两个条件：其一，在这门课的学习中缺课不足三次。核查方式为：每次讲课前，老师拿出一张纸，交给前排学生后便开始授课，而学生逐一签名并传到后排，直至最后一人签完名后再传回到老师手上，缺三次课者将被除名。其二，听课的学生在期末需要提交一篇听课感想。在这篇感想中，你可以自由表达意见，但必须言之成理。

德语中"Vorlesung"这个词本身就有"宣读议案"之义。也就是说，老师在此只是作为一名"议员"，他在课堂这个特殊的"议会"中所作的发言，不过是在宣读一份"议案"，这份"议案"既不代表"标准答案"，更不代表"绝对真理"。而学生作为其他在场的"议员"，完全能就此"议案"提出自己的不同看法，但提意见须以有序方式进行并须言之有理。由此可见，这里体现了一种学术自由。

Vorlesung 在德国大学的课堂教学中仅占三分之一，占有三分之二的是另一种教学法——Seminar，即"讨论课"（也即"研讨班"）。开课前半年，老师便将讨论课的题目以张榜形式公之于众，凡愿参加该讨论课的学生须前往老师的办公室报名，限员 20 名。

在老师的办公室里，已列有 20 个彼此相关的子课题，根据"先来后到"的原则，学生能对子课题进行挑选，定下半年后的出场秩序，并领取到一份老师列出的必读书籍与资料的清单。当然，越是先到者，选择余地越大。在以后的半年中，参加这门讨论课的学生必须查阅这些书籍与资料，就这个子课题写出论文。在此期间，学生可就所遇到的问题请教老师，老师将在每周的一个固定时间为学生答疑。当论文写好后，需复印 21 份，以保证 20 位同学和老师人手一份。

半年后，"课堂讨论课"正式开始。由老师做"主持人"，根据前定的先后次序，每周安排一人发言，时间为半小时左右，目的在于尽可能详尽地介绍自己的论文。随后的一小时里，由其他 19 位同学向这位发言的学生发起"攻击"，这位学生必须回答每位同学的提问，方能"及格"。最后半小时中，由老师向这位学生提问，并对其论文做出最后评价。这种"及格"后的最后成绩，由老师对这位学生回答他所提出的问题的满意度来决定。当整个讨论课程结束时，由老师对这次讨论课的整体质量做出总结性评判。质量高的，可以编辑成集，藏入学校图书馆。在德国现今各大学的图书馆里，都能见到 19 世纪大学生们的 Seminar 论文集。

德国大学的教学法是完全不同于中学式的教学法的，它要培养的不是"继承型"人才，而是"创新型"的人才。Vorlesung 的目的在于尽快将学生带入学术前沿，Seminar 的目的在于让学生在老师指导下学会如何进行研究工作，由此营造校园的学术自由氛围，培养学生的自我独立性、主动性，抽象的归纳力与理解力，并张扬"科学无禁区、科学无权威、科学自由"的精神。这套由德国人发明的教学法，现今已为所有发达国家的大学所效仿。

德国的大学是"宽进严出"的，但大学生的学习有充分的自由。大学教学中既没有什么国家规定的教学大纲，也没有什么必修课与选修课，只有名副其实的学分制。对一名大学生来说，"你感兴趣的是什么，就可以去学什么。知识与科学本来就是一个统一的整体，本身并无界限。"[1]

德国的大学生可以自由进入图书馆查阅任何资料，这里绝没有什么"教师阅览室"与"学生阅览室"之分。所有的大学都是"没有围墙的大学"，所有的大学图书馆都是"市民图书馆"。这种流动性与学习项目的选择自由，使得任何一名大学生都有机会、有可能与这个国家中最优秀的科学家对话、讨论问题，总之，使自己理性化、科学化、和谐化，这就是大学生

1　Gordon A. Craig: *Deutsche Geschichte, 1866~1945*, München, C. H. Beck Verlag, 1989, S.184.

的唯一义务！

德国的大学生们既可以去听教授的讲授课（Vorlesung），也可以去参加教授主持的讨论课（Seminar）；既可以独立地从事研究，也可以与同学进行结伴式的自由讨论。

在这方面，爱因斯坦提供了一个很好的例子。爱因斯坦虽毕业于瑞士苏黎世大学，但这所大学却完全是按"柏林大学模式"建立起来的。他晚年在美国时曾这样回顾过当年与同学们一起学习的情景："我们组织了一个科学与哲学的学习小组，自命为奥林匹亚科学院。在这里，大家兴致勃勃、劲头十足地读了许多物理学大师和哲学大师的著作。我们边学习，边讨论，有时，念一页或半页，甚至只念一句话，立即就会引起激烈的争论。遇到比较重要的问题，争论还会延长数日。这种学习对于大家是一种极大的享受。19 世纪末 20 世纪初是一个追寻科学原理的英雄时代，大家热情地渴望扩充并加深自己的知识，以便能在这英雄时代里有所作为……。"年迈的爱因斯坦深有感触地说："自由行动和自我负责的教育，比起那种依赖训练、外界权威和追名逐利的教育来，是多么的优越呵！"[1]

爱因斯坦当年就是一位老不去上课的学生，但这并不表明他瞧不起他的老师，相反他总是十分认真地阅读他老师的著作，他的相对论就是用他的数学老师、著名数学家闵可夫斯基的数学公式来证明的。狭义相对论的论文发表后，他将论文寄给了这位大数学家，并写了一封发自内心的感谢信，而闵可夫斯基居然差一点回忆不起这个学生："爱因斯坦？爱因斯坦？哦，就是那个老不来上课的学生嘛，想不到有这么大的造化啊！"[2]

总之，在德国的大学里，没有老师对学生的强迫，你不愿学、不想学，谁也不会勉强；你愿学、你想学，谁都拦不住。唯有在这种自由的学术氛围中，

1 《科技导报》，北京，1992 年第 8 期（总第 50 期），第 43 页。
2 参见齐民友：《数学与文化》，大连，大连理工大学出版社，2008 年 7 月第 1 版有关章节。

才可能造就出真正具有创新能力的世界级人才！

第五节　德意志大学的世界性成就与贡献

　　了解了德意志大学的现代化特点以及它的大学生的学习与生活后，德意志学者取得的惊人成就也就不难理解了。它充分说明了这样一个朴素的真理：科学技术是生产力，教育也是生产力，而且是更为重要的生产力，因为它是生产生产力的生产力。从这个意义上讲，教育才是真正的"第一生产力"！自 19 世纪以来，教育与科学强有力的崛起，已经成为改造生活与世界的最为强大的决定性力量，而德意志人为此做出了特别巨大的贡献。

　　在生理学领域的根本发现中，1835 年以前，德意志人取得了 63 项，而世界其他民族加起来总共只取得了 43 项；到 1864 年，德意志人又取得了 156 项，而世界其他民族总共只取得了 57 项；1864 年至 1869 年，德意志人取得了 89 项，而世界其他民族总共只取得了 11 项。

　　在热力学、电学、电磁学、光学领域的重要发现中，1836 年以前，德意志人取得了 108 项，英国与法国两国总共取得了 206 项；但是到 1855 年，德意志人又取得了 231 项，英国与法国总共只取得了 201 项；1855 年至 1870 年，德意志人取得了 136 项，而英国与法国总共只取得了 91 项。

　　在医学领域的重要发现中，1819 年以前，德意志人取得了 5 项，英国与法国总共取得了 22 项；而到 1869 年，德意志人又取得了 33 项，已超过了英国与法国总和的 29 项。[1]

　　法国科学家帕舍尔看到了德意志在现代基础科学领域里遥遥领先的事

---

[1]　Thomas Nipperdey: *Deutsche Geschichte, 1800~1866*, München, C. H. Beck Verlag, 1983, S.494.

实，并指出了这种领先地位来源于国家权力的高度重视与大力扶持。他最后得出了这个重要结论："法国在普法战争中的失败是科学上竞争的失败！"德国教育史专家埃尔温这样评价德国大学的教育体制："自那时以来，19世纪的德国教育制度成为了现代化的决定性因素，是这个世纪下半期德意志跳跃式的工业化发展最为重要的、也是后来经常被人仿效的前提。德国的大学用'科学'这个思想模式造就了它自己，并形成了它自己的基准点。"[1]

德国的大学为这个民族赢得了世界性的辉煌。1933年以前，世界上还没有哪个民族能像德意志民族那样，为人类造就出如此之多饮誉世界的思想家与科学家。这恰恰是这个一向被视为有着浓厚封建传统的社会，在大学里贯彻"科学无禁区"、"科学无权威"、"科学自由"以及"远离社会实际政治与经济利益"等原则的结果。

哲学家康德、费希特、谢林、黑格尔、叔本华、费尔巴赫、尼采、卡西尔；历史学家兰克、莫姆森、斯本格勒；文学家哥德、席勒、海涅、格林兄弟；经济学家马克思、米勒、李斯特、罗舍尔、瓦格纳、佐姆巴特、艾哈德；社会学家韦伯、曼海姆、霍克海默、阿多诺、弗罗姆、马尔库塞；数学家高斯、普吕克、雅可比、狄利克雷、黎曼、施瓦茨、康托比、克莱因、闵科夫斯基、希尔伯特、兰道、库朗；物理学家欧姆、韦伯、赫姆霍尔茨、克劳修斯、维德曼、布劳恩、伦琴、维恩、普朗克、爱因斯坦、劳厄、弗兰克、玻恩、赫茨、博特、玛依尔、海森堡；化学家李比希、本生、费林、科尔贝、霍夫曼、赛勒、迈尔、拜耳、瓦拉赫、埃米尔·费歇尔、奥斯特瓦尔德、毕希纳、能斯特、席格蒙迪、哈伯、哈维尔、博施、威尔斯塔特、狄尔斯、温道斯、维兰德、哈恩、汉斯·费歇尔、施陶丁格、瓦尔堡；生物学家奥肯、弥勒、韦伯、雷蒙、科赫、埃尔利希；医学家亨勒、朗根贝克、翁德利希、培滕科斐、比尔罗特、克莱布斯；天

---

1 Thomas Ellwein: *Die deutsche Universität, vom Mittelalter bis zur Gegenwart*, Königstein, Athenäum Verlag, 1985, S.115.

文学家弗劳霍费、阿格兰德尔、史瓦西以及地理学家洪堡、赫特纳，所有这些伟大的名字都是与德国的大学联系在一起的！

到 19 世纪末，德国已成为世界科学文化的中心。自 1901 年诺贝尔奖开始颁发以来，直到 1933 年，德国一直都是全世界该奖得主最多的国家，仅自然科学奖项的得主就多达 32 人，超过排在第二、第三位的英、法两国自然科学奖项得主总和的 31 人。[1] 美国与苏联的尖端科技成就中极大的部分来自于德国人的发明与发现。美国在"二战"临近结束之际，竟不惜打乱原定作战部署，调动五个师团去抢一位德国导弹专家，这能反过来证明德国科学家的真正价值。

德国的世界科学文化中心地位在 1933 年后毁于纳粹文化专制政策之手。希特勒上台后迅速抛弃了德国大学奉行了 123 年的"科学、理性、自由"原则，并将所有有犹太血统、有民主进步思想的科学家尽数逐出大学校园。遭受政治与种族迫害的德国知识界的流亡者们，与来自西欧各国知识界的流亡者们一起，形成了一场人类历史上前所未有的、高文化素质的知识难民潮。这支由思想家、科学家、教授、学者、工程师们组成的知识难民潮，正是在纳粹炮火的逼迫下，才流向了大西洋彼岸的美国。德国学术体系中的精华，也被以爱因斯坦为首的德国科学泰斗们全面传播到了美国。从某种意义上讲，这也恰恰是德意志人对人类的文明进步所做出的一个伟大贡献！

本章参考书目

中文

《科技导报》，北京，1992 年第 8 期（总第 50 期）。

金克木：《数学花木兰·李约瑟难题》，读书，2000 年第 3 期。

---

1 李佩珊，许良英主编：《20 世纪科学技术简史》，北京，科学出版社，1999 年第 1 版，第 758～762 页。

S.E. 佛罗斯特：《西方教育的历史与哲学基础》，北京，华夏出版社，1987 年版。

《图说天下 世界历史系列》编委会主编:《德国》，长春,吉林出版集团有限责任公司，
　2008 年 5 月版。

齐民友：《数学与文化》，大连，大连理工大学出版社，2008 年版。

李佩珊、许良英主编:《20 世纪科学技术简史》，北京，科学出版社，1999 年版。

杨建军，王美红：《诺贝尔奖百年大典》，第二卷，呼和浩特，内蒙古少年儿童出版
　社，2002 年版。

罗伯特·容克：《比一千个太阳还亮》，北京，原子能出版社，1980 年版。

康斯坦丝·瑞德：《库朗，一位数学家的双城记》，上海，东方出版中心，2002 年版。

康斯坦丝·瑞德：《希尔伯特——数学王国的亚历山大》，上海，上海科学技术出版
　社，2001 年版。

约翰·巴克勒，贝内特·希尔，约翰·麦凯：《西方社会史》第二卷，桂林，广西师
　范大学出版社，2005 年版。

德文

Thomas Nipperdey: *Nachdenken über die deutsche Geschichte*, München, C. H. Beck Verlag,
　1986.

Thomas Nipperdey: *Deutsche Geschichte, 1800~1866*, München, C. H. Beck Verlag, 1983.

Gordon A. Craig: *Deutsche Geschichte, 1866~1945*, München, C. H. Beck Verlag, 1989.

Ellen Anrich: *Die Idee der deutschen Universität und die Reform der deutschen Universitäten*,
　Darmstadt, Wissenschaftliche Buchgesellschaft, 1960.

Thomas Ellwein: *Die deutsche Universität, vom Mittelalter bis zur Gegenwart*, Königstein, Athenä
　um Verlag, 1985.

Paul Baumgart: *Bildungspolitik in Preußen zur Zeit des Kaiserreichs*, Stuttgart, KlettCotta
　Verlag, 1980.

Karl Bahnson: *Akademische Auszüge aus deutschen Universität - und Hochschulorten*, Saarbrü-
　ken, Dr. Müller Verlag, 1973.

Hagen Berding: *Universität und Gesellschaft*, Frankfurt, Campus Verlag, 1980.

Ralf Dahrendorf: *Gesellschaft und Demokratie in Deutschland*, München, Deutscher.

Hans-Ulrich Wehler: *Moderne deutsche Sozialgeschichte*, Köln, Kiepenheuer & Witsch Verlag,
　1970.

Harenberg Kompaktlexikon, Band.1, Dortmund: Harenberg Lexikon Verlag, 1996.

Karl Strobel, *Die deutsche Universität im 20. Jahrhundert,* Greifswald: SH-Verlag, 1994.

Günther Meinhardt, *Die Universität Göttingen. Ihre Entwicklung und Geschichte von 1734~1974,*
　Göttingen, Musterschmidt Verlag, 1977.

Adolph Wagner, *Die Entwicklung der Universität Berlin,* Berlin: Wilhelm Ernst & Sohn Verlag,
　1896.

Werner Dube und Ruth Unger, *Geschichte des Instituts für Bibliothekswissenschaft,* Berlin: Herbert Witting Verlag, 1960.

Ulrich von Wilamowitz-Mellendorff, *Erinnerungen 1848~1914,* Leipzig: Breitkopf & Härtel Verlag, 1928.

Ludwig von Friedeburg, *Bildungsreform in Deutschland, Geschichte und gesellschaftlicher Widerspruch,* Frankfurt am Main: Suhrkamp Verlag, 1989.

Karl-Heinz Manegold, *Universität, Technische Hochschule und Industrie, Ein Beitrag zur Emanzipation der Technik im 19. Jahrhundert unter besonderer Berücksichtigung der Bestrebungen Felix Kleins,* Berlin, Duncker & Humbolt Verlag, 1970.

Bernhard vom Brocke, *Wissenschaftsgeschichte und Wissenschaftspolitik im Industriezeitalter,* Hildesheim: Lax Verlag, 1991.

Rudolf Semend, *Die Berliner Friedrich-Wilhelms-Universität,* Göttingen: Vandenhoeck & Ruprecht Verlag, 1961.

Hermann Wagner, *Göttinger Professoren,* Göttingen: Vandenhoeck & Ruprecht Verlag, 1924.

Otto Wallach, *Göttinger Professoren, Lebensbilder von eigener Hand,* Göttingen: Vandenhoeck & Ruprecht Verlag, 1924.

Alois Brandl, *Zwischen Inn und Themse. Lebensbeobachtungen eines Anglisten,* Berlin: Alt-Tirol Verlag, 1936.

Friedrich Hund, *Die Geschichte der Göttinger Physik ,* Göttingen: Vandenhoeck & Ruprecht Verlag, 1987.

英文

Ernstb Barker, *Universities in Great Britain,* London, Oxford University Press, 1932.

第二编　欧洲科学精英的流亡

第三章   德意志犹太科学家的流亡

德国的大学教育体制是一种举国体制，它是在当年普鲁士"国兴科教"的战略决策下发展起来的，因此，德国大学的命运也就必然与国家政治的局势紧密联系在一起了。当这种模式能在"科学、理性、自由"原则的指导下产生出来，并能获得健康发展时，它所带来的大学体制上的先进性、科学上的快速进步以及文化上的普遍繁荣，甚至是那些早起的"现代化源生型国家"的非公立性大学都无法比拟的。正因为如此，德国能在 19 世纪末 20 世纪初取代英、法，成为世界科学文化中心。

德意志帝国在第一次世界大战中遭到了失败。在帝制崩溃后，取而代之的魏玛民主共和国，尽管经济上一再出现危机，政治上也极不稳定，但在大学教育领域里仍坚持着当年洪堡创立的"科学、理性、自由"原则。因此，这个脆弱的民主国家虽不是一个军事大国，也不是一个经济大国，但它仍然还是一个教育大国，并始终维持了德国的这一世界科学文化中心的地位。

然而 1933 年 1 月 30 日奉行种族主义的希特勒纳粹党在德国的上台，不仅改变了德国历史的命运，而且改变了德国科学文化和教育事业的命运。纳粹暴政推行的不是"国兴科教"，而是"国衰科教"。希特勒发动的"文化清洗运动"几乎在一夜之间就使德国的现代化大学体制"退回到了中世纪"。与中世纪稍有不同的是，中世纪是根据宗教信仰来进行划界的，而纳粹时代则是根据种族血统来进行划界的。这场"文化清洗运动"彻底抛弃了洪堡创立的"科学、理性、自由"原则，并强制性地使大学完全屈从于纳粹国家的意志。它导致了成千上万的犹太知识精英被迫走上流亡之路，也使德国丧失了它曾经拥有的世界科学文化中心地位。

当一种如此优秀并作为世界样板的德国大学体制被迅速毁掉的时候，当有犹太血统的科学家被尽数赶出德国大学校园的时候，绝大多数日耳曼血统的科学家却都在装聋作哑、视而不见。他们为什么能够容忍这种局面出现？德意志学者阶层内部究竟发生了什么？在此，将首先围绕着这些问题展开本章的内容。

第一节　德意志学者阶层内部的分化与斗争

根据大教育学家威廉·冯·洪堡当年的设计，德意志的大学教授与学者应"远离社会实际的政治和经济利益"，坚守"科学彼岸的自由"，成为保证国家和社会健康发展的一支"校正力量"。这表明洪堡是指望发挥学者们在不介入实际政治与经济利益的前提下，能在科学研究中、在对人与社会和谐发展的关注中发挥他们对社会进步的推动力的。由于普鲁士—德意志社会在拿破仑战争之后处于"复辟时代"的阴影下，专制统治下的社会不公正，推动着学者们不断发挥自己对社会的"校正功能"，因此，这一时期的德意志学者往往不是"出世"的，而是"入世"的。他们在争取立宪自由、议会制政府、实现民族统一的斗争中，曾相当积极地发挥过他们"公共知识分子"的角色。然而，以大学教授为代表的德意志学者阶层在科学上是辉煌的，但是在政治上却是无能的。他们没有能像英、法等国的知识分子那样为民主政治的发展做出多少贡献；相反，他们中的大多数人，尤其是那些德意志思想传统的主流派人士，最终还成为了保守的、反现代主义的文化民族主义者。

一、德意志学者阶层政治上的衰落

德国著名社会学家特奥多尔·盖格尔（Theodor Geiger）曾对德意志学者阶层做过这种分析："德意志的学者自从它作为一个真实的阶层存在以来，就具有他们自己的道德与风格，一种属于他们自己的生活估价和生活引导，一个他们自己的世界了。他们是以这个学者阶层精神和社会上的等级地位而自豪的。"[1] 德意志学者阶层的这种精神和社会上的等级地位，是通过他们的代表人物在理想主义哲学、古典主义文学以及自然科学上的成就，通过教育在社会上的重大意义，通过大学毕业生们在国家管理、大学、教会中所占据的那些有威望的职业，通过作为整个市民阶级（Bürgertum）的先锋派和政治代言人的角色来获得的。

作为整个市民阶级的政治代言人，德意志学者阶层在政治上也曾有过骄傲的历史，他们曾在 1848 年民主革命时期的"法兰克福国民议会"中有过三分之二的代表。然而在革命遭到镇压而失败后，在经历了 1862 年"宪法冲突"的失败后，尤其是 1871 年在容克贵族的领导下实现了民族统一、建立起德意志帝国后，这个学者阶层在政治上的败落实际上已经开始。从根本上讲，这也是德意志工业化和内政发展的结果。

工业化导致了社会结构的大变动，同时也带来了这个学者阶层与占有财产的市民之间的一场分裂。占有财产的市民一部分分离出来，并作为工业界的大资产者构成了一个新的上层，部分手工业和工商业中的中产阶级成员沉沦到产业工人这个新阶级中去了。整个学者阶层在政治上发挥影响的可能性已大大减少。这是因为，在帝国时代，老容克贵族阶级的权力还在继续伸张，但市民阶级的自由主义意识形态，连同学者们在其中定调子的绅士政党，已

---

1 Theodor Geiger, *Die soziale Schichtung des deutschen Volkes*, Stuttgart: Ferdinand Enke Verlag, 1932, S.100.

趋瓦解，而社会民主党作为新型的群众政党，已替代了过去自由主义政党的角色。这种政治局面自然是这个学者阶层所不能适应的。因此，他们开始从政治上退却，退缩到大学校园的"相对自由"之中，变成了一群"通过学术符号与政治保持距离"的人。[1]

英国社会学家伯特兰·拉塞尔（Bertrand Russell）这样描绘过退缩到校园"相对自由"之中的德国知识分子："他们不是去适应这个社会，而是寻求一种避难所，以便能享受到一种孤寂的自由。当然，这种气质的人有时也仍能具有重大的历史意义，因为他们既敢于拒绝服从，又能抵抗大众化的诱惑，更能从事重要的科学研究或制造思想舆论。这些思想舆论或是超前的，或是对当局不满的，或是与之相矛盾的，至少是彼此不一致的。"[2]

二、德意志学者的思想类型

从思想倾向上讲，1918 年以前的德意志学者大致可分为以下四种类型：

第一类是"批评型"学者，以马克斯·韦伯（Max Weber）、格奥尔格·西默尔（Georg Simmel）等人为代表。他们是有独立意识的自由主义者，但并不是民主主义者。他们没有卷入统治与服从的纪律之中，而是用巧妙的学术语言、充满机智的幽默绕开纪律走。他们利用知识界成员资格展开对社会批评的做法，使他们成为统治者容忍界限之内的"不快"。[3]

第二类是"悲观型"学者，以弗里德里希·李斯特（Friedrich List）、海因里希·海涅（Heinrich Heine）等人为代表。他们往往经历了从"自由主义者"向"民主主义者"的转化，但对这个国家的政治前途已悲观失望。德国著名社会学家拉夫·达伦多夫（Ralf Dahrendorf）指出："对于他们来说，谁开始

1　Seymour Martin Lipser, *Political Man*, New York: Doubleday and Company, 1960, p. 311.

2　Bertrand Russell, *Power. A New Social Analysis*, London: George Allen & Unwin, 1957, p. 19.

3　Ralf Dahrendorf, *Gesellschaft und Demokratie in Deutschland*, München: Deutscher Taschenbuch Verlag, 1968, S. 306.

对这个社会的统治提出疑问，谁就必须考虑最后摆脱这个社会。这也说明，这种专制政治已经不再能容忍这类学者了。"[1] 因此，在这个时代，德意志的"民主"是与"流亡"联系在一起的。

第三类是"浪漫型"学者，以菲迪南德·特尼厄斯（Ferdinand Tönnies）、戈特弗里德·本（Gottfried Benn）等人为代表，最为清楚地表达了从政治中退却出来的态度。他们的浪漫主义首先能在"文化悲观主义"中找到表达，其中宣传着一种奇特的两分法：农业文化与工业文明，乡村与都市，天然共同体与契约社会……而他们是赞美前者，反感后者的。[2] 他们总是用一种"原本"来反对一种体现着现代化现实的"非原本"。在他们的笔下，对现代化现实的贬低阻碍着每一种对现实严肃认真的评价。

第四类是"古典型"学者，以海因里希·冯·特莱契克（Heinrich von Treitschke）、阿道夫·瓦格纳（Adolf Wagner）、古斯塔夫·施莫勒（Gustav Schmoller）等人为代表。这些人与德帝国占统治地位的权力关系达成了和解，但仍在知识分子角色的框架内，运用学术符号，对现存社会发挥"纠错机能"。例如，特莱契克强烈要求德帝国必须变得"更加普鲁士化"，瓦格纳坚决反对自由放任的资本主义，并一再敦促俾斯麦实行"国家社会主义"。[3] 他们以社会"校正力量"的姿态出现，总在寻找那些真正能运用他们方案的实权人物。

后三类学者实际上都在为德帝国传统政治体制的稳定化服务。"悲观型"学者通过流亡表达了他们对现政权的否定态度，但是，当他们永远地离开这个国家，即使在遥远的外国继续他们的批评，其影响效果仅仅充当了现存统

1　Ralf Dahrendorf, *Gesellschaft und Demokratie in Deutschland*, München: Deutscher Taschenbuch Verlag, 1968, S. 302.

2　Manfred Hettling, *Was ist Gesellschaftsgeschichte?* München: C. H. Beck Verlag, 1991, S. 297.

3　Rüdiger vom Bruch, *Weder Kommunismus noch Kapitalismus*, München: C. H. Beck Verlag, 1985, S.70.

治关系"依然巩固"的证明。"浪漫型"学者对现政权既不赞成、也不反对，这种政治上的弃权给政府加重不了任何困难，倒是他们通过学术符号表达的研究成果，无论是人文社会科学上的还是自然科学上的成果，往往具有为统治者提供根据自身需要对政治现状进行宽泛解释的优点。对于"古典型"学者来说，现存社会统治关系和秩序的巩固，实际上是与他们的愿望相一致的。

在思想上占据主流、在数量上占据绝对优势的"浪漫型"与"古典型"学者之间，靠牢固的"民族文化传统代表者"意识来联系。这种追求使他们中的绝大多数转向了反犹主义，因为他们的犹太同行是属于知识界自由、民主的先驱者阵营的。在 1918 年以前，"除了莱辛、哥德、席勒、谢林、黑格尔等少数学者外，德国历史上几乎所有著名的日耳曼学者都具有反犹倾向"。[1]这表明代表德意志思想文化主流的"浪漫型"和"古典型"学者，已经开始从现代主义转向了反现代主义，而德意志浪漫主义的文化民族主义意识形态本身就提供了这样一种发展可能性的空间。这种发展倾向也是造成"批评型"学者队伍难以发展、"悲观型"学者只能选择流亡的深层次原因。

不仅如此，而且德帝国时代不断发展的高工业化也在进一步加剧德国知识界内部的分裂。随着高工业化的发展，对技术型的自然科学家、工程师、技术员和管理专家的社会需求变得越来越大，技术—自然科学上的职业、连同经济学、法学、管理科学上的职业，由于它们所具有的社会功能，都不断赢得了更高威望；而从事基础理论研究的学者，尤其是那些以"民族文化传统代表者"自居的人文学者却恰恰相反，正在越来越多地忍受着"时代贬值之苦"。[2]大多数的"浪漫型"和"古典型"学者们就属此类，他们已看到自己明显地处于一种极不稳定的社会局势之中。

---

[1] Franz Neumann, *Behemoth, Struktur und Praxis des Nationalsozialismus, 1933~1944*, Frankfurt am Main: Fischer Taschenbuch Verlag, 1977, S.144.

[2] Karl Dietrich Bracher, Manfred Funke; Hans-Adolf (Hrsg.), *Nationalsozialistische Diktatur, 1933~1945*, Düsseldorf: Droste Verlag, 1983, S. 259.

早在 19 世纪 90 年代，"浪漫型"和"古典型"学者们对现代化快速发展的不适应性、无安全感与失望，就已经开始通过各种思潮表达出来。一种"文化悲观主义"的情绪，夹带着无言的愤慨随之快速地发展起来。在威廉时代和第一次世界大战期间，这种"文化悲观主义"和愤慨，尽管也曾通过 1914年"德意志精神"以及民族沙文主义的喧嚣得到过短暂的抵消，但却在战争失败的经历中，在"凡尔赛综合征"引起的民族屈辱的情绪中，在通货膨胀导致的社会生存基础的崩溃中翻了倍。

三、"魏玛时代"学者阶层分裂的新格局

战败后帝制的崩溃与魏玛民主共和国的建立是由一场通货膨胀相伴随的。这场通货膨胀于 1923 年 11 月曾在人类货币史上达到过 1 美元兑换 4.2万亿马克空前绝后的高峰！[1] 它扫荡了德意志学者及其家庭多年的积蓄，威胁到整个学者阶层的社会存在，剥夺了这个阶层在帝国时代还能享受到的养老金、相对的安全感、独立性和闲情逸致，并将这整个阶层都赶入到对一个职位的谋求、对出售他们作品的事关生存的依赖之中。

德国著名社会评论家艾哈德·许茨（Erhard Schütze）痛心疾首地写道："战前那种'狂放不羁的文化艺人'已被紧密依赖市场的记者们所取代。在从事自由职业的医生、作家、记者、演员中，干第二职业成为了规律。人们不停地追求着每一种赚钱的可能性。大学教授的闲情逸致，作为每一种精神活动和思想形象的培养基，再也不存在了。那种能得到老龄生活保障的感觉，一种类似于对付精神病人镇静剂之类的东西，已经消失。这是一种被贫穷追赶的局势！为生计所迫的情绪压抑着学者们的创造性，那种纯粹为精神服务的思想丧失了。"[2] 柏林大学语言文学教授、著名诗人格奥尔格·凯塞

1　Gordon A. Craig, *Deutsche Geschichte, 1866~1945,* München: C. H. Beck Verlag, 1989, S. 393.

2　Erhard Schütze, *Romane der Weimarer Republik, Modellanalysen der Deutschen Literatur,* München: Wilhelm Fink Verlag, 1986, S.159.

尔（Georg Kaiser）为穷困所迫走上盗窃之路，并被判处一年徒刑，这一"事件"成为了魏玛时代整个学者阶层经济贫困化令人痛心的里程碑！

也就在第一次世界大战带来的政治、社会和经济后果加速学者阶层整体没落的同时，学者阶层内部的分裂局势，却由于更多犹太知识分子的涌入而出现了新的变化。在德帝国时代，一名犹太人可以自由经商，却不能做国家公务员，除非他改变宗教信仰。唯一可能出现例外的地方只有大专院校，因为这里毕竟还是贯彻"科学、理性、自由"原则的场所。然而大专院校中对犹太人的歧视是普遍存在的，对他们进入高校职业圈子的非正式限制也始终存在，以致直到第一次世界大战爆发时的1914年，当上大学正教授的犹太学者总共只有13名。[1] 然而，1919年8月《魏玛宪法》的颁布，扫除了帝制时代在法律上对犹太人的种种歧视和限制，因此，越来越多的犹太知识分子涌入了大专院校。到1933年1月希特勒上台以前，全德国7000多人的高校教师队伍中，有1600人以上是犹太人；4000多人的教授集团中，有1000人以上是犹太人，其中当上正教授者，也至少达700人以上；甚至每4位诺贝尔自然科学奖项的得主中，就至少有1位是犹太人，因而出现了一种极具文化张力的"德意志—犹太文化的共生现象"。[2]

这些犹太知识分子是与现代主义以及"先锋派"的发展相认同的。尽管这些犹太知识分子对共和国的社会现状有着种种的不满，并对现代化的负面效应提出了种种严厉的批评，但无论怎样，他们大多成为了现代主义者，也基本上是认同《魏玛宪法》和民主共和制的。在这里，一个以国际化、世俗化为方向的未来文化的轮廓是很清楚的，因为这种未来文化是扫除那种带有反犹因素的、传统的、狭隘的民族障碍的。

1　Hajo Funke, *Die andere Erinnerung, Gespräche mit jüdischen Wissenschaftlern im Exil*, Frankfurt am Main: Fischer Taschenbuch Verlag, 1989, S. 22.

2　Ilja Srubar (Hrsg.), *Exil,Wissenschaft,Identität.Die Emigration deutscher Sozialwissensch aftler, 1933~1945*, Frankfurt am Main : Suhrkamp Verlag, 1988, S. 160.

　　这样，在魏玛时代的德意志学者阶层中，出现了一种不同于帝国时代的局面：过去的"悲观型"学者与"批评型"学者合流，构成了学术界的"左翼"，而那些涌入大专院校的犹太学者当然是属于这个"左翼"阵营的；过去的"古典型"学者则与"浪漫型"学者合流，构成了学术界的"右翼"，而所有那些自命为"民族文化传统代表者"的人都是属于这个"右翼"阵营的。

　　学术界内部的"左翼"与"右翼"对魏玛时代这场"粗暴的现代化进程"的反应是不一样的。"左翼"知识分子是一批具有世界主义情结的国际理性主义者，他们本身就受到了现代主义面貌的吸引，而且从表达形式上讲也属于"先锋派"阵营。他们对现代化负面效应的文化批判仍然是以现代主义为基础的，也是批评式地接受现代化充满矛盾的现实和成问题的未来的。他们的文化反映受着一种冲动的驱使，这种冲动就是试图恢复启蒙运动的一个期望：使已被现代化变成历史客体的众生，重新回归其历史主体的地位，甚至可以归结为马克思的那句名言："克服异化"。

　　但是，这种对现代化粗暴发展的不适应，本身更易养育起一种反现代主义的愤慨，因而在魏玛共和国时代那种自由而激烈的知识界气氛中，恰恰强化了来自"右翼知识分子"阵营的一种"新保守主义革命"近乎歇斯底里的发展。这些"右翼"知识分子现在已是一群既不与共和国相认同，又抛弃了旧帝国的人，他们已将未来的理想投影到过了时的"前现代化"专制独裁的时代。[1] 因此，当他们以"民族利益代言人"自居，再度充当起一种"公共知识分子"角色时，他们反对的已经不是专制统治，而是民主政治了。

　　作为狭隘的文化民族主义者，"右翼"知识分子们的"新保守主义"带着鲜明的反现代主义、反启蒙主义、反世界主义的色彩，将攻击的矛头首先对准了工业化以及它的后果，并通过"反美国主义"、"反物质主义"、"反

1　Klemens von Klemperer, *Germany's New Conservatism, Its History and Dilemma in the Twentieth Century*, Princeton: Princeton University Press, 1957, p.153.

功利主义"的文化批评形式表达出来。因此，在"左翼"与"右翼"知识分子之间展开了一场"文化国际化"与"文化民族化"的激烈斗争。

四、"文化国际化"与"文化民族化"的斗争

事实上，早在德帝国时代的高工业化浪潮和社会转型中，自身感受到威胁的"文化悲观主义者们"便将现代理性主义、个性主义、都市化、工业化、国际化都视为犹太人及其同盟军的创造物了。他们甚至认定，如果对理性效率的信仰构成了理性主义，那么反理性主义就应是一切德意志爱国主义者的天职。

历史学家弗里兹·斯特恩 (Fritz Stern) 这样写道："在这些'文化悲观主义者'的记事簿上，犹太人是躁动不安、无家可归的种族，他们散布在世界各国，是世界上唯一的一支国际化队伍。这些鼓吹国际主义的犹太人和非犹太人不仅在削弱德国，而且正在支持犹太人的事业。尤其值得注意的是，犹太人与自由主义者有着共同的事业，即实现公共生活的世俗化，从纯血统的日耳曼人手中夺取土地和资产所有权，支持工业化。"[1] 因此，他们开始将犹太人、自由主义者和马克思主义者认定为三个主要的对手。对他们来说，这三大对手就是理性主义罪恶的化身，并在一个又一个的阴谋中共同合作，其目的在于玷污德意志民族的纯洁性。

到 19 世纪末 20 世纪初，这些将自身视为"德意志文化守护神"的大学教授们都强烈地要求民族精神与民族文化的复活。"他们毫无保留地坚信德意志文化传统与众不同的特性和它的优越性，并将之与法国、尤其是盎格鲁-撒克逊国度中更为物质主义的文明进行比较。大多数'正统派'尤其将理性主义视为非理想主义的外国货。"[2] 这同时也表明，这些德意志大学中的文

---

1 Fritz Stern, *The Politics of Cultural Despair: A Study in the Rise of the Germanic Ideology*, Berkeley and Los Angeles, 1961, p.70.
2 Fritz K. Ringer, *The Decline of the German Mandarins: The German Academic Community, 1890~1933*, Cambridge, Mass: Harvard University Press, 1969. p.128.

化思想主流派实际上已经开始与威廉帝国以及民族利益的独特需要结合在一起。那种与"1789年法兰西精神"相对抗的"1914年德意志精神"正是这些人提出来的。也正是这些人，在战争期间将德意志人过去一向引以为自豪的大学变成了宣扬军国主义的场所。

但与此同时，在德帝国时代的大学校园里，还有一个以马克斯·韦伯(Max Weber)为代表的"现代主义者"的少数派。他们虽也坚持德意志文化传统，并深刻地批判现代化进程中的负面效应，但他们至少愿意接受这个事实，即工业化和日益增长的大众对政治的参与倾向是不可逆转的。因此，"他们希望引导被工业化释放出来的社会和政治力量，去感受民主的阵痛，并在民众中树立起对不同的文化传统和所有文雅的民族理想最起码的尊重。这样的态度才是理性主义的。"[1]

自1918年魏玛共和国成立以来，由于学术界"左翼"与"右翼"阵营出现新格局，尤其是大量犹太知识分子加入到"左翼"阵营一方，这场围绕着关于理性主义的争端而展开的对立，很快发展成为一场"文化国际化"与"文化民族化"之间的激烈斗争。大多数坚持世界主义、并在文化知识界得到国际公认的德意志"左翼"知识分子，也即现代主义者们，是愿意与共和国合作的。尽管魏玛共和国诞生于失败之上，生存于混乱之中，最后死于灾难，然而在整个20世纪20年代，正是这些"左翼"现代主义者们，在文学、艺术、哲学、历史学、古典研究、心理分析、现代批判理论等领域中为人们展现了最为耀眼的、具有国际理性主义的"魏玛文化"光芒。

"左翼"现代主义者们以自己开放的文化态度，成为了共和国时代最为优秀的人物和"魏玛精神"的代表，然而他们并未成为公共事务的核心。尽管他们曾经培养过，也影响过魏玛的圈内人，但他们自己却从未真正成为过圈内人。

---

1 Fritz K. Ringer, *The Decline of the German Mandarins: The German Academic Community, 1890~1933*, Cambridge, Mass: Harvard University Press, 1969. p.132.

这是因为他们并不处于德意志思想传统的主流地位上，他们信奉的世界主义和国际理性主义恰恰是与这种主流思想传统所代表的"德意志精神"相反的。

代表德意志主流思想传统的是那些德国大学中顽固坚持正统主义的"右翼"保守主义教授们。他们坚决拒绝国际主义或共和政府，并明确表示，他们愿意为德意志国家服务，但不愿为议会民主制服务。有犹太血统的政治哲学家弗朗茨·诺伊曼后来这样回忆道："当我 1918 年春天来到布雷斯劳大学时，一位著名的经济学家正在他的第一堂课上公然指责那个没有获得割地和赔款的 1917 年和约，并要求吞并朗格威与伯里，把比利时纳入德国的保护范围，将德国的殖民地大规模向东欧和海外延伸。一位更为著名的文学教授则陶醉于德国胜利的绝对命令以及德国的君主制，并期待着能获得令人满意的和约条款。当我在 1918 年战败时来到莱比锡大学时，这里的经济学教授认为，1918 年 10 月签署的和约必须征得'泛德意志同盟'和总参谋部的同意。而这里的历史学家却始终都在证明民主制实质上是政治组织的非德国形式，只适合于功利主义的盎格鲁－撒克逊人，而与德意志民族的理想主义毫不相容。当我于 1919 年夏季转到罗斯托克大学时，我不得不组织学生去抵制由大学教授们公开宣讲的反犹主义。当我 20 年代最终落脚于法兰克福大学时，我所面临的第一项任务就是，帮助保护一位新聘用的坚持社会民主主义的教授免受攻击，包括政治上和肉体上的攻击，而这些攻击来自那些由相当数量的教授秘密支持的大学生们。"[1]

由此可见，真正的主动权远没有掌握在这些"左翼"的国际理性主义者手中，他们也远远没有掌握大专院校，只不过掌握了社会上的部分舆论工具而已。因此，那些德国大学中少数支持国际主义事业的学者，如物理学家阿尔伯特·爱因斯坦 (Albert Einstein) 或数学家埃米尔·贡贝尔 (Emil Gumbel) 这

---

1 Rex Crawford, *The Cultural Migration: The European Scholar in America*, Philadelphia: University of Pennsylvania Press, 1953, p. 16.

样的人，会遭到压倒多数的文雅之士的咒骂和威胁，[1] 是一点也不奇怪的。

在这个引起思想文化上激烈争论的 20 年代里，真正大出风头的不是这些具有世界主义情结的国际理性主义者，而是那些坚持"德意志精神"、坚持"文化民族化"的保守主义思想家。在由他们 20 年代发起的那场"新保守主义革命"中，他们的所有作品都在企图从民族历史神话的复兴中，找到一条摆脱 20 世纪思想—文化危机的出路，因而他们是将体现国际理性主义的"文化国际化"视为头等大敌的。

"右翼"保守主义教授们"捍卫民族国家"的呼唤，通过他们的课堂教学与出版物，感染到"渴望行动"的大学生与社会青年。在经济危机局势下，这些看不到自身职业前途的年轻人登上了政治舞台，他们信奉的已不是他们老师辈的"文化悲观主义"和"保守主义"，而是进攻性的反自由民主主义与反马克思主义、激进的种族主义与反犹主义了。这也是纳粹党能从"找不到位置的青年一代"中招兵买马，并能在 1929 年实现发展上的突破，成为德国大学里学生政治中最强有力运动的原因。[2]

在 20 年代的这场"文化国际化"与"文化民族化"的激烈斗争中，胜利的天平，随着世界经济大危机的爆发以及德国政治局势的演变，最后彻底地倒向了后者一边。从某种意义上讲，希特勒纳粹党在德国的上台正是这场文化斗争的结局在政治上的反映。

那些还身处现代化大学体制之中的"右翼"知识分子们，当他们反对现代主义、世界主义、启蒙主义的理性精神的时候，实际上就已经在否定洪堡当年所创立的"科学、理性、自由"这些现代化大学的基本原则了。因此，当希特勒的暴政在 1933 年扫除这些原则时，自然也就听不到来自这一阵营的

---

1 Jarrell. C. Jackman and Carla M. Borden (eds.), *The Muses Flee Hitler, Cultural Transfer and Adaptation, 1930~1945.* Washington, D.C. : Smithsonian Institution Press 1983, p. 35.
2 Gordon A. Craig, *Deutsche Geschichte, 1866~1945,* München: C. H. Beck Verlag, 1989, S. 369.

任何反对之声了。他们保守的反现代主义与纳粹激进的反现代主义文化政治发展之间本身就存在着一种联系，联系两者的就是这些"右翼"知识分子们在 1914 年提出来的"德意志精神"。这种孤立化、自我封闭化的"德意志精神"是将所有具有现代主义、世界主义、启蒙主义理性精神特点的东西都视为"非德意志精神的东西"来加以反对的，即使它是由德意志人首创的也在所不惜！

总之，代表着"文化国际化"的"魏玛文化"，犹如火山口上的舞蹈，只持续了一段短暂的、令人眼花缭乱的、脆弱的时光。创造这一文化的"圈外人"，最终只有在流亡中才能为"魏玛精神"找到真正的家园。

第二节　"文化清洗运动"与犹太科学家的流亡

从概念上讲，"流亡 (Emigration)"就是指因国家政治原因而导致的被迫性向外移居。当个体或集团因遭受政治、社会、宗教或经济上的直接或间接排斥，而非自愿性地移居到一个陌生的国家时，便被称之为"流亡"。在这种情况中，受排斥者是在没有个人过错的情况下陷入到一种强制局势中去的，而这种局势是因这个国家的政治条件发生了一种决定性的变化才引起的。这个发生了政治剧变的国家抛弃了特定的政治、宗教、种族或社会上的不一致者，从而使这个集团中的个体在没有主观罪过和实际罪过的情况下，陷入到被排斥者的行列之中。事实上，它给受排斥者只留下了这种选择：或是流亡，或是屈从，确切地讲，结束他迄今为止的存在。因此，国家政治上的剧变总能导致一种具有强制性的流亡。

在 20 世纪 30 年代的德国，希特勒纳粹党的极权独裁政权，通过发动一场"文化清洗运动"，将有犹太血统、有民主进步思想的知识精英从德意志大学和社会文化生活中驱逐出去了。这种专横是前所未有的，它已不再满足于苍白的迫害，它的最终目标就是铲草除根，因而或迟或早地使这些被驱逐者意识到，唯一的出路只有流亡。正是这场流亡，最终导致了一场向大西洋彼岸的整体性文化转移。

一、纳粹德国的"文化清洗运动"

1933 年 4 月 7 日是人类教育与科学发展史上的一个黑暗的日子。这一天，上台两个多月的德国总理阿道夫·希特勒，以政治或种族原因为由，颁布了所谓《重设公职人员法》，宣布解聘所有与纳粹主义原则不相符合的公职人员，具体条文如下：

"1. 凡属共产党或共产主义辅助性组织的成员；2. 凡在未来有可能从事马克思主义、社会民主主义或共产主义性质活动的人；3. 凡在迄今为止的活动中不能证明自身会随时、无保留地支持这个民族国家的人；4. 凡属非雅利安血统者：这样的公职人员都将解聘。"[1]

与此同时，在兴登堡总统的直接干预下，该法还宣布了三项例外条款，即"非雅利安血统者中，只有三种人能免于解聘：参加过第一次世界大战的前线战士、1914 年 8 月 1 日以前就在为国家服务的公职人员，或是一战中阵亡将士的父亲或儿子"。[2]

---

[1] Helge Pross, *Die Deutsche Akademische Emigration nach den Vereinigten Staaten, 1933~1941,* Berlin: Duncker und Humblot Verlag, 1955, S. 11.

[2] 所谓"非雅利安血统者"指凡其祖父母或外祖父母中有一人是"非雅利安人"者，它首先是针对"犹太人"、"1/2 犹太人"或"1/4 犹太人"的。《重设公职人员法》中会出现有关"非雅利安血统者"的三项例外条款，是由两个原因造成的：一是由于犹太人的组织"全国犹太人前线士兵联盟"通过老元帅冯·马肯森劝说兴登堡总统对希特勒直接进行干预，兴登堡总统也同意对《重设公职人员法》的涉及范围进行限制，而希特勒的统治地位当时并没有得到确保，在某些方面还需显示出对总统的迎合态度；二是由于希特勒一直相信那种诽谤犹太人的宣传，即绝大多数犹太人在第一次世界大战中都是"逃避工作的人"和"躲在后方的猪猡"，以至于他认为这些例外条款只会涉及很少的犹太前线士兵，因而同意了这三项例外条款。然而"在这部法律颁布后却表明：由于这三项例外条款，仍有相当多的犹太人还能在他们的职业上继续工作几年"。参见 Avraham Barkai, *Vom Boykott zur Entjudung. Der Wirtschaftliche Existenzkampf der Juden im Dritten Reich, 1933 ~ 1943,* Frankfurt am main: Fischer Taschenbuch Verlag, 1987, S. 36.

由于德国的大学教师过去一直属于在专业上进行自我管理并拥有法定资格的部属公职人员，因此，这场针对德国公职人员的"一体化"运动，在大学校园中也就体现为一场驱逐有犹太血统的、有民主进步思想的知识分子的"文化清洗运动"。

当这场"文化清洗运动"开始时，所有的德国大学经过一番紧张的调整，并于 1933 年 4 月 22 日向希特勒政府表达了集体的忠诚。这份在德国教育与科学发展史上最令人蒙羞的《德意志大学对阿道夫·希特勒以及纳粹主义国家的表白书》中这样写道：

"这个民族的阳光再度照亮了自己。我们将建设和扩展伟大的元首所开创的事业，并全心全意地追随这个新的国家。我们认识到：维护我们民族科学的意志在未来将会被记载下来。这场纳粹主义革命不仅体现为一个不断成长起来的政党对现存权力的接管，而且这场革命将给我们德意志的存在带来全面的、翻天覆地的彻底变革！"[1]

在这种氛围中，德国的大学上演着一幕幕摧残文化的丑剧。其中最令人难忘的一幕发生在 1933 年 5 月 10 日夜晚：在柏林大学对门的国家歌剧院广场上，纳粹德国人民教育与宣传部长约瑟夫·戈培尔亲自到场，主持了一场"对一个世纪的德国文化实施的火刑"。[2] 狂热的柏林大学学生们将一大批代表"非雅利安精神"的书籍扔进了火堆，这批书籍的作者包括海涅、马克思、伯恩斯坦、拉特瑙、爱因斯坦、弗洛伊德、卡夫卡、凯塞尔、雷马克、黑塞、托马斯·曼、海因里希·曼、楚克迈尔、图霍尔斯基。短短几个月内，有近 3000 种书籍被列为禁书，并被从全国所有的公共图书馆中清除。焚书与清洗运动显示出纳粹党徒对人类理性成就的公开蔑视，更使人想起德国大诗人海

1　*Bekenntnis der Professoren an den deutschen Universitäten und Hochschulen zu Adolf Hitler und dem nationalsozialistischen Staat.* Dresden: Stolle Verlag, 1933, S. 9, S. 14, S. 28.

2　Jarrell. C. Jackman and Carla M. Borden, *The Muses Flee Hitler, Cultural Transfer and Adaptation, 1930~1945.* Washington, D.C.: Smithsonian Institution Pres 1983, p. 38.

涅的那句名言："哪里有人在烧书,哪里最后就烧人!"[1]

当大批犹太血统的科学家遭到解聘时,在所有的日耳曼血统的科学家中,只有 1914 年诺贝尔物理奖得主马克斯·冯·劳尔(Max von Laue)一个人勇敢地站出来,抗议纳粹当局给德国科学造成的损失。但是,希特勒是这样回答他的:"即使是为了科学,我们的民族政策也不会因此而撤销或改变。如果驱逐犹太科学家意味着现代德国科学的毁灭,那就让我们在以后的岁月里,在没有科学的状况下,推行我们的民族政策吧!"[2]

这场"文化清洗运动"由三场解聘潮构成,历史统计数字清楚地显示出德国科学潜能上的损失。

第一场解聘潮从 1933 年 4 月 7 日开始,一年之内总共解聘了 1145 名大学教师,其中有 313 名正教授,109 名额外教授,284 名非公职性的额外教授,75 名荣誉教授,322 名编外讲师,11 名练习课和外语课讲师,13 名临时委托性的代理讲师和 18 名尚未被正式确立职位的人,占这一时期整个教师集团 7116 人中的 16.09%。当时德国大学的各类教授总计为 4482 人,而首场解聘潮就涉及各类教授 781 名,即占整个教授集团的 17.4% 以上。[3]

第二场解聘潮发生于 1935 年 9 月 15 日《纽伦堡法》颁布后的一年中,又至少有 494 名科学家遭到解聘,这些人是因 1933 年 4 月法律的例外条款而暂时保留在大专院校中的"非雅利安学者"。[4] 因此,到 1936 年 9 月,德国大学中被解聘的科学家总数达到了 1639 人,他们绝大多数都是正教授或额外教授,其专业领域分布如下:自然科学家 497 人(其中化学家 165 人,

1　Trosten Körner, *Die Geschichte des Dritten Reiches*, Frankfurt am Main: Campus Verlag, 2000, S. 159.

2　Edward Y. Hartshorne, *The German Universities and National Socialism*, Cambridge: Harvard University Press, 1937, p. 112.

3　Edward Y. Hartshorne, *The German Universities and National Socialism*, Cambridge: Harvard University Press, 1937, p. 92.

4　1935 年 9 月 15 日通过的《纽伦堡法》,宣布剥夺所有犹太人的公民权,并禁止日耳曼人与犹太人通婚。

物理学家 124 人)；医学家 459 人；社会科学家 392 人 (其中经济学家 148 人，
法学家 112 人，历史学家 53 人，社会学家 40 人，心理学家 27 人，教育学
家 12 人)；人文科学家 291 人 (其中语言学家 101 人，艺术史专家 62 人，哲
学家 55 人)。由于纳粹时代高校教师队伍处于不断萎缩的状态中，因此，解
聘率上升到当时所有师资力量的 33% 以上。[1]

第三场解聘潮发生于 1937 年 1 月 26 日颁布《德意志公职人员法》之后。
到 1938 年夏季学期末，在解聘了 160 多名"拥有非德意志配偶或非同种类配偶"
的教师后，遭到驱逐的科学家已高达 1800 人。[2] 这里还不包括被威廉皇家科
学院解职的 80 名科学家。此时，整个高校教师队伍已"损失"了 39%。[3]

在 1938 年 3 月吞并了奥地利、1939 年 3 月吞并了捷克斯洛伐克后，这
种厄运的继续蔓延又导致了约 400 多名奥地利科学家和 120 名捷克科学家的
头上，致使遭到解聘的科学家总数最后达到了 2400 人左右。到 1939 年，整
个纳粹德国大学教师岗位中的 45%，已被纳粹党内不学无术的党棍们占领。[4]

这场从大学校园开始的"文化清洗运动"也蔓延到所有的文化领域。随
着 1933 年 9 月 22 日"帝国文化委员会"的成立以及 10 月 4 日《主编法》
的颁布，这场运动在戏剧、造型艺术、音乐、出版、广播、电影、新闻领域
里全面展开。在"帝国文化委员会"主席戈培尔的直接指挥下，纳粹分子以

1　Claus Dieter Krohn, *Wissenschaft im Exil, Deutsche Sozial-und Wirtschaftswissenschaftler in den USA und die New School for Social Research*, Frankfurt am Main: Campus Verlag, 1987, S. 19.

2　Claus Dieter Krohn, *Wissenschaft im Exil, Deutsche Sozial-und Wirtschaftswissenschaftler in den USA und die New School for Social Research*, Frankfurt am Main: Campus Verlag, 1987, S. 23.

3　Christian von Ferber, *Die Entwicklung des Lehrkörpers der deutschen Universitäten und Hochschulen, 1864~1954*, Göttingen: Vandenhoeck & Ruprecht Verlag, 1956, S. 143.

4　这 45% 的岗位中还包括正常死亡者和退休者留下的空位，但接替这些岗位的，不是过去科学接班人队伍中的编外讲师，而是纳粹党的党干部。参见 Horst Möller, *Exodus der Kultur, Schriftsteller, Wissenschaftler und Künstler in der Emigration nach 1933*, München, C. H. Beck Verlag, 1984, S. 41~42.

"驱逐所有'非雅利安血统者'和民主人士，摧毁以现代艺术、现代文学、现代电影、现代音乐为特征的自由精神"为目标，以致所有"表现主义"、"客观主义"、"达达主义"、"立体派"的作品都被逐出了大众的视野，无调性音乐也遭到禁止。遭到驱逐的作家、记者、音乐家、造型艺术家、舞台艺术家、编剧、导演、制片人总计达 6000 多人，他们绝大多数是犹太人。再加上遭到驱逐的犹太医生、律师、工程师，整个纳粹德国中遭到驱逐的犹太科学文化知识精英达 12000 人左右。

所有还留在科学、文化领域里的德国科学家、艺术家都必须清楚，他们已不再是知识分子或国际主义文化精英的一部分，只是这个新的民族社会主义国家的仆人。他们面临的选择是，要么支持这个新政权，要么完全保持沉默，任何反抗都将招致盖世太保的严惩。

从根本上讲，那些遭到解聘的知识精英今后只有三种可能：改变职业、"内心流亡"、"肉体流亡"。

对于"因拥有非同种配偶"而遭到解聘的日耳曼科学家来说，不同学科的人之间是有区别的。那些因为有犹太配偶而失去大学岗位的日耳曼化学家、物理学家等专家，只要不在政治上招惹是非、出头露面，不从原则上对政权表示怀疑，还有在工业或其他经济部门中从事工作的可能。

而那些日耳曼人文、社会科学家，由于缺乏实践和实际技能，遇到了更大的困难。在"内心流亡"的情形下，环境的对抗性迫使他们与这个社会分离。在不能参与公开的科学活动的同时，他们抵抗着政治上的压力，在孤立和秘密中继续着他们的科学活动。然而，"他们已经脱离了自己所熟悉的生活方式，迄今为止的科学和教育功能已被剥夺，过去与学生的接触、与同事的交流也被截断，因此，经济上的拮据，不可信任的环境，内心感受到的那种占统治地位的政治和精神空气深深的敌意，是属于这些在'内心流亡'中生活的原大学教师们的"。[1] 纳粹极权独裁通过教育与宣传对私人生活的渗透越深，研究者个人的孤立化就越是尖锐。对政治事件的厌恶耗尽了他们的精力，这种精力在正常情况下本来是应该在教学和研究工作中结出丰硕果实的。总之，"内心流亡"实际上窒息了精神生产，"内心流亡者"的书桌是空的，没有手稿，这也解释了为什么纳粹时代没有真正知识分子的作品。[2]

需要特别指出的是，这场"文化清洗运动"主要针对有犹太血统的科学家，他们占所有被驱逐者的 90% 以上。对他们而言，在社会上寻找其他工作的可能性基本上是不存在的，其中的大多数人只能靠犹太人的社团组织提供的临时资助过着"内心流亡"的生活。[3] 但是在 1938 年 11 月 9 日"帝国水晶之夜"后，当极为有限的"内心流亡"可能性也丧失时，他们除了逃离这个国家，没有别的选择。同样的局势也摆在极少数坚持民主思想、过去积极参与政治并遭到解聘的日耳曼血统的人文、社会科学家面前，因为纳粹政权是同样将这些人视为敌人进行迫害的。因此，对于这两类人来说，要想求生，最后就只剩下"肉体流亡"，即流亡国外这一条路了，否则等待他们的就是集中营与死亡。

从这个意义上讲，1933 年 4 月开始于德国大学校园中的这场"文化清洗运动"，本身意味着讲德语的知识难民流亡潮的开端。当然，并非所有受到威胁的人在 1933 年都立即理解了局势的严峻性。许多人最初仍然留在德国，并在"内心流亡"中期待着局势能发生逆转，只是到纳粹专制进一步得到巩固后才被迫逃离这个国家。正因为如此，这场知识难民潮伴随着国内和国际

1　Helge Pross, *Die Deutsche Akademische Emigration nach den Vereinigten Staaten, 1933~1941*, Berlin: Duncker und Humblot Verlag, 1955, S. 13.

2　Rex Crawford, *The Cultural Migration*, Philadelphia, University of Pennsylvania Press, 1953, p. 12.

3　Kurt Düwell, Angela Genger, Kerstin Griese, Falk Wiesemann, *Vertreibung jüdischer Künstler und Wissenschaftler aus Düsseldorf, 1933~1945*, Düsseldorf: Droste Verlag, 1998, S. 8.

局势的日益恶化而继续，并在 1938 年 11 月"帝国水晶之夜"后达到了高潮。

二、决定科学家流亡方向的基本因素

在所有 2400 名遭到驱逐的讲德语的科学家中，大约有 1400 人最后选择了流亡。[1] 但他们当中只有约 31% 的人将美国作为流亡首选国，将其他国家作为流亡首选国的比率为：21% 选择了法国，14% 选择了英国，11% 选择了瑞士，选择意大利和巴勒斯坦的各占 6%，还有 11% 选择了其他欧洲国家。[2] 也就是说，他们当中的绝大多数人将邻近的欧洲国家作为自己流亡的首选国。

形成这种局面的原因是多方面的，它涉及接受国所能提供的专业岗位的数量，涉及流亡科学家个人的具体条件，同时还涉及他们对整个局势的主观判断。而且，所有这些因素都是混合在一起发挥作用的。

与一般难民不同，科学家难民的这场流亡能否成功，取决于他们能否继续发挥各自作为研究者和教育者的功能，从根本上讲，取决于接受国能否为他们提供在高校中的工作岗位。需要指出的是，法国和其他欧洲大陆国家的高校，由于其强烈的民族保护主义和地方主义，没有为来自德国的科学家难民提供高校的长期岗位。即使有少部分流亡科学家，后来通过来自美国方面的资助，被安置在高校的短期岗位上，但从欧洲大陆沦陷的最后结果看来，这些国家只是充当了流亡科学家最初的临时避难所和继续流亡的过境国。因此，真正能接受流亡科学家并能让他们继续发挥研究者和教育者功能的，只

---

1 在 2400 名被驱逐的科学家中，因配偶问题而遭到驱逐的非犹太科学家约有 200 多人，他们当中只有极少数者选择了流亡。逃离纳粹德国的科学家绝大多数是生命受到威胁的有犹太血统的人。但是，遭到驱逐的有犹太血统的科学家当中，除了因各种原因而死亡的 200 多人以外，仍有约 500 多人最后没有流亡出去，他们往往是一些年纪偏大的老教授和老讲师。这些人在 1942 年 1 月 20 日柏林"万湖会议"后，被送往距离布拉格以北 60 千米的特雷西娅斯塔特"隔都"，在那里，他们与来自欧洲各国没有流亡出去的犹太知识分子一起惨遭杀害，只有极少数侥幸者逃脱了死亡。参见 Kurt Pätzold und Erika Schwarz, *Tagesordnung, Judenmord. Die Wannsee-Konferenz am 20. Januar 1942*, Berlin: Metropol Verlag, 1992, S. 107.

2 Horst Möller, *Exodus der Kultur, Schriftsteller, Wissenschaftler und Künstler in der Emigrationnach 1933*, München, C. H. Beck Verlag, 1984, S. 49.

有那些独立于国家、在聘用问题上更为自由的英国和美国的大学。在此，这两个问题具有决定性意义：一是英、美两国的大学究竟能创造出多少附加性岗位？二是英美两国的大学与德国的大学在结构和教育理念上有多大的相似性？因为唯有具备这种相似性才容易接受流亡科学家。

20 世纪 30 年代初，英国"只有 16 所大学和 45603 名大学生。而到 1938～1939 年，也不过有 50002 名大学生。另外，在 1935～1936 年，英国的大学教师为 3504 人，到 1938～1939 年，为 3994 人"。[1] 这种高校状况的不景气以及招生数量的停滞，直接构成了接纳德国流亡科学家最为严重的障碍。此外，英国大学的"民族精英教育理念"也明显地将它与德国的大学区别开来，这种理念将"培养国家领导者"作为其教师义务的首要目标。而纳粹时代以前的德国大学，受洪堡教育思想的影响，是将科学研究放在教师义务的第一位的。加之英国大学研究生的招生规模极小，"博士考试和博士头衔直到 1918 年才开始引入。20 世纪 30 年代初，英国只有 2100 名研究生在攻读博士学位。这本身也对安置更多数量的德国流亡科学家产生了阻碍作用，因为德国大学教授最主要的讨论课（Seminar）教学法历来就是专门为培养研究型人才设计的。"[2] 由此可见，英国只存在着一种缺乏接受灵活性的、狭窄有限的大学体制。

所有这些并非意味着英国知识分子不准备帮助这些遭到驱逐的德国同行。恰恰相反，他们是最早对这些德国科学家表达同情并进行帮助的。

1933 年 5 月 1 日，在伦敦经济学院院长威廉·贝弗里奇（William Beveridge）的领导下成立了一个帮助德国流亡科学家的私人性组织"学者援助委员会（Academic Assistance Council）"。该组织的目的在于："为德国流亡

1　Helge Pross, *Die Deutsche Akademische Emigration nach den Vereinigten Staaten, 1933~1941*, Berlin: Duncker und Humblot Verlag, 1955, S. 35.

2　Ernest Barker, *Universities in Great Britain*, London: Oxford University Press. 1932, p. 92.

科学家提供在大学和科学实验室里工作的可能性，以便使他们在英国国内和国外找到永久性位置之前的过渡变得更容易些。"[1]

　　该委员会还于 5 月 22 日发表了一份由英国思想界的领导者和知名学者联合签署的声明："我们筹措的款项，将首先用于保证那些遭受驱逐的教师和研究者的生计，并为他们在大学和科学研究机构中找到工作机会创造条件……我们唯一的目标是减轻苦难、捍卫教育和拯救科学。"[2]

　　但是，由于英国大学体制上的特点，这种帮助是有限的。它只能提供一些短期性岗位，而不能提供太多的长期性岗位。因此，对流亡科学家来说，英国仍然是首先作为收容港、过境国来发挥作用的。

　　与其他任何国家相比，美国的高校体制在接受流亡科学家方面显然具有好得多的条件，因为它正处于不断扩张的过程中。"在 1899～1900 年，美国总人口为 7599.4 万，只有 237592 名大学生，总共占 18～22 岁的年轻人中的 4.01%。而到 50 年后的 1949～1950 年，美国总人口达到 15069.7 万，大学生的数量已上升到 2659024 名，即上升到年轻人中的 19.27%。研究生的数量以更大的规模增长。它由 1890 年的 2382 人增长到 1950 年的 237208 人，即增长了大约 100 倍。"[3]

　　这表明，当 20 世纪 30 年代初，纳粹政权在德国的大学里疯狂贯彻文化清洗政策时，美国的高校正在经历着一场从精英型教育向普及型教育的过渡。"到 1930 年，美国已拥有 246 所各类正规高校，以及总计为 27000 名授课者组成的教师队伍，其中有 12000 名是教授。"[4] 显然，美国的覆盖整个大陆

1　Helge Pross, *Die Deutsche Akademische Emigration nach den Vereinigten Staaten, 1933~1941*, Berlin: Duncker und Humblot Verlag, 1955, S. 37.

2　Norman Bentwich, *The Rescue and Achievement of Refugee Scholars*, Den Haag: Omniboek, 1953, p. 10.

3　Alex. J. Brumbaugh, *American Colleges and Universities*, New York: Columbia University Press, 1948, p. 50.

4　Maurice R. Davie, *Refugees in America*, New York: American Metal Company, 1947, p. 302.

的高校网络，有着比狭窄、有限的英国高校多得多的空间供流亡科学家填充。

然而，如此之多的美国高校并非都适合德国流亡科学家。在美国的文理学院、职业学院、大学这三种性质不同的高校中，文理学院是一种典型的"美国式创造"，它是美国整个高等教育事业最为重要的基础，所有的大学和绝大多数职业高校都是建立在这个基础上的。但是，文理学院整个教学计划的重点放在通识教育上，因此，教师的教学能力通常比丰富的学识更为重要。这就使以德语为母语的流亡科学家很难适应，因为他们更适合指导那些更成熟的研究生，而不是对文理学院的大学生授课。[1]

另外，那些重要的学科领域如法学、医学、企业管理等，在德国是作为专门学科而隶属于大学的，而在美国却被组织在职业高等学院中，这些学院或是独立的，或是划归给某大学的。除从事医学和自然科学的学者外，其他流亡科学家在这里很难找到接受的入口，因为这种教育是纯粹实用主义的，是以一种职业资格考试为目标的，也是排他性地根据职业要求设立的。由于职业要求在所有民族中又都是有区别的，因而对德国流亡科学家所从事专业的适应能力提出了挑战。[2]

德国流亡科学家一般只有在真正意义上的美国大学里才感到自己能够胜任，因为大学的核心部分是研究生学院，它是大学国际化的组成部分。尽管绝大多数文理学院和职业学院也隶属于大学，但唯有研究生学院才显示出美、德大学之间最强烈的亲缘关系。这是因为，不仅这种研究生学院体制是由1876年创办的约翰·霍布金斯大学从德国大学模式中引进的，而且那套专门为培养研究型人才而设计的讨论课（Seminar）教学法也同样是从德国大学模式中引进的。因此，自由的科学研究和指导博士生的工作是交给研究生院的，

1　Helge Pross, *Die Deutsche Akademische Emigration nach den Vereinigten Staaten, 1933~1941*, Berlin: Duncker und Humblot Verlag, 1955, S. 39.

2　Alex. J. Brumbaugh, American Colleges and Universities, New York: Columbia University Press, 1948, p. 186.

进行这样的工作也才最适合德国流亡科学家，因为他们能在这里以一种类似于德国的方式来进行研究工作。[1]

但是，美国各高校"学院（College）"或"大学（University）"之类的名称与质量完全无关，这就使德国流亡科学家通常很难正确地判断并寻找到适合他们工作的学校和岗位。因此，辅助性的代理机构的中介作用变得至关重要，而这些代理机构通常与这些高校的财源有关。与德国大学不同，美国高校的财源中，几乎不存在什么公共性或国家性的参与合作，它涉及的是一种纯私人性质的捐款。这样，美国私人性质的基金会对于是否接受某位德国流亡科学家的态度也就变得极为关键。它们往往能独立于国家，并在与高校的合作中奉行一种接受政策。

三、流亡科学家的个人条件与流亡方向的选择

美国高校体制的多样性、灵活性以及整个高等教育事业的迅速扩张，使得美国在接受德国流亡科学家方面具有最大的现实可能性。但这并不表明每位流亡科学家都会以美国作为流亡首选国，因为流亡科学家的年龄状况、掌握的外语语种和水平、专业上的国际化能力、流亡前的科学接触等这些个人的具体条件，通常决定着他们对流亡方向的选择。

首先，年龄状况在流亡科学家个人流亡方向的选择上扮演着重要角色。几乎所有流亡科学家的经历都证明了这一点："在移入美国时，凡年龄超过40岁的讲师，与他们更年轻的同行相比，总会遇到更大的困难。对于年龄更大的教授来说，如果不具有国际上显赫的名声，流亡往往意味着他们应付变化的适应能力变小了。因为这些人来自过去安稳的地位，而流亡本身意味着与过去的特别激进的决裂。"[2] 因此，在国际局势还没有发生根本变化的情

---

[1] Helge Pross, *Die Deutsche Akademische Emigration nach den Vereinigten Staaten, 1933~1941*, Berlin: Duncker und Humblot Verlag, 1955, S. 40.

[2] Donald P. Kent, *The Refugee Intellectual, The Americanization of the Immigrants of 1933~1941*, New York: Columbia University Press, 1953, pp. 86, 208.

况下，除了那些具有国际声誉的著名科学家外，主动想要流亡到大西洋彼岸美国去的往往是那些更年轻的科学家，而其他人则多选择与德国邻近的欧洲诸国。

其次，流亡科学家个人掌握的外语语种和水平，也对其流亡方向的选择产生影响。例如，如果他能讲英语，就会想流亡到英语空间中去；如果他法语掌握得更好，就会想流亡到法语空间中去；如果他不会外语，就会想流亡到瑞士去，这是很自然的。需要特别指出的是，由于在 1933 年以前，德国是世界科学、文化的中心，这种"八方来朝"的局面，使绝大多数流亡科学家以前从未想到过要移居海外，也几乎没有、或是根本没有研究过美国。他们既不熟悉美国的日常习俗，也不熟悉它的大学关系，甚至他们当中只有极少的人拥有少量英语知识。[1] 因此，在面临危局的时刻，更年轻的科学家往往能更快地学习和掌握英语，而年龄更大的人则"不相信自己还有完全从头开始在一个陌生的国家里使用一种陌生语言的能力"。[2] 这种态度导致的选择有时甚至是更为关键的。

再者，流亡科学家在专业上的国际化能力也很重要。与人文和社会科学家相比，数学家、自然科学家和医学家，由于其专业的国际性，更容易被接受国批准入境，并能获得比前者更为优越的待遇。加上所有的接受国，包括英、美在内，这些领域都远不如德国发达，因而聘用这些不构成职业竞争威胁的人，其阻力要小得多。[3] 而人文和社会科学家由于其专业方向极大地依赖于他们的语言能力和民族性，这就几乎不可避免地给他们带来了最初专业上的"失语性"。与社会科学家相比，人文科学家在这方面往往有更多困难需要

1　Helge Pross, *Die Deutsche Akademische Emigration nach den Vereinigten Staaten, 1933~1941*, Berlin: Duncker und Humblot Verlag, 1955, S. 47.

2　Trosten Körner, *Die Geschichte des Dritten Reiches*, Frankfurt am Main: Campus Verlag, 2000, S. 121.

3　Jarrell. C. Jackman and Carla M. Borden, *The Muses Flee Hitler, Cultural Transfer and Adaptation, 1930~1945*, Washington, D.C.: Smithsonian Institution Pres 1983, p. 197.

克服，因为经济学、社会学这类社会科学学科正处于时代发展的交叉口上，也是在经济危机的形势下引起国际学术界普遍重视的学科。这也是为什么数学家、自然科学家、医学家甚至社会科学家一般要比人文科学家更容易被接受国，尤其是美国接纳的原因。

另外，流亡前与国际学术界的接触与交流，也能对流亡科学家在接受国的选择上产生决定性影响。凡能在 1933 年以前与国际学术界频繁接触、交往的科学家。大多是那些在学术研究上处于国际前沿、并拥有国际声誉的科学家，这样的科学家至少通晓一门甚至多门外语，自然成为外国大学最想获取的"抢手货"。例如，阿尔伯特·爱因斯坦（Albert Einstein）、托马斯·曼（Thomas Mann）等人就属于这样的科学家。他们甚至在外国讲学期间得知希特勒上台时，便立即决定流亡国外，并受到了接受国快速的接纳与热情的欢迎。[1]

流亡方向的选择在很大程度上也取决于流亡科学家个人对局势的判断。必须承认，并不是每一位后来到达美国的流亡科学家当初都立即下定决心要越过大洋的。因为在希特勒政权的最初年代里，人们关于这个政权大概能维持多长时间的推测，彼此之间存在着相当大的区别。不少人最初甚至相信，"纳粹统治只是一个暂时性的幽灵，在不远的将来，一场从流亡中的返回是有可能的"。因此，"尽管许多人很快认识到流亡的定局，但他们从感情上并不想与德国分离，只是希望能在一个与家乡邻近的国家里，等待流亡生活的立即结束"。他们也并不将自己理解为需要长期离开德国的流亡者（Emigranten），而是将自己理解为有返回希望的流放者（Exilanten）。如果选择流亡美国，仅有一种临时性的权宜之计是不够的，因为遥远的美国被他们理解为"不可

1　Kurt Düwell, Angela Genger, Kerstin Griese, Falk Wiesemann, *Vertreibung jüdischer Künstler und Wissenschaftler aus Düsseldorf, 1933~1945*, Düsseldorf: Droste Verlag, 1998, S. 20.

返回的地点（Point of no return）"。[1]

更进一步地讲，对于绝大多数德国流亡科学家来说，美国最初也并不处于他们优先选择的理想接受国的位置上。这本身也反映出德国知识精英那种相当普遍的集体心理状态。这种心理状态源于他们过去从美国文化中、尤其是 20 世纪 20 年代对德国社会"美国化"的厌恶中所感受到的那种"消极魅力"。尽管绝大多数德国流亡科学家几乎都不是保守主义者，而是民主或自由主义者，但是他们并没有在思想上完全接受美国，而是以相当矛盾的心情来看待美国。"一方面，他们对这个没有严格阶级障碍的开放性社会以及美国人的现实主义和乐观主义精神表示钦佩和赞赏，也承认这些能积极地、富有创造性地影响这个社会的活力。但另一方面，他们又对美国的那种实用主义、功利主义、没有进一步精神需求的物质文化的统治地位持怀疑态度。"[2] 这样的矛盾心理也使他们很难在流亡中首先想到要将美国作为首选国。

因此，绝大多数流亡到欧洲邻近国家的德国科学家，只是到晚些时候，特别是在 1938 年 11 月"帝国水晶之夜"后，才认识到纳粹政权是不会因内部原因而倒台的，也才十分勉强地承认一个完全的新开端是必须的。而对于这样一个新开端来说，美国当然能提供最为有利的前景。

总之，纳粹德国的对内反犹政策和对外扩张政策越是变得强硬，对一场战争的担忧就越是推动着那些在西欧避难所中生活的人们离开这个旧大陆。这种担忧以及美国接受上的障碍，可以清楚地解释为什么在离开德国与到达美国之间通常需要多年的时间。

---

1 Lewis A. Coser, *Refugee Scholars in America. Their Impact and Their Experiences*, New Haven: Yale University Press, 1984, p. 3.

2 Claus Dieter Krohn, *Wissenschaft im Exil. Deutsche Sozial- und Wirtschaftswissenschaftler in den USA und die New School for Social Research*, Frankfurt am Main: Campus Verlag, 1987, S. 24.

第三节 美国高校对欧洲流亡科学家的接受

自 1933 年 4 月纳粹德国发动"文化清洗运动"以来，美国的新闻界一直在关注和报道德国大学里强行解聘科学家的事件，美国公共舆论表达的政治同情也几乎毫无例外地站在被驱逐者一边。5 月初，美国知识界的领袖人物之一，纽约国际教育研究所所长斯蒂芬·达根（Stephen Duggan）本着"科学与教育没有民族和意识形态界限"的信念，发起并成立了"援助德国流亡学者紧急委员会（Emergency Committee in Aid of Displaced German Scholars）"(1938 年 3 月德国吞并奥地利后，该组织更名为"援助外国流亡学者紧急委员会")。该委员会的目的在于："挽救那些因纳粹暴政而被从欧洲大学中驱逐出来的学者的知识和研究才能，为美国的科学和教育服务。"[1]

7 月 5 日，142 位美国大学校长联名呼吁对流亡的犹太科学家以及天主教徒给予资助。紧接着，7 月 13 日，一个以康奈尔大学校长利文斯通·法兰德（Livingstone Farrand）为主席的"美国大学援助委员会"也宣告成立。[2]

美国知识界的领袖们清楚地认识到，这场由纳粹政权发动的"文化清洗运动"实际上为美国大学和科学的发展提供了一次千载难逢的良机，因此，必须抓住这种机遇，尽可能多地接纳来自德国的流亡科学家。但他们很快就发现，这种愿望遇到了来自美国高校内部的一种"对外来科学家的恐惧症"的强烈抵触。

一、美国高校"对外来科学家的恐惧症"

1933 年 10 月，"美国大学联盟（American University Union）"主席、

1 Stephen Duggan and Betty Drury, *The Rescue of Science and Learning, The Story of the Emergency Committee in Aid of Displaced Foreign Scholars*, New York: The Macmillan Company, 1948, p. 60.

2 Helge Pross, *Die Deutsche Akademische Emigration nach den Vereinigten Staaten, 1933~1941*, Berlin: Duncker und Humblot Verlag, 1955, S. 48.

哥伦比亚大学教育学家巴格斯特尔·柯林斯（Bagster Collins）亲自前往欧洲进行实地调查。归国后，他在给"紧急委员会"主席斯蒂芬·达根的报告中这样谈到了他的担忧："美国高校对参与这场高质量人才分配的紧迫性的认识，可能会来得太迟。因为 1933 年 5 月在伦敦为拯救德国科学家而成立的'学者援助委员会'已经显示出极大的现实意义。在当前这场对 250 名流亡科学家进行的国际性分配中，它已成功地将 140 名科学家分配给了英国的大学，而被分配到美国的只有 43 名，他们中的 14 名到了'社会研究新学院（New School for Social Research）'。可供分配的至少还有 800 人，但是已有 30 人被苏黎世成立的德国难民自助组织'在外国的德意志科学家紧急共同体（Notgemeinschaft deutscher Wissenschaftler im Ausland）'分配到了伊斯坦布尔大学。"[1]

为争取更多流亡科学家前往美国，巴格斯特尔·柯林斯、斯蒂芬·达根、利文斯通·法兰德之间进行了紧张的联系。他们动员"美国大学教授联合会"，以 12000 名美国大学教授的名义，于 1933 年 12 月 12 日发出了一份针对德国大学中暴政的抗议：

"美国大学教授联合会对美国信奉的自由基本原则受到威胁感到深深的不安。从长远看来，没有这种自由不可能完成高质量高水平的大学工作。因此，本委员会表示坚决的反对。在那些具有决定性意义的欧洲国家里，首先在德国，它曾经如此长久和令人崇敬地通过特别的保护，体现着教学和研究的自由，这个最高原则现在被牺牲掉了，并被置于政治和其他考量之下，而这些考量对于纯粹的科学研究和教学工作来说是无关紧要的。本委员会并不想对无论哪个民族的政治生活或理想发表意见，但从长远来看，科学已经被国际

---

1 Claus Dieter Krohn, *Wissenschaft im Exil, Deutsche Sozial- und Wirtschaftswissenschaftler in den USA und die New School for Social Research*, Frankfurt am Main: Campus Verlag, 1987, S. 28.

化了，精神生活的条件在任何一个重要国家里都是与每个人的人权联系在一起的。"[1]

尽管某些美国科学界的领导人物变得活跃起来，但是直到 1935 年 1 月 1 日，在世界范围内得到安置的 447 名德国流亡科学家中，只有 95 人被安置到美国，其中只有 29 人在美国高校中获得了长期的固定岗位。[2]

与英国高校狭窄、有限的体制相比，正在经历着巨大扩张的美国高校体制，为流亡科学家提供的长期固定岗位的数量实在太少。尤其值得注意的是，这 29 人中有 14 人，即一半左右，被安置在"社会研究新学院"，而且这种比例直到 1939 年战争爆发以后才逐渐发生了变化。[3] 这充分说明，当时的美国其他高校采取了多么克制的态度。这种克制态度暴露出美国知识界在接受德意志流亡科学家的问题上显然存在着某些矛盾的倾向。

首先可以肯定的是，美国知识界的领导人通过报刊表达的政治同情，已经为接受德国流亡科学家营造了一种积极的气氛，也唤起了大量完全是非官方的、私人性援助的意愿。而且从传统上讲，德国的教育以及大学体制也一直是美国仿效的样板。某些美国大学，如约翰·霍布金斯大学，就是仿照德国大学的模式于 1876 年建立起来的。许多美国科学家都曾在作为世界科学、文化中心的德国大学留过学，仅是在 1814 年至 1914 年的这 100 年中，德国就为美国培养了 1 万名博士。不少在德国培养成才的美国科学家，此时成为了聘用德国流亡科学家的积极分子，他们看到了接受德国流亡科学家对美国科学发展可能产生的促进作用。

---

1 Stephen Duggan and Betty Drury, *The Rescue of Science and Learning, The Story of the Emergency Committee in Aid of Displaced Foreign Scholars*, New York: The Macmillan Company, 1948, p. 182.
2 Claus Dieter Krohn, *Wissenschaft im Exil, Deutsche Sozial- und Wirtschaftswissenschaftler in den USA und die New School for Social Research*, Frankfurt am Main: Campus Verlag, 1987, S. 23.
3 Maurice R. Davie, *Refugees in America*, New York, American Metal Company, 1947, p. 314.

但是在两次世界大战之间的年代里，向孤立主义的撤退决定了美国整个社会的公共舆论。民意测验一再表明，三分之二的美国人都反对松动 1924 年《移民法》中有关移民限额制的规定。尽管根据这种限额制，美国每年仍可接受约 26000 名德语国家的移民，但由于当时美国的国务院一直把持在一批保守主义的官僚手中，他们指示驻各国的美国领事馆，采取尽量限制犹太难民入境的政策，以至 1937 年以前每年入境的德国难民人数都只在 7000 人之下。再加上民主党内部南方州派别的强大压力，罗斯福总统只有很小的行动余地。在其他国家都对大规模接受德国难民表现出拒绝态度时，罗斯福总统也越来越担心，"如果美国对移民限额制进行松动，必然导致中欧难民更大量地涌入美国，也会鼓励纳粹德国采取更强硬的手段来反对犹太人和政治上的持不同政见者，甚至会刺激其他国家采取类似的措施"。[1] 因此美国有关移民限额的规定一直没有松动。在全世界人们的眼中，"美国对德意志流亡者的冷漠是最具有典型性的"。直到 1979 年，时任美国副总统的蒙代尔还在指责当时的美国政府"在这场文明的考试中绝对是不及格的"！[2]

当然，本着美国传统的移民政策中的"才能优先原则"，1924 年《移民法》第四条第四款也做出了这样的规定："申请移民美国前，担任过任何教会神职人员达两年以上并在入境后继续担任这种职务的移民，或是在学院、研究机构或大学任职的教授及其配偶，以及与其同行或寻求团聚的未满 18 岁的未婚子女，属于非限额的范围。"[3] 因此，外国科学家获得入境美国的签证条件是：有一份与美国高校签订的有关工作安排的合同证明，以及一份能证明自身曾在出生国至少从事过某一学科中两年教学工作的证明。

---

1 Kurt R. Grossmann, *Emigration, Geschichte der Hitler-Flüchtlinge, 1933~1945,* Frankfurt am Main: Europäische Verlagsanstalt, 1969, S. 9.

2 Jarrell. C. Jackman and Carla M. Borden, *The Muses Flee Hitler, Cultural Transfer and Adaptation, 1930~1945,* Washington, D.C.: Smithsonian Institution Pres 1983, p. 61.

3 Helge Pross, *Die Deutsche Akademische Emigration nach den Vereinigten Staaten, 1933~1941,* Berlin: Duncker und Humblot Verlag, 1955, S. 46.

但是，孤立主义浪潮同样影响了美国的高校环境。当有多年教学实践经验的科学家并不缺乏时，美国高校便从20世纪20年代末开始实行严格的外聘限额制。社会上那种对来自欧洲的颠覆破坏、渗透活动的担忧也同样在大学里蔓延。1933年以后，首先是那些日耳曼血统的科学家，尤其是那些在美国中西部小型大学中的日耳曼语言文学家，组成了一个声势不小的反对接受犹太科学家的院外活动集团。直到1935年3月，他们仍然将遭到纳粹政权驱逐的德国高校教师斥为"社会主义的第五纵队"和"国际谅解的捣乱者"。[1]

这种"对外来科学家的恐惧症"由于世界经济危机的后果得到了加强，大萧条以及由此引起的失业浪潮在高校职业中也有强烈的反映。1930～1933年间，在27000名美国大学教师中，已经解聘了2600多名，几乎占全部大学教师的10%。[2]在这种情况下，凡能避免解聘和减少工资的地方，通常也是缺乏手段来聘用附加性教学力量或创造新岗位的地方。更何况，高水平的德意志竞争者的涌入，是被年轻的美国讲师们视为对自己晋升机会的一种威胁来看待的。[3]

在美国高校里，对自身地位的担忧，传统孤立主义的影响，对德国事态发展的无知，汇合成一种混乱的愤慨，并首先在反犹主义的倾向中找到了表达。例如，1933年5月，当"社会研究新学院"院长阿尔文·约翰逊（Alvin Johnson）向他的同事说明，需要为遭到驱逐的德国科学家建立一所"流亡大学"时，许多人表示不愿给犹太人在美国一个哪怕是最小的机会，而另一些人嘲笑道："在这些德意志人中寻找一流科学家的期望可能会落空，因为他们绝

---

1 Claus Dieter Krohn, *Wissenschaft im Exil, Deutsche Sozial-und Wirtschaftswissenschaftler in den USA und die New School for Social Research*, Frankfurt am Main: Campus Verlag, 1987, S. 29.

2 Maurice R. Davie, *Refugees in America*, New York, American Metal Company, 1947, p. 302.

3 Helge Pross, *Die Deutsche Akademische Emigration nach den Vereinigten Staaten, 1933~1941*, Berlin: Duncker und Humblot Verlag, 1955, S. 49.

大多数只是犹太人或社会民主党人。"[1] 当1938年希特勒吞并奥地利、美国那些热情工作的援助组织准备应付第二场大难民潮时，许多美国大学却在有目的地破坏这种努力。一份由洛克菲勒基金会发给各大学的"对使用流亡科学家有哪些兴趣"的调查表，不仅退回的数量大得惊人，而且大多还强调："我们不认识他们，也不需要他们！"[2]

美国高校中的这种反犹主义倾向，或是通过犹太人的外貌，或是通过民族习惯上的差别，或是通过个别流亡者的行为举止来获取认知的。这使许多德国流亡科学家很快认识到自身作为"犹太人"和"外来新移民"的"双重不利条件"。在欧洲，这些流亡科学家受到了肉体上的粗野威胁；而在美国，他们又面临着对人的尊严的委婉的轻侮。流亡美国的德国著名政治学家弗朗茨·诺伊曼从自尊的角度出发，认为"德国的反犹太主义比美国还少些"。[3] 甚至连詹姆斯·弗兰克（James Franck）这位1925年诺贝尔物理奖得主，竟然也被霍布金斯大学的反犹校长、日耳曼语言学家艾塞阿·鲍曼（Isaiah Bowmann）强令逐出校园。[4] 由此可见，美国高校接受流亡科学家的困难，与其说是资金问题，还不如说是日益增长的反犹主义的情绪问题。美国的援助组织，如果不想故意激怒大学中的仇外或反犹情绪，就必须在一条狭窄的小路上扮演角色。

二、"援助德国流亡学者紧急委员会"的接受政策

在众多的美国援助组织中，洛克菲勒基金会扮演着举足轻重的角色，因

---

1 Claus Dieter Krohn, *Wissenschaft im Exil, Deutsche Sozial-und Wirtschaftswissenschaftler in den USA und die New School for Social Research*, Frankfurt am Main: Campus Verlag, 1987, S. 30.

2 Investigation of Rockefeller Foundation, 10. 9. 1938, Rockefeller Foundation Archive(以下简称 RFA), Record Group 2, 185/1324.

3 Lewis A. Coser, *Refugee Scholars in America. Their Impact and Their Experiences*, New Haven, Yale University Press, 1984, p. 71.

4 Jarrell. C. Jackman and Carla M. Borden, *The Muses Flee Hitler, Cultural Transfer and Adaptation, 1930~1945*, Washington, D.C.: Smithsonian Institution Pres 1983, p. 198.

为它是早在 1920 年代就盯上了最有价值的德国科学家的唯一基金会组织，也是能为流亡科学家提供最多资助的美国基金会组织。

与 1933 年 5 月以来各国自发建立的所有援助组织不同，这些组织在这个陌生的领域里或多或少只是在"即兴作曲式地"进行它们的工作，而洛克菲勒基金会采取的步骤，却在继续自 1920 年代以来就一直进行的研究计划。它不仅掌握了有关欧洲特别是德国科学家个人的详细情报，而且在它设在巴黎的办公室的帮助下，支配着欧洲各国那些有组织的援助机构。

洛克菲勒基金会设立于 1913 年，洛克菲勒石油王朝为此投入了 2.5 亿美元，仅每年的利息就达 800 多万美元。[1] 在最初的十多年里，它几乎一直排他性地资助医学，尤其是热带病学研究，1920 年代中期以来，才逐渐对现代社会科学产生了兴趣。利用它的捐款，这家基金会先是在美国成立了"社会科学研究委员会（Social Science Research Council）"，后又在欧洲，首先在德国资助了大量的科研项目。1929 年至 1933 年间，它总共为德国科学界投入 400 万美元，其中有约 83 万美元投向了德国的社会科学。[2]

在魏玛共和国末期，洛克菲勒基金会巴黎办公室的工作人员，便开始有规律地巡游德国。他们在仔细考察德国大学的过程中，关注着德国科学界已取得的成就，也密切注视着纳粹夺权准备阶段中德国高校的政治气氛以及知识分子状况。那时他们就在考虑将来资助什么人，按什么样的标准来进行资助的问题了。[3]

洛克菲勒基金会也是"援助德国流亡学者紧急委员会"最重要的参加者

1　Claus Dieter Krohn, *Wissenschaft im Exil, Deutsche Sozial-und Wirtschaftswissenschaftler in den USA und die New School for Social Research*, Frankfurt am Main: Campus Verlag, 1987, S. 41.

2　Report on Rockefeller Foundation Activities in Germany-Social Sciences, 6. 20. 1933, RFA, Record Group 1.1, 717/7/36.

3　Claus Dieter Krohn, *Wissenschaft im Exil, Deutsche Sozial-und Wirtschaftswissenschaftler in den USA und die New School for Social Research*, Frankfurt am Main: Campus Verlag, 1987, S. 42.

和财政支持者。在 1933 年 5 月 23 日 "紧急委员会" 召开的第一次全体会议上，它向 "紧急委员会" 主席斯蒂芬·达根提交了一份美国必须接纳的 600 多名德国科学家的名单。这 600 多人正是这家基金会最感兴趣的，并多年来一直在跟踪的，在各个学科领域里的世界一流科学家。

但是，能否化解美国高校中普遍存在的 "对外来科学家的恐惧症"，关系到美国能否大规模接受德国流亡科学家的问题。这一工作领域并不是洛克菲勒基金会之类的私人基金会所能完全包揽的。私人基金会一般只负责为它们挑中的人选提供资助，具体由哪所美国高校来接受这些流亡科学家，这方面的中介工作主要是由 "援助德国流亡学者紧急委员会" 来承担的。

在这种中介工作中，美国的 "紧急委员会" 与英国的 "学者援助委员会" 以及设在苏黎世的 "在外国的德意志科学家紧急共同体" 建立起一种密切的联系，因为这两大欧洲援助组织往往能及时掌握并提供更为全面的有关德国流亡科学家的名单和信息。这三大自发组织之间很快发展起一种协商和分工。"紧急委员会" 负责在美国的中介工作，"学者援助委员会" 负责在英国和帝国所属殖民地的相关工作，"紧急共同体" 曾经成功地将部分德国流亡科学家介绍到土耳其，因此由它来负责在东方国家、苏联和南美等方面的中介工作。

与英国的 "学者援助委员会" 相比，美国的 "紧急委员会" 显然采取了不同的安置政策，这种区别本身也反映出两国援助组织各自面临的不同局势。

英国的 "学者援助委员会" 将自己定义为一种智力劳动市场组织，自己来挑选科学家，然后介绍给各大学，并为被聘用的流亡科学家承担部分工资。最初，这笔经费的绝大部分是由英国科学家以一种自我征税的形式来筹集的，这也显出英国科学家比美国同行有更高的义务责任感和更多的团结一致。[1]

---

1 Claus Dieter Krohn, *Wissenschaft im Exil, Deutsche Sozial- und Wirtschaftswissenschaftler in den USA und die New School for Social Research,* Frankfurt am Main: Campus Verlag, 1987, S.35.

1933 年 9 月以后，这种局面才开始通过美国的洛克菲勒基金会以及英国的慈善组织的有力资助而得以改变。

而美国"紧急委员会"的援救工作从一开始就建立在与英国不同的基础上。由于经济危机以及孤立主义舆论笼罩下的大学财政问题，为了将更多优秀的德国学者引向美国，斯蒂芬·达根将"紧急委员会"与已有的各类私人基金会紧密地衔接起来。用这种方法，能让大量慈善性的、绝大多数是美国犹太人的基金会提供大量金钱，供"紧急委员会"操纵。[1]

在此基础上，"紧急委员会"根据三项原则来采取行动："1. 在中介活动中，无区别地对待来自所有宗教的信仰者；2. 只推荐 30 至 58 岁的教授和编外讲师，以避免与年轻的美国人竞争；3. 只接受来自美国高校的申请，而不接受流亡科学家个人的申请。"[2] 也就是说，流亡科学家由美国各高校自己挑选，某高校若想安排某位流亡科学家，便可向该委员会提出申请，该委员会便给这位候选人安排一个位置，如果这位候选人接受，那么该委员会愿在最长两年时间里为被聘用的科学家承担一半工资，即每年最多为 2000 美元。"由于工资的另一半通常由用人机构的科研基金来承担，而这种科研基金实际上也来源于私人性质的基金会，因此美国各高校在聘用德国流亡科学家上并没有什么经济负担。"[3]

除了这种减轻大学经济负担的方法外，"紧急委员会"和洛克菲勒基金会的领导人还采取种种措施来消除人们对它们安置政策的误解，表明这种政策绝非出于博爱和仁慈，"不是在为个别科学家提供个人帮助"，而是在奉行"拯救科学"的最高原则。[4] 因此，只有一流的科学家才能得到资助。由

---

1 William Beveridge, *A Defense of Free Learning*, London: Oxford University Prress, 1959, p. 126.

2 Stephen Duggan, *A Professor at Large*, New York: The Macmillan Company, 1943, p. 78.

3 William Beveridge, *A Defense of Free Learning*, London, Oxford University Press, 1959, p. 30.

4 Raymond B. Fosdick to Alvin Johnson, 10. 30. 1939, RFA, Record Group 1.1, 200/339/4304.

于这些一流科学家在美国大学里一年最多只能拿到一笔 4000 美元的工资，而一位美国教授一年能拿到 12000 ~ 15000 美元，[1] 这种区别使美国各高校对德国流亡科学家的抵制情绪逐步得到了化解。

在纽约的"社会研究新学院"内部，为吸收流亡的人文、社会科学家，阿尔文·约翰逊院长专门成立了一所"流亡大学（University in Exil）"，并以此作为它的研究生院。在普林斯顿，亚伯拉罕·弗莱克斯纳（Abraham Flexner）为吸收流亡的自然科学家，专门建立了"高级研究所（Institute for Advanced Study）"。哥伦比亚大学更是对法兰克福大学的社会研究所采取了整体接纳的形式。这些高校的领导人对德国流亡科学家表现出极大的接受热情，甚至允许他们在完全脱离对本科生教学活动的情况下，专门从事理论研究和指导博士研究生的工作。因此，在这三所高校和研究机构里，出现了高水平的流亡科学家"集中化"的倾向。

这种"集中化"倾向并不是"紧急委员会"和洛克菲勒基金会的领导人愿意看到的。他们希望流亡科学家能在美国真正地实现"美国化"，而不是继续保持"欧洲化"的特点。在他们看来，唯有流亡科学家们的"美国化"，才能保证他们将来永久性地留在美国，为美国的大学和科学发展服务；若流亡科学家继续保持"欧洲化"的特点，将意味着在流亡结束之后他们就有可能返回欧洲。加之，在当时的绝大多数美国高校里，犹太学者的集中化也很易引起"反犹主义的敌意"。因此，"紧急委员会"和洛克菲勒基金会开始有意识地也是分散性地将流亡科学家安置在各个不同的高校里，一所高校接受的流亡科学家一般不超过 3 名。到 1939 年欧洲战争爆发时，122 名通过洛克菲勒基金会的资助得到安置的流亡科学家，被分散在 65 所美国高校里；

1　Claus Dieter Krohn, *Wissenschaft im Exil, Deutsche Sozial-und Wirtschaftswissenschaftler in den USA und die New School for Social Research*, Frankfurt am Main: Campus Verlag, 1987, S.37.

而在 1933～1945 年间，335 名通过"紧急委员会"的资助得到安置的流亡科学家，被分散在 145 所美国高校里。[1] 这样，流亡科学家完全集中于少数中心的现象以及由此可能在美国大学里产生的"反犹主义敌意"被消解掉了。

1935 年初，"紧急委员会"的领导人认为，这种安置工作能在两年后结束，估计这场科学难民潮到那时也就终止了，美国的经济大萧条也将走到尽头。然而事实很快证明，这只是一厢情愿。与这种盼望相反，随着希特勒德国于 1938 年 3 月 12 日吞并奥地利、9 月 29 日占领苏台德、11 月 9 日导演了"帝国水晶之夜"后，越来越多来自德国、奥地利、捷克斯洛伐克甚至意大利的流亡科学家都在急于寻求美国的帮助；而美国经济却在持续萧条中迎来了 1937～1938 年的危机。因此，尽管美国私人基金会的捐款在不断增加，但"紧急委员会"仍然感到资金不足，难以应付。过去对流亡科学家承诺的两年资助义务，只能履行一年了，甚至不少流亡科学家在两年期限合同结束后，再度变成了失业者。在这种形势下，洛克菲勒基金会内部开始谈到这个令人不安的问题："对流亡科学家的接受是否已经达到了饱和状态？"

无论怎样，"紧急委员会"承担的工资部分必须极大地减少。1933 年支付给流亡科学家的一半工资最多为 2000 美元，而到 1938 年，平均只能支付给每人 1400 美元。1939 年欧洲战争爆发后，随着更多流亡科学家涌入美国，"紧急委员会"只能支付 1000 美元了。而在 1940 年 6 月法国战败、希特勒德国占领西欧大陆并向英国发动空袭后，不仅是那些过去通过洛克菲勒基金会的资助在法国得到安置的德国流亡科学家必须全部转移到美国，就连被安置在英国的部分德国科学家也必须转移到美国，更不要说还有那些来自法国

1　Stephen Duggan and Betty Drury, *The Rescue of Science and Learning, The Story of the Emergency Committee in Aid of Displaced Foreign Scholar*, New York: The Macmillan Company, 1948, p. 66.

和西欧其他沦陷国家的科学家，尤其是有犹太血统的科学家也在争相向美国转移。面对流亡科学家的蜂拥而至，"紧急委员会"最后只能将被安置者的一半工资减少到每人 650 美元。[1]

　　然而，欧洲局势的恶化迫使美国社会开始放弃孤立主义。更为重要的是，那些最先到来的德国流亡科学家，此时已开始用他们在美国取得的杰出科学成就证明：从纳粹统治下的欧洲被驱逐出来的科学潜力多么的巨大，接受流亡科学家使美国高校的质量得到了多么大的提高。这就使美国各高校和整个知识界对流亡科学家的看法发生了根本性的转变。在这种局势下，"紧急委员会"与"美国大学联盟"之间达成了一项协议："由各美国高校向流亡科学家支付更高的工资，以便使他们部分的工资损失能得到弥补。"另外，"在最初承诺的期限满期后，无论他是否占据着长期固定岗位，如果他证明自己能胜任这份工作，那么这所高校就要完全接受这位客人，支付他全部的工资，并将他接纳进该校的教师集团。"[2] 到此时，所有来自欧洲的流亡科学家已经成为了美国各高校正式聘用的师资力量了。

三、美国援救组织的具体贡献

　　为了使美国各高校能接受更多的流亡科学家，从 1933 年至 1945 年间，美国各家大私人基金会做出了最大的贡献。例如，"紧急委员会"为 335 名科学家提供了 80 万美元的资助，这笔总额中有 31.7 万美元来自纽约基金会；洛克菲勒基金会为 303 名科学家提供了 141 万（1410778）美元的资助；卡尔·舒尔茨纪念基金会为 303 名科学家提供了 31.7 万美元的资助。另一家大的科学基金会卡内基基金会以捐助给其他组织的形式提供了总计为 11 万

1　Claus Dieter Krohn, *Wissenschaft im Exil, Deutsche Sozial-und Wirtschaftswissenschaftler in den USA und die New School for Social Research*, Frankfurt am Main: Campus Verlag, 1987, S.37.

2　Helge Pross, *Die Deutsche Akademische Emigration nach den Vereinigten Staaten, 1933~1941*, Berlin: Duncker und Humblot Verlag, 1955, S. 50.

美元的间接资助。[1]

在此需要特别指出的是，在美国各大学已有 2600 多人被辞退的情况下，即使对 30 岁以下的美国人来说，高校中的职业聘用机会也很难提供给他们，现在当然只提供给年龄超过 30 岁以上的流亡科学家。然而卡尔·舒尔茨纪念基金会突破了这个规定。它为 303 名 30 岁以下的流亡科学家提供了资助，这与洛克菲勒基金会资助的科学家一样多，但它所提供的经费总额还不到洛克菲勒基金会提供的资金的 23%。[2] 从 1940 年代初开始，为解决更年轻的流亡科学家的聘用问题，"紧急委员会"专门制定了针对年轻流亡科学家的"访问学者计划"，为此，罗森沃德家族援助基金、西尔家族遗产基金、罗布克百货康采恩遗产基金也通过一种特别的捐助承担了义务。[3]

此外，美国犹太教、基督教、天主教以及社会各界大大小小五百多个慈善组织，尤其是贵格会教徒组织，以及犹太人势力占绝对优势的"好莱坞"各电影公司，为营救来自纳粹德国的知识难民也做出了巨大的贡献。"他们的工作并没有限制在流亡科学家身上，而是体现在这一点上：凡表明需要帮助的地方。"[4] 大量有犹太血统的法律工作者、医生、记者、工程师、音乐家、造型艺术家、作家以及其他文化职业者，正是通过他们的鼎力相助，才获得了财产上的担保并在美国找到了栖身之所。这类工作不仅意味着物质上的帮助，还包括一种不断扩大的语言训练和咨询活动，足以经常性地减轻知识流

---

1 Stephen Duggan and Betty Drury, *The Rescue of Science and Learning, The Story of the Emergency Committee in Aid of Displaced Foreign Scholar*, New York: The Macmillan Company, 1948, p. 85.

2 Claus Dieter Krohn, *Wissenschaft im Exil, Deutsche Sozial- und Wirtschaftswissenschaftler in den USA und die New School for Social Research*, Frankfurt am Main: Campus Verlag, 1987, S.36.

3 Charles J. Wetzel, *The American Rescue of Refugee Scholars and Scientists from Europe 1933~1945*, Wisconsin: University of Wisconsin Press, 1964, p. 339.

4 Stephen Duggan and Betty Drury, *The Rescue of Science and Learning, The Story of the Emergency Committee in Aid of Displaced Foreign Scholar*, New York: The Macmillan Company, 1948, p. 520.

亡者感情上、语言能力上的负担。

例如，贵格会教徒组织为此专门设立了"难民部"，并为流亡知识分子举办"美国研讨班"。其目的在于：通过几周的共同生活、报告会以及与美国同行一起进行的语言训练，使德国知识难民能熟悉并逐步融入到新环境中。[1] 正是通过贵格会教徒组织的扶助，不少过去从未在德国大学讲过课的律师、记者、作家和艺术家以及其他人，也能转入美国高校从事教学。

到 1945 年，美国已成为接受犹太难民最多的国家，同时也成为接受犹太知识难民最多的国家，到达美国的犹太难民总计达 13 万人之众。在犹太知识难民集中到达美国的 1933 ~ 1941 年间，仅来自德、奥的犹太难民就达 104098 人，他们当中的 7.3%，即 7622 人属于知识难民。这些人当中有 1090 名科学家，绝大部分（约 700 人以上）是教授；其余为更广意义上的学者型和艺术型的文化流亡者。具体数字如下：811 名法律工作者，2352 名医生，682 名记者，645 名工程师，465 名音乐家，296 名造型艺术家，1281 名来自其他文化领域的职业者。[2] 这意味着从德、奥两国社会和文化生活中被驱逐的约 12000 名文化精英中，至少有 63.3% 被美国所接受，而在约 1400 名流亡科学家中，也至少有 77% 被美国所接受。[3] 这就充分说明了美国接受的犹太难民中所特有的文化知识"含金量"。

本章参考书目

德文

Theodor Geiger, *Die soziale Schichtung des deutschen Volkes,* Stuttgart: Ferdinand Enke

---

1 Helge Pross, *Die Deutsche Akademische Emigration nach den Vereinigten Staaten, 1933~1941,* Berlin: Duncker und Humblot Verlag, 1955, S. 51.
2 Donald P. Kent, *The Refugee Intellectual, The Americanization of the Immigrants of 1933~1941,* New York, Columbia University Press, 1953, P. 15.
3 Norman Bentwich, *The Rescue and Achievement of Refugee Scholars,* Den Haag: Omniboek, 1953, p. 23.

Verlag, 1932.

Ralf Dahrendorf, *Gesellschaft und Demokratie in Deutschland* , München: Deutscher Taschenbuch Verlag, 1968.

Manfred Hettling, *Was ist Gesellschaftsgeschichte?* München: C. H. Beck Verlag, 1991.

Rüdiger vom Bruch, *Weder Kommunismus noch Kapitalismus,* München: C. H. Beck Verlag, 1985.

Franz Neumann, *Behemoth, Struktur und Praxis des Nationalsozialismus, 1933~1944,* Frankfurt am Main: Fischer Taschenbuch Verlag, 1977.

Karl Dietrich Bracher, Manfred Funke; Hans‐Adolf (Hrsg.), *Nationalsozialistische Diktatur, 1933~1945,* Düsseldorf: Droste Verlag, 1983.

Gordon A. Craig, *Deutsche Geschichte, 1866~1945,* München: C. H. Beck Verlag, 1989.

Erhard Schütze, *Romane der Weimarer Republik, Modellanalysen der Deutschen Literatur,* München: Wilhelm Fink Verlag, 1986.

Hajo Funke, *Die andere Erinnerung, Gespräche mit jüdischen Wissenschaftlern im Exil,* Frankfurt am Main: Fischer Taschenbuch Verlag, 1989.

Ilja Srubar (Hrsg.), *Exil, Wissenschaft, Identität. Die Emigration deutscher Sozialwissenschaftler, 1933~1945,* Frankfurt am Main : Suhrkamp Verlag, 1988.

Helge Pross, *Die Deutsche Akademische Emigration nach den Vereinigten Staaten, 1933~1941,* Berlin: Duncker und Humblot Verlag, 1955.

Avraham Barkai, *Vom Boykott zur Entjudung, Der Wirtschaftliche Existenzkampf der Juden im Dritten Reich, 1933~1943,* Frankfurt am main: Fischer Taschenbuch Verlag, 1987.

Bekenntnis der Professoren an den deutschen Universitäten und Hochschulen zu Adolf Hitler und dem nationalsozialistischen Staat. Dresden: Stolle Verlag, 1933.

Trosten Körner, *Die Geschichte des Dritten Reiches,* Frankfurt am Main: Campus Verlag, 2000.

Claus Dieter Krohn, *Wissenschaft im Exil, Deutsche Sozial‐und Wirtschaftswissenschaftler in den USA und die New School for Social Research,* Frankfurt am Main: Campus Verlag, 1987.

Christian von Ferber, *Die Entwicklung des Lehrkörpers der deutschen Universitäten und Hoch‐schulen, 1864~1954,* Göttingen: Vandenhoeck & Ruprecht Verlag, 1956.

Horst Möller, *Exodus der Kultur, Schriftsteller, Wissenschaftler und Künstler in der Emigration nach 1933,* München, C. H. Beck Verlag, 1984.

Kurt Düwell, Angela Genger, Kerstin Griese, Falk Wiesemann, *Vertreibung jüdischer Künstler und Wissenschaftler aus Düsseldorf, 1933~1945,* Düsseldorf: Droste Verlag, 1998.

Kurt Pätzold und Erika Schwarz, *Tagesordnung, Judenmord. Die Wannsee‐Konferenz am 20. Januar 1942,* Berlin: Metropol Verlag, 1992.

Ernest Barker, *Universities in Great Britain,* London: Oxford University Press. 1932.

Kurt R. Grossmann, *Emigration, Geschichte der Hitler‐Flüchtlinge, 1933~1945,* Frankfurt am Main: Europäische Verlagsanstalt, 1969.

英文

Seymour Martin Lipser, *Political Man,* New York: Doubleday and Company, 1960.

Bertrand Russell, *Power. A New Social Analysis,* London: George Allen & Unwin, 1957.

Klemens von Klemperer, *Germany's New Conservatism, Its History and Dilemma in the Twentieth Century,* Princeton: Princeton University Press, 1957.

Fritz Stern, *The Politics of Cultural Despiar: A Study in the Rise of the Germanic Ideology,* Berkeley and Los Angeles, 1961.

Fritz K. Ringer, *The Decline of the German Mandarins: The German Academic Community, 1890~1933,* Cambridge, Mass: Harvard University Press, 1969.

Rex Crawford, *The Cultural Migration: The European Scholar in America,* Philadelphia: University of Pennsylvania Press, 1953.

Jarrell. C. Jackman and Carla M. Borden (eds.), *The Muses Flee Hitler, Cultural Transfer and Adaptation, 1930~1945.* Washington, D.C. : Smithsonian Institution Press 1983.

Edward Y. Hartshorne, *The German Universities and National Socialism,* Cambridge: Harvard University Press, 1937.

Norman Bentwich, *The Rescue and Achievement of Refugee Scholars,* Den Haag: Omniboek, 1953.

Alex. J. Brumbaugh, *American Colleges and Universities,* New York: Columbia University Press, 1948.

Maurice R. Davie, *Refugees in America,* New York: American Metal Company, 1947.

Donald P. Kent, *The Refugee Intellectual, The Americanization of the Immigrants of 1933~1941,* New York: Columbia University Press, 1953.

Lewis A. Coser, *Refugee Scholars in America. Their Impact and Their Experiences,* New Haven: Yale University Press, 1984.

Stephen Duggan and Betty Drury, *The Rescue of Science and Learning, The Story of the Emergency Committee in Aid of Displaced Foreign Scholars,* New York: The Macmillan Company, 1948.

Stephen Duggan, *A Professor at Large,* New York: The Macmillan Company, 1943.

Maurice R. Davie, *Refugees in America,* New York, American Metal Company, 1947.

William Beveridge, *A Defense of Free Learning,* London: Oxford University Prress, 1959.

Charles J. Wetzel, *The American Rescue of Refugee Scholars and Scientists from Europe 1933~1945,* Wisconsin: University of Wisconsin Press, 1964.

Rockefeller Fundation Archive（RFA）.

第四章　欧洲知识难民在美国的"失语性"问题

在 20 世纪 30 至 40 年代，遭受纳粹德国种族迫害被迫出逃的 50 万中欧犹太难民流向了 75 个国家，美国作为世界上最大的难民接受国，接受了其中的 13 万人。这 13 万中有 7622 人属于知识精英，仅来自纳粹德国大学的科学家就达 1090 人。如此之多犹太知识难民流亡到美国，不仅构成了一场整体性的文化转移，而且也为这个最大的西方民主国家带来了人才上的巨大收益。

但是这场文化转移绝非简单的人才位移，因为来自任何国度的知识精英要想在美国生存下来并有所作为，必须首先适应美国社会的文化环境。而这些讲德语的犹太知识难民们却在美国这个英语世界里首先面临了共同的"失语性"（"Sprachlosigkeit"）问题。在这种情况下，这些"新来者"要想适应这种陌生的文化环境，一个最为根本性的前提在于：必须尽快地掌握这个客居国社会的语言，尤其是他们的职业语言。那么人们会问：这些讲德语的犹太知识难民们在美国是如何经历这场"失语性"问题考验的呢？

讲德语的流亡律师、医生、记者和工程师的影响范围只涉及日常生活和物质生产，并不对美国的科学、文化发展直接产生影响和意义，从事这些职业的人在美国也并不被视为"知识分子"。况且，这些人要想在美国重操旧业，不仅有克服语言障碍的问题，还涉及"从职业上完全重新学习"的问题。例如，讲德语的流亡律师必须重新学习英美法律知识并考取美国的律师资格证；流亡医生必须熟悉美国医疗界的行规并考取美国的行医执照；流亡记者也必须熟悉美国式的新闻写作特点并考取美国的记者证；甚至连流亡工程师也必须通过考取美国的职业技术证书来重新确认。[1]

但流亡文学家、科学家和艺术家则不同，这些精神产品的创造者只要在美国克服了职业上的语言障碍，就能够发挥自身的才能。因此，能否克服职业上的语言障碍问题，也就成为他们能否对美国的文化、科学和艺术发展直接产生影响和意义的关键性问题。对这个问题的深入探讨，能有助于人们更好地理解这场来自于欧洲的整体性文化转移对美国成为"世界科学、文化中心"的影响及意义。

第一节 欧洲知识难民共同经历的"失语性"问题

"失语性问题"，即不同语种的人在外国所遭遇到的"母语丧失"或"母语剥夺"问题，是所有流亡到美国的德意志犹太难民所面临的共同问题。在这里，"失语性"问题并不是一个简单的语言学问题，而是一个有关德意志流亡者们主观知觉与经历层面上的语言问题，一个有关他们流亡生活的社会、政治和心理条件问题。造成这种"失语性"问题的根本原因在于：这些德意志犹太难民从自己原有的家乡被迫逃进了一种陌生的语言环境中，而德语母语，作为他们过去表达信息、理解、思想、情感以及与人沟通的手段，已丧失了功能。为了能在新环境中生存下来，他们不得不去学习一门新的语言，这使他们在与美国人的日常生活交往中变成了不同程度的"结巴"。

流亡美国的德国著名语言学家京特·安德斯（Günther Anders）这样写道：

---

1 Wolfgang Frühwald und Wolfgang Schieder (Hrsg.), *Leben im Exil, Probleme der Integration deutscher Flüchtlinge im Ausland 1933~1945*, Hamburg: Hoffmann und Campe Verlag, 1981, S. 241.

"我们几乎人人都成为了'结巴',甚至是两种语言的'结巴'。因为在我们还没有学会法语、英语或西班牙语的同时,我们的德语却在一块一块地脱落,而且大多是悄悄、逐渐地脱落的,以至于我们很少注意到这种丧失。事实上,我们的语言已经不再是完整无损的了,我们也不再能摆脱这种可悲的戏弄,因为这是与我们已经破碎的语言存在相一致的。"[1]

一、"移民"与"难民"之别

"失语性"问题是一切异文化背景的"外来者"在陌生的语言环境中都会面临的问题,但在这样的"外来者"中,却有"移民"与"难民"之别。作为"正常移居国外者"的移民与作为"流亡者"的难民,在出走动机上是不同的。所谓"移民",就是指那些带着某种理想成分主动移居到外国,以寻找更好谋生机会的人。而所谓"难民",就是若不离开原住地,就会遭受迫害,甚至丧失生命的人。前者是"我想走",明显具有自愿性因素;而后者是"我不得不走",则明显具有被迫性因素。[2]这两者出走动机的不同,导致了一种心理条件上的不同,而这对于在国外生活的新起跑线来说是至关重要的。

当然,不能说"正常移居国外者"的动机中就一定不包括非自愿因素,因为毕竟成功者总是很少移居国外的。一个人决定移居国外,往往是在国内的社会和经济关系不能满足这个个体的需要或实现他的某种愿望的情况下发生的。这种在成功机会上真实或可能遭到拒绝的人,当他宁愿将自己的命运交付给另一个在他看来更为自由的世界去听天由命时,才会向外移民。[3]但这种"正常移居国外者"不是"被革出社会"的。他或是想找到经济上更好

1　Günther Anders, *Die Schrift an der Wand. Tagebücher 1941~1966*, München: C. H. Beck Verlag, 1967, S. 90.

2　E.R.A. Seligman and Alvin Johnson (eds.) *Encyclopedia of the Social Sciences*, *Bd.V*, New York, Columbia University Press, 1935, p. 488.

3　E.R.A. Seligman and Alvin Johnson (eds.) *Encyclopedia of the Social Sciences*, *Bd.V*, New York, Columbia University Press, 1935, p. 489.

的生存条件，或是想根据自己的愿望来躲避国家当局的某种行动；或是纯粹出于冒险的欲望；或是出于多种多样的主观考虑，才移居国外的。

无论怎样，对于"我想走"的移民来说，"他是满怀着希望离开家乡的，移居国外意味着一种更好生活的开端，而那正是他所期待的。"[1] 因此，他们往往为向外移居事先做好了准备，这种准备也包括语言上的准备。若是移向同一语种的国家，这种语言准备则是多余的，例如那些从英国、爱尔兰移往美国的移民。但是，对于"我不得不走"的难民来说，情况则完全相反。他们是由于国家政治剧变上的原因而陷入绝望，并被强行"革出社会"的。他们出逃上的被迫性，往往导致准备上的不充分，也通常是在没有做好语言准备的情况下发生的，正如大量从纳粹德国移往美国的犹太难民那样。[2] 因此，当他们逃进一种陌生的语言环境之中时，遇到"失语性"问题就毫不奇怪。

在陌生的语言环境中，来自同一语种的移民与难民，对待母语的感情也完全不同，这首先与他们如何经历自身的财产丧失的过程相关。移民，作为自愿性的向外移居者，认为自己过去在家乡的生活是一种"错误"，他们实际上是主动地放弃自己那份在家乡的财产的，也是主动地去与客居国社会"一体化"的。因此，他们对母语的感情要淡薄得多，学习一门新外语的过程也要顺利得多。而难民，作为被迫性地向外移居者，却认为自己以前在家乡的生活是完全"无罪的"或"无过错的"，他们在家乡的财产是在他们不情愿的情况下被强行剥夺的。因此，"不同于一般的移民，作为难民的他们，永远都在伸张自己的那份感情，包括对自己母语的那份感情。"[3] 由于他们是

---

1 Helge Pross, *Die Deutsche Akademische Emigration nach den Vereinigten Staaten, 1933~1941*, Berlin: Duncker und Humbolt Verlag, 1955, S. 25.

2 E.R.A. Seligman and Alvin Johnson (eds.) *Encyclopedia of the Social Sciences, Bd.V*, New York, Columbia University Press, 1935, p. 491.

3 Wolfgang Frühwald und Wolfgang Schieder (Hrsg.), *Leben im Exil, Probleme der Integration deutscher Flüchtlinge im Ausland 1933~1945*, Hamburg: Hoffmann und Campe Verlag, 1981, S. 35.

被动地面临与客居国社会的"一体化"问题的，这往往使他们学习一门新外语的过程要艰难得多。

二、德国犹太难民、德裔美国人与美国犹太人

这些新来的德意志难民若能在美国这个陌生的语言环境中得到先来同胞的同情与帮助，"失语性"问题原本有可能得到某种程度的缓解。因为他们有可能在这里找到一个母语性的"亚社会"，从而使他们与美国社会的"一体化"变得容易得多，正如"1848 年革命"失败后那些德国政治流亡者在美国所遇到的情况那样。然而，这些 1933 年后新来的德意志难民偏偏与那些在美国已经形成势力的德意志老移民完全绝缘，至少在 1941 年 12 月美国参战以前是这样的。因为"这些新来美国的德意志人主要是有犹太血统的人，或是有犹太教背景的人；而在美国的老德意志移民主要是有日耳曼血统的人，并绝大多数信仰基督教。这些人已经在美国形成了一个德意志少数民族，其中的绝大多数属于中产阶级下层，这种人通常具有一种反知识分子的情绪。"[1]

更为重要的是，这些日耳曼血统的移民无论当初离开德国时对祖国有多么不满，也无论他们与美国社会的"一体化"达到了怎样的程度，却一到外国就成了"天然的爱国主义者"，因为他们在美国很可能什么都会有，而唯独没有"祖国"。这样，"祖国"的概念也就变得亲切起来了，因此，"当他们不再是德意志国家公民时，反而往往显得比那些在家乡的德意志人更加具有民族主义倾向。"尤其在 1933 年后，这些德裔美国人与 1848 年他们祖先的精神只有很少的联系。不仅如此，甚至"定居者"与"新来者"之间的矛盾还变得更为尖锐了，因为"纳粹主义和反犹主义正在这些德裔美国人中间传播。尽管他们对纳粹主义持保留态度，但从相当大的程度上讲，他们的

1　Carl I Child, *The German Americans in Politics, 1914~1945*, Madison: University of Wisconsin, 1952, p. 127.

愿望是与德意志民族主义的目标相一致的"。[1]　在自己的"祖国"与他们的移居国没有发生战争的情况下，"祖国"的强大本身对他们在移居国中的地位是有好处的。而现在这些来自德国的有犹太血统的难民，正是被那个与自己有着民族同源性的"德意志"赶出来的"异族人"，正是被那个不断崛起的"祖国"赶出来的"敌人"，因此，他们不仅拒绝给这些新来的德意志犹太难民以帮助，而且成为了在美国最为坚决地反对接纳这些犹太难民的人。在他们眼里，这些德意志犹太难民不过是"国际谅解的破坏者"和"社会主义的第五纵队"。[2] 这意味着 1933 年后来到美国的德意志犹太难民，无论在宗教上，还是在社会上，都不可能被这个美国的德意志少数民族所接受。

　　这样一来，在民族、文化、感情上与德意志犹太难民离得最近的就只有美国犹太人了。但美国犹太人中的绝大多数都不是过去来自德国的犹太人，而是来自欧洲或世界其他国家的犹太人，让他们来充当"新来者"与美国社会之间的"中间人"也有问题。这是因为，尽管美国犹太人对德国犹太难民表达了普遍的同情，也从金融上帮助过无数的难民，但他们并不认为自己与这些新来的犹太难民属于同一共同体；否则，在这样的共同体中，新来者本来是能够被接受和受到欢迎的。[3] 不仅如此，而且 1933 年后新来的这些德意志犹太难民早已走上了与德意志文化的"同化之路"，希伯来语只是在犹太教的宗教仪式上还能听得到的语言。而美国犹太人则在这个民主国家里更快地实现了"美国化"，他们也早已不再使用希伯来语，而是使用英语来进行日常交往的。因此，这两者之间的沟通只有使用英语才有可能。这就使这些"新

1　Helge Pross, *Die Deutsche Akademische Emigration nach den Vereinigten Staaten, 1933~1941*, Berlin: Duncker und Humbolt Verlag, 1955, S. 32.

2　Claus-Dieter Krohn, *Wissenschaft im Exil, Deutache Sozial-und Wirtschaftswissenschaftler in den USA und die New School for Social Research*, Frankfurt am Main: Campus Verlag, 1987.S. 29.

3　Julius Edith Hirsch, *Berufliche und wirtschaftliche Eingliederung der deutsch-jüdischen Einwanderung in die Vereinigten Staaten, 1935~1960*, Frankfurt am Main: Campus Verlag, 1961, S.64.

来者"的"失语性"问题变得非同一般的严峻起来，他们不得不从到达美国后的第一天开始，就要去面对一个完全陌生的语言世界。

三、学习一门新语言的困难

过去母语中的语句，不仅具有意识、思想和理解上的意义，而且具有附带性的联想和感情上的意义，它是远远超出"信息"范围的。当这些德意志犹太难民被迫去学习另一种新语言时，实际上也就意味着他们必须与以前的语言、思想、感情作进一步的分离。这种分离同时也意味着对一种财富的放弃，而"这种财富是他们在丧失了物质存在和社会稳定性以后自己所还能完全拥有并掌握的东西，他们过去也是一直靠这种财富来与他们的环境进行沟通、与人相互理解，并使别人能理解自己的思想的，因而也是令他们最难以割舍的"。[1]

然而，对这些讲德语的犹太难民来说，要想在美国这个陌生的社会环境中生存下来并摆脱"孤独"，一种对交往语言的重新学习往往是绕不过去的。但是当对一门新语言的掌握还远远没有达到熟练程度时，这些"次等的讲话者"从语言上讲是受歧视的。京特·安德斯发现："即使'新来者'最后学会使用另一种语言，甚至也掌握了它，但在社会上与人交往时，他所采用的这种'唯一的'讲话形式中，仍然带有他母语中的方言色彩，而这种人，即使取得了美国国籍，也是被'土生土长的美国人'很直接地作为'外国人'来归类的。"[2]

母语中的家乡色彩以及这种语言上"个性化"的显露，本身也在阻碍着难民们对一门外语的完全掌握，尤其对一个成年人来说更是如此。流亡美国的著名作家弗里兹·科尔特内尔（Fritz Kortner）这样写道："对我来说，这是很清楚的：当一个人成年之后再来学习一门外语，要想完全掌握它是不可

1　Wolfgang Frühwald und Wolfgang Schieder (Hrsg.), *Leben im Exil, Probleme der Integration deutscher Flüchtlinge im Ausland 1933~1945,* Hamburg: Hoffmann und Campe Verlag, 1981,S. 33.

2　Günther Anders, *Die Schrift an der Wand, Tagebücher 1941~1966,* , München: C. H. Beck Verlag, 1967, S. 88.

能的。他能够学会一门外语的语法和词汇，却不能在语音构成中学会那种色彩，那是一个人还是小孩子时构成的第一发音，任何成年人都克服不了自己语言中的那种方言色彩。唯有那种与自己的母语不可分离的、并与之具有同一性的方言，才代表了一种发音上的完美和自由。"[1]

然而，正是这种发音上的"完美与自由"在阻碍着难民们与新语言环境的同化，甚至连被称之为语言"天才"的托马斯·曼（Thomas Mann）或贝托尔特·布雷希特（Bertolt Brecht）这样的人，也是在极不情愿的情况下才会参与那种只能在其中结结巴巴说话的交谈的。流亡美国的德国著名社会哲学家赫尔伯特·马尔库塞（Herbert Marcuse）后来回顾他最初学习英语的体会时这样讲道："人们从来就没有生活在两种语言的世界里。许多流亡者已经放弃了德语，但他们交换来的并不是谈话的真正价值，因为他们只能在两种语言之间讲话，正如一个人同时坐在两张板凳之间，那是很不舒服的。"[2]

流亡者能否学会一门新语言，也是和他们与客居国社会"一体化"的意志和能力联系在一起的。也就是说，一位流亡者是否与客居国社会实现了"一体化"，不仅与他是否愿被"一体化"相关，而且与他是否在心灵上和社会上有足够的灵活性来使自己适应某种文化、忍受那种整体性的学习进程相关，也与他属于哪个社会阶层、从事什么职业、来自于什么样的语言环境、又被迫进入了什么样的语言环境相关。

在下面的章节中，要特别选择一个知识难民集团，即流亡作家的集团，作为考察的重点。这是因为，尽管所有讲德语的知识难民在美国都面临了"失语性"问题，但流亡作家们却与众不同：他们不仅对异文化环境最为敏感，而且也最善于用语言来表达内心的真实感受。因此，对他们"语言困境"

1　Fritz Kortner, *Aller Tage Abend*, München: C. H. Beck Verlag, 1969, S. 251.
2　Herbert Marcuse, *Mein zwanzigstes Jahrhundert, Auf dem Weg zu einer Aotobiographie*, München: C. H. Beck Verlag, 1960, S. 292.

的研究也最能凸显知识难民们"失语性"问题的尖锐性本质。

第二节　流亡作家的"失语性"问题

讲德语的、有犹太血统的流亡小说家、诗人和文学评论家构成了一个纯粹靠母语为生的难民作家集团，这个群体中的绝大多数人最初都选择欧洲大陆上的周边邻国作为自己的流亡首选国。然而，难民作家们的这场流亡能否成功，取决于他们能否继续从事职业写作；他们继续作为"自由撰稿人"的物质存在和影响，也决定性地依赖于出版的可能性。因此，对他们来说，出版商甚至显得比客居国的文化环境更为重要。这就导致了难民作家们的流亡与众不同：他们过去围绕着出版商形成自己的职业圈子，而在 1933 年后也往往与这些出版商一起流亡。

德国有犹太血统的出版商布鲁诺·卡西尔（Bruno Cassirer）、戈特弗里德·贝尔曼·菲舍尔（Gottfried Bermann Fischer）、库尔特·沃尔夫（Kurt Wolff）、雅可布·黑格内尔（Jakob Hegner）、格斯荷姆·朔肯（Gershom Schokken）、鲁道夫·乌尔斯坦（Rudolf Ulstein）以及格奥尔格·魏登费尔德（Georg Weidenfeld）等人，早在希特勒上台前夕便开始向邻国转移资金，并在流亡中新建或继续经营他们的德语出版社。[1] 不少欧洲邻国有犹太血统的出版商，如荷兰阿姆斯特丹的埃马努尔·克里多（Emanuel Querido）、阿尔勒特·德·朗格（Allert de Lange）以及瑞士苏黎世的埃米尔·奥帕雷希特（Emil Oprecht）等人，也专门为这些流亡作家办起了重要的流亡出版社。[2] 这些流

1　Horst Möller, *Exodus der Kultur; Schriftsteller, Wissenschaftler und Künstler in der Emigration nach 1933,* München: C. H. Beck Verlag, 1984, S. 59.

2　Alexander Stephan, *Die deutsche Exilliteratur, 1933~1945,* München: C. H. Beck Verlag, 1979, S.67.

亡出版商的活动并非出于经济利益，而是出于人道主义和政治上的反纳粹主义立场。正是这些出版社构成了流亡作家群体的核心，并为他们提供了必不可少的出版形式，从而使他们能在很大程度上减轻"失语性"问题的困扰。

　　纳粹德国于 1938 年 3 月吞并了奥地利，又于 1939 年 3 月肢解了捷克斯洛伐克，走向战争的欧洲紧张局势推动着越来越多的德国难民作家流亡到英语世界，但难民作家的绝大多数仍然留在西欧邻国，仅在法国就聚集了 1000多人。在纳粹德国"闪击"西线、法国战败之后，他们中的 602 人，在美国民间援救组织"紧急援救委员会"委派的代表瓦里安·费赖伊（Varian Fry）以及设在"维希法国"马赛的"美国救济中心"的帮助下，于 1940 年 10 月至 1941 年 9 月间，分数批过境西班牙，并乘希腊邮轮最后流亡到了美国。[1]其中的著名人物有约瑟夫·魏特灵（Josef Wittlin）、利奥·福伊希特万格（Lion Feuchtwanger）、汉斯·萨尔（Hans Sahl）、安娜·赛格尔斯（Anna Seg-hers）、阿尔弗雷德·德布林（Alfred Döblin）、阿尔弗雷德·波尔加（Alfred Polgar）、阿尔福雷德·诺伊曼（Alfred Neumann）、海因里希·曼（Heinrich Mann）、戈洛·曼（Golo Mann）等，此外还有著名社会学家兼电影艺术评论家西格弗里德·克拉考尔（Siegried Kracauer）以及后来在美国成为著名政治学家的汉娜·阿伦特（Hannah Arendt）。他们的到来，使流亡美国的作家人数猛然上升到 700 人。[2]

一、"文化之根"的丧失之苦

　　流亡出版社在被逐出中欧和西欧的过程中遭受了沉重的损失，只有当初设在法国的由德国流亡出版商菲舍尔、沃尔夫、乌尔斯坦经营的这几家流亡

1　Jarrell. C. Jackman and Carla M. Borden (eds.), *The Muses Flee Hitler, Cultural Transfer and Adaptation, 1930~1945*, Washington, D. C.: Smithsonian Institution Press, p.86.
2　Richard D. Breitman and Alan M. Kraut, *American Refugee Policy and European Jewry, 1933~1945*, Bloomington and Indianapolis: Indiana University Press, 1987, p. 131.

出版社成功地迁到了美国。由于过去在欧洲长达 7 年的"亏本经营",他们的财力已大大受损,不可能担负起如此之多流亡作家在出版和生存上的重任。而"早先定居于美国的德国人大多是有日耳曼血统的人,他们在美国参战前通常是对纳粹德国表示友好的,他们的德语出版机构也是拒绝接受这些有犹太血统的流亡作家的作品的"。[1] 因此,在美国,这些讲德语的犹太难民作家们再也无法回避"失语性"问题的尖锐性了,他们现在才深切地感受到:"我们原有语言世界的丧失,实际上意味着我们文化上、物质上和心灵上'存在之根'的丧失。"[2]

作家是负担了语言上的特别任务的,特定的描绘内容本身就要求一种特定的语言,只要这种语言变成了感情或暗喻上的形态载体,那么它在功能上就几乎是不可转让的。与其他讲德语的知识难民相比,这些流亡作家对原有的语言观念、语言习惯、语言节奏要重视得多,也要讲究得多,因此在与新语言环境的融合上也要困难得多。

阿尔弗雷德·德布林写道:"我们这些全心全意献身于语言的人,不想、也不能放弃自己的语言,因为我们知道,语言不是'Sprach',而是思想、感情和许多其他的东西。这是能替换的吗?这种替换是比被剥夺更加厉害的痛苦,这叫'取出内脏',这是自杀!如果真是这样,那么即使他能过锦衣玉食式的生活,也不过是一具行尸走肉。"[3]

莱昂哈德·弗朗克(Leonhard Frank)说道:"在没有那种来自他自身语言民族源源不断的活力注入的情况下,在没有那种无法描述的、持续不断的来自读者回声的情况下,作为一位有影响的作家,他也就不存在了。在这场

---

1 Sigrid Schneider, *Deutsche Publizisten in New York*, München: C. H. Beck Verlag, 1985, S. 8.

2 Günther Anders, *Die Schrift an der Wand, Tagebücher 1941~1966*, München: C. H. Beck Verlag, 1967, S. 87.

3 Alfred Döblin, *Als ich wiederkam*, Olten-Freiburg: Walter Verlag, 1977, S. 433.

流亡中,他等于在一把没有琴码的提琴上、在一架没有琴弦的钢琴上演奏。"[1]

劳乌尔·奥尔恩海默(Raoul Auernheimer)谈道:"不排除人们能学会讲、甚至能书写第二种语言。然而要从事创造性的写作,不仅仅取决于写作本身,更取决于那种观念和经历上的根源,但第二语言只为这些从事写作的人提供了还没有成形的词汇,而他们却只能用这样的词汇来与他们的读者发生联系了。"[2]

斯特凡·茨威格(Stefan Zweig)则表达了这种绝望:"我今天作为一名作家,只是一个'生活在自己躯体背后的人'。我过去40年中在国际上赢得的所有东西,或者说几乎所有的东西,都被一拳打碎了!"[3]

流亡作家中因绝望走上自杀道路的大有人在。除斯特凡·茨威格自杀外,还有瓦尔特·本杰明(Walter Benjamin)、瓦尔特·哈森克勒弗尔(Walter Hasenclever)、库尔特·图霍尔斯基(Kurt Tucholsky)、恩斯特·托勒(Ernst Toller)、恩斯特·魏斯(Ernst Weiss)、卡尔·爱因斯坦(Carl Einstein)等这样一批具有世界声誉的德语作家也同样选择了自杀,至于因不能成功地克服职业上的语言障碍而无法在美国站住脚,最后被以其他方式赶进死亡的德语作家,则数量更多。[4]

流亡美国的现实局势迫使这些德语作家"必须迅速地将自己及其作品调适到客居国的文化传统和读者群方向上来,然而这对于那些年龄更大的作家来说太难了,要想从新遇到的事物中创造出文学上的新篇章,他们太缺乏灵活性了"。[5] 某些人甚至在学会英语日常用语上都有难以克服的困难。

---

1 Leonhard Frank , *Links, wo das Herz ist,* München: C. H. Beck Verlag, 1952, S. 191.

2 Raoul Auernheimer, *Das Wirtshaus zur verlorenen Zeit, Erlebnisse und Bekenntnisse,* Wien: Ullstein Verlag, 1948, S. 288.

3 Helge Pross, *Die Deutsche Akademische Emigration nach den Vereinigten Staaten, 1933~1941,* Berlin: Duncker und Humbolt Verlag, 1955, S. 47.

4 Horst Möller, *Exodus der Kultur, Schriftsteller, Wissenschaftler und Künstler in der Emibration nach 1933,* München: C. H. Beck Verlag, 1984, S. 118.

5 Carl H. Beck. *Die deutsche Exilliteratur, 1933~1945,* München: C. H. Beck Verlag, 1979, S. 145.

例如，那位"讲着诗一般德语的流亡作家兼戏剧艺术家"弗里兹·科尔特内尔（Fritz Kortner），这样谈到他头一次接触到英语时的情景：

"我的胆怯，只说一个字的胆怯，只被我的无能所超过。我用德语中并不存在的声音来模仿'that'这个词的发音尝试显然是失败的。英国人是这样来发'th'这个音的：他们用舌尖顶着上齿，并以奇特的保留方式克制性地让气流通过。……呵，我简直成了语言上的小丑！"[1]

为说明他拒绝学习英语的理由，他还回忆起 20 年代他在柏林遇到两位俄国难民时的经历：

"他们讲德语的腔调简直令人无法忍受。吐字别扭，单调乏味，迟钝笨拙，不合理的造句简直侮辱了我的耳朵。我怎么能够想象，一种同样的语言命运会降临到我的头上！我又怎么能够想象，有朝一日竟然我也失去了自己的语言，并长年如受虐待那般，像那两位俄国难民讲德语那样来讲英语呢？"[2]

二、流亡作家的内部分化

这种强加给流亡作家的新语言要求，导致了这一群体的严重分化，并首先出现了两种极端。一种极端由"快速美国化的人"来代表。他们数量不多，但有如下共同特点：年纪往往不过 30 出头，具有天生的语言适应能力，来美国之前就对这个社会充满好感，而在过去的成长道路上，他们的内心受到在德国经历的深深伤害，这种突如其来的伤害正好加强了他们已经存在的适应能力和意愿。[3] 这些人拒绝再与流亡圈子中的人讲同样的母语，也是首先试图从语言上切断所有退路的人。他们甚至喊出"忘掉德国！发现美国！""忘掉欧洲！发现美洲！"的口号，[4] 而美国的出版界也只有这种年轻并迅速"美

1　Fritz Kortner, *Aller Tage Abend*, München: C. H. Beck Verlag, 1969,S. 247.

2　Fritz Kortner, *Aller Tage Abend*, München: C. H. Beck Verlag, 1969,S. 107.

3　Wolfgang Frühwald und Wolfgang Schieder (Hrsg.), *Leben im Exil, Probleme der Integration deutscher Flüchtlinge im Ausland 1933~1945*, Hamburg: Hoffmann und Campe Verlag, 1981, S. 74.

4　Eva Lips, *Rebirth in Liberty*, New York: Flamingo Publishing Company. Inc, 1942, p. 34.

国化"的流亡作家才可能进入。

赫尔塔·保利（Hertha Pauli）、爱娃·利普斯（Eva Lips）等人就属此类，但其中最为典型的是大文豪、诺贝尔文学奖得主托马斯·曼（Thomas Mann）的儿子克劳斯·曼（Klaus Mann）。

早在 1927 年，21 岁的克劳斯·曼因其作品集《新小说》被译成英文并应邀来美国作巡回演讲，为背诵简单的演讲稿，他在出发前学会了约 1000 个英语单词。在美演讲期间，这位"文学上的神童"接触到许多美国出版界有影响的人物，这为他 1937 年流亡美国后铺平了出版之路。尽管流亡美国之初他还不得不去上英语课，但他决心"美国化"的信念是坚定的，因为他认识到："人们往往低估了自己的适应性和机敏性。一个失去家园的作家，不应固守他对母语的感情，继续讲它的人只会因为喜欢它而不能抛弃它，最后和他的祖国一起死亡。对他来说，要做的是去学习一门新语言并获取一种新身份，他得发现新词汇、新节奏、新手段，并用一种新媒介来表达他的悲伤、情感、反抗和祈祷。之后，他会惊奇地发现，他曾经认为不可逾越的语言固恋其实什么都不是，只是一种偏见。"[1] 由于他年轻、主动、勤奋，并具有语言上的天赋，运用英语的技能迅速提高，加之又是美国出版界熟悉的人物，因而很快受到纽约"新世纪出版社"的委托，用英语写下了反映德国流亡者的小说《生命的逃亡》、《另一个德国》、《火山》以及自传《转折点》，在美国获得了其他流亡作家无法企及的成功。[2]

另一种极端由"新语言的缺席者"来代表。他们往往年纪更大，也更为知名，其数量远远超过前者。这些人要么生活在失去的过去中，要么生活在想象的未来中，就如同"古典式的流放者"。他们拒绝任何一种现存关系，

---

1 Helmut F. Pfanner (Hrsg.), *Kulturelle Wechselbeziehungen im Exil-Exile across Cultures*, Bonn: Bouvier Verlag Herbert Grundmann, 1986, S. 74.
2 Michel Grunewald, *Klaus Mann 1906~1949, Eine Bibliographie*, München: Ellermann Verlag, 1984, S. 145.

正如大剧作家贝托尔特·布雷希特（Bertolt Brecht）对自己的流亡经历所作的描述那样，"就仿佛坐在候车室里，绝不会在墙上钉上任何一颗钉子来挂自己的大衣。"[1] 但他们写下的文学作品只能在菲舍尔、沃尔夫、乌尔斯坦经营的这几家流亡出版社出版，或是在自己创办的"流亡文学"杂志上发表。这类杂志往往属于得到美国犹太人慈善机构资助或德国知识难民互助组织捐助的刊物，如汉斯·阿尔伯特·瓦尔特（Hans Albert Walter）主编的《新日记》，威廉·S. 施拉姆（William S. Schlamm）主编的《新世界舞台》，奥斯卡·玛丽娅·格拉芙（Oskar Maria Graf）主编的《新德意志活页》，以及托马斯·曼和戈洛·曼主编的《标准与价值》。[2] 由于经济问题的困扰，这类杂志的发行量既小又不稳定，读者也往往只有流亡者们自己。

由于流亡出版社和杂志所能接受的作品容量已相当有限，因此，"新语言的缺席者们"围绕着它们形成了一个比以前小得多的圈子，成为了一批在美国坚持用母语写作并能继续作为"自由撰稿人"勉强为生的人。他们的作品也都是以"流亡"为题材的，例如，阿诺德·茨威格（Arnold Zweig）的《万德斯贝克的刑具》，利奥·福伊希特万格的《流亡》，布鲁诺·弗兰克（Bruno Frank）的《护照》，安娜·赛格尔斯的《过境》和《完全保持年轻》，托马斯·曼的《约瑟夫与他的兄弟》，海因里希·曼的《亨利·克瓦特勒》，阿尔弗雷德·德布林的《汉姆雷特或长夜的尽头》等。"显然，积极维护母语成为了他们流亡存在的唯一证明形式。"[3]

---

1 Wolfgang Frühwald und Wolfgang Schieder (Hrsg.), *Leben im Exil, Probleme der Integration deutscher Flüchtlinge im Ausland 1933~1945*, Hamburg: Hoffmann und Campe Verlag, 1981, S. 34.

2 Horst Möller, *Exodus der Kultur, Schriftsteller, Wissenschaftler und Künstler in der Emibration nach 1933*, München: C. H. Beck Verlag, 1984, S. 57.

3 Alexander Stephan, Die deutsche Exilliteratur, 1933~1945, München: C. H. Beck Verlag, 1979, S.215.

三、四种不同类型的流亡作家

绝大多数流亡作家处于这两种极端之间。这些人或是进入不了美国的出版界，或是进入不了围绕着流亡出版社和杂志形成的新圈子，因而出现了生存危机而不得不转行，也不得不去学习英语。这样的人大致可分为四类，在此，指出这些类型的代表人物是很有意义的。

萨拉蒙·迪姆比茨（Salamon Dembitzer）属于患有"美国恐惧症"的代表。为了生存，他"不得不在美国的工厂里打工，并学会了一些英语日常用语，但由于具有共产主义左派思想而拒绝适应美国的文化环境，因而生活极为艰苦，只能在夜间用德语去写自己在美国的流亡感受，并在战后立即返回了欧洲"。[1]

库尔特·克尔斯滕（Kurt Kersten）属于"外表适应型"的代表。"早在1919 年他就曾在德国获得过文学博士学位，却不得不在打工之余去读美国的夜校。1949 年，他终于拿到纽约教育委员会颁发的高校文凭，成为了一名夜校的德语教师，并在 1953 年获得美国国籍。但在业余时间里，他只与流亡作家来往，也从未忘记用德语去记载自己的流亡经历。"[2]

尤利乌斯·巴卜（Julius Bab）属于"逐步适应型"的代表。初来美国时，这位著名作家兼戏剧评论家靠他的夫人走家串巷推销小商品为生，这使他有可能去专门学习英语，并终于具备了用英语作报告的能力。1945 年，他成为美国最大的德语报纸《纽约州报》的一名记者，并在 1946 年成为美国公民，但他再也没有赢得过当年在德国的那种名声。为此他感叹道："加入如此了不起的美国世界，对我来说已经太老了，而我还要解决语言上的问题。尽管

1　Günther Anders, *Die Schrift an der Wand, Tagebücher 1941~1966*, München: C. H. Beck Verlag, 1967, S. 91.

2　Wolfgang Frühwald und Wolfgang Schieder (Hrsg.), *Leben im Exil, Probleme der Integration deutscher Flüchtlinge im Ausland 1933~1945*, Hamburg: Hoffmann und Campe Verlag, 1981, S. 70.

拥有了美国国籍，但在内心里，我仍然是个欧洲人。"[1]

约翰内斯·乌尔茨迪尔（Johannes Urzidil）属于"保持避难心境者"的代表。为了生存，他甚至在美国成了一名皮革艺术手工匠。利用学到的英语技能和特殊手艺，他与美国社会各阶层都有一种广泛的接触，甚至与一些美国文学界的人士也有来往。但他始终保持着对德语深深的感情："德语是我最爱的语言，德语是我的存在方式和永生的母亲，我所有的文章和书籍都是用德语写的，在我流亡生涯最为艰难和德语名声最坏的时候，我仍然对它保持着一种牢不可破的信赖。""我将自己称为'一个永恒的离别者和寻找家乡的人'。"[2]

生存上的困境使这些转行的流亡作家对这个新环境具有一种特殊的敏感性，也很自然地影响到他们对美国社会的评价。在他们的笔下，往往能发现一般人体会不到的有关美国社会严酷性和负面性的深刻描述，以及对美国文明的尖锐批评。

例如，利奥·L. 马蒂亚斯（Leo L. Matthias）在他的《发现美国》一书中写道："美国的社会结构是排它性地由权力因素决定的。""残暴的商人权力是美国历史的根本内容。"[3] 而贝尔格曼·汉斯·马尔希维查（Bergmann Hans Marchwitza）在他的《在法国，在美国》一书中写道："曼哈顿的吸血鬼是一群唯利是图的奸商和强盗"，"交易所的战斗是一切投机活动、欺骗、精神错乱以及无数谋杀和自杀的根源"。[4] 约翰内斯·乌尔茨迪尔则在他的《伟大的哈利路亚》一书中写道："在美国，通过刺激消费行为来追逐金钱已经达到了顶峰：购买！购买！购买！消费！挥霍！生活！""电视广告变成了

1　Elisabeth Bab, *Aus zwei Jahrhunderten*, Bonn: Boosey und Hawkes Verlag, 1976, S.194.

2　Johannrs Urzidil, *Bekenntnisse eines Pedanten, Erzählungen und Essays aus dem autobiographischen Nachlaß*, München: C. H. Beck Verlag, 1972, S.194, S.214.

3　Leo L. Matthias, *Die Entdeckung Amerikas anno 1953 oder das geordnete Chaos*, Hamburg: Rowohlt Verlag, 1953, S. 48, S.264.

4　Bergmann Hans Marchwitza, *In Frankreich, In Amerikas*, Berlin(Ost): Aufbau Verlag, 1961, S. 296, S. 305.

宗教的替代物：纪念碑式的、大喊大叫的、唱着歌的、压着韵的、跳着舞的、讨好献媚的、信誓旦旦的、竭力申明的、虔诚的、易怒的、有威胁的、提出警告的、假笑的、有节奏的、抽泣着的，呵，永恒的广告，阿门！"[1] 不过，这类用德语写下的流亡文学作品都是在战后的欧洲出版的，因而在美国社会并不具有影响力。

文学是最具有民族语言文化色彩的，讲德语的流亡作家也是纯粹靠母语为生的，他们在美国这个陌生的语言文化环境中最深切地感受到"存在之根"的丧失之苦，在克服职业语言障碍上的艰难程度更是其他知识难民所难以体会的。

1933 年后出逃的所有难民作家中，只有流亡到瑞典的奈利·萨克斯（Nelly Sachs）和流亡到英国的埃利亚斯·卡内蒂（Elias Canetti）在战后获得了诺贝尔文学奖，而流亡美国的所有 700 名德语作家中没有产生出一位诺贝尔文学奖的新得主。这本身也反映出讲德语的流亡作家们对"美国新世界"的一种普遍不适应。他们当中的 32% 都在战后返回了欧洲，这种"返回率"在各类讲德语的知识难民群体中是最高的。[2] 流亡作家中选择战后定居美国的人，大多不是以"自由撰稿人"的身份，而是以"改行者"的身份逐渐融入美国社会的。这样的人即使掌握了英语并坚持业余写作，对美国文学所能产生的影响和贡献也是相当有限的。

第三节　欧洲流亡人文、社会科学家的"失语性"问题

讲德语的 1090 名流亡科学家通过美国学术界于 1933 年 5 月成立的"援

1　Johannes Urzidil, *Das große Halleluja*, München: Langen Müller Verlag, 1951, S. 30, S. 86.

2　Horst Möller, *Exodus der Kultur: Schriftsteller, Wissenschaftler und Künstler in der Emigration nach 1933*, München: C. H. Beck Verlag, 1984, S. 113.

助德国流亡学者紧急委员会"，被安置在美国大专院校的环境中。尽管他们的生活来源有基本保障，但"失语性"问题同样是他们必须面对的。这些从纳粹德国中被驱逐出来的人，绝大多数当时已年过 30 岁，有的人甚至都年过50 岁了，"母语的丧失"对他们来说意味着一场"文化休克"。在这场"文化休克"所造成的打击上，在对母语这笔财富的珍惜程度上，在对一种陌生的语言环境的适应上，不仅不同年龄的人是不一样的，而且从事不同学科专业方向的人也是不一样的。

由于这些来自欧洲的流亡科学家能否对美国大学的学科发展、新领域的开拓做出贡献，首先取决于他们在美国这个陌生的社会中掌握新语言的程度以及他们各自所从事的学科专业的"国际化"程度，因此，从这种视角出发，便很容易揭示出欧洲流亡科学家与美国大学之间的关系。在这一讲中，要重点分析欧洲流亡人文、社会科学家，沿着他们"失语性"问题的线索，探讨他们究竟在美国大学的哪些学科领域中很难做出贡献、又在哪些领域中能够做出重大贡献的问题。

一、流亡人文科学家不同的语言命运

在所有来自欧洲的流亡科学家中，人文科学家在美国往往面临了最为严重的"失语性"问题。他们虽不属于那个纯粹靠母语生存的难民作家集团，但由于其专业方向也极大地依赖于他们的语言能力和民族性，因而最初几年专业上的"语言障碍问题"往往不可避免。尤其是那些被分散在美国各高校中的人文科学家，由于必须在"文理学院"中承担对本科生的教学任务，这些站在讲台上的"结巴"，在克服职业语言障碍方面需要付出更多的艰辛。

著名语言文学家兼戏剧艺术理论家卡尔·楚克迈尔（Carl Zuckmayer）这样回顾他流亡美国后在纽约戏剧学院初次上课的情景："直到今天，每当回想起我在美国上头一堂课的时候，我就汗流浃背。我当时十分努力地起草了我的手稿，我的女翻译也费了不少劲将我的词汇和造句改造成一种'半美语式的'语言。为了让我能准确地照本宣科，她与我一起研究了这份发言稿，并通过所有可能的发音暗号来对我的手稿作正确的提示，以至于这份手稿看上去就像一份极为复杂的古希腊诗歌文本，唯有通过这种发音暗号才可能读出诗行。"[1] 联想起这样的经历，像楚克迈尔这样的大专家会在战后很快返回欧洲是毫不奇怪的。

德、英两种语言之间的转换对于流亡哲学家来说也同样困难。几乎所有那些在战后接受过采访的流亡哲学家都有这方面的同感："不仅英语语言的特点，还有读、听方面的要求，都迫使我们必须改变自己的表达和书写方式，必须用更简洁、更清楚、让人更好理解的方式来进行表达。要想让别人听得懂自己的话，就必须抛弃我们所习惯的那种德意志形而上学式的学究气。"[2]

然而要做到这一步并不容易，不少流亡哲学家刚进入美国高校时，甚至很难用英语与人打交道。正如那位在哈佛大学任过教的流亡哲学家赫尔伯特·菲格尔（Herbert Feigl）所言，"我是花了好几个星期的时间，才开始做到与我的学生进行日常交流的"。[3] 讲德语的流亡哲学家之所以在美国没有取得太突出的成就和地位，除了在"实用主义"的哲学环境中美国人对他们的"理想主义哲学"不感兴趣外，更要归因于他们在语言上遭遇到的特别障碍。对于流亡哲学家大多在战后返回欧洲的这一事实，"法兰克福学派"中的著名人物特奥多尔·阿多诺（Theodor Adorno）做过这样的解释："哲学从本质上讲是它语言的哲学，若拿走描绘它的语言，是无法进行任何哲学上的思考的。"[4]

---

1 Carl Zuckmayer, *Als Wärs ein Stück von mir, Horen der Freundschaft*, Hamburg: Rowohlt Verlag, 1966, S. 553.

2 Helge Pross, *Die Deutsche Akademische Emigration nach den Vereinigten Staaten, 1933~1941*, Berlin: Duncker und Humbolt Verlag, 1955, S. 58.

3 Donald Fleming and Bernard Bailyn (eds.), *The Intellectual Migration, Europe and America, 1930~1960*, Cambridge. Massachusetts: Harvard University Press, 1969, p.651.

4 Horst Möller, *Exodus der Kultur; Schriftsteller, Wissenschaftler und Künstler in der Emigration nach 1933*, München: C. H. Beck Verlag, 1984, S. 113.

　　在流亡人文科学家中，只有罗马语族语言文学家和艺术史专家才逃脱了这种语言上的尴尬。像埃利希·奥尔巴赫（Erich Auerbach）、利奥·斯皮泽尔（Leo Spitzer）、赫尔穆特·赫尔茨菲尔德（Helmut Herzfeld）、赫尔伯特·迪克曼（Herbert Dieckmann）这样著名的罗马语族语言文学家，是利用其专业语言上的独特性及其成果才在美国著名大学中获得特殊地位的。奥尔巴赫先后被聘为宾夕法尼亚大学、普林斯顿大学、耶鲁大学和哈佛大学教授；斯皮泽尔任约翰·霍布金斯大学教授长达 24 年；赫尔茨菲尔德长期受聘于美国天主教大学；迪克曼则先后执教于华盛顿大学和哈佛大学。这些人能在美国学术界"称雄一世"，不仅因为美国当时在这个领域中还十分落后，更重要的是，"这个领域的母语是拉丁语，即使对美国人来说也仍然是外语，因而本身并不具有语言上的优势。相反，这些外来的德国流亡语言文学家与罗马语族语言文学之间的距离要比美国人近得多。"因此，"他们在美国大学课堂上使用的专业语言是拉丁语，而不是美国日常生活中使用的英语。事实上，他们在美国也是很少用英语，而是更多用德语或拉丁语来进行研究和写作的。"[1] 例如，奥尔巴赫的《模仿，西方文学中表达的真实性》[2] 和《罗马语族语言文学研究导论》，[3] 以及斯皮泽尔的《不同国家的语言和文学风格研究》等，[4] 这类重要的代表作，都是由他们的美国学生根据其德文或拉丁文版本译成英文后，才真正为美国人所理解的。

1　Donald Fleming and Bernard Bailyn (eds.), *The Intellectual Migration, Europe and America, 1930~1960*, Cambridge. Massachusetts: Harvard University Press, 1969, p.481.

2　Erich Auerbach, *Mimesis, Dargestellte Wirklichkeit in der Abendländischen Literatur*, Bern: Franke Verlag, 1946.

3　Erich Auerbach, *Introduction aux études de philologie romane*, Frankfurt am Main: Klostermann Verlag, 1949.

4　Leo Spitzer, *Les Etudes de style dans les différents pays in Langue et Littérature*, Paris: Gallimard, 1961.

以埃尔温·帕诺夫斯基 (Erwin Panofsky)、雅可布·罗森贝格（Jacob Rosenberg）、理查德·克劳特海默（Richard Krautheimer）、保罗·奥斯卡·克里斯特勒（Paul Oskar Kristeller）、汉斯·巴龙（Hans Baron）等为代表的流亡艺术史专家们则更为幸运。艺术史这门学科本身就是由德意志犹太学者于1813 年在哥廷根大学开创的，因此，"艺术史的母语是德语"。[1] 这使得他们同样"无需在美国的课堂上面临语言上的特殊难题。当他们编辑自己的作品需要说明或帮助时，只花了极少的时间就了解了为数不多的有关英文著作，从而顺利地完成了这场新语言的挑战"。[2] 正是他们，创建了美国大学的艺术博物馆，提供了艺术史领域的方法论，开拓出大量被美国忽略的重要学术领域，如圣像学，古代艺术，巴洛克时代的艺术，16、17 世纪的艺术与建筑史等，并为美国培养出自己的第一代艺术史专家。"在今天的美国，没有人不承认他们是艺术史领域的权威，而他们的徒子徒孙现已遍布美国各高校。自战争结束以来，他们一直有规律地在德意志大学讲学，但他们的工作重心仍然在美国。"[3]

然而，那些从事德国史、欧洲史研究的流亡科学家在职业语言问题上却远没有这般幸运。例如，研究欧洲法制史的埃伯哈德·弗里德里希·布鲁克（Eberhard Friedrich Bruck）、研究 1848 年革命史的法伊特·瓦伦丁（Veit Valentin）、研究"腓特烈大帝"的恩斯特·康特洛维茨（Ernst Kantorowicz）以及研究德国近代史的汉斯·罗特费尔斯（Hans Rothfels）等人在美国过得十分艰难。这些著名的德国历史学教授之所以会一直拖到大战爆发前夕的 1939 年才逃出德国，对异文化环境中种种困难的考虑，本身就是造

1 Horst Möller, *Exodus der Kultur, Schriftsteller, Wissenschaftler und Künstler in der Emigration nach 1933*, München: C. H. Beck Verlag, 1984, S. 89.
2 Donald Fleming and Bernard Bailyn (eds.), *The Intellectual Migration, Europe and America, 1930~1960*, Cambridge. Massachusetts: Harvard University Press, 1969, p.607.
3 Rex Crawford, *The Cultural Migration, The European Scholar in America*, Philadelphia: University of Pennsylvania Press, 1953, p. 111.

成他们裹足不前的重要原因。他们虽能凭借过去的成就和名声进入美国的大学，但毕竟已人过中年，又是第一次接触英语世界，因而在学术发展上困难重重。一方面，在丧失个人学术收藏、脱离德国档案和欧洲历史材料的情况下，他们很难继续过去的研究；另一方面，美国的大学当时对他们的研究方向并无兴趣，又对他们能否研究美国史持怀疑态度。因此，他们在美国的大学里不仅面临了职业语言上的严重障碍，还遭遇到一种学术地位上的贬值。

布鲁克流亡美国时已经 62 岁，他虽"被哈佛大学历史系接受，但由于语言上的问题，却只能当一名研究型的副教授"。[1] 瓦伦丁到达美国时已 54 岁，"尽管在不少美国高校里工作过，但由于口语交流上的困难，直到 1947 年去世时，也只是一名研究型的副教授，始终没能在美国获得永久性的学术岗位。"[2] 康特洛维茨流亡美国时 44 岁，原想在芝加哥大学工作，却遭到该校副校长的反对，其理由是"他的英语水平相当一般"，因而只能在加州大学伯克利分院长期担任讲师，直到 1945 年才重新成为教授。[3] 罗特费尔斯流亡到美国布朗大学时已 49 岁，"在这个英语的世界里，他度过了极为艰难的岁月，"直到 1946 年才在芝加哥大学重新成为教授。[4] 这些年长的著名流亡史学家，只要还在世，都在战后返回了欧洲，也只有在德语世界里，他们才能找到施

1 Hartmut Lehmann and James J. Sheehan (eds.), *An Interrupted Past ,German-speaking Refugee Historians in the United States after 1933*, Cambridge and New York: Cambridge University Press, 1991, p.120.

2 Hartmut Lehmann and James J. Sheehan (eds.), *An Interrupted Past, German-speaking Refugee Historians in the United States after 1933*, Cambridge and New York: Cambridge University Press, 1991, p.82.

3 Cathering Epstein, *A Past Renewed, A Catalog of German - speaking Refugee Historians in the United States after 1933*, Cambridge and New York: Cambridge University Press, 1993, p. 145.

4 Hartmut Lehmann and James J. Sheehan (eds.), *An Interrupted Past, German-speaking Refugee Historians in the United States after 1933*, Cambridge and New York: Cambridge University Press, 1991, p.89.

展自身才华的场所。[1]

在讲德语的流亡史学家中，能较快克服职业语言障碍的往往是更年轻的编外讲师，如哈约·霍尔波恩（Hajo Holborn）、费利克斯·吉尔贝特（Felix Gilbert）、汉斯·罗森贝格（Hans Rosenberg）这样的人。他们都出身于 20 世纪初年，都在 1933 年遭到纳粹德国驱逐后很快流亡到英国，也都在自己 30 岁左右时继续流亡到美国。但这些人即使在英国学习过 1 至 3 年的英语，初来美国时，其英语能力也仍不为美国同行所恭维。例如，当霍尔波恩于 1934 年来到美国耶鲁大学时，被人评价为"应付这个冬季学期，他的英语显然是不及格的"。而吉尔贝特在 1936 年来到哈佛大学时，得到的评价是："他的英语出口过于羞怯，有些缺乏自信"。[2] 当然，对于这些更年轻的流亡史学家来说，只要自身努力，职业语言上的障碍证明是可以克服的。仅花了一年时间，霍尔波恩的英语水平就受到了赞扬；而吉尔贝特"使用新语言的能力"也被同事们称之为"不仅足够，而且极好"。[3]

只有这些能很快克服职业语言障碍的年轻流亡史学家，才可能在美国赢得更大的影响并获得更高的地位，而这在相当大的程度上要归因于国际局势的剧变。在 1941 年 12 月 7 日美国参战后，美国人试图理解欧洲灾难性局势发展的原因所在，因而产生出一种对欧洲史的强烈兴趣。尤其是德国史，已

1　例如，汉斯·罗特费尔斯（Hans Rothfels）在 1951 年返回新生的德意志联邦共和国后重新焕发出学术上的生机。他不仅写出大量的史学名著，还创建了著名的"慕尼黑当代史研究所"，因而在 1961 年被德意志联邦共和国总统豪斯授予"科学与艺术骑士团勋章"。战后新一代的德国著名史学家特奥多尔·席德（Theodor Schieder）、维尔讷·康泽（Werner Conze）以及汉斯·莫姆森（Hans Mommsen）等人都是他的学生。见 Georg G. Iggers, *Die deutschen Historiker in der Emigration*, in Bernd Faulenbach (Hrsg.), *Geschichtswissenschaft in Deutschland*, München: C. H. Beck Verlag, 1974, S.358.

2　Hartmut Lehmann and James J. Sheehan (eds.), *An Interrupted Past, German-speaking Refugee Historians in the United States after 1933*, Cambridge and New York: Cambridge University Press, 1991, p.97.

3　Hartmut Lehmann and James J. Sheehan (eds.), *An Interrupted Past, German-speaking Refugee Historians in the United States after 1933*, Cambridge and New York: Cambridge University Press, 1991, p.99.

由美国人过去不太理睬的"外国史"变成一种"受人尊重的热门领域"。对战争对手的研究能提供一种"世界性知识"，因而变得具有"国际性"了，这就为已较好掌握了英语的年轻流亡史学家提供了施展才能的机会。像霍尔波恩和吉尔贝特等这样一些刚开始在美国大学里研究美国史的人，便很快就进入了"美国战略服务局（OSS）"，成了"德国问题分析专家"。1945 年至 1949 年间，他们又转入美国国务院，帮助协调在德国占领区的美国政策。当"冷战"来临时，美国政府力图弄清国际局势紧张化根源的兴趣进一步增强，政府委托的研究工程清单导致了许多新学术岗位的开放。[1]　加之美国占领军已将德国大量的国家档案抢到了美国，这些人便重返美国史学界，因为现在唯有他们才能通过自己的德语母语优势来充分利用这种研究条件。这不仅使他们能在美国不断取得德国史、欧洲史研究上的新成果，而且也极快地提高了他们在美国的学术地位。例如，吉尔贝特很快被聘为普林斯顿"高级研究所"教授；罗森贝格也很快成为加州大学伯克利分院教授；而霍尔波恩则在耶鲁大学当上了美国最高等级的教授，并在 1967 年当选为"美国历史学学会"主席，成为历史上仅有的两位"在外国出生并接受教育的学者"能获此殊荣的人物之一。[2]

　　对流亡人文科学家来说，在美国大学的这种异文化环境中，过去在德国学术界赢得的名声基本上是无用的，除非他们的专业方向本身具有"国际性"。这也正是从事罗马语族语言文学和艺术史研究的流亡科学家能在美国学术界"称雄一世"的根本原因。而那些从事德意志语言文学、哲学和历史学研究的流亡科学家，由于其研究方向本身具有民族文化上的特点，因而必须在美国经受这场"失语性"问题的严峻考验。尽管美国参战后的特殊局势为流亡

1　Hartmut Lehmann and James J. Sheehan (eds.), *An Interrupted Past, German-speaking Refugee Historians in the United States after 1933*, Cambridge and New York: Cambridge University Press, 1991, p.132.

2　Hartmut Lehmann and James J. Sheehan (eds.), *An Interrupted Past, German-speaking Refugee Historians in the United States after 1933*, Cambridge and New York: Cambridge University Press, 1991, p.173.

史学家提供了"幸运的转折点"，使他们过去的研究方向突然间变得具有"国际性"了，但要想在美国学术界赢得地位，熟练掌握英语仍然必不可少。由于在掌握新语言方面，年过 40 岁的人总要比更年轻的人困难得多，因此他们利用这种新"国际性"的机会也要少得多。只有更年轻的流亡史学家，才可能像从事罗马语族语言文学和艺术史研究的流亡学者那样，为美国人文科学的发展做出重大贡献，并在 50 年代后成为大西洋两岸人文科学领域里学术交流的先锋。

二、流亡社会科学家中决然相反的例子

在克服职业语言障碍方面，流亡社会科学家面临的困难与流亡人文科学家相当类似。尤其是那些被分散在美国各高校中的流亡社会科学家，他们中的许多人在专业研究上都出现了"长达数年之久的几近休克的状态"。这方面最为典型的例子发生在年已六旬的奥地利著名心理学家卡尔·布勒（Karl Bühler）的身上。这位社会心理学界的世界级人物，是美国高校破格接纳的少数几位年纪最大的流亡科学家之一，却因"失语性"问题在美国变得无所作为。"由于掌握英语上的困难，直到 50 年代去世时，他在美国都没有发表过任何东西。"[1]

当然，人们也能举出相反的例子，但这类例子往往只发生在更年轻的流亡社会科学家身上。例如，卡尔·布勒早年在维也纳大学的学生保罗·F. 拉萨斯菲尔德（Paul F. Lazarsfeld）就是在美国成为世界顶尖级的社会学家的，而这首先与他事先掌握了英语有关。早在 1933 年初，时年 32 岁的拉萨斯菲尔德就得到了洛克菲勒基金会的资助，并作为"访问学者"在美国待过两年。他是在熟练地掌握了英语之后，当 1935 年 10 月奥地利发生政变时，才最后流亡美国的。[2] 而这次到达美国后，"他在过去进行的维也纳市场调查研究

1　James F. Bugental(eds.), *Symposium on Karl Bühler's Contributions to Psychology*, in Journal of General Psychology, 75 (1966), p.181.

2　Ilja Srubar (Hrsg.), *Exil, Wissenschaft, Identität. Die Emigration deutscher Sozialwissenschaftler, 1933~1945*, Frankfurt am Main: Suhrkamp Verlag, 1988, S. 78.

的基础上,很快就在《民族市场评论》杂志上发表了《询问为什么的艺术》一文,这篇用英语写成的论文使他几乎一夜之间就成为了这个领域中居领导地位的权威人物。"[1] 后来,他又用英语写下大量的社会学论著,如《人民的选择》、《投票》、《社会研究的语言》、《社会学中的数学思想》等。由于他将数学统计方法引入了社会学,创立了"数学社会学",因而当选为"美国社会学学会"主席。像拉萨斯菲尔德这样熟练地掌握了英语并在流亡美国后取得辉煌学术成就的例子,也能在年轻的流亡经济学家雅可布·马夏克(Jakob Marschak)以及年轻的流亡政治学家卡尔·W. 多伊奇(Karl W. Deutsch)身上找到。

流亡经济学家雅可布·马夏克(Jakob Marschak)1933 年被迫流亡时只有 35 岁。这位海德堡大学年轻的编外讲师幸运地成为了洛克菲勒基金会头一批援救的德国经济学家之一,并被安置在英国牛津大学。在熟练地掌握了英语之后,他于 1938 年继续流亡到美国纽约的"社会研究新学院",又于 1943 年被聘为芝加哥大学教授。由于他将数量分析理论成功地引入了经济学,成为了美国"数量经济学"的奠基人,因而当选为"美国经济学学会"主席。正是受他学术思想的影响,他当年的科研助手赫尔伯特·A. 西蒙(Herbert A. Simon)、劳伦斯·罗伯特·克莱因(Lawrence)以及他的弟子弗兰科·莫迪良尼(Franco Modigliani)都在他去世之后成为了新设置的诺贝尔经济学奖得主。[2]

流亡政治学家卡尔·W. 多伊奇(Karl W. Deutsch)1938 年流亡美国前刚拿到法学博士学位。作为一名 26 岁的编外讲师,这位从小生活在捷克斯洛伐克的德意志犹太人,一到波士顿就有要"快速美国化"的决心,为此,他甚至进入哈佛大学重新攻读美国的博士学位。在熟练地掌握了英语后,他将

---

1 Ilja Srubar (Hrsg.), Exil. *Wissenschaft, Identität. Die Emigration deutscher Sozialwissensc-haftler, 1933~1945*, Frankfurt am Main: Suhrkamp Verlag, 1988, S. 87.

2 Arjo Klamer, *The New Classical Macroeconomics, Conversation with New Classical Economists and their Opponents*, Brighton: Wheatsheaf Books, 1984, p. 114.

德意志的"普遍主义"与美利坚的"技术主义"相结合，并运用于国际政治学领域，成为了著名的国际关系理论家和政治学领域的改革家，并当选为"美国政治科学学会"主席，后又出任"国际政治科学学会"主席，因而成为了"经验性社会研究取得世界性胜利的一位象征性人物"。[1]

这些相反的例证清楚地说明，对于那些被分散安置在美国各高校的流亡社会科学家来说，进入美国时的年龄往往会成为不同命运的分水岭。由于年轻的流亡学者在学习一门新语言上要容易得多，因而在美国获得事业成功的几率也要大得多；年纪更老的流亡学者在学习一门新语言上则要困难得多，因而在美国取得事业成功的几率就要小得多。那么，那些被相对集中地安置在美国某所高校中的社会科学家们又是如何面对他们的"失语性"问题的呢？

三、哥伦比亚大学中的"法兰克福学派"

"法兰克福社会研究所"的二十多名德国流亡科学家构成了一种例外。早在 1932 年 6 月巴本政府上台时，研究所领导人马克斯·霍克海默（Max Horkheimer）就意识到德国局势的严峻性，并开始着手于整个研究所的向外转移问题。到 1933 年 2 月底"国会纵火案"发生时，这个研究群体连同自己的全部经费和图书资料都已转移到了瑞士的日内瓦。因此，当 1934 年"法兰克福社会研究所"作为一个研究团体被整体地接纳进美国时，本身是带有经费和图书资料的。由于哥伦比亚大学为其提供了研究空间，并免去了其成员给本科生上课的任务，因此，"这些德国流亡社会科学家仍然能像在魏玛时代那样，继续专心致力于哲学、语言学、历史学、国民经济学、社会学和法学方面的综合性研究。1940 年 6 月以前，他们的研究成果都是用德语发表在

---

1 Ilja Srubar (Hrsg.), *Exil, Wissenschaft, Identität. Die Emigration deutscher Sozialwissenschaftler, 1933~1945*, Frankfurt am Main: Suhrkamp Verlag, 1988, S. 175.

自己主编的《社会研究》杂志上的，而这份德文流亡刊物的编辑部设在巴黎。"[1] 法国沦陷后，杂志编辑部搬到纽约，杂志也更名为英文版的《哲学与社会科学研究》，这时他们才开始逐步将英语作为主要的书面语言。即便如此，在以后的10年里，"法兰克福学派"的核心成员，如马克斯·霍克海默、特奥多尔·阿多诺、弗里德里希·波洛克（Friedrich Pollock）、利奥·洛文塔（Leo Lowenthal）等人，其绝大多数理论著作仍然是用德语写成的。阿多诺后来回忆道："我后来在德国出版的著作中，有90%是在美国完成的，但其中只有极少的一部分是用英语写的。"[2]

这些坚持西方马克思主义"批判理论"的核心成员拒绝用英语进行写作，实际上表明了他们拒绝与美国社会"一体化"的决心。阿多诺这样讲道："在美国这种群众文化的垄断下，我们这些人，自身生命的再生产与专业上负责任的工作之间有着一种不可和解的断裂关系。当我们的语言被剥夺时，我们的历史标尺也就被挖走了，而我们正是从这些东西里吸取知识力量的。"[3] 这也正是他们会在1950年带着这家研究所回到新生的德意志联邦共和国的决定性原因。[4] 他们在美国流亡期间用德语写下的大量重要理论著作，如《偏见研究》五卷本、《权威主义人格》、《启蒙的辩证法》等，只是在战后的欧洲才真正引起人们的关注。尽管这些著作对社会科学的发展具有重大的价值，并导致了50年代政治心理学的兴起和"意识形态论"的终结，然而这已经是这家研究所撤离美国以后的事情了。而"在美国，当时阿多诺的知名度

---

1 Helge Pross, *Die Deutsche Akademische Emigration nach den Vereinigten Staaten, 1933~1941*, Berlin: Duncker und Humbolt Verlag, 1955, S. 53.

2 Martin Jay (eds.), *Permanent Exiles, Essays on the Intellectual Migration from Germany to America*, New York: Columbia University Press, 1985, p. 40.

3 Theodor W. Adorno, *Minima Moralia, Reflexionen aus dem beschädigten Leben*, Frankfurt am Main: Suhrkamp Verlag, 1969, S.1.

4 Ilja Srubar (Hrsg.), *Exil, Wissenschaft, Identität. Die Emigration deutscher Sozialwissensc-haftler, 1933~1945*, Frankfurt am Main: Suhrkamp Verlag, 1988, S. 268.

不过是《权威主义人格》那本著作封面上的第一作者而已"。[1]

当然，"法兰克福学派"成员中也有主动学习英语的人，如后来在美国学术界大展宏图的弗朗兹·诺伊曼（Franz Neumann）、埃里希·弗洛姆（Erich Fromm）以及赫尔伯特·马尔库塞（Herbert Marcuse）等人。这些人不仅年纪更轻，而且在思想上也更为开放，并都在美国参战后于 1942 年应聘于"美国战略服务局"，服务多年之后又活跃于美国的学术界。与霍克海默、阿多诺等人不同，这些更年轻的"法兰克福学派"成员们认为，"主动适应美国的环境，在一个决定性的阶段上，甚至能导致一种上升机会的出现，即为法兰克福学派的批判理论找到一种实践上的机会"。[2] 而这与他们更好地掌握了英语上的写作技巧紧密相关。

这些人都曾在流亡美国前接受过不同程度的英语训练，也都在美国走上了用英语写作的道路。在他们当中，弗朗兹·诺伊曼表现得最为典型。1932 年 12 月，随着德国政局的恶化，时年 32 岁的诺伊曼便开始自学英语，为以后的流亡做准备。1933 年 1 月底希特勒上台后，他曾在英国流亡 3 年，并获得了英国的政治学博士学位。尽管他并不喜欢英语世界，但在 1936 年流亡美国并加入"法兰克福学派"时，已经完成了这场从德语到英语的过渡，成为这个圈子中最少发生语言障碍的人。这不仅导致了他不同于霍克海默、阿多诺等人在美国的生活感受，而且使他成为了这个圈子中最主动地适应美国社会环境的人。早在 1942 年，他便通过他那部用英文写成的名著《巨兽——纳粹主义的结构与实践》，在美国成为了研究纳粹主义的权威人士以及享有

---

1 Martin Jay (eds.), *Permanent Exiles. Essays on the Intellectual Migration from Germany to America,* New York: Columbia University Press, 1985, p. 41.

2 Ilja Srubar (Hrsg.), *Exil. Wissenschaft. Identität. Die Emigration deutscher Sozialwissenschaftler, 1933~1945,* Frankfurt am Main: Suhrkamp Verlag, 1988, S. 254.

盛誉的著名政治学家。[1] 而埃里希·弗洛姆也通过他英文版的《逃避自由》和《爱的艺术》，在 40 至 50 年代成为了美国家喻户晓的著名学者。至于赫尔伯特·马尔库塞，更是通过他 60 年代出版的那部英文名著《单向度的人》，在美国成为了风靡一时的"哲学新左派"的代表人物。

四、"流亡大学"中的德国社会科学家

在克服职业语言障碍方面，最为幸运的流亡社会科学家是那些被纽约的"社会研究新学院"接纳的人。为接纳他们，"新学院"院长阿尔文·约翰逊（Alvin Johnson）专门创办了研究生院，并取名为"流亡大学"。约翰逊这样谈到："创办这所'流亡大学'的意义就在于：它不仅能接受数量更多的德国科学家，而且能真正继续那种在德国已被扫除掉的批评式的社会研究传统，并使美国的社会科学'国际化'。"[2] 他顶着当时美国盛行的孤立主义压力，突破了"援助德国流亡学者紧急委员会"做出的"每所美国高校接受的流亡学者一般不超过 3 人"的规定，大规模地接受德国流亡科学家。因此，在这所"流亡大学"里，聚集了一个数量最后高达 182 名之多、以讲德语的社会科学家为主体的欧洲流亡科学家群体。

在这个完全由流亡科学家们组成的教授集团中，人们首先就没有那种在通常情况下必然会产生的"孤独感"，加之约翰逊院长的特别关照，他们在语言问题上得到了更多的谅解和帮助。例如，约翰逊院长最初甚至允许他们"在脱离本科生教学活动的情况下，专门从事理论研究，但同时要求他们必须尽快学会用英语授课和讨论，为'流亡大学'的学术阵地《社会研究》杂志提供的稿件也必须用英语写成，所有成员的英文学术论著都要事先经过专

---

1 Donald Fleming and Bernard Bailyn (eds.), *The Intellectual Migration, Europe and America, 1930~1960*, Cambridge. Massachusetts: Harvard University Press, 1969, p.448.
2 Stephen Duggan and Betty Drury, *The Rescue of Science and Learning, The Story of the Emergency Committee in Aid of Displaced Foreign Scholars*, New York: Macmillan, 1948, p. 85.

职的语言学专家的审订之后才能发表或出版"。[1] 尽管这些制度上的强制性要求给不少人带来了压力和负担，但约翰逊院长采用的方法是循序渐进式的："先是为他们配备专门的翻译人员，以便能将他们论著中的'文科中学式的英语'翻译成'美国式的英语'并及时出版和发表，然后让他们逐步学会用英语在堂上授课和指导博士研究生。与此同时，'新学院'还通过每周举行一次的学术讨论会，使他们能不断获得与来自外校的美国本土学者进行面对面交流的机会，因而在'流亡大学'的教授中，很快培养出一种用英语说、写的风气。"[2] "绝大多数人很快就能讲相当不错的英语，并在后来变得更喜欢用英语而不是德语来进行写作了。因此，在这个群体中，形成了一种'盎格鲁－日耳曼式的、新学院式的自身语言习惯'。"[3]

由于这些流亡社会科学家都较为顺利地完成了两种语言之间的过渡，因而能在美国发挥更大的影响和作用。到1943年，这所"流亡大学"已成为"世界上第一个国际性的社会科学研究中心"和"构造未来的思想工厂"。像埃米尔·雷德勒（Emil Lederer）、阿道夫·勒韦（Adolph Lowe）、格哈德·科姆（Gerhard Colm）、汉斯·奈塞尔（Hans Neisser）、雅可布·马夏克、汉斯·西蒙斯（Hans Simons）、汉斯·施佩尔（Hans Speier）等这样一批杰出的流亡经济学家、社会学家和政治学家，已在美国学术界和政界崭露头角。同年1月3日，一份来自洛克菲勒基金会的调查报告中这样写道："'流亡大学'的专家们被不少于26家美国政府机构有规律地请去做咨询工作，还有大量的成员参与到不少于25个政府和军方委员会的工作之中。它的'世界经济

---

1 Peter M. Rutkoff, *Interview mit Elizabeth Told Staudinger*, Frankfurt am Main: Suhrkamp Verlag, 1979, S.28.

2 Ilja Srubar (Hrsg.), *Exil, Wissenschaft, Identität. Die Emigration deutscher Sozialwissenschaftler, 1933~1945*, Frankfurt am Main: Suhrkamp Verlag, 1988, S. 136.

3 Wolfgang Frühwald und Wolfgang Schieder (Hrsg.), *Leben im Exil, Probleme der Integration deutscher Flüchtlinge im Ausland 1933–1945*, Hamburg: Hoffmann und Campe Verlag, 1981, S. 230.

研究所'构成了'新政'意识形态的'思想库';它的'社会与政治科学研究所'引导了'极权主义社会学研究';它的'世界事务研究所'则开启了对美国最有价值的'国际研究'。"[1] 所有这些,都是当时那些不问政治并具有保守主义学术倾向的美国社会科学界主流派们所做不到的。

尽管社会科学也需要特定的语言来表述,但它本身具有十分明显的社会实用性和实践性,其发展也是以人类的社会实践活动为基础的。在从危机走向战争、从战争走向世界政治舞台的年代里,美国正急需这些讲德语的流亡社会科学家来提供经济学、社会学、政治学、国际关系理论等领域的新智慧和新知识。因此,凡能顺利地克服职业上的语言障碍,又能主动地适应美国的社会环境、并能找到适宜发挥自身才能场所和方向的流亡社会科学家,几乎都站在了美国社会科学的前沿上。正是他们,不仅主导了当时美国政治与社会科学研究的新潮流,而且为美国社会科学的跨学科发展提供了根本性的推动力。

第四节　欧洲流亡自然科学家、艺术家的"失语性"问题

在 1090 名被安置在美国大学中的欧洲流亡科学家中,有 424 名自然科学家,其中包括数学家、从事物理、化学、生物等专业的自然科学家以及医学家,他们属于美国大学最想获取的科学界的精英人物。这些流亡科学家是一批到达美国之后很快就投身于科学研究工作中去的人,也是一批很快就对美国大学的学科发展产生了重大影响的人,更是一批很快就为美国的科技事业做出了杰出贡献的人。另外,在流亡美国的 465 名流亡音乐家和 296 名造型

1　John H. Willis, The New School and the War, 1. 3. 1943, Rockefeller Foundation Archive, Record Group 1.1, 200/53/628.

艺术家中，有相当部分参与了美国大学的学科建设，并在音乐学、建筑学领域做出了开拓性的贡献。与流亡人文、社会科学家相比，这些流亡自然科学、艺术家适应美国新环境的困难要小得多，融入美国社会的速度也要快得多，而这是与他们所从事专业的"天然国际性"紧密相关的。

一、较少面临语言难题的流亡自然科学家

与流亡人文科学家和社会科学家相比，流亡数学家、自然科学家和医学家，在美国的大学里克服职业语言障碍方面的困难则要小得多，导致这种局面的原因是多方面的。

首先，这要归因于这些学科专业上的"天然国际性"。

希特勒上台前的德国是世界科学、文化的中心，包括英、美在内的所有知识难民接受国在这些学科领域里都不如德国发达，但当时德国与外国科学同行之间的学术交往已相当活跃，一个以德国科学家为核心的欧、美"科学家共同体"已经形成。不仅如此，相当多的美国科学界领导人都有曾在德国留学的经历，像约翰·冯·诺伊曼（John von Neumann）、玛丽·迈尔（Maria Mayer）等这样一批在美国学术界占有特殊地位的犹太科学家，本身就是在希特勒上台前夕，刚从德国移民美国的。[1] 而且在 1933 年以前，这些科学领域中最具权威性的刊物还不是英语世界的《科学》和《自然》，而是德语世界的《数学年刊》、《物理学编年史》、《化学编年史》以及《医学编年史》，"就连这些领域中的美国科学家当时也是主要依靠德语的科学杂志和期刊来发表文章的"。[2] 这种局面在人文、社会科学领域中从未出现过。因此，1933 年后，来自德语世界的流亡数学家、自然科学家和医学家在与美国同行之间非常容易找到共同语言。

1　Donald Fleming and Bernard Bailyn (eds.), *The Intellectual Migration, Europe and America, 1930~1960*, Harvard University Press, 1969, p.237.

2　Donald Fleming and Bernard Bailyn (eds.), *The Intellectual Migration, Europe and America, 1930~1960*, Harvard University Press, 1969, p.200.

　　另外，这也要归因于美国高校在接纳德国流亡数学家、自然科学家和医学家上特殊的年龄限制。

　　"援助德国流亡学者紧急委员会"早在 1933 年 5 月 23 日便做出规定："接受自然科学和医学领域里的德国流亡学者时，除诺贝尔奖得主外，年龄一般限制在 40 岁以下，因为这样的人还有'出产年'，当然，他们必须证明自己是优秀的。"而在接受流亡人文、社会科学家的年龄限制方面，"紧急委员会"只做出了"30 至 58 岁"的一般规定。[1] 因此，被美国高校接受的绝大多数流亡数学家、自然科学家和医学家的年纪都没有超过 40 岁。[2] 这样的人在掌握一门新语言上要比 40 岁以上的人快得多，也容易得多。而且他们当中的绝大多数人，主要是自然科学家和医学家，都有曾经流亡英国的经历，这则要归因于英国学术界在最初接受德国流亡科学家的问题上采取了比美国学术界更为积极的态度。尽管这些流亡科学家大多只是在英国大学的实验室里做临时性的工作，并在欧洲局势日益紧张化的情况下又继续流亡到美国，但他们在英国这个流亡的"中转站"里，已经事先接受过不同程度的英语训练了。[3] 至于像阿尔伯特·爱因斯坦（Albert Einstein）、詹姆斯·弗兰克（James Frank）、古斯塔夫·赫茨（Gustav Hertz）、维克多·赫斯（Viktor Hess）、彼得·德拜（Peter Debye）、奥托·弗里茨·迈尔霍夫（Otto Fritz Meyerhof）、奥托·洛伊（Otto Loewi）等这些诺贝尔自然科学奖项的得主，年纪虽都超过了 40 岁，甚至大多已过了 50 岁，但他们早在 20 年代的"科学国际化"进程中，就已经作为"科学家共同体"的核心人物，在

1　Stephen Duggan and Betty Drury, *The Rescue of Science and Learning, The Story of the Emergency Committee in Aid of Displaced Foreign Scholars*, New York: The Macmillan Company, 1948, p. 16.

2　Donald Fleming and Bernard Bailyn (eds.), *The Intellectual Migration, Europe and America, 1930~1960*, Harvard University Press, 1969, p.217.

3　Norman Bentwich, *The Rescue and Achievement of Refugee Scholars, The Story of Displaced Scholars and Scientists 1933~1952*, Den Haag: Omniboek, 1953, p. 13.

与英语世界的科学家进行频繁的学术交流了。尽管这些人的英语口语中普遍带有浓厚的乡音,例如,许多美国人在回忆爱因斯坦时,都提及到"他带着德语口音所讲的英语很难懂",[1] 但这一点并没有影响到他们在美国的科学研究。

最后,这还要归因于这些学科专业语言上的原因。

与人文、社会科学相比,数学、自然科学与医学的文字表述相对简单,无论是课堂上的教学语言,还是科研中的学术用语,都相对程式化。因此,对这些领域的流亡科学家来说,掌握一门新外语中的职业语言,要比那些流亡人文、社会科学家容易得多。更重要的是,当数学、自然科学和医学发展到 20 世纪 30 年代时,已经可以在国际上普遍接受的术语方面以及数学描述的基本事实、概念以及技术方面达成一致了,这就使来自不同国家的科学家之间的交流变得更为容易。而且,"在美国大学和研究机构里,各科学领域的国际学术杂志、期刊及专著的易得性,也使得数学、自然科学和医学领域中的流亡科学家,在个人学术收藏受损所导致的研究阻力方面,相对于人文、社会科学中的流亡科学家来说,其影响要小得多。"[2]

当然,这并非意味着这些讲德语的流亡科学家在美国完全没有职业语言上的障碍。尤其是流亡数学家,他们遇到的语言障碍明显大于流亡自然科学家和医学家。这既要归因于数学领域的特殊性,也要归因于德国的大学,尤其是有犹太血统的数学家最为集中的哥廷根大学,过去在国际数学界中所特有的"数学的麦加"地位。

数学不同于自然科学和医学。自然科学和医学自 19 世纪 90 年代以来已经发生了由理论研究向实验研究的重大转变,因此,这些科学领域前沿上的

---

1 Abraham Pais, *Einstein Lived Here*, Oxford and New York: Oxford University Press, 1994, p. 300.
2 Donald Fleming and Bernard Bailyn (eds.), *The Intellectual Migration, Europe and America, 1930~1960*, Harvard University Press, 1969, p.221.

突破，不仅越来越依赖于实验设备之类的研究手段和条件，同时为避免在研究中走弯路，也越来越依赖于科学家之间的相互沟通与共同协作。而数学的发展直到 20 世纪 30 年代仍然取决于人的大脑在公理体系基础上的直观、对空间概念的抽象分析能力以及逻辑推理能力，数学前沿上的突破仍然靠的是数学家个性化的创造力。因此，当 20 年代国际交往与交流变成科学家们的一种主要活动时，德国数学家由于其自身所具有的那种无与伦比的地位，却使得他们不用像自然科学家和医学家那般频繁地走出国门，便能坐等外国学者的"八方来朝"。这就导致了这些领域中的一种相当不同的语言局面：1933 年以前，在自然科学、医学领域的国际交往中，德国科学家与欧美其他国家同行之间在语言上是互相学习的。当这些领域的德国科学家流亡到美国时，无论在研究上还是在教学中，遇到的语言障碍都相对较小。而在数学领域里的情况则不同：1933 年以前，主要是由外国的数学家来学习德语，从而求得学术上的共同语言的，以至于美国大学中相当多的数学教授都是在德国获得过博士学位的人。[1] 这固然使 1933 年后德国流亡数学家们在与美国同行的学术交流上不存在什么困难，但要在美国高校中应付对本科生的教学活动，仍然存在一定的语言障碍。

　　绝大多数流亡数学家在教学活动上的语言障碍，是通过一种特别方式来克服的，这种方式本身与他们直接流亡美国有关。流亡美国的德国数学家之所以能"一步到位"，一方面是由于英国的大学所能提供的数学专业岗位十分有限，又不能像安置流亡自然科学家、医学家那样将流亡数学家临时安置在大学的实验室里；另一方面则要归因于洛克菲勒基金会。在这家为"紧急委员会"提供最重要的经济支持的美国基金会中，数学家本身就具有特殊的地位。例如，该基金会主席马克斯·梅森（Max Mason）以及自然科学部主席沃伦·韦弗尔（Warren Weaver），不仅都是数学家出身，而且都是在德国的

1　Norbert Wiener, *I Am a Mathematician*, Cambridge. Massachusetts: Harvard University Press, 1964, p. 175.

哥廷根大学获得数学博士学位的。由于他们对数学家的特殊情结，因此，德国数学家难民都是由洛克菲勒基金会最先出面营救的。[1] 不仅如此，而且当时的"美国数学学会"主席奥斯瓦尔德·维布伦（Oswald Veblen）以及秘书长罗伯特·G.D.理查森（Robert G. D. Richardson）也曾留学哥廷根大学，他们对德国流亡数学家同样抱以深切的同情。因此，洛克菲勒基金会、"紧急委员会"以及"美国数学学会"在安置他们的问题上，事先考虑到他们在教学上的语言障碍问题，因而与接受他们的美国大学事先达成了协议，使他们一般都享受到"不为本科生授课，只进行数学研究的特权"。[2]

只有像大数学家理查德·库朗（Richard Courant）这样的人，由于被安置在只有他1名数学教授的纽约大学里，才无法享受这种特权。这自然使库朗倍感授课上的语言困难，为此，他还特别"从讲演系请来一位家教，专门教他英语，并随身带着一个笔记本，不断地把他在交谈和阅读中碰到的口语用法记录下来。这使他进步很快，没过多久，他便摸索出一种备课方法：先把精心准备的讲义用德语口述出来，然后再译成他所希望的'不错的英语'"。[3]至于其他的流亡数学家则要比库朗舒服得多，他们根本不用为本科生授课，尤其在那些流亡科学家相对集中的美国大学和研究机构里，他们甚至完全不用为"语言上的孤立"而苦恼。例如，大数学家赫尔曼·外尔（Hermann Weyl）一走进普林斯顿"高级研究所"就有这种感受："在这里，讲德语的人和讲英语的人一样多。"[4]

由于职业上的语言障碍相对较小，这些讲德语的流亡数学家、自然科学

---

1 Jarrell. C. Jackman and Carla M. Borden (eds.), *The Muses Flee Hitler, Cultural Transfer and Adaptation, 1930~1945*, Washington, D.C.: Smithsonian Institution Pres 1983, p. 206.

2 Constance Reid, *Couran in Göttingen and New York*, New York: Springer-Verlag, 1976, p. 212.

3 Constance Reid, *Couran in Göttingen and New York*, New York: Springer-Verlag, 1976, p. 178.

4 Constance Reid, *Couran in Göttingen and New York*, New York: Springer-Verlag, 1976, p. 163.

家和医学家们在进入美国高校后，很快就有了一种近乎于在"家"的感觉。正如德国流亡物理学家维克多·埃里希·魏茨柯帕夫（Victor Erich Weisskopf）所言："到达美国后不久，我们便很快感受到，那些留在欧洲的人倒更像是难民！"[1] 因此，他们完全能在美国继续他们的研究工作，并不断取得辉煌的学术成就。这不仅使他们与美国社会的"一体化"变得更为容易了，而且美国也从这些科学家身上获得了巨大的智力收益。仅是在来自纳粹德国的第一代流亡科学家当中，就有15位诺贝尔自然科学奖项的得主，除前文中提及的7位获奖者外，还有奥托·斯特恩（Otto Stern）、费利克斯·E.布洛赫（Felix Bloch）、尤金·P.维格纳（Eugene P. Wigner）、沃尔夫冈·泡利（Wolfgang Pauli）汉斯·A.贝特（Hans A. Bethe）、马克斯·路德维希·德尔布吕克（Max Ludwig Delbrück）、康拉德·E.布洛赫（Konrad E. Bloch）、弗里茨·A.李普曼（Fritz A. Lipmann），这8位都是在流亡美国后获奖的。[2] 而在数学领域里，赫尔曼·外尔、卡尔·路德维希·西格尔（Carl Ludwig Siegel）与约翰·冯·诺伊曼一起，很快就将普林斯顿"高级研究所"变成了"世界纯粹数学中心"，理查德·库朗则将纽约大学的"库朗研究所"建设成了"世界应用数学中心"。

"学会数理化，走遍天下都不怕！"这个产生于20世纪30年代并在今天广为人知的口号，实际上是当年讲德语的流亡数学家、自然科学家和医学家们的典型口号。数学、自然科学和医学由于其本身具有的"天然的国际性"，使得从事这些领域的流亡科学家在克服职业语言障碍上遇到的困难要小得多。因此，这些流亡科学家在到达美国后很快就能投身于科学研究工作，而美国也因为这些流亡科学家们的到来，终于成为了诺贝尔自然科学奖项得

---

1 Donald Fleming and Bernard Bailyn (eds.), *The Intellectual Migration, Europe and America, 1930~1960*, Harvard University Press, 1969, p.222.

2 Alan D. Beyerchen, *Scientists under Hitler, Politics and the Physics Community in the Third Reich*, New Haven and London: Yale University Press, 1977, p.48.

主最多的国家和"数学的新麦加"。

二、掌握了"天然世界语"的流亡艺术家

在语言问题上，流亡音乐家和造型艺术家无疑是所有知识难民中最为幸运的人。尽管他们同样面临了"失语性"问题，在与美国人交往的日常生活中也无疑都是"结巴"，但由于他们的作品本身就是一种"天然的世界语"，因而几乎感受不到职业语言上的障碍问题。首先是那 465 名流亡音乐家，他们成为了在美国最快安顿下来的人。著名音乐史专家博里斯·施瓦茨（Boris Schwarz）这样写道："被迫流亡的音乐家的运气看来要比那些演员、作家和科学家好得多，因为音乐本身就是世界性的语言。一位音乐演奏家只要有乐器在手，就可以在巴黎、纽约、里约演出并能得到理解，根本没有进行口头语言交流的需要。歌唱家几乎一直就是天然的多种语言的掌握者，作曲家更能去改变各民族音乐兴趣和音乐传统之间的那些细微差别，因此，富有创造力的音乐家在远离他们的祖国时，是能很快地适应新形势的。"[1]

这些来自西方音乐传统故乡德国的流亡音乐家们，不仅活跃在美国的音乐舞台上，还帮助美国高校建立或发展起音乐学专业。例如，20 世纪最著名的作曲家、"无调性音乐"的开创人阿诺德·勋伯格（Arnold Schoenberg），先后被聘为波士顿马尔金音乐学院、南加州大学音乐学院和加州大学音乐学院教授，并在美国新一代作曲家中产生了强烈影响；大作曲家保尔·欣德米特（Paul Hindemith）一手创办了耶鲁大学音乐学院，并在复兴"文艺复兴时期"和"巴洛克时代"的音乐风格方面发挥了重要作用；斯特凡·沃尔帕（Stefan Wolpe）先后任费城音乐学院、北卡罗来纳黑山学院以及长岛学院音乐教授，素以教授作曲法而著称；而恩斯特·弗雷内克（Ernst Frenek）创办了瓦萨学

---

1 Jarrell. C. Jackman and Carla M. Borden (eds.), *The Muses Flee Hitler, Cultural Transfer and Adaptation, 1930~1945,* Washington, D.C.: Smithsonian Institution Pres 1983, p. 137.

院、哈默莱学院的音乐系，培养了许多美国著名的作曲家；卡罗尔·拉特豪斯（Karol Rathaus）则创办了纽约城市大学女王学院的音乐系，并引入了一套完整的作曲法课程。正是由于他的努力，这所大学拥有了美国东海岸实力最为雄厚的音乐系。[1]

总之，正是由于音乐语言特有的"国际性"以及美国在这一领域的落后性，才使讲德语的流亡音乐家在美国高校中轻易地克服了职业语言上的障碍，成为了音乐学这一特殊的艺术学科的创办人，以及教学、研究工作的主要力量。

如果说歌唱家、音乐演奏家和作曲家之类的音乐家是靠听觉艺术为生的话，那么画家、雕塑家、建筑设计师之类的造型艺术家就是靠视觉艺术为生的人，因为绘画、雕塑、建筑这类造型艺术是首先建立在视觉效果的基础上的。即使是从事教学工作，这些造型艺术家们也是"从物质的基本特性、材料的形状、直观的结构以及简单的空间关系对生理和精神产生的效果出发，来进行课堂教学设计的"。[2] 例如，像瓦尔特·格罗皮乌斯（Walter Gropius）、路德维希·米斯·范·德·罗（Ludwig Mies van der Rohe）、马塞尔·布罗耶尔（Marcel Breuer）、拉茨罗·莫何里－纳吉（László Moholy‑Nagy）、瓦尔特·彼特汉斯（Walter Peterhans）、路德维希·希尔伯斯海默（Ludwig Hilber‑sheimer）这些"世界级"的德国流亡建筑设计师，也同样活跃于美国高校之中。

格罗皮乌斯和布罗耶尔执教于哈佛大学，米斯·范·德·罗、彼特汉斯和希尔伯斯海默执教于伊利诺斯技术学院，莫何里－纳吉则在芝加哥创办了自己的建筑学院。他们在美国高校的课堂上从未感到有太大的语言障碍，因为他们"只需掌握英语中最简单的过渡性语言，就能将魏玛时代现代主义的'鲍豪斯建筑风格'传授给他们的美国弟子"。尤其是那位被誉为美国"摩

---

1 Jarrell. C. Jackman and Carla M. Borden (eds.), *The Muses Flee Hitler, Cultural Transfer and Adaptation, 1930~1945*, Washington, D.C.: Smithsonian Institution Pres 1983, p. 146.

2 Donald Fleming and Bernard Bailyn (eds.), *The Intellectual Migration, Europe and America, 1930~1960*, Harvard University Press, 1969, p.510.

天大楼奠基人"的米斯·范·德·罗,"甚至在流亡美国后从没有努力学过英语,因为无论他走到哪里,都有人专门为他做翻译"。[1]

在语言问题上,流亡音乐家和造型艺术家在知识难民中特别的优势地位,甚至引起了那些日子过得最为艰难的流亡作家们的羡慕和妒忌。流亡作家京特·安德斯这样写道:"音乐家和造型艺术家,这些幸运的'国际语言'的占有者们,能迅速地四海为家一点也不奇怪。他们当中只有极少的人像我们这些用方言进行写作的人那样,保持着'职业流亡者'的顽固性。"[2] 而那位受到"语言孤立"强烈震动的阿尔弗雷德·德布林这样写道:"一名作家通过语言来负载他家乡的一部分,变换到另一种语言也就意味着死亡。我真羡慕、甚至妒忌那些画家、作曲家,他们可从没有受到过如此严格的束缚和严厉的阻碍。"[3]

三、流亡艺术家与美国文化

与流亡科学家不同,流亡艺术家对美国的影响力不仅体现在对美国大学学科发展的贡献上,而且在很大程度上也体现在对美国社会文化生活的贡献上。

在296名流亡造型艺术家的行列中,有100多人属于流亡摄影师。他们从纳粹德国到美国新家园的迁徙以及经济上的过渡也进行得非常顺利,而这首先要归因于摄影行业的视觉传播特性和国际流动性。早在魏玛时代,由于在光学、精密机械、化学等领域中的世界领先地位,德国在摄影器材和显影技术方面都是国际上最先进的,加之20年代"魏玛文化繁荣"中焕发出来的自由创造力,因而德国在图片新闻报道方面一直引领着世界的新潮流。当这

---

1 Donald Fleming and Bernard Bailyn (eds.), *The Intellectual Migration, Europe and America, 1930~1960*, Harvard University Press, 1969, p.516.

2 Günther Anders, *Die Schrift an der Wand, Tagebücher 1941~1966*, München: C. H. Beck Verlag, 1967, S. 89.

3 Alfred Döblin, *Briefe*, Olten-Freiburg: Walter Verlag, 1970, S. 300.

些摄影师在 1933 年后流亡到美国时，正好赶上了美国新传播业兴起的时代。美国此时正急需欧洲、尤其是德国在 20 年代以来积累的技术和经验，而他们的职业特点决定了他们极少面临文字记者必然会遇到的语言问题，只需用不断的影像交流，就能提供即时的世界性认知。因此，他们在美国传媒中如鱼得水，不仅推动了美国的新闻摄影，还开创了时尚摄影和战争摄影，创办了《图片通讯社》和《生活》杂志，并为众多的美国报刊杂志提供了大量引人注目的名人、地点和新闻事件的图片。[1]

初到美国时，流亡摄影师们往往是从拍摄名人肖像起步的，不少人立即成为美国家喻户晓的人物，其中最著名的有洛特·雅可比（Lotte Jacobi）、菲里普·哈尔斯曼（Philippe Halsman）与吉赛尔·弗罗因德（Gisele Freund）等人。雅可比专门为诸如库尔特·魏尔（Kurt Weill）、洛特·伦亚（Lotte Lenya）以及阿尔伯特·爱因斯坦这样著名的流亡科学家和艺术家拍摄肖像，这些作品立即被广泛复制，并成为了 20 世纪 30、40 年代的经典摄影作品。他拍摄的爱因斯坦在普林斯顿研究所里休闲的照片，在 1942 年被收入现代艺术博物馆举办的"20 世纪肖像展"中。[2] 哈尔斯曼长期流亡巴黎，1940 年 6 月法国沦陷后，通过爱因斯坦的帮助流亡美国。利用新客观主义和立体主义的欧洲传统，他拍摄的名人肖像在美国获得了巨大的成功，仅是《生活》杂志就刊登了他拍摄的 101 张封面照。[3] 而弗罗因德拍摄的人物肖像作品也被《生活》、《时代》杂志频频刊登，她的名字在美国几乎无人不晓。[4]

许多流亡摄影师很快就在美国开办起自己的摄影工作室，其中最为典型的

1 Helmut F. Pfanner (Hrsg), *Kulturelle Wechselbeziehungen im Exil-Exile across Cultures*, Bonn: Bouvier Verlag Herbert Grundmann, 1986, S. 303.
2 Lotte Jacobi, *Einstein Portfolio*, New York: Gelatin Silver, 1979, p. 13.
3 Lee D. Witkin and Barbara London, *The Photograph Collector's Guide*, New York: Photographic Arts, 1984, p. 157.
4 Inrernational Center of Photography, *Encyclopedia of Photography*, New York: Pound Press, 1984, p. 212.

是那位来自奥地利的流亡摄影师艾伊克·波利策尔（Eyic Pollitzer）。他在纽约开办的摄影工作室生意十分红火，并为许多杂志社、出版社以及纽约市博物馆和图书馆提供了大量照片。[1] 正如吉赛尔·弗罗因德所言："就社会功能而言，照片是当今最重要的大众媒介，因为没有哪样东西能像它那样对所有的人都具有说服力或接近性。照片远远不止是一种提供信息的方式，我们还能借助照相机来表达我们的思想。在艺术的等级中，它最接近于一个翻译。"[2]

　　除这些流亡音乐家和造型艺术家外，还有一批流亡艺术家在语言问题上经历了"先苦后甜"的过程，这就是那些专门从事舞台艺术的话剧和电影演员，以及编剧、导演、制片人之类的文化流亡者，其总数高达 581 人。讲德语的话剧和电影演员属于靠语言的魅力和表演来打动人心的人，但他们在流亡美国后，即使努力地学习英语，也由于其口语中不可避免的方言色彩，而在美国无法发挥他们的表演才能。那时，他们是多么怀念那个刚刚过去的"无声电影的时代"啊！然而他们的"失语性"问题，却在 1941 年 12 月 7 日之后意外、幸运、迅速地得到了缓解。由于美国的参战，好莱坞的电影公司为适应市场需求，开始生产一系列的反纳粹影片，急需雇佣大量的德语演员，而他们纯正的德语口语非常适合扮演这些角色，因此，他们开始频繁地出现在反纳粹影片中。对好莱坞产出的 100 部反纳粹电影片的调查表明："90% 以上的影片中有讲德语的演员出现，84% 的影片中他们扮演了具名的小角色，54% 的影片中他们扮演了主角和配角。全部加起来，几乎所有的 130 名讲德语的流亡演员都在反纳粹影片中获得了工作机会。"[3] 具有讽刺意味的是，他们在影片中很少扮演德国难民或流亡科学家，更多扮演的是"纳粹分子"，即"他

1　Helmut F. Pfanner (Hrsg), *Kulturelle Wechselbeziehungen im Exil-Exile across Cultures*, Bonn: Bouvier Verlag Herbert Grundmann, 1986, S. 286.
2　Gisele Freund, *The World is My Camera*, New York: Dial Press, 1974, p. 250.
3　Helmut F. Pfanner (Hrsg), *Kulturelle Wechselbeziehungen im Exil-Exile across Cultures*, Bonn: Bouvier Verlag Herbert Grundmann, 1986, S. 244.

们的撒旦"。[1]

这一影片潮也意外地给那 451 名讲德语的流亡编剧、导演、制片人带来了生机。1933 年后,绝大多数"流亡电影人"因"失语性"问题在美国不得不改行。但他们在多年的流亡生涯中逐渐掌握了英语的日常语言,而电影剧本中的场景语言以及电影导演、制作过程中的工作语言也往往只是简单的日常语言。这样,在美国参战后,好莱坞的电影公司终于发现,"这些'流亡电影人'恰恰能结合他们自己在法西斯统治下的个人经历,编写出最好的反纳粹影片剧本,设计出准确无误的德语台词,创造出逼真的艺术气氛"。[2]因此,这些长期被人遗忘的"流亡电影人",转眼间涌入了好莱坞,某家电影公司甚至一口气就聘用了 100 多名流亡者。[3]

据统计,大约有 60 部电影,即占好莱坞战时出产影片的 1/3,反纳粹影片的近 2/3,是由这些"流亡电影人"编写、导演或制作的。例如,亚历山大·柯达(Alexander Korda)制作了《犹豫不决》(1942),赫尔曼·米拉科夫斯基(Hermann Millakowsky)制作了《被束缚的女人》(1943),赛莫尔·内本察(Seymour Nebenzahl)制作了《希特勒的疯人院》(1943),阿诺德·普雷斯布尔格(Arnold Pressburger)制作了《刽子手的下场》(1943),格雷戈尔·拉比洛维奇(Gregor Rabinovitch)和欧格内·弗伦克(Eugene Frenke)制作了《三个俄国女孩》(1943),鲁道夫·蒙特(Rudolf Monter)制作了《风中之声》(1944),桑姆·斯皮格尔(Sam Spiegel)制作了《陌生人》(1946)。这些"流亡电影人"也通常雇用他们的流亡同伴来拍摄这类电影,仅是以上这 7 部影片,就有 52

---

1 Jarrell. C. Jackman and Carla M. Borden (eds.), *The Muses Flee Hitler, Cultural Transfer and Adaptation, 1930~1945*, Washington, D.C.: Smithsonian Institution Pres 1983, pp. 105~106.

2 Jan-Christopher Horak, *Fluchtpunkt Hollywood, Eine Dokumentation zur Film-Emigration nach 1933*, Münster: Maks Publikationen, 1984, S. 47.

3 Myron C. Fagan, *Moscow over Hollywood*, Los Angeles: R. C. Cary, 1948, p. 95.

名流亡者参与其中。他们中的许多人正是通过进入好莱坞，才得到了他们在美国的第一笔存款。[1] 鉴于当时好莱坞的全部工作人员中只有220名制作人、250名导演和800名编剧，讲德语的"流亡电影人"对这种类型片的参与的确达到了令人震惊的程度。[2]

讲德语的流亡音乐家和造型艺术家，由于其艺术作品的"天然世界性"，成为了一批在职业上对语言依赖程度最低的人，一批能迅速"四海为家"的人。因此，他们立即就能在美国亟待发展的文化领域中如鱼得水、大显身手。对于他们中的不少人来说，流亡甚至为他们提供了赢得国际名声的机会，许多人都因这场向美国的流亡而成为了拥有国际声誉的"世界公民"。至于那些流亡舞台艺术家和"流亡电影人"，他们纯正的德语母语以及他们流亡的苦难经历，在美国参战的特殊背景下，反而成为他们打入"好莱坞"的优势。他们正是通过对具有"世界政治性"的反纳粹电影的制作和参与，才找到了施展自身才能的用武之地，并最终融入到美国社会之中。这样的经历和结果，往往是他们当年出逃之时事先无法预见到的。

1933年开始的这场犹太难民流亡潮是德意志极端民族主义对异民族不加区别地强烈排斥的结果。这些讲德语的犹太知识难民是由于被纳粹主义者视为"异民族文化的代表"和"国际主义者"，才遭到无情驱逐的。然而就在德意志文化走向民族极端化的这个时代里，美利坚文化却保持了它的开放性，这反映出这个有移民传统的社会是能够吸收在它看来有用的异民族文化因素的。当然，美利坚文化的这种开放性也并不是无度的，它同样具有某种程度的排斥性，但它对于来自异民族的文化因素，并不是不加区别地一概排斥，而是采取了有选择的吸收和有选择的排斥。这种吸收和排斥是通过对"外来

1　Helmut F. Pfanner (Hrsg), *Kulturelle Wechselbeziehungen im Exil-Exile across Cultures*, Bonn: Bouvier Verlag Herbert Grundmann, 1986, S. 248.

2　Leo C. Rosten, Hollywood, *The Movie Colony, The Movie Makers*, New York: Harcout, Brace and Company, 1941, pp.246, 286, 323.

者"提出的一种文化适应上的要求来体现的，并尤为典型地反映在讲德语的流亡作家、科学家和艺术家们在美国遭遇的"失语性"问题上。

正如人们在这些讲德语的知识难民身上所看到的那样，能否在美国寻求到避难所是一回事，能否在美国继续发挥他们在科学、文化上的影响力则是另一回事。这两者之间的过渡首先取决于他们能否尽快地掌握这个客居国社会的新语言，尤其是他们的职业语言。尽管就流亡者具体个人而言，客观年龄和主观意识在相当大的程度上影响了他们对新语言的掌握以及他们与美国社会"一体化"的决心，但从流亡群体的总体来看，他们原有的职业和学科专业方向对母语的依赖性以及"国际性"，对他们流亡经历和命运的影响则是更为根本性的。

讲德语的流亡作家、科学家和艺术家在克服职业语言障碍上的不同经历与命运，恰恰反映出美利坚文化对外来文化既吸收又排斥的双重面貌。对这些"外来者"提出的语言要求就像一把筛子，它使美利坚文化能过滤掉所有不需要的东西，排斥掉所有不能与之相适应的东西，同时又吸收它所有能加以利用的东西，并为具有适应新环境之能力和意志的"外来者"提供施展才能的广阔舞台。正是通过这种有选择的吸收与有选择的排斥，美利坚文化才既做到了自身不断的丰富多彩，又维护了自身的核心内核，并越来越多地体现出"文化国际化"的色彩，最终成为了"世界科学文化中心"。

本章参考书目

德文

Wolfgang Frühwald und Wolfgang Schieder (Hrsg.), *Leben im Exil, Probleme der Integration deutscher Flüchtlinge im Ausland 1933~1945*, Hamburg: Hoffmann und Campe Verlag, 1981.

Günther Anders, *Die Schrift an der Wand, Tagebücher 1941~1966*, München: C. H. Beck

Verlag, 1967.

Helge Pross, *Die Deutsche Akademische Emigration nach den Vereinigten Staaten, 1933~1941,* Berlin: Duncker und Humbolt Verlag, 1955.

Claus-Dieter Krohn, *Wissenschaft im Exil, Deutache Sozial-und Wirtschaftswissenschaftler in den USA und die New School for Social Research,* Frankfurt am Main: Campus Verlag, 1987.

Julius Edith Hirsch, *Berufliche und wirtschaftliche Eingliederung der deutsch-jüdischen Einwanderung in die Vereinigten Staaten, 1935~1960,* Frankfurt am Main: Campus Verlag, 1961.

Fritz Kortner, *Aller Tage Abend,* München: C. H. Beck Verlag, 1969, S. 251.

Herbert Marcuse, *Mein zwanzigstes Jahrhundert, Auf dem Weg zu einer Aotobiographie,* München: C. H. Beck Verlag, 1960.

Horst Möller, *Exodus der Kultur, Schriftsteller, Wissenschaftler und Künstler in der Emibration nach 1933,* München: C. H. Beck Verlag, 1984.

Alexander Stephan, *Die deutsche Exilliteratur, 1933~1945,* München: C. H. Beck Verlag, 1979.

Leonhard Frank , *Links, wo das Herz ist,* München: C. H. Beck Verlag, 1952.

Raoul Auernheimer, *Das Wirtshaus zur verlorenen Zeit, Erlebnisse und Bekenntnisse,* Wien: Ullstein Verlag, 1948.

Carl H. Beck. *Die deutsche Exilliteratur, 1933~1945,* München: C. H. Beck Verlag, 1979.

Fritz Kortner, *Aller Tage Abend,* München: C. H. Beck Verlag, 1969.

Helmut F. Pfanner (Hrsg.), *Kulturelle Wechselbeziehungen im Exil-Exile across Cultures,* Bonn: Bouvier Verlag Herbert Grundmann, 1986.

Michel Grunewald, *Klaus Mann 1906~1949, Eine Bibliographie,* München: Ellermann Verlag , 1984.

Elisabeth Bab, *Aus zwei Jahrhunderten,* Bonn: Boosey und Hawkes Verlag, 1976.

Johannrs Urzidil, *Bekenntnisse eines Pedanten, Erzählungen und Essays aus dem autobiograph-ischen Nachlaβ,* München: C. H. Beck Verlag, 1972.

Leo L. Matthias, *Die Entdeckung Amerikas anno 1953 oder das geordnete Chaos,* Hamburg: Rowohlt Verlag, 1953.

Bergmann Hans Marchwitza, *In Frankreich, In Amerikas,* Berlin(Ost): Aufbau Verlag, 1961.

Johannes Urzidil, *Das groβe Halleluja,* München: Langen Müller Verlag, 1951.

Carl Zuckmayer, *Als Wärs ein Stück von mir, Horen der Freundschaft,* Hamburg: Rowohlt Verlag, 1966.

Erich Auerbach, *Mimesis, Dargerstellte Wirklichkeit in der Abendländischen Literatur,* Bern: Franke Verlag, 1946.

Georg G. Iggers, *Die deutschen Historiker in der Emigration, in Bernd Faulenbach (Hrsg.), Geschichteswissenschaft in Deutschland,* München: C. H. Beck Verlag, 1974.

Ilja Srubar (Hrsg.), *Exil, Wissenschaft, Identität. Die Emigration deutscher Sozialwissenschaftler, 1933~1945,* Frankfurt am Main: Suhrkamp Verlag, 1988, S. 78.

Theodor W. Adorno, *Minima Moralia, Reflexionen aus dem beschädigten Leben,* Frankfurt am Main: Suhrkamp Verlag, 1969.

Peter M. Rutkoff, *Interview mit Elizabeth Told Staudinger,* Frankfurt am Main: Suhrkamp Verlag, 1979.

Alfred Döblin, *Briefe,* Olten - Freiburg: Walter Verlag, 1970.

Jan-Christopher Horak, *Fluchtpunkt Hollywood, Eine Dokumentation zur Film-Emigration nach 1933,* Münster: Maks Publikationen, 1984.

英文

E.R.A. Seligman and Alvin Johnson (eds.) *Encyclopedia of the Social Sciences, Bd. V,* New York, Columbia University Press, 1935.

Carl I Child, *The German Americans in Politics, 1914~1945,* Madison: University of Wisconsin, 1952.

Jarrell. C. Jackman and Carla M. Borden (eds.), *The Muses Flee Hitler, Cultural Transfer and Adaptation, 1930~1945,* Washington, D. C.: Smithsonian Institution Press, 1983.

Richard D. Breitman and Alan M. Kraut, *American Refugee Policy and European Jewry, 1933~1945,* Bloomington and Indianapolis: Indiana University Press, 1987.

Eva Lips, *Rebirth in Liberty,* New York: Flamingo Publishing Company. Inc, 1942.

Donald Fleming and Bernard Bailyn (eds.), *The Intellectual Migration, Europe and America, 1930~1960,* Cambridge. Massachusetts: Harvard University Press, 1969.

Rex Crawford, *The Cultural Migration, The European Scholar in America,* Philadelphia: University of Pennsylvania Press, 1953.

Cathering Epstein, *A Past Renewed, A Catalog of German -speaking Refugee Historians in the United States after 1933,* Cambridge and New York: Cambridge University Press, 1993.

Hartmut Lehmann and James J. Sheehan (eds.), *An Interrupted Past, German-speaking Refugee Historians in the United States after 1933,* Cambridge and New York: Cambridge University Press, 199.

James F. Bugental(eds.), *Symposium on Karl Bühler's Contributions to Psychology,* in Journal of General Psychology, 75 (1966).

Arjo Klamer, *The New Classical Macroeconomics, Conversation with New Classical Economists and their Opponents,* Brighton: Wheatsheaf Books, 1984.

Martin Jay (eds.), *Permanent Exiles, Essays on the Intellectual Migration from Germany to America,* New York: Columbia University Press, 1985.

Donald Fleming and Bernard Bailyn (eds.), *The Intellectual Migration, Europe and America, 1930~1960, Cambridge.* Massachusetts: Harvard University Press, 1969.

Stephen Duggan and Betty Drury, *The Rescue of Science and Learning, The Story of the Emergency Committee in Aid of Displaced Foreign Scholars,* New York: Macmillan, 1948.

Norman Bentwich, *The Rescue and Achievement of Refugee Scholars, The Story of Displaced Scholars and Scientists 1933~1952,* Den Haag: Omniboek, 1953.

Abraham Pais, *Einstein Lived Here,* Oxford and New York: Oxford University Press, 1994.

Norbert Wiener, *I Am a Mathematician,* Cambridge. Massachusetts: Harvard University Press, 1964.

Constance Reid, *Couran in Göttingen and New York,* New York: Springer-Verlag, 1976.

Alan D. Beyerchen, *Scientists under Hitler, Politics and the Physics Community in the Third Reich,* New Haven and London: Yale University Press, 1977.

Lotte Jacobi, *Einstein Portfolio*, New York: Gelatin Silver, 1979.

Lee D. Witkin and Barbara London, *The Photograph Collector's Guide,* New York: Photographic Arts, 1984.

Inrernational Center of Photography, *Encyclopedia of Photography,* New York: Pound Press, 1984.

Myron C. Fagan, *Moscow over Hollywood,* Los Angeles: R. C. Cary, 1948.

Leo C. Rosten, *Hollywood, The Movie Colony, The Movie Makers,* New York:Harcout, Brace and Company, 1941.

拉丁文

Erich Auerbach, *Introduction aux études de philologie romane,* Frankfurt am Main: Klostermann Verlag, 1949.

Leo Spitzer, *Les Etudes de style dans les différents pays in Langue et Littérature,* Paris: Gallimard, 1961.

第三编　美国大学现代化发展的新阶段

第五章　美国自然科学发展史上的"英雄时代"

1933 年后，从纳粹德国流亡出来的知识难民中，许多人是 20 世纪最为著名的自然科学家，其中至少有 25 位诺贝尔自然科学奖项当时或后来的得主。他们当中，除 4 人是日耳曼人外，其余的 21 人都是犹太人。这 25 人当中，流亡到瑞士、瑞典、爱尔兰、加拿大的各 1 人，流亡到英国的有 6 人，流亡美国的达 15 人之多。[1] 他们是物理奖得主：阿尔伯特·爱因斯坦（Albert Einstein）、詹姆斯·弗兰克（James Frank）、古斯塔夫·赫茨（Gustav Hertz）、维克多·赫斯（Viktor Hess）、奥托·斯特恩（Otto Stern）、费利克斯·布洛赫（Felix Bloch）、尤金·P. 维格纳（Eugene P. Wigner）、汉斯·A. 贝特（Hans A. Bethe）、沃尔夫冈·J. 泡利（Wolfgang J. Pauli）；化学奖得主：彼得·德拜（Peter Debye）；生理学及医学奖得主：奥托·弗里茨·迈尔霍夫（Otto Fritz Meyerhof）、奥托·洛伊（Otto Loewi）、马克斯·路德维希·德尔布吕克（Max Ludwig Delbrück）、康拉德·埃米尔·布洛赫（Konrad Emil Bloch）、弗里茨·李普曼（Fritz Lipmann）。

在流亡美国的欧洲著名科学家的名单上，还应加上来自其他欧洲国家自

---

[1]　在这 25 位诺贝尔自然科学奖项得主中，理查德·威尔斯泰特（Richard Willstätter）流亡到了瑞士，格奥尔格·卡尔·冯·赫韦希（Georg Karl von Hevesy）流亡到了瑞典，埃尔温·薛定谔（Erwin Schrödinger）流亡到了爱尔兰，格哈德·赫兹伯格（Gerhard Herzberg）流亡到了加拿大；弗里茨·哈伯（Fritz Haber）、马克斯·玻恩（Max Born）、丹尼斯·伽柏（Dennis Gabor）、伯纳德·卡茨（Bernard Katz）、汉斯·阿道夫·克雷布斯（Hans Adolf Krebs）和恩斯特·鲍里斯·钱恩（Ernst Boris Chain）这 6 人流亡到了英国。——作者

然科学界的著名人物。他们是：丹麦物理学家尼耳斯·H.D. 玻尔（Niels H. D. Bohr）、化学家亨里克·达姆（Henrik Dam），意大利物理学家恩里科·费米（Enrico Fermi）、埃米利奥·G. 赛格雷（Emilio G. Segerè）、生物学家萨尔瓦多·爱德华·卢里亚（Salvador Edward Luria），西班牙生化学家塞维罗·奥乔亚（Severo Ochoa）。这 6 人当中，除尼尔斯·H.D. 玻尔和恩里科·费米是当时的诺贝尔奖得主外，其余 4 人与 1931 年移民美国的德国物理学家玛丽·迈耶（Maria Mayer）一样，都在到达美国之后获得的诺贝尔奖。

除诺贝尔奖得主外，还有整整一排的第一流数学家也应列入这一名单。他们是：来自哥廷根大学数学研究所的著名数学大师理查德·库朗（Richard Courant）、赫尔曼·外尔（Hermann Weyl）、卡尔·路德维希·西格尔（Carl Ludwig Siegel）、奥托·诺伊包尔（Otto Neuebauer）、威廉·费勒（William Feller）、威廉·普拉格（Wiliam Prager）、詹姆斯·J. 斯托克尔（James J. Stoker）和库尔特·O. 弗里德里希斯（Kurt O. Friedrichs）。他们与 1930 年移民美国的数学天才约翰·冯·诺伊曼（John von Neumann）一样，为人类的科学发展做出了重大贡献。

以上这些著名自然科学家，只涉及欧洲知识难民中的一个极小的部分，但仅是这些人向美国的流亡，就足以说明法西斯运动的崛起给德国和整个欧洲的科学事业造成了多么严重的损失，又给美国的科学事业带来了多么巨大的收益了。正是这些世界一流科学家们的到来，一个被罗伯特·奥本海默（Robert Oppenheimer）称之为自然科学学科发展史上的"英雄时代"在美国大学里开始了！

本章中将关注的重点放在欧洲流亡科学家的到来对美国大学自然科学学科发展的重大意义上，放在他们对美国的物理学、化学、数学、核科学等领域发展的重大贡献上，放在他们对美国成为世界科学中心的重大影响上。正是这种具有全新意义的"科学国际化"发展，才使美国的大学从根本上超越了那种欧洲民族国家式的大学。这种美国式的、融合国际科学力量的大学新体制和新模式，标志着整个人类的大学现代化进入到了一个崭新的发展阶段。

第一节　流亡物理学家与美国的物理学

人们往往认为，当一个国家经历着自身政治体制和理念的剧变时，自然科学家应该会是最后受到波及的，因为对自然科学领域的研究是可以远离政治的，而且一个国家的自然科学家的成就是建立在国际化和跨文化的认同基础上的，也是为科学证明的一致性所保证的。然而在德国，在纳粹势力崛起的过程中，整个世界都见证了这场政治剧变中从一开始就掀起的一场对自然科学家的迫害。

在所有那些逃离纳粹德国的 1400 多名流亡科学家中，约 100 名物理学家在 1933 年至 1941 年间在美国的大学和研究机构中找到了避难所并获得了新生。[1] 在他们当中，除了阿尔伯特·爱因斯坦、詹姆斯·弗兰克、古斯塔夫·赫茨、维克托·F. 赫斯这样的诺贝尔奖得主以外，还有奥托·斯特恩、费利克斯·布洛赫、尤金·P. 维格纳、沃尔夫冈·J. 泡利、汉斯·A. 贝特这样的人，他们是在到达美国之后才获得诺贝尔物理学奖的。这场发生在他们个人身上的德国悲剧由此也变成了对他们的客居国——美国——科学、文化、艺术生活始料未及的幸运和恩惠。正是他们，为美国迅速成为世界科学中心提供了不可或缺的关键性的智力支持。事实上，当 1933 年获悉爱因斯坦即将移居美国，而不是其他愿为他提供避难所的国家时，法国著名物理学家保罗·兰格文(Paul Langevin) 这样讲道："这是一个重要事件，其重要程度就如同把梵蒂冈从罗马搬到新大陆一样。当代物理学之父迁到了美国，现在美国就成了世界自然

1　Jarrell. C. Jackman and Carla M. Borden (eds.), *The Muses Flee Hitler, Cultural Transfer and Adaptation, 1930~1945*, Washington, D.C.: Smithsonian Institution Press, 1983, p. 170.

科学的中心了。"[1] 这一观点也立即得到了世界舆论的普遍认同。

　　美国给予了以爱因斯坦为首的欧洲流亡科学家以新的生命，而作为回报，他们也为之提供了新的智能之源和新的研究方法，从这个意义上讲，流亡科学家的到来，为美国的"世界科学中心"地位起到了最终的定格作用。但人们不应忘记这一点，美国的这一中心地位以及随之带来的自然科学上的快速发展，是流亡科学家与他们的美国新环境之间相互作用的结果，两者之间的这种共栖性是不容分开的。因为爱因斯坦等人并非来到了一个科学上一团死水的国家，恰恰相反，他们之所以会选择这个国家，是因为他们被美国科学同仁的素质和美国大学和研究机构的工作环境所吸引，被这个国家未来科学上的光明前景所深深打动。简而言之，在 1933 年，美国是所有那些以追求科学成就为第一目标的德国流亡物理学家们最理想的、也是最自然的选择。

一、国际学术交流与美国物理学的快速进步

　　美国能成为当时物理学研究环境最好的国度有着相当复杂的原因，这首先涉及 20 世纪 20 年代以来物理学国际化运动的深刻影响。自第一次世界大战结束以来，物理学已是自然科学领域中发展得最为活跃的学科之一。走在科学发展最前列的欧洲物理学家们已经对物理学概念的根本性转变有了深刻的认识，他们预见到即将出现的新发展与新变化。这些物理学家以及他们的弟子们经常处于"运动"的状态之中，国际性的交往与交流变成了一种主要的活动。慕尼黑、莱比锡、哥廷根、莱顿、苏黎世、剑桥、哥本哈根以及柏林等地的大学和实验室成为了他们旅途中主要的"停靠地"[2]。这种学者的

1　Daniel J. Kevles, *The Physicists, The History of a Scientific Community in Modern America*, New York: Alfred A. Knopf, 1978, p. 221.

2　Donald Fleming and Bernard Bailyn (eds.), *The Intellectual Migration, Europe and America, 1930~1960*, Cambridge, Massachusetts: Harvard University Press, 1969, p. 193.

流动性由于研究基金与奖学金的提供而变得相当便利，使他们能从一个研究中心转向另一个研究中心，并从中发展出一种被称之为"流动研讨班"的特殊形式。也正是在这种流动中，埃米利奥·G.西格雷（Emilio G. Segrè）在汉堡和阿姆斯特丹拜访了奥托·斯特恩和皮特·齐曼（Pieter Zeeman），弗兰科·拉塞蒂（Franco Rasetti）在柏林和美国加州的帕萨丹纳分别拜访了丽丝·梅特纳（Lise Meitner）和罗伯特·A.密立根（Robert A. Millikan），埃多阿尔多·阿玛尔蒂（Edoardo Amaldi）在莱比锡遇到了彼得·德拜，恩里科·费米本人也穿越大西洋来到密歇根大学讲学，而作为一种"回报"，罗马也变成了"主人"，欢迎那些来自全世界的其他物理学家们。[1]

美国物理学家也同样是这种流动研讨班的积极参与者。自1925年以来，欧洲出现了许多美国青年物理学家的身影。这些人至少都在当时仍然是世界物理学中心的德国留学过一两年，但他们并不是作为未受教育者，而是作为"懂得歌剧剧本而来学音调的人"。仅在1926年至1929年间，就有32位美国年轻的物理学者曾在作为"世界量子物理学中心"的德国学习过，他们是由古根海默基金会、洛克菲勒基金会的"访问学者计划"资助的，其中包括埃德温·C.肯布尔（Edwin C.Kemble）、爱德华·U.康登（Edward U. Condon）、霍华德·P.罗伯逊（Howard P. Robertson）、惠勒·卢米斯（Wheeler Loomis）、罗伯特·奥本海默（Robert Oppenheimer）、威廉·V.豪斯顿（William V. Houston）、莱纳斯·C.鲍林（Limus C. Pauling）、朱利叶斯·斯特拉顿（Julius Stratton）、约翰·C.斯莱特（John C. Slater）以及威廉·W.沃森（William W. Watson）等人。[2]

这种广泛的交流极大地促进了美国物理学的"自我改进"运动，而这场运动发端于加州理工学院。罗伯特·A.密立根教授在此主持了帕萨丹纳科学

1　Donald Fleming and Bernard Bailyn (eds.), *The Intellectual Migration, Europe and America, 1930~1960*, Cambridge, Massachusetts: Harvard University Press, 1969, p. 194.

2　Donald Fleming and Bernard Bailyn (eds.), *The Intellectual Migration, Europe and America, 1930~1960*, Cambridge, Massachusetts: Harvard University Press, 1969, p. 195.

研究中心的发展。到 20 年代末，他已将不少有在欧洲物理学研究中心访学经历的美国科学界新人吸纳进这个团体，其中有罗伯特·奥本海默、莱纳斯·C. 鲍林、威廉·V. 豪斯顿，还有来自欧洲的著名物理学家保罗·爱泼斯坦（Paul Epstein）以及弗里茨·兹维基（Fritz Zwicky）等人，从而也使这个中心逐渐成为了一个具有国际一流水准的物理学研究团体。不仅是加州理工学院，伊利诺斯和普林斯顿大学也建立起自己的物理学教学和研究中心。在伊利诺斯大学，惠勒·卢米斯主持了物理系的发展，而普林斯顿大学在霍华德·P. 罗伯逊（Howard. P. Robertson）与卡尔·T. 康普顿（Karl T. Compton）的领导下，制定了提高物理学教学和科研水平的发展计划，并于 1930 年从德国汉堡大学吸纳了年轻的"世纪天才"约翰·冯·诺伊曼加盟。[1]

考虑到美国的这些研究机构都远离欧洲的老牌研究中心，这些美国物理学界的领导人便热情邀请一大批世界上最著名的物理学家前来美国进行讲学活动，此举无疑带来了大西洋两岸更加频繁的科学交流。例如，在 1921 年至 1933 年这 12 年间，就先后有阿尔伯特·爱因斯坦、玛丽·库力（Marie Curie）、弗朗西斯·阿松（Francis Ason）、亨德里克·洛伦兹（Hendrik Lorentz）、尼尔斯·H.D. 波尔、奥斯卡·克莱因（Oskar Klein）、彼得·德拜、马克斯·玻恩、埃尔温·薛定谔、詹姆斯·弗朗克、维尔讷·海森堡（Werner Heisenberg）、马克斯·冯·劳尔（Max von Laue）以及奥托·斯托恩等 31 位世界一流的物理学家先后访美。他们中的很多人甚至来访的次数不止一次，有的人甚至以客座教授的身份在美国的大学服务一学期或是一年。[2]

在此，还必须提及洛克菲勒基金会为促进物理学的国际化以及美国物理学的"自我改进"运动所作的贡献，它涉及七方面的内容：一、由洛克菲勒

1　Donald Fleming and Bernard Bailyn (eds.), *The Intellectual Migration, Europe and America, 1930~1960*, Cambridge, Massachusetts: Harvard University Press, 1969, p. 200.

2　Katherine Sopka, *Quantum Physics in America, 1920~1935*, New York: Arno Press, 1981, pp. 17~26.

基金会支持的美国国家研究委员会（NRC）为 190 名美国研究员提供了基金项目支持，专门用于物理学研究，其中许多人后来在世界领域里占据了领导者的地位。二、自 20 年代以来，洛克菲勒基金会投资 2000 万美元在普林斯顿、伯克利、芝加哥、哈佛等大学设立物理学的美国研究教学中心。三、当量子物理学和核物理学开始在欧洲形成时，洛克菲勒基金会及时提出访问学者计划，鼓励年轻的物理学家们在世界范围内进行交流。四、洛克菲勒基金会投入 500 万美元，为美国近 150 所大学和研究所的至少 20% 的科学家，包括物理学家在内，提供前往外国访学的资助。五、从 1924 年至 1933 年，洛克菲勒基金会的 1000 项研究基金项目授予了美国以外的科学家，其中有 187 项授予了 13 个国家的物理学家，他们当中的三分之一来到美国工作。六、洛克菲勒基金会还大力资助国际性的个人科学研究。1929 年至 1937 年间，有 93 项这类性质的资助授予了物理学家。七、洛克菲勒基金会还特别资助了大型的科学仪器设备，包括在原子核物理和生物医学领域中开辟新纪元的粒子加速器，以及架设于帕洛马山的 200 英寸的天文望远镜。[1] 所有这些简单的数据，显示出这家基金会领导者的聪明睿智，以及为促进国际交流和增强美国科学潜力所做出的突出贡献，而这是当时任何其他国家的私人基金会组织所做不到的。

1929 年，德国著名的量子物理学家维尔讷·海森堡刚到莱比锡大学任教不久，便得到洛克菲勒基金会的资助，到美国的芝加哥大学、伯克利大学、麻省理工学院以及俄亥俄州立大学访学。在这些大学里，他发表了一系列关于量子原理的讲演，受到了美国听众们的热情欢迎。为此，他大发感慨："新世界从一开始就对我施了魔法，年轻人无忧无虑的态度，他们勇往直前的热情和好客，他们积极的乐观精神，所有这些都使我感到非常放松。人们对原子理论的兴趣显然十分强烈。"[2] 要知道，当时他在莱比锡大学的原子理论

1　Jarrell. C. Jackman and Carla M. Borden (eds.), *The Muses Flee Hitler, Cultural Transfer and Adaptation, 1930~1945*, Washington, D.C.: Smithsonian Institution Press, 1983, pp. 176~177.

2　Werner Heisenberg, *Physics and Beyond*, New York: Harper and Row, 1971, p. 94.

课程的课堂上，只有一名学生！而在美国，他遇到的是实用主义的态度，与之相伴随的是对新观点和能证明之人的热情欢迎。

海森堡还注意到德国与美国大学之间的另一种差别："在美国，当许多年轻人扑向新的量子物理学时，他们显然无需担心年长的导师会对新观点产生不信任或不愉快的感觉，因为美国的老一代物理学家不仅受到了经典物理学的培训，而且也接受了实验物理学的熏陶。因此，不仅这些美国年轻人想完成量子物理学博士学位论文的工作是非常独立的，而且他们勇于冒险的计划往往能得到各方面的支持。所有这些，在当时的德国也同样是不可能的。"[1]

所有这些因素共同构成了独特而又蓬勃发展的美国物理学事业，它的"自我改进"运动恰好发生在新的量子力学正成功地应用于一个接一个领域的时候。因此，美国的研究机构能够步步紧跟世界科学的发展潮流，以致到20年代末，越来越多的欧洲物理学博士选择做博士后工作的地点是美国，而非其他国家。到1933年，美国已有1300名物理学博士，并开始办起英文的物理学期刊，从而改变了长期以来主要依赖德文物理杂志和期刊的局面。[2] 这些美国年轻科学家的数量和素质，以及那些研究机构支持的背景及其规模，表明美国已做好了成为"欧洲智力接受站"的准备，而所有这些也同样是任何其他国家都没能做到的。

二、德国物理学界的分裂与人才外流

就在美国的物理学学科不断获得发展的同时，德国的科学界氛围却正在经历着一场相反的转变。1927年，美国科学家莱斯利·C.邓恩（Leslie C. Dunn）对德国进行了一次访问，归来后他这样讲道："看来，在现在的德国，年轻人在所有科学领域里从事研究的机会十分有限。这部分是由于攻读自然

1　Werner Heisenberg, *Physics and Beyond*, New York: Harper and Row, 1971, p. 96.

2　Donald Fleming and Bernard Bailyn (eds.), *The Intellectual Migration, Europe and America, 1930~1960*, Cambridge, Massachusetts: Harvard University Press, 1969, p. 201.

科学的学生在获得学位方面的速度明显快于学术机构、技术市场的吸收速度。因此，年轻的德国研究生都倾向于出国。而且情况正在变得越来越糟。"[1]

事实上，不仅是科学力量的产出与学术机构、技术市场吸收之间的矛盾导致了年轻的德国物理学家外流，更为重要的是，他们几乎看不到有可能支持科学进步的任何政治稳定性的前景，因为在整个 20 年代，德国科学界的气氛已经变味了。后来流亡美国的著名物理学家汉斯·贝特 1967 年在接受采访时这样回忆道："我的许多同事和教授都是极端的民族沙文主义者，他们除了谈论德国的荣誉以及它在凡尔赛所遭受到的不平等待遇外，什么也不谈。所以我发现，在 20 世纪 20 年代的德国生活中，除了工作之外的任何方面都是令人不快的。我还发觉，我不能与任何人谈论政治，在通常情况下，还需要掩饰自己的观点。他们都在抱怨，他们不满一切。因此，我只有一个很小的朋友圈，大概有 2、3 个人，除此之外，我只能感到我与周围的环境是那么的格格不入。"[2]

德国物理学界的分裂早就开始了。不仅在汉斯·贝特身上，更能在阿尔伯特·爱因斯坦身上看到这种早期迹象。1921 年春天，爱因斯坦头一次访问美国时参观了许多美国大学，美国年轻科学家们的自然风格和不受抑制的研究使他对美国科学的前景大抱希望，因而他将他们称之为"年轻、敏锐的科学家，如同尚未冒烟的烟斗"。[3] 这一年 6 月回到德国后，他发表了一篇文章《我对美国的第一印象》，其中谈及他对美国的六点见解：一、"与影响广泛的旧习相反，在美国，不存在经典的先入为主，而是一种理想的景色。""知识和公正比财富和地位更为人们所尊崇。"二、"在技术和组织方面，其优

1　Donald Fleming and Bernard Bailyn (eds.), *The Intellectual Migration, Europe and America, 1930~1960*, Cambridge, Massachusetts: Harvard University Press, 1969, p. 202.

2　Donald Fleming and Bernard Bailyn (eds.), *The Intellectual Migration, Europe and America, 1930~1960*, Cambridge, Massachusetts: Harvard University Press, 1969, p. 203.

3　Philipp Frank, *Einstein, His Life and Times*, New York: Alfred A. Knopf, 1947, p. 186.

越性影响到日常生活的各个层面：他们制造的东西更结实，房子的设计也更实用。"三、美国人是"友好、自信、乐观，而没有嫉妒心的"。"那种对生活的乐观、积极的态度打动着来访者。""欧洲人会发现，与美国人打交道非常容易。""美国人为未来生活，而生活对他们而言总是在开始，而不是在进行。"四、美国人不像欧洲人那样个人主义，他们"将更多的重点放在我们上，而不是我上"，因此，他们"关于生活上的、道德上的、审美上的观点有更多的一致性"。五、美国的"社会良心相当突出。例如，他们为慈善投入了大量的精力"。六、"我对美国的高校和科学研究成就怀有热烈的崇敬之情。如果将美国日益增长的科研实力仅仅归因于财富上的优越，那是不公平的。奉献、耐心、友爱和合作精神在它的成功中意义重大。"[1]

另一方面，在这次对美国的访问中，爱因斯坦也感到了那种完全不同于德国的科学气氛。因为自1905年爱因斯坦的论文发表以来，他所提出的相对论原理便开始成为整个物理学界研究的焦点，却在德国遭到了要"维护日耳曼科学精神"的物理学家约翰内斯·斯塔克（Johannes Stark）、菲利普·勒纳德（Philipp Lenard）等人的恶毒攻击，反倒是在美国得到了最为强烈的反应。正如斯坦利·戈德贝格（Stanley Goldberg）在他关于美国人对爱因斯坦相对论之反应的研究中指出的那样："美国人在这方面的工作表明了一种对相对论严肃的理解，这种理解比欧洲许多更著名的科学家都早得多。此外还显示出一种特有的激情和勇敢精神。例如，美国的物理学家是最先对相对论作实验上的验证的，当这一理论得以证明后，也是最真诚地接受它的。他们已经意识到过去的理论将被抛弃，而在这一点上，许多法国和英国的科学家花了很长时间也未能做到。"[2] 这些美国物理学家的实用主义也是"反形而上学"

1 Albert Einstein, *My First Impressions of the U.S.A*, New York: Crown Publishers, Inc., 1954, p. 19.

2 Jarrell. C. Jackman and Carla M. Borden (eds.), *The Muses Flee Hitler, Cultural Transfer and Adaptation, 1930~1945*, Washington, D.C.: Smithsonian Institution Press, 1983, p. 173.

的美国风格的一部分，它与德国 20 年代的科学界氛围形成了鲜明的对照。

然而，归国后的爱因斯坦却在自己的祖国遭到了冷遇甚至是仇恨。对他的恶意比以往更加强烈。他在美国的大受欢迎，反而使他在德国的对手们更为愤怒。这些对手将他视为战争结束不到 3 年时间就访问"前敌国"的"不抵抗主义者"、"国际主义者"、"挑战常识的形式主义者"、"非国教徒"、"顽固的口头人权支持者"、"宗教怀疑论者"、"犹太人"，以致这位 20 世纪最伟大的科学家，发出了"不想在德国再待 10 年"的感慨。[1] 1922 年，随着那位有犹太血统的魏玛德国外交部长瓦尔特·拉特瑙（Walter Rathenau）被刺，已有消息传来，同样有犹太血统的爱因斯坦将是纳粹恐怖分子的下一个刺杀目标。这便是他会选择在这一年离开德国前往远东日本和巴勒斯坦进行一次远程旅行的真正原因。正如他所说的那样："这样，我就可以远离与日俱增的危险。"[2]

因此，这一点也并不令人感到奇怪：早在 1933 年以前，已经出现一种数量相对较少、但质量十分可观的有犹太血统的德国物理学家向美国移民的趋势。其中包括这样一些著名的物理学家：W.F. 施万（W. F. Swann，1913），L. 西尔伯斯坦因（L. Silberstein，1920），P. 爱泼斯坦（P. Epstein，1921），A.L. 胡格斯（A. L. Hughhes，1923），H. 米勒（H. Mueller）和 F. 兹维基（F. Zwicky，1925），K. F. 赫尔茨菲尔德（K. F. Herzfeld，1926），S.A. 高德斯密特（S. A. Goudsmit）和 G.E. 温伦贝克（G. E. Unlenbeck，1927），L.H. 托马斯（L. H. Thomas，1929），G.H. 迪克（G. H. Dieke）、M. 戈帕尔特（M. Goeppert）、J. 冯·诺伊曼（J. von Neumann）、O. 奥登贝格（O. Oldenberg）和 M. 迈尔（M.Mayer，1930），A.R. 拉登堡（A. R. Ladenburg）、C.

1　Philipp Frank, *Einstein, His Life and Times*, New York: Alfred A. Knopf, 1947, p. 178.

2　Siegfied Grundmann, *Die Auslandsreisen Albert Einstein*, In: Schriftenreihe für Geschichte der Naturwissenschaften, Technik und Medizin, N.6, 1965, S. 9.

兰索斯（C. Lanczos）和 A. 兰德（A. Landé，1931）。[1]

以上这 18 位在 18 年间移民美国的物理学家中，就有 9 位是在 1929 年至 1931 年这 3 年间离开德国的。他们离开的原因在于：在经济危机的严重局势下，纳粹党不断崛起，德国高校中的反犹太主义浪潮日益泛滥，而他们都是有犹太血统的科学家，因此，这些当时的年轻编外讲师们已经看不到自己在德国的大学里还有科学事业上的发展前途了。从这个意义上讲，他们的出走与后来流亡科学家们的出逃具有某种原因上的相似性。所不同的是，这些年轻科学家是自己主动离开德国的，而后来的流亡科学家们则是被迫离开德国的。事实上，前者的出走与后者的出逃之间本身具有一种局势发展上的连续性。

三、德国物理学家的流亡与世界物理学中心向美国的转移

当 1933 年 4 月 7 日《重设公职人员法》出台时，德国科学界中那股长期以来还受到某种程度抑制的仇恨，便像山洪一般爆发出来。两年多的时间里，所有的有犹太血统的科学家就被从令人尊重的德国大学或研究所中清除出去，而此时，除了马克斯·冯·劳尔（Max von Laue）外，已听不到任何来自他们同仁的哪怕是丝毫的抗议声。由此可见，德国物理学界的解体绝非"一日之寒"。

当然，美国科学界对这些科学精英的到来也并非毫无准备。当 1933 年这股德国科学难民潮到来之时，那些在 1933 年以前来到美国的德国科学家就已经开始领导美国的物理学领域了，这自然为美国科学界接纳这支数量更为庞大、也更为卓越的物理学家队伍创造了良好的条件。而美国对德国物理学家的欢迎，在很大程度上，是建立在当年令海森堡感到"非常放松"的那种智力及制度因素的基础上的。

1　Katherine Sopka, *Quantum Physics in America, 1920~1935*, New York: Arno Press, 1981, p. 29.

阿尔伯特·爱因斯坦对避难所的寻求和他最终定居美国，为研究 30 年代世界物理学中心由德国移向美国提供了一面极好的镜子。1933 年 1 月 30 日希特勒上台掌权之时，54 岁的爱因斯坦正在专注于他的一般相对论和宇宙论的研究，并在美国访问。同年 3 月 10 日他在美国西部城市帕萨第那发誓："只要纳粹掌权，我将永远不再回到柏林大学和威廉皇家科学院的岗位上。"[1] 这一声明也迅速导致了他被柏林大学、威廉皇家科学院除名，他在柏林的寓所被查封，他的德国公民权被剥夺。而此时，比利时、西班牙、法国、英国、耶路撒冷以及美国的众多大学都向他发出了热情的邀请，但他最终还是选择了美国。[2] 究其根本原因，在于美国人已经通过 20 年代物理学的国际化以及美国物理学的"自我改进"运动取得了科学上相当可观的进步。

德国物理学家的共同体发生瓦解的同时，美国物理学研究一直处于稳步的发展之中，不仅在物理学的理论与实践之间取得了平衡，而且还有足够的本科生和研究生教育、职业化的社会群体以及大批的研究出版物。尽管发生了世界性的经济危机，但物理学在智力上、制度上、财政上的基础仍然是稳固的。许多关键性的实验设施是世界一流的，国内以及世界范围内的学习与合作仍在开展，标志现代美国特色的理论和工业的结合已崭露

1　Jarrell. C. Jackman and Carla M. Borden (eds.), *The Muses Flee Hitler, Cultural Transfer and Adaptation, 1930~1945*, Washington, D.C.: Smithsonian Institution Press, 1983, p. 171.

2　早在 1932 年 2 月，20 世纪最伟大的科学家阿尔伯特·爱因斯坦（Albert Einstein, 1879~1955）已在伦敦与当时正在筹建美国普林斯顿"高级研究所"的亚伯拉罕·弗莱克斯纳（Abraham Flexner, 1866~1959）进行了洽谈，这次洽谈事实上决定了爱因斯坦未来的去向。1932 年 10 月 10 日，美国普林斯顿"高级研究所"向爱因斯坦发出正式任命书，并注明他的年薪为 15000 美元。爱因斯坦永远离开德国的日子是 1932 的 12 月 10 日，此后，他一直在美国、比利时、英国等国访问旅行。1933 年 10 月 3 日，他在"英国的学者援助委员会"于伦敦皇家阿尔伯特大厅举行的第一次全体会议上，当着 10000 名观众发表了反纳粹主义的演讲。1933 年 10 月 7 日，他最后从英国南安普顿乘"外斯莫兰号"邮轮永远离开了欧洲，并在 10 月 17 日到达美国纽约。从此，爱因斯坦再也没有离开过美国。参见 Abraham Pais, *Einstein Lived Here*, Oxford and New York: Oxford University Press, 1994.

头角，这对于那些希望将技术转化运用于基础科学研究的物理学家们来说，是一种相当大的潜在优势。这个国度正在实现罗伯特·A.密立根（Robert A. Millikan）1919年的那个预言："不要多少年，我们将身处全新的科学国度，来自世界各地的人们，将在我们领导者的鼓舞下，共享我们的发展成就。"[1]

甚至在1933年以前，物理学国际活动的重心就已开始向美国转移了。随着接受、利用天才的科学家难民的准备工作日趋完善，当1933年德国流亡科学家开始涌入之时，美国已经不仅仅是一个避难所了。正如德国著名的流亡物理学家维克多·魏茨柯帕夫（Victor Weisskopf）在到达美国后不久所表达的那样："事实上，我们在最短的时间里，已经身处于最具有吸引力、最有趣、最活跃的社会里了。"[2]这些为逃离希特勒魔掌而来到美国的德国流亡科学家们，实际上刚好准时地完成了一场早在20年代中后期就已经开始的世界自然科学中心的转移。这场转移是通过德国科学界的逐步瓦解、人才不断外流与美国科学界的日益成长、力量不断得到补充来实现的。正因为如此，在1933年以后，在"一种健全的固有成就"的基础上，这些从欧洲流亡而来的德国物理学家们很快投入了工作，他们在美国不仅构造了现代科学，而且也保留了现代生活。他们以及他们在美国的传人，很快就在保存文明世界、反对极权主义轴心国战争机器的战斗中扮演起重要角色。[3]而这一点在美国最先研制出原子弹的众所周知的历史中，得到了最为鲜明的体现。

20世纪30年代美国物理学的发展与德国流亡物理学家的涌入对双方来

---

1 Daniel J. Kevles, *The Physicists, The History of a Scientific Community in Modern America*, New York: Alfred A. Knopf, 1978, p. 169.

2 Donald Fleming and Bernard Bailyn (eds.), *The Intellectual Migration, Europe and America, 1930~1960*, Cambridge, Massachusetts: Harvard University Press, 1969, p. 222.

3 Gerald Holton and Yehuda Elkana (eds), *Albert Einstein, Historical and Cultural Perspectives*, Princeton: Princeton University Press, 1982, p. 186.

说都是有利的。这些流亡科学家的到来无疑推动了美国物理学事业的快速发展，而与此同时，美国物理学的发展条件也造就了这些科学界的"英雄们"。这些流亡科学家能够在美国的新环境中自由流动，拓展他们的知识并开辟出越来越多的学术研究新领域，因为他们已经被置于美国最急需的，也是最易产生学术成果的研究机构之中，这自然使他们为人类科学做出贡献的机会大大增加。[1] 从此，物理学领域的诺贝尔奖得主越来越多地从美国科学界涌现出来，而这些辉煌成就，正是新、老美国人联盟的产物。从这个意义上讲，以爱因斯坦为首的德国流亡物理学家们向西半球的美国转移，正是这一历史发展的标志。

第二节　流亡化学家与美国的化学

1933 年后来自纳粹德国的化学家难民，是美国有史以来吸收的化学人才中最为重要的群体，他们也构成了逃离希特勒魔掌的最大的科学家群体，其人数超过了流亡物理学家、生物学家和数学家。根据美国流亡史研究专家莫尼克·R. 戴维（Maunic R. Davie）的统计，1933 年至 1945 年间，来到美国的德国流亡化学家至少在 100 人以上，即在所有流亡美国的 424 名自然科学家中约占四分之一左右。当然，这只是流亡美国的德国化学教授的数量，并不包括那些化学实验人员和药剂师之类的化学工程人员，若将这些人也计算进去，那么这个化学专业群体流亡到美国的人数大约在 432 至 507 人之间。[2] 这些统计数字的精确性并非完全可靠，但毫无疑问的是，讲德语的、来自德国、

1　Donald Fleming and Bernard Bailyn (eds.), *The Intellectual Migration, Europe and America, 1930~1960*, Cambridge, Massachusetts: Harvard University Press, 1969, p. 226.

2　Maunic R. Davie, *Refugees in America, Report of the Committee for the study of recent Immigration from Europe*, New York: American Metal Company, 1947, p. 432.

奥地利的化学家难民，从群体的规模上讲数量是最多的。尽管他们就其受关注度来说，比不上物理学家难民，尤其是核物理科学家难民，但这并没有影响到他们将美国建设成为新的世界化学中心。

一、落后的美国化学学科

在化学领域中，德国人一直就是美国人的老师。自 19 世纪下半期以来，德国的化学研究以及化学产业的发展一直处于世界绝对领先的位置上。到 1907 年，它的化工产品的产量居世界第一，其化学染料的产量占世界工业染料产量的 90%。[1] 而美国在化学领域中一直依赖于欧洲人的成果。在第一次世界大战中断了化学品供应以前，美国所有大学的化学实验室几乎都是通过德国方面来提供化学药剂和仪器设备的。美国从事化学研究的专家们也一直无偿地借用欧洲同行尤其是德国同行的成果。1866 年，柏林成立了世界上最早的"德意志化学协会"，而当 1876 年"美国化学协会"仿效德国人成立之时，已经晚了 10 年。当时世界上最著名的化学杂志是德国人创办的《化学编年史》，它为"有机化学之父"、世界著名化学家尤斯图斯·冯·李比希（Justus von Liebig）创办的慕尼黑大学化学实验室提供了极好的论坛。因此，当 1879 年美国人办起自己的《美国化学杂志》时，这本杂志的主编艾拉·雷姆森（Ira Remsen）明确表示，他希望这本杂志能像德国的那本杂志之于李比希实验室那样，为他在约翰·霍布金斯大学的实验室起到类似的作用。[2]

在化学的教学领域里，美国高校也同样深受欧洲的影响。19 世纪末 20 世纪初，美国人在学习化学知识方面主要依靠欧洲尤其是德国的教科书。美

1　David Clleo, *The German Problem Reconsidered*, London: Cambridge University Press, 1978, p. 63.
2　Owen Hannaway, *The German Model of Chemical Education in America, Ira Remsen at Johns Hopkins, 1876～1913*, New York: Columbia University Press, 1976, p. 164.

国化学界的专业人士如饥似渴地阅读着德国人主编的世界性权威期刊《化学编年史》之类的杂志。当美国大学的化学专业接近成熟时，已至少有两代美国人在德国攻读化学博士学位，或是进行博士后研究了。第一代留学德国并学成归国的人，包括美国化学教育史上鼎鼎有名的核心人物埃本·霍斯弗尔德（Eben Horsford）和埃文·皮尤（Evan Pugh），是他们将欧洲化学研究的思想和方法带回了美国。第二代留学德国的化学家代表了一个更大的群体，包括后来美国的第一位诺贝尔化学奖得主西奥多·威廉·理查兹（Theodre William Richards，1914 年获奖）和第二位该奖得主欧文·朗缪尔（Irving Langmuir，1932 年获奖），是他们将那种单纯的向德国的学习变成了自身研究上的成就。[1]

美国高校的化学研究在第一次世界大战前后已经有了明显的进步，但这种进步仍无法与德国大学在世界化学领域中的那种独一无二的领先地位相比。因此，要考察这些 1933 年后来自纳粹德国的化学家难民对美国化学学科发展上的贡献和影响，对美国的化学发展史尤其是它的人才发展史进行更为细致的梳理和分析是必不可少的。

二、美国化学人才的移民史

美国化学史专家托马斯·卡罗尔（Thomas Carroll）对历史上各个时段来美国的 754 名能被称之为"化学家"和"化学工程师"的外国人进行了抽样调查（见下表）。[2] 在他所列出的表格中，能看到 20 世纪 30 年代以前来美国的外国化学家和化学工程师与 1933 年后来自纳粹德国的化学家难民之间数量上的比率关系。

1　Arnold Thackray, *Chemistry in America, 1876~1976*, Boston: Reidel, 1982, p. 241.
2　Jarrell. C. Jackman and Carla M. Borden (eds.), *The Muses Flee Hitler, Cultural Transfer and Adaptation, 1930~1945*, Washington, D.C.: Smithsonian Institution Press, 1983, p. 191.

移民美国的外国出生的化学家与化学工程师

移民时期	人数	比率
1848 年以前	32	4%
1848 ~ 1865	20	3%
1866 ~ 1918	167	22%
1919 ~ 1932	266	35%
1933 ~ 1937	100	13%
1938 ~ 1950	142	19%
不详年份	27	4%
总 计	754	100%

从北美殖民地时期到 1848 年以前的这段时间里,第一批来到北美的实践化学家基本上都是难民,因为早期欧洲移民中的很大一部分都是为逃避本国的迫害而来的,其中最著名的人物是约翰·温思罗普(John Winthrop)。1631 年,时年 26 岁的他为逃避宗教迫害而移民美国,并在英属北美殖民地建立起第一个化学实验室,这一功绩也使他后来成为英国皇家协会会员。尽管 1631 年这一年可以被算作是美国化学事业发展的起点,但他建立这个实验室的目的只是为了进行自己的哲学研究。当然,即使在当时的欧洲,也还远远没有开始将化学作为一门专门学科与其他学科区别开来。因此,许多美国学者对于将此人称之为"美国第一位化学家"的说法提出质疑,认为他实际上只是一位自然哲学家。

更像一位化学家的移民是氧气的发现者约瑟夫·普里斯特利(Joseph Priestley)。由于他支持法国大革命,一名暴徒烧毁了他在英格兰伯明翰的住所,61 岁的他于 1794 年来到了美国。尽管宾夕法尼亚大学医学院授予他化学主席职位，但由于他年事已高，拒绝接受这一职位。因此，他的到来只意味着对美国化学事业的一种象征性影响。不过，1876 年"美国化学协会"的成立大会是在宾夕法尼亚他的故居内举行的。

从约翰·温思罗普到约瑟夫·普里斯特利来美之间的这 160 多年间，北美新世界还处于一个没有多少化学家移民的时代，它对欧洲当时旧式的化学人才在职业上的吸引力微不足道，美国国内也明显缺乏化学家的团体。而这些与化学有关的人士大多属于那种具有哲学家性质的人，他们是从哲学思考出发，才引起对化学事物方面的兴趣的，也往往是在祖国遭受到政治和宗教迫害的情况下才不得不到大西洋彼岸来寻求避难所的。

19 世纪初，美国化学职业上的机会开始增多，化学家移民的步伐也相应加快。这一时期的化学家移民大多来自英国、爱尔兰和法国。由于化学在当时还没有形成一个独立的学科，只是与医药学、生物学和矿物学发生联系，因此他们中的部分人在美国数量不多的医学院中担任医药学教授，其他的人则运用他们的化学知识，帮助这个年轻的国家考察、分析那些不寻常的生物或矿物的合成体。少数人靠翻译、编辑欧洲教科书或发表公开演讲来维持生计，还有一些人开始了商业生涯并取得了成功。但对外国的化学人才而言，美国仍缺乏吸引力，1848 年以前来的化学人才基本上都是难民。[1]

1848 年欧洲革命的失败以及爱尔兰马铃薯歉收引发的饥荒，造成了移民美国的一次高潮，甚至仅 1854 年这一年就达 50 万人。这些移民中的化学家主要来自德国，他们带来了一种新的职业特性。弗雷德里克·奥古斯图斯·根特（Frederick Augustus Genth）是第一位移民入美的德国化学博士。1848 年革命爆发时，他是海德堡大学著名化学教授罗伯特·本森（Robert Bunsen）

---

[1] Jarrell. C. Jackman and Carla M. Borden (eds.), *The Muses Flee Hitler, Cultural Transfer and Adaptation, 1930~1945*, Washington, D.C.: Smithsonian Institution Press, 1983, p. 192.

领导下的实验室成员。与前人不同的是，他成为美国学者以后，并未在医药学领域里担负教育责任，而是在矿物化学领域里担任商业私人顾问，但他从1880 年起长期担任"美国化学协会"主席。根特的职业选择预示了未来化学家移民的两大趋势：一是化学博士学位的持有者不断增加，二是美国工业的前景对外国化学家具有越来越强的商业吸引力。[1]

在 1866 年至 1918 年这半个世纪左右的时间里，以上两大趋势不断增强。尤其是 19 世纪 80 年代以来，随着美国工业经济的飞速发展，在欧洲接受过专业训练的化学人才，为美国化学工业中的职业前景所深深吸引，因而开始出现一次不小的化学家移民浪潮。当然，这些化学人才已与过去完全不同，他们并非被迫性质的难民，而是自愿性质的移民。这些移民中最著名的人物是比利时人莱奥·贝克兰德（Leo Baekeland），他于 1884 年在根特大学获博士学位，1889 年抵美。但他与弗雷德里克·奥古斯图斯·根特一样，也没有在美国的高校中就职，而是进入了美国的摄影产业中，后又发明了酚醛塑料，这不仅使他变得非常富有，而且也使他的名字永垂不朽，并在 1924 年担任了"美国化学协会"主席。事实上，1876 年"美国化学协会"的成立，已表明了化学家作为职业学术研究者和造福社会的实践家的双重身份。在这个时代里，莱奥·贝克兰德和其他来自国外的持有化学博士学位的化学实践家们，充分利用了美国高校还无法培养高质量的、能满足商业和常规需求的人才的弱势，在美国大展拳脚。

在此，对德国与美国的化学事业发展的特点进行对比是具有启发意义的。在德国，最先发展起来的是作为基础学科的化学学科，由它开辟出物理化学、电化学、生物化学等新方向，再通过应用型人才将这些知识运用于实践性的化学工业部门之中，因此，德国的化学研究以及化学工业都一直处于世界最

1　Robert H. Billgmeier, *Americansns from Germany, A Study in Cultural Diversity*, Belmont: CA Wadsworth. Publishing, 1974, p. 98.

领先的地位。[1] 而在美国，由于化学工业中的人才需求能通过外来的化学家移民不断得以补充，这一特点反而使美国高校中的化学基础研究在发展上严重滞后。

另一方面，在德国，受"理想主义科学观"的深刻影响，年轻化学家们的最大愿望就是在大学里、在化学基础研究的前沿上做出世界性的成就。而在美国，受"实用主义科学观"的深刻影响，年轻化学家们的最大愿望却是在化学工业领域中大展宏图。因此，"德国化学协会"的主席都是最为著名的学者，而"美国化学协会"的主席此时却都是著名的化学实践家。

直到 19 世纪 80 年代以后，美国在化学基础科学研究方面的严重落后状态才真正引起人们的重视，因此，美国高校开始普遍仿效德国的大学，建立起自己的研究生教育体系。但此时这种体系在世界上最多也只能算作二流水平，美国有志投身于化学工业和化学研究的年轻人，都是以能到世界化学中心的德国留学、并攻读化学博士学位为第一选择的。[2] 只有那些因种种原因不能到德国去"朝圣"的人，才在美国攻读化学博士学位。这种人在获得博士学位之后，往往热衷于投身化学工业，而不是高校中的基础研究。因此，从化学领域来讲，美国更像是一个工程师的国度，而不是一个科学家的国度。

那些有机会在美国获得博士学位并从事商业活动的化学家，尽管能在化学工业实践的发明创造上做出不少成就，但这些成就却不能对基础性的学术研究产生什么重大影响。与此同时，美国高校中大多数的学术研究工作落到了如艾拉·雷姆森、查尔斯·F. 钱德勒（Charles F. Chandler）、西奥多·威

1　Karl-Heinz Manegold, *Universität, Technische Hochschule und Industrie, Ein Beitrag zur Emanzipation der Technik im 19. Jahrhundert unter besonderer Berüchsichtigung der Bestrebungen Felix Kleins*, Berlin: Springer Verlag, 1978, S.84.

2　Robert H. Billgmeier, Americans *from Germany, A Study in Cultural Diversity*, Belmont: CA Wadsworth. Publishing, 1974, p. 99.

廉·理查兹、埃德加·F. 史密斯（Edgar F. Smith）、威廉·A. 诺伊斯（William A. Noyes）、怀尔德·D. 班克罗夫特（Wilder D. Bancroft）这些人的手中，他们都是曾经留学德国并获得了化学博士学位的土生土长的美国人。这是因为，要想进入美国高校的化学系，拥有德国博士头衔固然重要，但出生于美国本土却更为关键。只有很少的外来移民，如莫泽斯·贡伯格（Moses Gomberg）、亚历山大·史密斯（Alexander Smith）、约翰·U. 内弗（John U.Nef）这样的著名学者才能加入其中。而一般仅仅拥有德国化学博士学位的外来移民，在美国是很少有机会能在高校中从事学术研究的。也正是从这时开始，"美国高校的化学系实际上已变成了一种文化封闭上最为严格的机构"。[1]

20 世纪 20 至 30 年代，与德国的竞争以及石油工业新萌芽提供的强烈刺激，使美国的化学工业更加繁荣，外来化学家的商业前景也更为广阔了，因此化学家移民的绝对数量开始快速上升。如同以往一样，大批加拿大人拼命地把握着这种机会，但此时德国来的移民向他们发起了挑战。尽管早在 1900 年以前就已出现德国人移居美国的浪潮，但 20 年代早期魏玛德国经济上的崩溃，以及日益加剧的阴晴不定的政治气候，毫无疑问是造成这种局面的重要原因。与 1929 年开始的那场大萧条相对应，德国培养的化学博士严重供过于求，而且这种局面还在进一步恶化。1931 年，"德国化学协会"主席、诺贝尔化学奖得主弗里茨·哈伯（Fritz Haber）谈道："在德国的 17000 名化学博士中，有近 3000 人要么失业，要么从事与化学完全无关的工作。"[2]

无论这些 20 年代新来的德国化学家移民在美国的重新定位有多么成功，从本质上讲，这种移民现象是产业性的，而非学术研究性的。这些离开魏玛德国的化学家中极少有人能被美国的学术研究机构所接受。某些来自德国大

1　Jarrell. C. Jackman and Carla M. Borden (eds.), *The Muses Flee Hitler, Cultural Transfer and Adaptation, 1930~1945*, Washington, D.C.: Smithsonian Institution Press, 1983, p. 194.
2　Fritz Haber, *The Chemical Industry, 1900~1930, International Growth and Technological Change*, Oxford: Calrendon Press, 1971, p. 365.

学的化学家可能会在某一天接受美国化学工业上的雇佣，但他们当初并不是由于想干这一行才到美国来的。尽管美国的工业界很乐意雇用这些能干的德国人，但美国的高校一般是不欢迎他们的。

极少受欢迎的例子很具有启示性：莱奥诺·米夏埃利斯（Leonor Michaelis）在一战后的魏玛德国找不到满意的工作，部分的原因是他有犹太血统，因此他去了日本，成为了一名生物化学教授。他后来之所以能进入美国高校，是因为他的工作吸引了美国人。而像卡尔·柯里（Carl Cori）和格尔蒂·柯里（Gerty Cori）夫妇以及埃尔温·勃兰德（Erwin Brand）这样的德国化学家，之所以能在美国高校中找到位置，是因为他们从事的专业领域——分子生物化学——非同寻常。而在当时，无论是生物化学，还是分子生物化学，在美国高校中都还是全新的学科方向。另外，在德国，医学院与大学的制度性合并造就了有机化学与医学的交叉繁荣，而在美国则极为少见。因此，这一点并不令人感到奇怪：直到 1936 年，洛克菲勒基金会自然科学部主任沃伦·韦弗尔（Warren Weaver）仍在大声疾呼："本国能直接贡献于生物研究的化学领域实在太薄弱了。"[1] 从某种程度上讲，这种抱怨也指向了物理化学研究，但更多指向了有机化学研究，一个在欧洲早已取得了显著进展的领域。

由此可见，整个 20 年代中，化学家移民进入美国的职业模式已十分清楚。除了那些长期为美国供应化学人才的英国、加拿大等国家外，德国和奥地利也在为美国提供越来越多的化学家移民，而当时美国的化学产业已十分发达，但学术研究却停留在研究生或博士后教育的水平上。美国高校中的化学专业呈现出完全不同于物理学专业的景象，也远远没有像物理学那样在 20 年代与欧洲同行发生广泛的国际交流，因而也是最不欢迎海外学者的，除非他们从

1　Robert E. Kohler, *From Medical Chemistry to Biochemistry*, Cambridge: Cambridge University Press, 1982, p. 241.

事的是缺乏国内竞争性的特殊专业方向。

三、德国化学家的流亡与世界化学中心向美国的转移

美国在化学家移民的接受模式上发生转变要归因于 1933 年 1 月底希特勒在德国的掌权。在这一年 4 月开始的"文化清洗运动"中，有犹太血统的科学家被尽数逐出德国大学的校园，从而导致了科学家的流亡潮，而化学家难民的绝大多数都流亡到了美国。逃离希特勒的德国和奥地利的化学家难民与以前来美的化学家移民之间最大的职业性区别在于，这些新来者大部分是学院派人士，而且许多人是世界第一流的科学家。例如，恩斯特·贝尔（Ernst Berl）、奥托·洛伊（Otto Loewi）、彼得·德拜（Peter Debye）、卡西米尔·法加恩斯（Kasimir Fajans）、詹姆斯·弗兰克（James Franck）、瓦尔特·S. 勒韦（Walter S. Loewe）、奥托·迈耶霍夫（Otto Meyerhof）和卡尔·诺伊伯格（Carl Neuberg），他们在离开德国和奥地利时已是正教授或类似的身份，其中，詹姆斯·弗兰克和奥托·迈耶霍夫在 20 年代已经获得了诺贝尔奖。所有这类科学家在抵美之前就已经在化学的基础性研究领域里做出了杰出的贡献，"如果没有纳粹的迫害，他们当中的绝大多数人是绝不会放弃在祖国的学术生涯而跑到美国来发展的。"[1]

这些讲德语的、卓越的化学家难民可以划分为两种特殊的类型。最大的一类属于生物化学家和分子生物学家，其中包括康拉德·布洛赫（Konrad Bloch）、亨里克·达姆（Henrik Dam）、弗里茨·A. 李普曼（Fritz A. Lipmann）、奥托·迈耶霍夫、戴维·拉赫曼松（David Nachmansohn）、卡尔·诺伊伯格、塞维罗·奥乔亚（Severo Ochoa）、马克斯·德尔布吕克（Max Delbrück）以及萨尔瓦多·爱德华·卢里亚（Salvador Edward Luria）等人，这些人也是所有化学家难民中最为声名卓著的。与绝大多数当代美国的生化学家和前几代

1　Robert H. Billgmeier, Americans *from Germany, A Study in Cultural Diversity*, Belmont: CA Wadsworth. Publishing, 1974, p. 121.

的外国生化学家不同的是，他们并不从农业、工业（特别是酿造业）或临床医药学的角度来切入生物化学，而是将物理科学技术运用于对生命过程的考察之中。他们关于氨基酸和蛋白质结构的研究以及对新陈代谢途径和分子基因的考察，大大发展了人类对生命化学的认识。1958 年，哥伦比亚大学的化学家汉斯·克拉克 (Hans Clarke) 对当时的局势作了以下的评定："第三帝国统治下激进的德国种族主义政策为哥伦比亚大学带来了许多好处，其中最重要的一点就是，许多欧洲培养的生化学家来到了我们的实验室，如著名的埃尔温·沙格弗（Erwin Chargff）、扎哈里亚斯·迪席尔（Zacharias Dische）、卡尔·迈尔（Karl Meyer）、鲁道夫·熊海默（Rudolf Schoenheimer）、海因里希·瓦尔席（Heinrich Waelsch），他们在同一时期加入了我们的集体。这些人的卓越科学成就早已闻名于世了，在此已无需多言。" [1]

第二类特殊群体也同样包含了那些交叉学科的工作者，如詹姆斯·弗兰克、彼得·德拜和彼得·普林斯海姆（Peter Pringsheim）等人。这些科学家不仅使化学与医学、生物学联姻，甚至也与物理学结合起来。詹姆斯·弗兰克于 1925 年获得诺贝尔物理奖，他发现了电子与原子的碰撞定律，因而也阐明了电子作用于原子的法则。事实上，他与彼得·普林斯海姆一样，在流亡美国以前，甚至称不上物理化学家，只是物理学家，他们是在到达美国之后才成为物理化学家的。但是人们不能因为这一群体的规模不大而忽视了他们的显著意义。正是这些德国人在美国由物理学家转变成了化学家，才对美国原子弹的研制起到了关键性的作用。

生物化学家与物理化学家能在美国的大学里容身，很大程度上要归因于美国在这些新兴领域中实在太落后了，因此聘用这些并不构成职业竞争威胁的人，其阻力当然也要小得多。尽管如此，障碍依旧重重。例如，不仅詹姆

1　Jarrell. C. Jackman and Carla M. Borden (eds.), *The Muses Flee Hitler, Cultural Transfer and Adaptation, 1930~1945*, Washington, D.C.: Smithsonian Institution Press, 1983, p. 197.

斯·弗兰克被约翰·霍普金斯大学的反犹校长赶出了校门，而且莫泽斯·贡伯格（Moses Gomberg）最初也遭到了时任伊利诺斯大学化学系主任的艾拉·雷姆森的排斥，其理由是"他一定是个希伯来人，你从他的名字上就能看出来"。[1]重新适应美国高校化学专业的这种环境是要付代价的，从 1941 年鲁道夫·熊海默的自杀事件便可见端倪。尽管困难重重，但"大批来自纳粹德国的化学家难民，仍然竭尽全力，终于穿透了美国高校长期构筑的排斥外国化学家的围墙"。[2] 这些科学家在美国找到了继续他们职业生涯的学术环境，并给美国带来了它所缺乏的全新科学知识和专门技术。

在这批从欧洲流亡来的生化学家和分子生物学家中，除了奥托·迈耶霍夫和詹姆斯·弗兰克这两位 20 年代的诺贝尔奖得主外，还有 8 人获得了诺贝尔化学奖和生理学及医学奖：彼得·德拜因成功地进行了偶极矩、X 射线和电子在气体中的衍射实验，从而在分子结构的研究方面做出了杰出贡献，于 1936 年获诺贝尔化学奖；奥托·洛伊因发现了神经冲动的化学传递规律，于 1936 年获诺贝尔生理学及医学奖；亨里克·达姆因发现了维生素 K，于 1943 年获诺贝尔生理学及医学奖；弗里茨·李普曼因发现辅酶 A 及其在中间代谢中的重要地位，于 1953 获诺贝尔生理学及医学奖；塞维罗·奥乔亚因发现 RNA 和 DNA 生物合成的机理，于 1959 获诺贝尔生理学及医学奖；康拉德·布洛赫因发现胆固醇对脂肪酸代谢的调节机制，于 1964 获诺贝尔生理学及医学奖。马克斯·德尔布吕克与萨尔瓦多·爱德华·卢里亚一起，因发现遗传的复制机制和病毒的基因结构，分享了 1969 年的诺贝尔生理学及医学奖。[3]

这些大师们的到来以及他们所取得的辉煌成就，意味着美国已经彻底改

1　Jarrell. C. Jackman and Carla M. Borden (eds.), *The Muses Flee Hitler, Cultural Transfer and Adaptation, 1930~1945*, Washington, D.C.: Smithsonian Institution Press, 1983, p. 198.

2　David S. Wyman, *Paper Walls, America and the Refugee Crisis, 1938~1941*, Amherst: University of Massachusetts Press, 1968, p. 127.

3　李佩珊、许良英主编，《20 世纪科学技术简史》，北京，科学出版社，1999 年版，第 763~770 页。

变了它在化学、生理学和医学研究方面的长期落后面貌，并迅速地在这些新学科方向上取得了世界性的领导地位。它与"世界物理学中心"的转移一起，构成了整个自然科学研究中心由德国向美国的转移。

第三节　流亡数学家与美国的数学

自 19 世纪初以来，德国的数学就在整个世界上居于领先地位。尤其是德国的哥廷根大学，从卡尔·弗里德里希·高斯（Carl Friedrich Gauss）、勒琼·狄利克雷（Ljeune Dirichlet）和伯恩哈德·黎曼（Bernhard Riemann），到费利克斯·克莱因（Felix Klein）、大卫·希尔伯特（David Hilbert）、赫尔曼·闵可夫斯基（Hermann Minkowski）和卡尔·龙格（Carl Runge）、再到理查德·库朗（Richard Courant）、爱德蒙·朗道（Edmund Landau）和赫尔曼·外尔（Hermann Weyl），经数代人的努力，已发展成为"数学的麦加"，并一直保持着它"世界数学中心"的地位。1929 年 12 月，在理查德·库朗的领导下，哥廷根数学研究所的成立，更是标志着德国数学发展的全盛时期的到来。而在全世界数学专业的学生中，最响亮的口号就是："打起你的背包，到哥廷根去！"[1]

在这些前往德国哥廷根留学的外国人中间，当然也包括美国的年轻人，因为美国在数学方面一直称不上强国，其整体性的研究水平远远够不上一流水平。因此，那些想成为数学大家的美国年轻人，一般都愿选择到德国，尤其是到哥廷根大学留学深造。20 世纪 20 年代曾造访过哥廷根的美国数学家桑德斯·麦克莱恩（Saundes Mac Lane）这样讲道："从 1862 年到 1934 年，共有 114 位美国数学家在国外取得学位，其中有 34 位是在哥廷根拿到学位

1　康斯坦丝·瑞德：《希尔伯特——数学王国的亚历山大》，上海，上海科学技术出版社，2001 年版，第 148 页。

的。"[1] 这说明 1933 年以前在数学王国里,美国人不过是德国人的学生。但是,自 1929 年世界经济大危机以来,德国的世界数学中心的巅峰地位已经开始受到强烈撼动。

一、德国数学界的危机与洛克菲勒基金会的援救努力

早在 1933 年以前,德国数学界的这种"全盛"发展局势本身就隐藏着某种危机。由于德国每年都有大批高水平的数学博士被培养出来,这些年轻数学人才的就业、职位问题便显得异常突出。就连像约翰·冯·诺伊曼(John von Neumann)这样的数学天才,也感到自己在德国很难有发展前景。这位已经在集合论、代数学以及量子论研究方面小有名声的年轻科学才俊,只是一名汉堡大学数学系的编外讲师。当时受经济大危机的影响,德国大学里已有的和预期的空缺职位数量非常之少,却有 40 至 60 名编外讲师在指望能在不久的将来获得教授之职,但三年之内只可能有 3 个教授席位。而反犹主义浪潮已开始在大学里泛滥,德国政治事态的发展使得学术研究变得越来越艰难。[2] 正因为如此,有犹太血统的约翰·冯·诺伊曼才于 1930 年移民美国,成为普林斯顿大学的客座讲师,三年后,便成为新设立的普林斯顿"高级研究所"教授。

1933 年后,不仅德国数学发展的"全盛"局势难以维持,就连德国以及哥廷根的"数学王国"地位也由于纳粹的"文化清洗运动"而毁于一旦。理查德·库朗、赫尔曼·外尔、爱德蒙·朗道以及埃米·诺特尔(Emmy Noether)等,所有这些有犹太血统的人,均被扫地出门,数学研究所"几乎只剩下年事已高的大卫·希尔伯特一人了"。当时,新上任的纳粹教育部长伯恩哈德·鲁斯特(Bernhard Rust)曾这样问大卫·希尔伯特:"现在哥廷

1　康斯坦丝·瑞德:《库朗,一位数学家的双城记》,上海,东方出版中心,2002 年版,第 162 页。
2　Donald Fleming and Bernard Bailyn (eds.), *The Intellectual Migration, Europe and America, 1930~1960*, Cambridge, Massachusetts: Harvard University Press, 1969, p. 237.

根的数学已经完全摆脱了犹太人的影响,情况怎么样?"希特伯特回答道:"哥廷根的数学?确实,这儿什么都没有了。"[1]

到1935年底,已有44位数学家在德国被纳粹先后解职,而到1939年9月第二次世界大战爆发之时,从整个纳粹德国(包括德国和奥地利)流亡到美国的数学家人数已达51人。随着希特勒德国在战争初期的疯狂扩张和快速胜利,1940年5月以后,其他欧洲国家的数学家也加入到流亡美国的行列,以致整个战争结束之时,从欧洲流亡美国的数学家难民(包括数学物理学家与统计学家在内)总数约为120至150人。[2]

值得注意的是,美国的洛克菲勒基金会特别注重对数学家难民的援救,而且往往是将他们单独划出来优先进行援救的。1940年6月以前,被这个组织援救出来的277名科学家中就有26名数学家,这在当时各学科的难民中是数量最多的。数学家难民之所以会受到优待有两个原因:一是这个组织的领导人认为,数学家掌握着现代文明各个领域中的重要智慧,在任何一个高级的科技研究中心里,数学家都是不可缺少的。二是因为数学家本身在洛克菲勒基金会中有重要影响,如前所叙,洛克菲勒基金会主席马克斯·梅森(Max Mason)及其自然科学部主席沃伦·韦弗(Warren Weaver)不仅都是数学家出身,而且都是在哥廷根获得数学博士学位的。绝大多数欧洲数学家难民基本上都是由这个组织出面营救的,这一点本身也反映了他们对数学家的特殊情结。

早在1933年4月纳粹德国的"文化清洗运动"开始之时,洛克菲勒基金会主席马克斯·梅森就开始关注这些遭到驱逐的有犹太血统的德国教授们的命运了。他惊讶地发现,"一个如此伟大的欧洲国家竟然会公开地拒绝知识多样性的标准和理想,并不断沉沦于野蛮和鄙俗,真让人难以想象。"正是

---

[1] 康斯坦丝·瑞德:《希尔伯特——数学王国的亚历山大》,上海科学技术出版社,2001年版,第291~292页。

[2] Jarrell. C. Jackman and Carla M. Borden (eds.), *The Muses Flee Hitler, Cultural Transfer and Adaptation, 1930~1945*, Washington, D.C.: Smithsonian Institution Press, 1983, p. 206.

受此深深的触动，他才"下定决心对同年 5 月初成立的援助德国学者紧急委员会给予资金支持"。[1]

在 1933 年 5 月 23 日"紧急委员会"召开的全体会议上，洛克菲勒基金会的代表提交了一份"必须给予援助的 600 多名德国学者的名单"，当然，这家基金会并非出于对这些难民的人道主义同情，而是基于他们在世界范围内的学术贡献与成就，才伸出援救之手的。被选中的 600 多人绝大部分都是著名的科学家，或者最起码是被认定为年轻有为并大有前途的学者。因此，一批还相当年轻的数学家也得到了援助。

二、美国数学界内部的排外主义与反犹主义

这些来自德国的数学家难民不仅属于最早得到援救的科学家群体，而且他们一到美国，往往能较快地被安排在大学研究机构的长期固定岗位上。这种统一的优待，从未发生在任何其他学科的难民身上，以致不少美国本土数学家纷纷抱怨，认为这种做法"剥夺了年轻的、有前途的本土学者的机会，因为这些机会被拿去支持处于顶尖地位的欧洲人了"。[2] 例如，芝加哥大学的数学系主任 G.A. 布利斯（G. A. Bliss）就对此忿忿不平："我必须声明，如果我们可以得到一位新人，我更愿意要一位不错的美国人。当我看到最近几年刚获得博士学位的相当不错的美国年轻学者无法充分得到安置时，我很伤心。"[3] 因此，他公开表示拒绝接受德国流亡数学家。

这种抱怨本身也反映出美国科学界当时相当盛行的一种民族主义的排外情绪。这种排外情绪有着这样的背景：在 20 世纪 20 年代，一个在本世纪初

1　Jarrell. C. Jackman and Carla M. Borden (eds.), *The Muses Flee Hitler, Cultural Transfer and Adaptation, 1930~1945*, Washington, D.C.: Smithsonian Institution Press, 1983, p. 206.

2　Walter Adams, *The Refugee Scholars in the 1930s*, in : The Political Quarterly, 39 (1968), p. 7.

3　Jarrell. C. Jackman and Carla M. Borden (eds.), *The Muses Flee Hitler, Cultural Transfer and Adaptation, 1930~1945*, Washington, D.C.: Smithsonian Institution Press, 1983, p. 210.

还发展相当有限的美国数学家团体，正在经历一个大发展时期。这首先要归功于两位曾留学哥廷根的美国数学家。一位是当时的"美国数学会"主席、普林斯顿大学的数学家奥斯瓦尔德·维布伦（Oswald Veblen）教授和"美国数学会"秘书长、布朗大学数学系主任罗伯特·G.D. 理查森（Robert G.D.Richardson）教授。他们通过筹款运动以及私人关系，从洛克菲勒基金会那里获得了资助。但是这些原本充满希望的发展，却由于1929年开始的那场世界经济大危机而陷入了困境。

在经济大危机期间，美国每年培养的数学博士人数明显多于每年所能产生的教学岗位数量。这种博士学位拥有者的增多，更多体现的是美国数学学科数量上的、而非质量上的发展。数学领域中的就业机会绝大多数来源于对本科生的教学，而非研究性质的工作，这当然使数学领域中的就业状况更易受到危机的影响。到1932年，至少有200名"美国数学会"的成员失去了工作。为此"美国数学会"甚至还通过了一项决议，将这些因经济危机而退会的会员重新吸纳入会，而且无需缴纳入会费。[1]

"美国数学会"秘书长理查森在1936年写道："到1930年，这个国家已有40名海外出生的数学博士，现在又有20名新成员作为纳粹政策的受害者来到美国。值得注意的是，海外数学博士学位的获得者，无论他是本土居民或是移民，在研究上往往更有潜力，这说明必须防止近亲繁殖。"而且他还看出："如果经济形势允许有更多的就业机会，就会发现数学家的真正短缺。"但是他也担心："一旦发生这种情况，尤其是在考虑到美国高校中的民族主义和反犹主义因素的情况下，要再安置20位或更多的数学家难民就会成问题。"[2]

1　Jarrell. C. Jackman and Carla M. Borden (eds.), *The Muses Flee Hitler, Cultural Transfer and Adaptation, 1930~1945*, Washington, D.C.: Smithsonian Institution Press, 1983, p. 208.
2　Jarrell. C. Jackman and Carla M. Borden (eds.), *The Muses Flee Hitler, Cultural Transfer and Adaptation, 1930~1945*, Washington, D.C.: Smithsonian Institution Press, 1983, p. 209.

　　有这种担忧的绝非理查森一人，曾留学哥廷根的麻省理工学院的数学家诺伯特·维纳（Norbert Wiener）教授，在 1933 年后参与营救德国数学家的过程中，也一直担心如何安抚国内民族主义情绪的问题。他谈到，"每引进一个外国学者，就意味着有一个美国人要失业。任何一个超过一年的任命，都会激起一种愤慨。这将使我们很难达到我们的目的。"为此，他在 1934 年向"美国数学会"提出建议："用增加资金的方法来支持新的研究岗位，而不是让外国来的人去竞争普通岗位。"

　　但是伯克利大学的代表卡尔·兰多尔（Carl Landauer）却公开表示反对："如果这样做，那么对德国人就比对盎格鲁－撒克逊人优待。比起将这些流亡者全部投入研究生教育，我们更希望让他们也融入到本科生教学工作中。"而耶鲁大学的教务长埃纳·希尔（Einar Hille）认为："这些数学家难民不适应美国的本科生教学，或是说，他们不愿意进行这项工作。因此，他们从我们美国学者的手里抢走了一些最重要的位置。"[1]因此，维纳的建议虽被"美国数学会"采纳，但只有部分大学愿意执行。

　　第二次世界大战爆发以前，除了这种民族主义排外情绪外，在文雅的美国学术界，反犹主义更是以某种方式无处不在。通常的情况是，许多学校聘用了一位有犹太血统的德国教授后，要想再聘用第二个时，就会在很多教员中引起愤慨。肯塔基大学的教务长保罗·P.博伊德（Paul P. Boyd）这样讲道："你明白，你必须小心对待将许多犹太人集中在一起这件事。"而印第安那大学的校长也在 1938 年谈道："要将两个犹太人安排在同一个系里是成问题的。"诺伯特·维纳在为他的一位德国同学在麻省理工学院谋求职位时也碰到了这样的问题。就连维纳的学生卡尔·T.康普顿（Karl T. Compton）博士也说："从犹太种族中招揽数学人才，有太大的实际风险，这会在教职员和部门中引起

1　Jarrell. C. Jackman and Carla M. Borden (eds.), *The Muses Flee Hitler, Cultural Transfer and Adaptation, 1930~1945*, Washington, D.C.: Smithsonian Institution Press, 1983, p. 210.

不良反应。如果安排额外的岗位给犹太人会导致其在系里所占的比例远远超过其人口比例的话，那么考虑种族因素也是正当的。"[1]

"美国数学会"内部的确不乏真正的反犹主义者。1934年，"美国数学会"选出了它历史上第一位有犹太血统的主席：普林斯顿大学的所罗门·莱夫谢茨（Solomon Lefschetz）教授。莱夫谢茨出生于俄国，早在1905年就来到了美国，但他当选的结果却惹恼了哈佛大学自然科学学院院长乔治·D.伯克霍夫（George D. Birkhoff），此人既是美国自己培养的数学博士中第一位得到国际公认"有一流水平的数学家"，也是一位坚定的反犹主义者。他反对莱夫谢茨教授当选的理由是："犹太人很傲慢，他们很有种族意识，会将数学编年史当作种族利益来使用，当爱因斯坦们这样做的时候，种族私心就会越来越深。" 阿尔伯特·爱因斯坦听说后，对此人做出了这样的评价："伯克霍夫是世界上最大的理论反犹主义者。"[2] 哈佛大学的自然科学学院在这场援救德国流亡科学家的运动中无所作为，在相当大的程度上要归因于院长乔治·D.伯克霍夫的反犹主义态度。

三、美国数学界对德国流亡数学家的安置

有一点必须肯定，在美国数学界，凡有在哥廷根留学经历的人，基本上都是支持援救欧洲那些优秀的数学家难民的，这种情结早在希特勒上台以前便已初现端倪。1932年，《美国数学会期刊》就曾对意大利数学物理专家维托·沃特拉（Vito Volterra）因不向法西斯政府宣誓效忠而被开除公职一事进行过批评："这种开除违背了学术权利的正确原则。"[3] 很多美国数学家渐

1　Jarrell. C. Jackman and Carla M. Borden (eds.), *The Muses Flee Hitler, Cultural Transfer and Adaptation, 1930~1945*, Washington, D.C.: Smithsonian Institution Press, 1983, p. 211.

2　Norbert Wiener, *I am a Mathematician*, Cambridge, Massachusetts: Harvard University Press, 1964, p. 28.

3　Jarrell. C. Jackman and Carla M. Borden (eds.), *The Muses Flee Hitler, Cultural Transfer and Adaptation, 1930~1945*, Washington, D.C.: Smithsonian Institution Press, 1983, p. 213.

渐地预感到德国将会出现更为深刻、更为严峻的局面。

自1933年纳粹德国"文化清洗运动"开展以来，当时的"美国数学会"主席、普林斯顿大学的奥斯瓦尔德·维布伦教授便成为第一个在美国为流亡数学家寻找工作岗位的人，他还委托丹麦数学家哈拉德·玻尔（Harald Bohr）作为欧洲地区的联系人。从1933年5月初开始，维布伦便参加了"援助德国流亡学者紧急委员会"的工作。通过与普林斯顿高级研究所所长亚伯拉罕·弗莱克斯纳（Abranam Flexner）的合作，他将哥廷根大学的著名数学家赫尔曼·外尔、卡尔·路德维希·西格尔（Carl Ludwig Siegel）接纳进来，[1] 而这个高级研究所已经接纳了来自汉堡大学的约翰·冯·诺伊曼、来自哥廷根大学的尤金·P. 维格纳（Eugene P. Wigner）以及来自柏林大学的阿尔伯特·爱因斯坦这样的著名人物。直到战争结束，维布伦与外尔一起，在这个援救组织内，一直主持着"德国数学家救济基金会"的工作，专门为安置流亡数学家服务。维布伦尽管遭到了反犹主义者们的反对，但他非常清楚，他的行动将会同时有助于流亡者和美国数学的未来，而其他人却远远没有他那么坚定。

"美国数学会"秘书长理查森也属于愿为安置著名的流亡数学家而工作的美国人之一。在1933年5月23日"紧急委员会"全体会议上，他谈到："在1900年，我们成群结队地去德国，现在，更多的人来到我们这里，而不是去其他地方。这对我们来说是一种机会。"但他同时也赞同洛克菲勒基金会对美国高校氛围所做的那种判断："接纳大量外国数学家会使很多年轻的美国人无法就业，而这种局面极有可能会在这个国家里制造摩擦，同时有为反犹主义煽风点火的危险。为了保证和控制一种合理的人员配置，每个参加'紧急委员会'的会员大学，只可分配1至3名学术带头人。"他同时还提出，"美国数学会必须扮演主导者的角色。洛克菲勒基金会提供的资金应充分利

1　康斯坦丝·瑞德：《库朗，一位数学家的双城记》，上海，东方出版中心，2002年版，第218页。

用，布朗大学可以接受 2 至 4 名。"[1] 这一计划很快就付诸行动，来自哥廷根的著名数学家们奥托·诺伊包尔（Otto Neuebauer）、威廉·费勒（William Feller）和威廉·普拉格（Wiliam Prager）被他安排到了布朗大学。[2]

1935 年以前，美国的大学将二十多名德国数学家难民吸收为正式成员（即永久职位的占有者），这在很大程度上要归因于经济形势的稍稍好转。但是在 1935 年以后，美国年轻数学家的失业依然严重，而经济形势又出现了不稳定，甚至有走向新危机的趋势，因此理查森开始显露出悲观主义的情绪。1935 年 4 月 5 日，他在给丹麦数学家哈拉德·波尔的信中忧郁地写道："包括所有科学领域，目前受资助的人当中，只有一半被大学真正接受了，剩下的绝大部分人只能获得临时性的工作，以后才有被正式接收的可能。这种情况可能还会发生在其他想到美国来的学者们身上，因为在数学家难民得到更好待遇的同时，还有 75 名美国的数学博士在失业。"[3]

事实上，将这二十多位著名数学家安置在美国大学里也极为不易，甚至连像大数学家理查德·库朗的安置都遇到了困难。为安置库朗，奥斯瓦尔德·维布伦首先想到了伯克利大学数学系，却遭到了该系系主任格里菲斯·C.埃文斯（Griffith C. Evans）的反对："说美国的大学有太多的外国人，这并非沙文主义。接收外国学者会给大学毕业生的就业造成阻碍，会造成知识分子生活水平的下降，除此之外，别无他用。"对此，维布伦进行了反驳："我想，我与您的区别仅在于，我对将一流的外国学者安排到那些能推动我们研究的岗位上去的重要性要更重视一些。我认为，这样做，可能一时会降低整个数学界的岗位数量，但最终却能为那些比较优秀的博士们提供更多数量的岗位。任何一种壮大我们学术研究队伍的措施，都将使我们的学术成果更易于被应

1　Jarrell. C. Jackman and Carla M. Borden (eds.), *The Muses Flee Hitler, Cultural Transfer and Adaptation, 1930~1945*, Washington, D.C.: Smithsonian Institution Press, 1983, p. 213.
2　康斯坦丝·瑞德：《库朗，一位数学家的双城记》，上海，东方出版中心，2002 年版，第 287 页。
3　Jarrell. C. Jackman and Carla M. Borden (eds.), *The Muses Flee Hitler, Cultural Transfer and Adaptation, 1930~1945*, Washington, D.C.: Smithsonian Institution Press, 1983, p. 214.

用。"[1] 最后，他将库朗安排到了纽约大学。

随着欧洲局势的步步恶化，数学家难民不断越过大洋涌来，"美国数学会"处于接纳海外数学家的巨大压力之下，就连理查森也认为，"美国在安置流亡数学家上。已经竭尽所能了。"因此，他主张只援救那些有一流水平的数学家，他这样讲道："我已经被迫从学术与经费角度上去考虑安置事务了，如果我还要考虑人道主义方面，我很快就会无法工作。"但维布伦的态度则相反，他与赫尔曼·外尔一起，并不把援救之手只伸给那些著名人物，他们的援救行动更多源于人道主义的考虑。几乎每次理查森认为"就业市场已经饱和"时，维布伦总会断言："我们这个国家的民族融合力量还远远没有穷尽！"[2] 维布伦和外尔采取的措施是，不限于将流亡数学家只安置在大学的研究中心里，也可以将他们安置于任何一所愿意接收他们的四年制的学院、甚至是三年制的学院里，这的确为很多欧洲数学家难民在美国提供了职业机会。

四、流亡数学家的贡献与世界数学中心向美国的转移

美国数学领域中的就业机会少，不完全是经济上的原因，实际上也与美国数学家热衷于纯粹数学领域有关。30 年代以前，美国几乎没有什么人研究应用数学。关于这种局面是如何形成的问题，莫里斯·克兰（Morris Kline）的回答很有启发性："这是因为当美国人最初想要从事数学研究时，他们选择了较新的领域，如抽象代数和拓扑学，因为在这些领域中做研究往往不需要太多的背景知识。20 世纪初期，这两门学科是新兴领域。人们不需要多少背景知识，就能大致了解当时已有的研究成果，而且这些领域中有无数悬而

1　Jarrell. C. Jackman and Carla M. Borden (eds.), *The Muses Flee Hitler, Cultural Transfer and Adaptation, 1930~1945*, Washington, D.C.: Smithsonian Institution Press, 1983, p. 215.

2　Jarrell. C. Jackman and Carla M. Borden (eds.), *The Muses Flee Hitler, Cultural Transfer and Adaptation, 1930~1945*, Washington, D.C.: Smithsonian Institution Press, 1983, pp. 221~222.

未决的问题有待研究。如果他们要搞分析的话，在作真正有独创性的研究之前，他们得学习大量的背景知识。我想美国人起步时选择了当时最容易走的路。"[1]

这种局面使受聘于纽约大学的大数学家理查德·库朗看到了在美国大力发展应用数学的机会。1934 年 8 月他刚到纽约大学时，这所大学竟然连一个数学图书室都没有，而且只有他一人是数学正教授。但他白手起家，成立了纽约大学的数学研究中心，并将两位原哥廷根大学的杰出数学家詹姆斯·J. 斯托克尔（James J. Stoker）和库尔特·O. 弗里德里希斯（Kurt O. Friedrichs）接纳进来。根据他在哥廷根大学创办数学研究所的经验，他为纽约大学数学系定下的最终发展目标是，成为"一所实力超群的综合性学院。在那里，研究工作与教学活动齐头并进，不仅搞纯数学和抽象数学，还要强调数学与其他领域，如物理学、工程学，也许还有生物学和经济学之间的联系，并与中学合作，帮助它们提高数学教学水平。"[2] 这也是当年大数学家费利克斯·克莱因在哥廷根所强调的"数学应该与实际运用紧密联系起来"的思想体现。[3]因此，正是这位继承克莱因思想的库朗，首先在美国开辟了应用数学的研究方向。

1941 年 12 月美国参战之后，应用数学研究和人才培养的重要性立即突现出来。由于当时美国的应用数学人才极其缺乏，美国工业界一年吸收的应用数学家还不到 10 人。[4] 因此，全国上下思贤若渴。当人们认识到理查德·库朗是在美国最早积极倡导搞应用数学的人时，卡内基基金会马上就资助给库朗 3500 美元，洛克菲勒基金会也立即同意为库朗与弗里德里克斯共同为海军研究水下声波传输的问题提供资助。有了这样的经济支持，库朗便开始积极

1　康斯坦丝·瑞德：《库朗，一位数学家的双城记》，上海，东方出版中心，2002 年版，第 266 页。
2　同上书，第 245 页。
3　罗伯特·容克：《比一千个太阳还亮》，北京，原子能出版社，1966 年版，第 8 页。
4　康斯坦丝·瑞德：《库朗，一位数学家的双城记》，上海，东方出版中心，2002 年版，第 297 页。

网罗那些有用之才。

为了战争的需要，美国国家科学研究与发展署经过改组，成立了一个名为"应用数学小组"的新机构，它的官方名称是"军官顾问科学委员会"。理查德·库朗成为 6 人小组成员之一，也是其中唯一的一位在 1933 年后流亡到美国来的数学家。这个"应用数学小组"按照与各大学签订合同的方式来开展工作。"利用合同扶植科研工作"在当时的美国还是个全新的概念，它成了"战争的伟大发明之一"。按照合同，"应用数学小组"在战争期间总共完成了 194 项研究，为此战后还专门出版了 4 册书来总结这些项目所做的工作。[1] 这种承接应用性研究项目的方式，不仅为所有海外流亡而来的数学家都找到了用武之地，而且连美国培养的数学博士们也基本上都找到了工作。

尽管理查德·库朗领导的纽约大学"应用数学工作小组"只是设在全国各大专院校中的众多小组之一，但它成了库朗在纽约大学建立科学中心的长期奋斗历程中的转折点。他借此机会吸收了一批年轻有为的数学人才，到战争结束时，他领导下的纽约大学"应用数学工作小组"已有三十多名成员。[2] 这种发展速度是美国任何一所大学的数学学科都无法与之相比的。

事实上，自 1940 年以后，各种论文和著作已开始评价这些流亡数学精英们来到美国的意义了。在《科学》杂志的主编卡尔·A. 布朗（Carl A. Browne）看来，当前的情况完全是一种历史的重演。他回忆起 1837 年"哥廷根大学七君子事件"时这样写道："德国人现在很大程度上是在重演一个世纪以前的暴君统治，这看起来真让人有点难以置信。"他同时还这样预言："这些数学家难民必将为这个国家的富强做出伟大的贡献。"[3] 到美国参战之后，整个科学界的舆论已转而支持对流亡科学家的接纳了。1942 年，阿诺德·德

1　康斯坦丝·瑞德：《库朗，一位数学家的双城记》，上海，东方出版中心，2002 年版，第 300 页。
2　同上书，第 301 页。
3　Carl. A. Browme, *The Role of Refugees in the History of American Science*, in: Science, 91(1940), p. 208.

累斯登特（Arnold Dresdent）列出了一份流亡数学家的名单，并特别指出：这些难民的到来"成为了美国作为受压迫的欧洲人的传统避难所的又一例证"。1943 年，伯克利大学数学系主任埃文斯在给外尔的信中表示了对一位流亡智利的德国数学家的兴趣，并特别提到："现在我们在伯克利，当然以卢伊、塔斯基、沃尔夫和诺伊曼为荣。"[1] 这种态度与他 1934 年与维布伦交换意见时的态度已经截然相反。

流亡数学家们的到来，从根本上改变了美国数学界的状况和国际地位。统计数据表明：在整个 20 年代，美国高校在数学领域里只授予了 351 个博士学位，而到 40 年代，这个数字增加到了 780 个。许多大学的数学学科在同一时期获得了迅速的扩展，例如，普林斯顿大学的数学博士点由 14 个扩展到了 40 个，麻省理工学院的数学博士点由 5 个扩展到了 32 个，密歇根大学的数学博士点由 8 个扩展到了 59 个，威斯康辛大学的数学博士点由 8 个扩展到了 32 个。[2] 而在应用数学领域，美国从无到有，已出现了 6 个应用数学研究中心。当战争在 1945 年结束时，欧洲的大学已大不如前，而美国的大学"作为西方文明学术价值的监护人"，已开始承担起重大的责任。1950 年夏天，国际数学大会在马萨诸塞州的坎布里奇举行。这是第一次正式的国际数学会议在美国本土召开，它标志着美国已登上了国际数学界舞台的中央。

毫无疑问，成功地吸纳流亡数学家是两种理想主义者的胜利，即那些学术国际主义者们和那些将美国作为摆脱暴政的庇护所的人们的胜利。而普林斯顿高级研究所的成立和纽约大学"库朗数学科学研究所"的发展，能最好地说明这些有犹太血统的德国数学家们对美国数学发展的决定性影响和贡献。

1　Jarrell. C. Jackman and Carla M. Borden (eds.), *The Muses Flee Hitler, Cultural Transfer and Adaptation, 1930~1945*, Washington, D.C.: Smithsonian Institution Press, 1983, p. 223.

2　Lindsay Harmon and Herbert Soldz, *Doctorate Production in United States Universities*, Washington, D. C.: National Academy of Sciences - National Research Council, 1963, p. 287.

普林斯顿"高级研究所"成立于纳粹德国"文化清洗运动"开始之际，它专门吸纳那些得到世界公认的、研究水平最高的德国大科学家。除接纳了创立"相对论"的大物理学家阿尔伯特·爱因斯坦以外，它还接纳了德国天才的大数学家约翰·冯·诺伊曼、赫尔曼·外尔、卡尔·路德维希·西格尔等人。仅是冯·诺伊曼一人，就被誉为"博弈论的开创者"、"计算机之父"、"数理经济学的奠基人"、"自动控制理论的创立者"。由于这些数学天才们汇集于此，普林斯顿"高级研究所"很快成为了"世界纯粹数学中心"，以及全世界年轻数学家们新的向往之地。

纽约大学数学研究中心的突出成就主要体现在应用数学领域。尽管大数学家理查德·库朗本人在纯粹数学研究方面的新突破令世人瞩目，但他所领导的研究机构的快速发展更令人眼花缭乱。这个机构在 1947 年 6 月正式改名为"纽约大学数学与力学研究所"。当它在 1952 年 12 月成为美国大学中最早拥有计算机的研究所时，它已经站到了美国数学界最领先的位置上。而当它在 1953 年 1 月 18 日再度更名为"库朗数学科学研究所"时，一家像当年的哥廷根那样集众多职能于一身的数学研究机构终于在纽约大学诞生了。

"库朗数学科学研究所"的所有机构包括现存的数学与力学研究所（55人）、电磁研究小组（28 人）、计算机研究室（25 人），另外还成立了统计和概率论研究小组。它形成了一个由优秀数学家们组成的核心集团，其中的 9 位数学家后来成为了美国国家科学院院士。这个研究所也是在美国成立的第一家可以与当年的哥廷根相媲美的研究所，它意味着库朗利用来自哥廷根的成功经验来影响美国科学发展的努力达到了巅峰。从此，纽约大学的"库朗数学科学研究所"被誉为"应用数学分析之都"。[1]

或许，人们只有用"数学王国的亚历山大"大卫·希尔伯特于 1929 年

1　康斯坦丝·瑞德：《库朗，一位数学家的双城记》，上海，东方出版中心，2002 年版，第 366 页。

12 月 2 日在哥廷根数学研究所成立大会上的这段讲话，才能最好地说明"库朗数学科学研究所"的真实意义："永远不会再有一家这样的研究所！因为那得再有一个库朗，而这是永远不可能的！"[1]

第四节　欧洲流亡科学家与"曼哈顿工程"

人类的原子核物理学研究始于第一次世纪大战以前，20 世纪 20 年代已形成了世界三大原子核物理研究中心：在英国的剑桥大学，有欧内斯特·卢瑟福（Ernest Rutherford）领导下的卡文迪许试验室；在丹麦的哥本哈根大学，有尼耳斯·H. D. 玻尔（Niels H. D.Bohr）领导下的理论物理研究所；在德国的哥廷根大学，则有赫赫有名的马克斯·玻恩（Max Born）、詹姆斯·弗兰克（James Franck）和大卫·希尔伯特（David Hilbert）"三巨头"领导下的核理论研究小组。到 30 年代，法国和意大利的核物理研究也异军突起，在法国的巴黎大学，有弗雷德里克·约里奥－居里（Frederic Jolio Curie）和伊伦·约里奥－居里（Irene Jolio Curie）夫妇领导的放射试验室；在意大利的罗马大学，则有恩里科·费米（Enrico Fermi）领导的核研究小组。当时的核物理研究中心都在欧洲，而美国在这一新领域中还相当落后。因此，不少年轻的美国学者前往欧洲留学，尤其是德国的哥廷根这个中心，前来访学的美国人最多，如后来"曼哈顿工程"的总负责人罗伯特·奥本海默（Robert Oppenheimer）就是其中的杰出代表。

一、原子核裂变的发现

原子核物理学是研究原子核组成、变化规律以及内部结合力的科学。要

1　康斯坦丝·瑞德：《库朗，一位数学家的双城记》，上海，东方出版中心，2002 年版，第 370 页。

探讨原子核的组成及其变化必须深入它的内部，为此就必须用能量足够大的"炮弹"来轰开它。在这方面最先获得成功的是英国物理学家欧内斯特·卢瑟福。他于第一次世界大战结束后的 1919 年，利用 α 粒子轰击氮，成功地将氮变成了氧和氢。这是人类历史上第一次实现原子核的人工嬗变，从而使炼金术士们多年来追求的将一种物质变成另一种物质的梦想变成了现实。但他当时断言，"人类在任何时候都不能利用蕴藏在原子中的能。"[1]

自从卢瑟福进行原子核人工嬗变的试验获得成功之后，人们用 α 粒子轰击原子核，得到的都是稳定的元素。而 1934 年 1 月，法国科学家弗雷德里克·约里奥－居里和伊伦·约里奥－居里夫妇用 α 粒子轰击铝时，却得到了自然中不存在的放射性磷，它放出的正电子，半衰期约为 3 分钟，最后衰变成为稳定的元素硅。这表明，放射性同位素完全可能人为产生，即由稳定的化学元素经 α 粒子轰击而生成，这样的放射性元素会再放出某种粒子而衰变成另一种稳定元素。[2]

意大利年轻的物理学家恩里科·费米（Enrico Fermi）在获悉这一人工放射性的发现以后，考虑到如果用英国物理学家詹姆斯·查德威克（James Chadwick）发现的中子，代替 α 粒子作为"炮弹"进行轰击，一定会出现更多的核反应。因此，从 1934 年开始，他和自己的助手一起用中子有系统地轰击一个又一个的元素。当轰击到第 9 个元素——氟的时候，发现了人工放射现象。在以后的短短几个月内，费米与他的学生们就先后制造出 37 种不同元素的放射性同位素。更为重要的是，他们用中子轰击第 92 号元素铀的时候，制造出原子序数为 93 的新元素。[3] 实际上这就是铀的裂变现象，但费米当时并没有能弄清中子轰击的这一结果。

---

1 罗伯特·容克：《比一千个太阳还亮》，北京，原子能出版社，1966 年版，第 4 页。
2 李佩珊、许良英主编：《20 世纪科学技术简史》，北京，科学出版社，1999 年版，第 63 页。
3 同上。

1934 年 10 月，恩里科·费米在试验中又意外地发现，中子通过石蜡后再轰击原子核比直接轰击所产生的核反应要强 100 倍。他对此做出了解释：这是由于中子同石蜡中大量存在的质子发生弹性碰撞而大大减速，从而延长了中子经过原子核附近的时间，因此，它被核俘获的机会大大增加了。这一慢中子的发现为核能释放和利用提供了又一个必要的条件。[1] 费米在核物理学领域取得的这一系列的成就，使他成为了 1938 年诺贝尔物理奖得主。由于不满法西斯主义在意大利的统治，他趁同年 11 月前往北欧瑞典斯德哥尔摩领奖的机会，流亡到美国，成为了芝加哥大学教授。

与此同时，在德国，威廉皇家科学院化学研究所内，为查明中子轰击而形成的新物质的化学性质，著名放射化学家、哥廷根大学教授奥托·哈恩（Otto Hahn）以及与他一起工作过三十多年的合作者、奥地利裔的著名女物理学家丽丝·梅特纳（Lies Meitner），还有无机分析化学家弗里德里希·施特拉斯曼（Friedrich Strassmann）也在进行轰击铀的试验。1937 年，他们至少得到了 9 种不同半衰期的放射性元素，并确认其中 3 种是铀的同位素，其他 6 种是原子序数在 93~96 之间的超铀元素。[2] 但他们当时都还没有认识到，当原子核在中子的作用下发生分裂时，就会产生核反应。

1938 年 3 月纳粹德国吞并奥地利，导致了丽丝·梅特纳必须离开柏林的威廉皇家科学院化学研究所。自 1933 年 4 月"文化清洗运动"开展以来，有犹太血统的科学家都遭到了驱逐，但梅特纳这位犹太女科学家是作为外国科学家被聘用的，因此在这 5 年时间里，她还能参与德国这家研究所的工作。然而在奥地利也成了"第三帝国"的一部分后，"文化清洗运动"中惯用的种族法令便自然涉及她的身上。尽管奥托·哈恩以及马克斯·普朗克（Max Planck）都曾试图为研究所挽留这位同行，甚至还亲自在希特勒面前为她说情，

1　李佩珊、许良英主编：《20 世纪科学技术简史》，北京，科学出版社，1999 年版，第 63 页。
2　同上书，第 64 页。

但他们的努力还是无济于事。[1] 由于梅特纳的人身安全受到威胁，因此她被迫于同年 7 月流亡北欧国家瑞典，并在斯德哥尔摩的诺贝尔研究所找到了一个工作位置。[2]

1938 年 9 月，在法国巴黎，约里奥－居里夫人和她的助手运用放射化学的方法分析中子轰击铀的产物，发现其中有一种放射性元素，半衰期为 3.5 小时。他们用传统载体法进行分离沉淀，证明这个元素的化学性质接近于镧，而按当时关于超铀元素的概念，这个产物的性质应接近于锕。镧的原子序数为 57，而锕的原子序数却是 89，两者相距甚远，[3] 而他们一直没有找到合理的解释。

约里奥－居里夫人的这个实践引起了在柏林的哈恩与施特拉斯曼的注意。他们立即用居里夫人的方法重新验证自己以前的实验。1938 年 11 月，他们在自己的第一份报告中认为，铀被中子轰击后的产物，至少有 3 种放射性物质的化学性质类似于钡，应该都是镭的同位素，是 238U 吸收中子后成为了 239U，然后又连续放出两个 α 粒子而成的。但他们始终找不到 α 粒子，也无法将他们设想中的镭的新同位素从载体钡中分离出来。最后他们断定，铀吸收中子后所产生的放射性物质，不是镭，而是钡的同位素。但是铀核受一个能量很低的慢中子轰击，怎么可能出现如此规模的分裂呢？

出于对科学事业上同志的信任，哈恩将自己的实验结果寄给了已流亡到瑞典的丽丝·梅特纳，以征求这位治学严谨、目光敏锐的老合作者的意见。梅特纳此时正在哥德堡度过她流亡生涯中的第一个圣诞节，而她的外甥，从

1　罗伯特·容克：《比一千个太阳还亮》，北京，原子能出版社，1966 年版，第 43 页。

2　第二次世界大战结束后，著名核物理学家丽丝·梅特纳（Lise Meitner， 1878~1968）对她 1933 年至 1938 年留在纳粹德国一事进行过深刻的反思，她在 1948 年 6 月 6 日给德国著名放射化学家奥托·汉恩（Otto Hahn, 1879~1968）的信中这样写道："我现在很清楚，1933 年我没有离开德国，实际上犯了道德上的一大错误，归根到底，我留下来就是对纳粹主义的一种无言的支持。" Klaus Hentschel (ed.), *Physics and National Socialism: An Anthology of Primary Sources*, Boston: Birkäuser Verlag, 1996, p. 401.

3　李佩珊、许良英主编：《20 世纪科学技术简史》，北京，科学出版社，1999 年版，第 64 页。

汉堡大学流亡到丹麦哥本哈根玻尔理论物理研究所的奥地利裔的犹太物理学家奥托·罗伯特·弗里施（Otto Robert Frisch），也正好利用这段假期前来看望她。接到哈恩的来信时，他们对该怎样解释哈恩的实验结果也感到很困惑。经过两人几天的热烈讨论，又联想到玻尔前不久提出的原子核液滴模型，最后他们确信，铀核吸收了中子后逐渐变形，中部变窄，最后分裂成两半。[1]也就是说，分裂成两个几乎相等的原子核，一个是原子序数为 56 的钡，另一个则是原子序数为 36 的氪。他们把这种现象类比为细胞的增殖分裂，并将此称为核的"裂变"。同时，他们还根据爱因斯坦提出的质能相当性原理，估算出一个铀核裂变会释放出 2 亿电子伏的能量，这比一个碳原子氧化成二氧化碳时所释放的能量要大 5000 万倍。随后，他们利用长途电话与哈恩取得了联系，并商量好公报，这份公报最后在 1939 年 2 月的《自然》杂志上发表。

奥托·罗伯特·弗里施立即回到哥本哈根，并将这一消息告诉了正要启程赴美国进行学术访问的尼耳斯·H.D.玻尔。玻尔拍着自己的前额喊道："我们大家全都当了什么样的白痴啊！当然是这样！早就应该想到了！"[2]同时他马上安排实验来验证铀裂变及其所释放的巨大能量。在玻尔到达美国后，他于 1939 年 1 月 27 日在华盛顿理论物理学讨论会上宣布了哈恩和施特拉斯曼的发现以及梅特纳和弗里施的解释，立即引起轰动。当场就有人回到自己的实验室去检验这一发现和解释，几小时后就得到了肯定的结果。当时就有人猜测，如果铀核裂变后放出一个以上的中子，这些中子又能引起邻近铀核的裂变，就能形成"链式反应"。

原子核裂变的这一系列发现具有划时代意义，它为人类开辟了一种新的能源——核能。即原子能，如果能有效地控制裂变速率，使链式反应能自动

1　罗伯特·容克：《比一千个太阳还亮》，北京，原子能出版社，1966 年版，第 46 页。
2　尼耳斯·布莱依耳：《和谐与统一，尼耳斯·玻尔的一生》，上海，东方出版中心，1998 年版，第 283 页。

地持续进行，释放出的能量就可作为强大的动力，并造福于人类；如果对反应速率不加控制，就会发生强烈的爆炸，成为毁灭性的杀人武器——原子弹。[1]

二、莱奥·西拉德的行动

原子核裂变得到证实后，第一个预感到这一发现有可能导致原子武器制造危险的是莱奥·西拉德（Leo Szilard）。1933 年以前，这位匈牙利裔的犹太学者一直在柏林大学当编外讲师，由于在威廉皇家科学院受到爱因斯坦一场报告的影响，他从数学专业转到了物理学专业。1933 年 1 月 30 日希特勒上台后，他成为最早离开德国的犹太人之一。早在 1933 年 3 月，他已流亡到维也纳，同年 5 月 1 日英国的"学者援助委员会"成立后，他便参加了该委员会设在维也纳的办事处的工作。在这里工作了 6 个星期后，他又流亡到英国，成为牛津大学的编外讲师。1938 年 2 月 2 日，他到美国进行学术访问。同年 9 月 30 日，正在访美途中的莱奥·西拉德，听到了英国、法国与纳粹德国签订出卖捷克斯洛伐克苏台德地区的《慕尼黑协定》的消息后，便决定不再返回英国。

莱奥·西拉德之所以会成为对原子武器有特殊敏感性的人，是因为他"曾在 1932 年读过英国科幻作家 H.G. 威尔斯（H. G. Wells）写的一本名叫《释放世界》的书。这本书是 1913 年写的，书中描述了人造放射能的发现，原子能的释放对于工业的用途，原子弹的发展，以及对世界大战中争夺欧洲中心领导权的用途。作者将这次大战放在 1956 年，并认为在这场战争中世界的主要城市都将被原子弹摧毁"。[2]

1934 年，莱奥·西拉德还在伦敦流亡，便开始从事铀研究方面的工作，甚至还发明过一项关于铀裂变方面的专利，并将这方面的信息通告了英国海

---

1 李佩珊、许良英主编：《20 世纪科学技术简史》，北京，科学出版社，1999 年版，第 65 页。

2 Donald Fleming and Bernard Bailyn (eds.), *The Intellectual Migration, Europe and America, 1930~1960*, Cambridge, Massachusetts: Harvard University Press, 1969, p. 99.

军部。自从 1938 年 2 月到达纽约以来，一无所有的西拉德在美国漂泊了一年，但他一直在关注国际科学界关于铀研究方面的成果。1938 年 9 月，在得知法国的约里奥－居里夫妇发现了人造放射能后，他便"突然发现使一种链式反应发生的工具就在手中"。[1] 1939 年 2 月初，他前往普林斯顿拜访他儿时的好友、从德国流亡到美国的匈牙利裔的物理学家尤金·P. 维格纳（Eugene P.Wigner）。此时维格纳刚刚听过玻尔在华盛顿所作的报告，"便告诉了我哈恩的发现。那时，一切都已经很清楚了，我们正处在另一场世界大战的门槛上。对我们来说，必须立即进行这一试验，以揭示在铀分裂的过程中是否会发出中子。这意味着出现链式反应。如果铀的确发出了中子，那么这些就必须对德国保密。所以我非常急切地要与居里夫人、费米取得联系，因为这两个人很可能也想到了这种可能性。"但费米认为"铀裂开发出中子的可能性十分微小，只有十分之一的可能性"。[2]

经尤金·P. 维格纳的介绍，莱奥·西拉德来到了哥伦比亚大学。1939 年 3 月 3 日，他利用这所大学的试验室进行了这个试验，结果证明，铀在发生分裂时发出了中子。与此同时，费米也通过一个完全不同的试验，证明发出了中子。而这时约里奥－居里夫人已经向《自然》杂志递交了一篇短文，报道了铀裂变反应中发出了中子，并指出这有可能会引起链式反应。[3] 这三场实验都分别证实了链式反应不仅可能，而且速率极高，两次反应的时间间隔只有 50 万亿分之一秒。这表明铀核裂变的链式反应一旦实现，极短时间内将有巨大能量释放出来。[4]

1　Donald Fleming and Bernard Bailyn (eds.), The Intellectual Migration, *Europe and America, 1930~1960*, Cambridge, Massachusetts: Harvard University Press, 1969 ,p. 101.

2　Donald Fleming and Bernard Bailyn (eds.), The Intellectual Migration, *Europe and America, 1930~1960*, Cambridge, Massachusetts: Harvard University Press, 1969 ,p. 107.

3　Donald Fleming and Bernard Bailyn (eds.), The Intellectual Migration, *Europe and America, 1930~1960*, Cambridge, Massachusetts: Harvard University Press, 1969 ,p. 110.

4　李佩珊、许良英主编：《20 世纪科学技术简史》，北京，科学出版社，1999 年版，第 65 页。

维格纳不久来到纽约，莱奥·西拉德便给维格纳看了他的实验报告，两人便开始担心起来。此时他们已经听说德国正在加紧链式反应研究，原来被征入伍的与核物理有关的科学家又重新回到了研究机构，成为不可替代的人物，而且德国突然禁止所侵占的捷克斯洛伐克的铀矿石出口。"如果德国得到了比利时在刚果的大批量的铀，将会出现一场灾难。所以我们开始思考，通过什么方法可以接近比利时政府，并警告他们不要卖铀给德国。"[1]

莱奥·西拉德回忆道："我突然想到爱因斯坦认识比利时女王，便向维格纳提出建议，一起去找爱因斯坦。爱因斯坦当时正在纽约的长岛度假。在一位孩童的带领下，我们找到了他。这是爱因斯坦第一次听说链式反应的可能性。他很快就知道了其中的含义，并十分乐意做必须要做的事，当即就给比利时女王写了一封信。"[2]但莱奥·西拉德还感到了立即与美国政府建立联系的必要性。从1939年4月到7月末，西拉德与他的朋友们一直在苦苦思索，怎样以最好的方式让美国政府了解到原子研究工作的巨大意义，以及它们对军事技术可能发生的影响。后来他通过已在哥伦比亚大学工作的德国流亡经济学家古斯塔夫·施托尔帕（Gustav Stolper）的介绍，与罗斯福总统的私人顾问、美国经济学家亚历山大·萨克斯（Alexander Sachs）取得了联系。萨克斯认为，如果爱因斯坦能写信给罗斯福总统的话，他可以私人递送给总统，那就不用通过任何政府代理机构或部门了。

抱着借助爱因斯坦的名望给美国总统罗斯福写信，敦促美国赶在纳粹德国之前造出原子弹的想法，1939年8月2日，莱奥·西拉德与他的朋友、1935年从德国流亡到美国并被华盛顿大学聘用的匈牙利裔的物理学家爱德

1　Donald Fleming and Bernard Bailyn (eds.), The Intellectual Migration, Europe and America, 1930~1960, Cambridge, Massachusetts: Harvard University Press, 1969 ,p. 111.
2　Donald Fleming and Bernard Bailyn (eds.), The Intellectual Migration, Europe and America, 1930~1960, Cambridge, Massachusetts: Harvard University Press, 1969 ,p. 112.

华·特勒（Edward Teller）一起拜访了爱因斯坦。[1] 莱奥·西拉德回忆道："我随身还带了两份信件草稿，一封长信，一封短信，以供他选用。爱因斯坦觉得那封长信更好，就在那上面签了字。那封信注明的日期是 1939 年 8 月 2 日，同时还有一封给萨克斯的传递信，一份我给总统的四页纸的备忘录，而这两份注明的日期是 1939 年 8 月 15 日。我把信交给了萨克斯，由他递交给白宫。"[2]

在那封由西拉德起草、由爱因斯坦签名的给美国总统罗斯福的信中这样写道："在过去 4 个月的过程中，已经出现了一种可能，即有可能建立起大规模的核链式反应；这种反应将产生巨大的动力和大量新的类镭元素。新现象也将导致炸弹的制造。鉴于这种情况，您可能会觉得需要在政府当局和一群在美国进行链式反应工作的物理学家之间保持某种永久性的接触。我了解到，德国已经停止出售它从所占领的捷克斯洛伐克铀矿开采出的铀。它竟然采取这一早期动作，也许可以根据这一事实来加以理解，那就是，德国外交部副部长的儿子卡尔·F. 冯·魏茨赛克（Carl F. von Weizsäker）在柏林的威廉皇家化学研究所工作，一些美国关于铀的工作现在正在那里重做。"[3]

1　1933 年后，在美国科学界，活跃着一个由 5 位杰出的匈牙利裔的犹太物理学家组成的群体，也被称之为"被希特勒赶出来的、改变了 20 世纪的 5 位大科学家"。他们均来自德国科学界，即来自哥廷根大学的著名空气动力学家、"现代宇航之父"西奥多·冯·卡门（Theodore von Kármán, 1881~1963）、来自柏林大学的著名核物理学家、"原子弹之父"以及"原子和平之父"莱奥·西拉德（Leo Szilard, 1898~1964）、来自哥廷根大学的著名理论物理学家、"对称性理论之父"、诺贝尔物理奖得主尤金·P. 维格纳（Eugene P. Wigner, 1902~1995）、来自汉堡大学的著名理论物理学家、数学家、"计算机之父"以及"博弈论之父"约翰·冯·诺伊曼（John von Neumann, 1903~1957）以及来自哥廷根大学的著名核物理学家、"氢弹之父"爱德华·特勒（Edward Teller, 1908~2003）。这 5 位大科学家都出生于犹太知识分子家庭，都在匈牙利首都布达佩斯长大，都上过当地的著名中学，都在匈牙利读过理工科大学，又都在德国完成学业并获得博士学位，并都成为了德国著名大学的编外讲师，最后也都在 20 世纪 30 年代落户美国。参见 István Hargittai, *The Martians of Science, Five Physicists Who Changed the Twentieth Century*, London: Oxford University Press, 2006.
2　Donald Fleming and Bernard Bailyn (eds.), The Intellectual Migration, Europe *and America, 1930~1960*, Cambridge, Massachusetts: Harvard University Press, 1969, p. 113.
3　亚柏拉罕·派斯：《一个时代的神话，爱因斯坦的一生》，上海，东方出版中心，1998 年版，第 303 页。

在亚历山大·萨克斯接到这些信件后的约十个星期里，他一直找不到机会面见罗斯福总统，直到 1939 年 10 月 11 日，即第二次世界大战爆发 40 天以后，他才得到机会向罗斯福总统呈递了那封由西拉德起草的、爱因斯坦签署的信件。但罗斯福最初想推掉这件事，他表示，"这些都是很有趣的，不过政府若现阶段就干预此事，看来还为时过早。"但萨克斯并不甘心，他利用罗斯福邀请他第二天来白宫吃早饭的机会，再度提起制造原子弹一事，并向罗斯福讲了拿破仑当年拒绝美国发明家福尔顿想为法国建立一支蒸汽机舰队的建议的历史故事，并评价道："这是由于敌人缺乏见识而使英国得到幸免的一个例子。如果当时拿破仑稍稍多动一动脑筋，再慎重考虑一下，那么 19 世纪的历史进程也许会完全是另一个样子。"[1]

在这个故事的启发下，罗斯福做出了"立即采取行动"的决定，并于 10 月 19 日给爱因斯坦回了信。这封回信中写道："我亲爱的教授：我很感谢您最近的来信和信中所谈到的极为有趣而重要的事。我发现这种资料是如此的重要。我已经设立了一个委员会，包括代表陆军和海军的度量衡局长，来彻底研究您关于铀的建议的可能性。"[2]

罗斯福虽然对美国研制原子弹的计划很关心，但也只不过使该计划的进展稍稍加速了一点而已。1939 年年底，这些从事原子能研究的流亡科学家从美国政府那里得到的第一笔拨款不过 2000 美元，直在 1940 年 6 月西欧大陆被纳粹德国全面占领时，也总共只得到了 6000 美元。爱因斯坦于 1940 年 3 月 7 日给总统的第二封信也没有产生什么效果。这封信里特别谈到："自战争爆发以来，对铀的兴趣已经在德国强化了。我现在听到，那里的研究正在高度保密地进行，而且已经扩展到了另一个威廉皇家研究所，即物理学研究

1　罗伯特·容克：《比一千个太阳还亮》，北京，原子能出版社，1966 年版，第 73~74 页。
2　亚柏拉罕·派斯：《一个时代的神话，爱因斯坦的一生》，上海，东方出版中心，1998 年版，第 304 页。

所。"[1] 直到 1941 年 12 月 6 日，即日本偷袭珍珠港和美国正式参战的前一天，美国政府才通过了一项关于大量拨款和充分利用技术资源来制造原子武器的决议。[2]

三、原子弹的研制

一直处于战争前沿的英国丘吉尔政府，在研制原子武器上则要比美国罗斯福政府积极得多。大战爆发后不久，那位曾在 1938 年 12 月圣诞节期间前往瑞典探亲并与他的姨妈丽丝·梅特纳 (Lise Meitner) 一起提出"核裂变"概念的奥地利裔的著名犹太科学家奥托·罗伯特·弗里施 (Otto Robert Frisch)，从丹麦流亡到了英国，他与另外两位来自德国的流亡核物理学家鲁道夫·佩尔斯（Rudolf Peiers）、弗朗西斯·西蒙 (Francis Simon) 一起，在伦敦大学很快组成了"核研究小组"。到 1940 年 3 月，弗里施不仅验证了 238U 引发"链式反应"的可能性，还发明了一种分离系统，两周之内便能生产一磅纯238U，而根据他的计算，1 千克的 235U 就能制造一颗原子弹。随后不久，他又与佩尔斯一起，发明了分离铀同位素的新方法，并向丘吉尔政府提交了著名的《佩尔斯－弗里施备忘录》。丘吉尔立即批准了这项研制原子弹的计划，并开始向该计划拨款。但由于英国面临着德军的持续轰炸，环境上的安全得不到保证，加之资源上的严重不足，因此这项研究一直停留在研究室阶段。1940 年 9 月，英国甚至派出了以亨利·蒂泽德（Sir Henry Tizard）爵士为团长的科学家代表团访问美国，商议英美两国在该领域内进行理论和实际工作中有系统的合作。但是直到 1941 年 10 月，罗斯福才以一份给丘吉尔的建议，做出了两国在此项工作上进行合作的肯定答复。[3]

1　亚柏拉罕·派斯：《一个时代的神话，爱因斯坦的一生》，上海，东方出版中心，1998 年版，第 304 页。

2　罗伯特·容克：《比一千个太阳还亮》，北京，原子能出版社，1966 年版，第 76 页。

3　William Hardy McNeill, *America, Britain and Russia, Their Cooperation and Conflict, 1941~1946*, London: Oxford University Press, 1953, p. 186.

随着日本偷袭珍珠港和美国正式参战，1942 年，西方盟国的原子弹计划开始进入一个全新的阶段。同年 6 月 20 日，丘吉尔向罗斯福建议，"英国放弃原子弹生产，把一切核工程技术和核工业生产都集中在美国"，并主动提出让"英国科学家提供协助"，要求的报偿是"英国全面分享从美国经验中所搜集的技术情报"。[1] 根据这项建议的内容，罗斯福和丘吉尔很快达成了《英美两国联合研制原子弹的协议》，此后，英国所有的核研究工作都集中到了美国。

与此同时，美国原子能研究工作的最高控制权也由科学家们的手中转到了美国政府军事委员会手中。1942 年 8 月 13 日，美国成立了由三名军政官员和两名科学家组成的军事政策委员会，领导代号为"曼哈顿工程区"的制造原子武器的庞大工程计划，同时还规定，所有参与该计划的科学家都必须严格遵守军事保密制度的规定。

当美国的"曼哈顿工程"开始启动时，流亡英国的核物理学家奥托·罗伯特·弗里施、鲁道夫·佩尔斯以及弗朗西斯·西蒙等人，带着他们的研究成果，作为英国方面投入的力量，前往美国新墨西哥州的洛斯 – 阿拉莫斯。事实上，这些作为英国方面的力量参与到"曼哈顿工程"中的人，全是那些遭到纳粹驱逐的流亡物理学家，因为英国本土的物理学家早已参与到其他重要的军事工程如雷达的发明之中去了。[2]

由于英国当局认为尼耳斯·H. D. 玻尔是绝不能落入德国人之手的"异常贵重的秘密工具"，因此决定把这位已于 1943 年 9 月 30 日流亡到瑞典的丹麦著名核物理学家经伦敦送到美国去。在将这个"危险的知识分子货物"从瑞典空运出来时，是把他安置在飞机的弹舱里的。为了保证他不会落入纳粹

1　William Hardy McNeill, *America, Britain and Russia, Their Cooperation and Conflict, 1941~1946*, London: Oxford University Press, 1953, p. 187.

2　Tom Ambrose, *Hitler's Loss, What Britain and America Gaines from Europe's Cultural Exiles*, London: Peter Owen Publishers, 2001, p. 189.

之手，进行这次偷运行动的飞行员甚至得到了这样的命令：如果真遇上德国人的攻击，就转动一下把手，将他丢到海里去。当玻尔到达伦敦时，已经奄奄一息，因为在飞行中，他在全神贯注地思考某些物理学问题，飞行员告诉他要戴上氧气面罩，他没有听到，所以当飞机升到30000英尺高空的时候，他很自然地昏迷过去了。[1] 到达伦敦后，这位著名的犹太科学家才得知正在美国进行的原子弹制造计划，而且他很快就作为"英国方面的成员"于1943年10月底由伦敦飞往美国。

为了原子弹的设计和试制工作，美国组织了大量的人力、物力，整个"曼哈顿工程"由加利福尼亚大学的理论物理学家罗伯特·奥本海默负责领导。1943年3月，美国在新墨西哥州的洛斯－阿拉莫斯建立起规模庞大的实验室，一大批有才干的欧洲流亡科学家成为了这个工程的中坚力量。在最为著名的人物中，不仅有尼耳斯·H. D. 玻尔、恩里科·费米、莱奥·西拉德、尤金·P. 维格纳、爱德华·特勒、约翰·冯·诺伊曼、奥托·罗伯特·弗里施、鲁道夫·佩尔斯以及弗朗西斯·西蒙等，还有在这个工程中担任理论研究部主任的来自德国的著名物理学家汉斯·A. 贝特（Hans A. Bethe）。这些流亡科学家与美国本土科学家紧密合作，不断取得了新的进展。在这方面，美国本土科学家也做出了不小的贡献。

例如，玻尔曾经认为，在天然铀中，同位素235U只占0.7%，其余的99.3%都是同位素238U，而238U嗜食中子却不发生裂变，反而会妨碍链式反应的进行，因此，要获得足够数量的可裂变材料，除了分离235U外，必须另辟新路。但1940年美国物理学家埃德温·M. 麦克米伦（Edwin M. McMillan）通过试验证明，238U在俘获中子后，变成了原子序数为93的新元素镎。同年，美国核化学家格伦·T. 西柏格（Glenn T. Seaborg）发现，镎

---

[1] 尼耳斯·布莱依耳：《和谐与统一，尼耳斯·玻尔的一生》，上海，东方出版中心，1998年版，第296页。

239 经过 β 蜕变，成为了另一种新元素钚，239 钚也是放射性元素，半衰期为 24400 年，性质类似于 235U，也能在慢中子作用下发生裂变，因此，238U 仍然可以作为制造原子弹的原料。[1]

为研究链式反应实现的实际条件，以及利用天然铀中的 238U 来制造钚，1942 年 10 月，在意大利流亡核物理学家恩里科·费米的领导下，芝加哥大学建造了一个 6 米高的核反应堆。1942 年 12 月 2 日，这个核反应堆开始运行，标志着人类第一次实现了自持链式反应，并开创了可控核能释放的历史。但由于这个反应堆功率太小，其运行功率只达到 200 瓦，所生产的钚不能满足制造原子弹所需的量，因此，在 1943 年又建造了一个运行功率达 1000 千瓦的核反应堆，每天可生产 1 克钚。[2]

四、反对使用原子弹的努力

当纳粹德国于 1945 年 5 月 8 日无条件投降时，西方盟国这时才发现，纳粹德国并没有制造出原子弹，甚至连生产 235U 或 239 钚的工厂都没有，也没有能与美国相比的铀锅炉。

爱因斯坦在战后曾深感遗憾地说："如果当时我知道德国人在制造原子弹方面不能获得成功，那我连手指也不会动一动的。而当时我们对第三帝国在制造解决战争的新式武器的能力方面，估计得过高了。"[3] 盟国委员会的调查报告中也说明，纳粹头子们犯了严重的错误，他们盲目地相信，只用当时他们拥有的武器，采取闪电式进攻的办法来发动战争，就能取得决定性的胜利。直到 1942 年德国还没有注意到制造新武器的问题，希特勒当时甚至还下过这样一道命令：如果提出的新武器计划不能保证在 6 个星期内制造出用于战场的武器，那么任何计划都不能进行。[4] 德国在战争期间制造出的最新

1　李佩珊、许良英主编：《20 世纪科学技术简史》，北京，科学出版社，1999 年版，第 66 页。
2　同上。
3　罗伯特·容克：《比一千个太阳还亮》，北京，原子能出版社，1966 年版，第 58 页。
4　同上书，第 114 页。

式武器是远程火箭"V-2"，当他们使用这种武器的时候，德国的败局已无可挽回了。

德国科学史专家罗伯特·容克（Robert Jungk）分析了德国之所以未能制造出原子弹的原因。他指出："第一个原因是缺乏有才干的物理学家，因为他们都被希特勒驱逐出境了。第二是，纳粹分子们对军事方面的科研工作组织得不好，同时纳粹政府对于科研工作的意义也缺乏了解。第三是，实验室里缺乏进行这种复杂研究工作用的适当设备。最后一个原因是在德国从事原子研究工作的德国专家们并不希望获得成功。他们由于政府方面的忽视，就未采取任何措施来克服各种障碍以加速制造原子弹的进程。当然，到 1942 年底，苏联空军开始了大规模的轰炸，也给他们带来了无法克服的技术上的困难。"[1] 德国铀计划设计的负责人维尔讷·海森堡（Werner Heisenberg）也于 1946 年年底在《自然科学》杂志上证实说，"'外部环境'帮助了德国从事原子研究的科学家们对制造还是不制造原子弹这一难题做出了决定。"[2]

事实上，当 1945 年 3 月垂死挣扎的纳粹德国还没有拿出原子弹来的时候，莱奥·西拉德就已经敢断言，德国没有制成原子弹。这位原子武器的创始人开始认为，制造和使用原子弹的理由已不存在了。他后来谈到了他当时的真实想法："1943 年和 1944 年初，我们主要担心的是德国可能在我们打入欧洲之前就制成原子弹。到 1945 年，我们就不再担心德国会用原子弹轰炸我们

1　罗伯特·容克：《比一千个太阳还亮》，北京，原子能出版社，1966 年版，第 59 页。
2　罗伯特·容克：《比一千个太阳还亮》，北京，原子能出版社，1966 年版，第 60 页。关于纳粹德国为什么没能研制出原子弹的讨论，至今也无定论。不过，现在有不少西方科学史专家比较倾向于一种"技术原因说"：既不是由于纳粹德国的物理学家们道德上的顾虑，也不是由于缺少重水，更不是由于希特勒在武器问题上短期解决方案的优先权，而是由于维尔讷·海森堡（Werner Heisenberg, 1901~1976）致命的计算错误，这使他误认为研制原子弹需要大量的铀。1944 年末，纳粹德国的物理学家所做的最后实验中已经使用了石墨而不是重水，这本身就是一个不详的惊人进步，而他们过去是依赖重水作为缓和剂的，这意味着他们从一开始就走错了路。参见 Tom Ambrose, *Hitler's Loss, What Britain and America Gaines from Europe's Cultural Exiles*, London: Peter Owen Publishers, 2001, p. 192.

了，而我们担心的却是美国政府可能用原子弹轰炸别的国家。"[1]

出于这种担心，莱奥·西拉德早在美国还没有爆炸成功第一颗原子弹以前的 1945 年 3 月 25 日，就起草了一封信，由爱因斯坦署名，同时爱因斯坦自己也给美国总统写了一封信，这两封信一并呈递给罗斯福。这份文件也最早地预言了原子军备竞赛和洲际导弹的危险："关于铀的工作现在已经进行到了最后阶段。在不久的将来军方就可以爆炸原子弹了。这种炸弹的演习期马上就要到来，自然，战争署很关注这种炸弹在战争中对付日本的作用。然而，许多科学家对这个领域在将来的发展持保留态度。他们认为，我们正在走上一条摧毁美国迄今在世界上拥有的强势地位的道路。可能只要几年的时间，这就会变得非常明显。也许我们马上要面对的最大威胁是，原子弹的演习将使美国和俄国陷入制造这种发明的军备竞赛之中。如果我们继续追求我们现在的成果，我们在开始所具有的优势将在这场竞赛中化为乌有。"[2] 但是，罗斯福并未见到这两份文件，因为当这两份没有看过的文件还在总统的办公桌上放着的时候，他却在 1945 年 4 月 12 日突然逝世了，而接任的杜鲁门却对此置之不理。

同年 6 月，在莱奥·西拉德的串连下，芝加哥大学的物理学家们组织了一个"反对使用原子弹委员会"，由德国流亡科学家、诺贝尔奖得主詹姆斯·弗兰克（James Frank）担任主席。这些科学家认为自己有责任行动起来，因为只有他们才深知那种人们所不能想象的严重危险性。1945 年 6 月 11 日，他们向美国陆军部长递交了一份请愿书，即著名的《弗兰克报告》。这份报告指出："现代的科学家不同于过去数百年前的发明家的那种情况，科学家提不出防御新式武器的足够有效的方法，因为原子弹的破坏力超过了现有一切

1　罗伯特·容克：《比一千个太阳还亮》，北京，原子能出版社，1966 年版，第 124 页。
2　Donald Fleming and Bernard Bailyn (eds.), *The Intellectual Migration, Europe and America, 1930~1960*, Cambridge, Massachusetts: Harvard University Press, 1969, p. 146.

武器的破坏力。这种防御是不能通过科学家的种种发明来保证的，而只有通过世界性的新政治组织才能实现。"根据这一论点，他们还十分正确地预见到，科学知识是任何人也无法垄断的，如此下去，将来一定会展开军备竞争。这份报告还表示，"为了避免这种竞赛，必须在相互信任的基础上刻不容缓地采取对原子军备建立国际监督的措施。"[1] 他们希望，立即由美国倡议，并召开一次国际性的原子研究会议。

1945 年 7 月 3 日，莱奥·西拉德又联合 69 位著名科学家写了一份《紧急请愿书》送交白宫。《紧急请愿书》中这样写道："我们相信美国不应该在现在的战争时期采用原子弹，至少要在公开强迫日本投降，而日本拒绝投降时再使用。前几年，世界呈现出很明显的残暴上升趋势。现在我们的空军攻击日本城市，与前几年美国公众谴责德国应用于英国城市的战争手段一样。若我们在这场战争中使用原子弹，会使世界在残暴的道路上更进一步。"[2] 但所有这些努力都无济于事。在 1945 年 7 月 16 日美国于新墨西哥州的荒漠上成功爆炸了第一颗原子弹后（爆炸力相当于 2 万吨 TNT 炸药），杜鲁门等人不顾一切正义呼声，悍然下令向日本城市广岛和长崎投下了刚制造出来的也是仅有的两颗原子弹。8 月 6 日和 8 月 8 日的这两次原子弹攻击，造成了对这两座城市毁灭性的破坏力。

五、从原子弹到氢弹

美国当局之所以要一意孤行地对日本使用原子弹，除了减少美国士兵的伤亡外，主要是为了显示原子弹的威力和美国的国力，以达到主宰世界的目的。由于原子弹是动员了 15 万人，历时 3 年，耗资 20 亿美元才研制成的，他们估计，别的国家在近期内不可能集中如此庞大的人力、物力，只要美国

---

1   罗伯特·容克：《比一千个太阳还亮》，北京，原子能出版社，1966 年版，第 128~129 页。
2   Donald Fleming and Bernard Bailyn (eds.), *The Intellectual Migration, Europe and America, 1930~1960*, Cambridge, Massachusetts: Harvard University Press, 1969, p. 150.

垄断了制造原子弹的秘密，就能称霸世界。然而，要想使任何一个具有第一流科学水平的大国在短期内不了解原子的秘密是不可能的。就在战争结束后不到一年，苏联通过潜入"曼哈顿工程"的间谍，盗取了美国制造原子弹的科学机密，便很快建成了大型反应堆，并于 1949 年制成了原子弹，美国的核垄断已被打破。与此同时，一场美苏之间的核军备竞赛开始了。在这种气氛下，制造更大威力的超级核武器——氢弹——在美国迅速提上了议事日程。

与原子弹所依据的核裂变原理不同，氢弹的基本原理在于核聚变，即将某些轻核聚合成较重的核，这种聚变时放出的能量要比裂变大几倍至十几倍。早在 1938 年，流亡到美国康乃尔大学的德国物理学家汉斯·A.贝特和德国的物理学家卡尔·F.冯·魏茨赛克已分别证明，依靠氢核聚变成氦核，是太阳能不断发出强大辐射的原因。[1]

要使氢发生聚变，首先需要 10 亿度以上的高温，这在地球上是难以实现的。即使是氢的同位素氘或氚，聚变温度虽要低些，但也分别在 4 亿度和数百万度以上。氘可以直接从海水中提取，而氚是自然界中不存在的放射性元素，因而需要人工来制备。1934 年，卢瑟福等人用氘打氘靶，获得了弱放射性的氚。1944 年，费米又计算出，氘－氚混合核燃料的聚变点火温度为 5千万度以上，比氘－氚的聚变温度要低得多。但即使是这样的温度，在当时的实验条件下，也同样无法达到。[2]

流亡到美国的匈牙利裔的德国物理学家爱德华·特勒曾多年从事星球热核反应研究。早在 1942 年，他就已经想到，在原子弹的外层包上一层聚变燃料，利用原子弹爆炸时产生的高温和高压来点燃聚变燃料，从而引起氢核聚变，这样就可以制成比原子弹威力大 1000 倍的超级炸弹，即氢弹。从那时开始，他就领导了一个小组致力于被称之为"我的宝贝"的超级炸弹的研究工作。

1　李佩珊、许良英主编：《20世纪科学技术简史》，北京，科学出版社，1999 年版，第 68 页。
2　同上。

但由于当时遭到罗伯特·奥本海默等人的反对，有关氢弹的设想和研究工作才被搁置下来。战争结束后，他成为了芝加哥大学物理学教授，并继续进行制造氢弹方面的研究工作。到 1946 年，他已很有把握地认为，在两年时间里就可能制造出这样的炸弹。[1]

战后美苏之间进行的核军备竞赛愈演愈烈，为了领先于苏联，美国总统杜鲁门于 1950 年 1 月下达了制造氢弹的命令。当白宫一发出指令，洛斯－阿拉莫斯的理论研究室便又开始紧张地工作起来。在氢弹的具体制造方面，扮演主角的也同样是这些欧洲流亡来的科学家，如爱德华·特勒、恩里科·费米、约翰·冯·诺伊曼等人，但最为关键性的人物是博学多才的德国流亡物理学家汉斯·A. 贝特。"他在制造自己又怕又恨的炸弹过程中起了决定性的作用，正是他受委托写出了超级炸弹的制造技术规程。"[2]

要成功地制成氢弹，首先必须进行周密的计算工作。因为要制造这种超级炸弹，就要准确地求出与热核爆炸有关的一切。这的确是一个非常复杂的问题，因为这关系到瞬间内发生的最复杂的物理过程的顺序，而它的每一个步骤都必须事先预料到，并以最大的精确度计算出来。因此，要想达到这一切，就必须有极复杂的计算机。在这个问题上，被称之为"世纪天才"的约翰·冯·诺伊曼立了大功。根据他的设计，美国制造出第一台"数学分析数值积分器和计算机"，即"曼尼阿克"大型电子计算机，并将它用于氢弹制造的计算工作中。[3] 有了这部计算机，"以前需要三个人计算三个月的问题，现在只需要 10 个小时就行了，这对于氢弹的设计有着很大的意义。"[4] 不仅如此，它还同时标志着人类"计算机时代"的到来。

1　罗伯特·容克：《比一千个太阳还亮》，北京，原子能出版社，1966 年版，第 188 页。

2　同上书，第 200 页。

3　这种计算机的英文名字中的每个词的头一个字母组成"MANIAC"，汉译为"曼尼阿克"。——作者

4　罗伯特·容克：《比一千个太阳还亮》，北京，原子能出版社，1966 年版，第 207 页。

由于解决了计算问题，氢弹的制造也就变得顺利多了。1952 年 10 月 31 日，美国在马绍尔群岛的一个珊瑚岛上爆炸了第一颗氢弹，其爆炸力相当于 300 万吨 TNT。几个月后，苏联也同样制成了氢弹，并于 1953 年 8 月 12 日爆炸成功。从此，这场战后的核军备竞赛在更高的水准上、以更大的规模开展起来。

原子能的释放，是 20 世纪最激动人心的科学成就，它使整个人类的生活发生了深刻的变化，并极大地加速了社会进步。不幸的是，原子能的实际应用，最初却是以毁灭性的杀人武器的形式出现的，从而使本来能为人类创造幸福的能源，竟成为悬在人类头上最危险的利剑。广岛事件的发生，使 1939 年 8 月呈递那封历史性信件的流亡科学家爱因斯坦、西拉德等人受到了极大的震动。他们为了摆脱德国的民族主义和军国主义，流亡到几千英里之外的美国来，可是他们现在却惊讶地发现，这些力量已经闯入了美洲大陆，而且无论是他们充满愤慨的演说，还是他们发出的宣言和抗议都无法阻挡这样的力量。他们深深地为世界的命运感到担忧，并决定采取更为坚决的行动。于是，在爱因斯坦、西拉德、弗兰克等人的倡导之下，一个以"对核能实行国际监督"以及"和平利用原子能"为目标的强大运动在各国广泛开展起来，从而使利用原子能为战争还是为和平服务的问题，成为了战后国际斗争的焦点之一。历史上还从来没有哪一个科学技术问题，像原子能问题那样，在社会、政治和思想上产生如此直接而严重的影响。[1]

毫无疑问，在制造原子弹和制止核战争的问题上，20 世纪 30 年代流亡美国的这些欧洲科学家始终都是真正的主角。当他们的智慧与美国强大的工业生产力结合在一起的时候，便迎来了人类的"原子时代"。但是当他们发现他们"无权支配自己所创造的科学成果"的时候，又用他们科学家的良心

1　李佩珊、许良英主编：《20 世纪科学技术简史》，北京，科学出版社，1999 年版，第 67 页。

和社会责任感，唤起了各国人民保卫世界和平、防止核战争的努力。

　　总之，来自欧洲的流亡科学家之所以能对美国的科学事业做出伟大贡献，一方面要归因于他们本身所具有的非凡的科学才能与创造力，另一方面也要归因于美国当时已具有的优越的科学发展条件。这些流亡美国的欧洲科学家难民的幸运之处就在于，他们并非来到了一片科学的"荒漠之地"，恰恰相反，而是来到了一个科学事业正在蒸蒸日上并迅速发展的民主国家。这个国家与欧洲之间在科学文化上的交流活动正在日益加强，其自身的科学队伍也在 20 世纪 20 年代得到了相当迅速的发展，其大学的学科发展条件甚至在某些方面已经接近世界水平，并正在吸引越来越多的欧洲科学家。正当 30 年代这个国家在新的科学领域里亟须世界级大师们的指导时，纳粹德国的"文化清洗运动"以及战争初期的"速胜效应"，为这个国家及时地送来了如此之多的科学巨匠，这当然不能不是美国科学事业的幸运。这些流亡科学家以他们的聪明才智和杰出成就，回报了这个为他们提供"避难所"的国家，他们不仅在自然科学发展史上创造了一个伟大的"英雄时代"，而且也将美国的大学顺利地送上了"世界科学中心"的位置上。

本章参考书目

中文

李佩珊、许良英主编，《20 世纪科学技术简史》，北京，科学出版社，1999 年版。
罗伯特·容克：《比一千个太阳还亮》，北京，原子能出版社，1966 年版。
康斯坦丝·瑞德：《希尔伯特——数学王国的亚历山大》，上海，上海科学技术出版社，2001 年版。
康斯坦丝·瑞德：《库朗，一位数学家的双城记》，上海，东方出版中心，2002 年版。
尼耳斯·布莱依耳：《和谐与统一，尼耳斯·玻尔的一生》，上海，东方出版中心，1998 年版。

亚柏拉罕·派斯：《一个时代的神话，爱因斯坦的一生》，上海，东方出版中心，1998 年版。

德文

Siegfied Grundmann, *Die Auslandsreisen Albert Einstein,* In: Schriftenreihe für Geschichte der Naturwissenschaften, Technik und Medizin, N.6, 1965.

Karl-Heinz Manegold, *Universität, Technische Hochschule und Industrie, Ein Beitrag zur Emanzipation der Technik im 19. Jahrhundert unter besonderer Berüchsichtigung der Bestrebungen Felix Kleins,* Berlin: Springer Verlag, 1978.

英文

Jarrell. C. Jackman and Carla M. Borden (eds.), *The Muses Flee Hitler, Cultural Transfer and Adaptation, 1930~1945*, Washington, D.C.: Smithsonian Institution Press, 1983.

Daniel J. Kevles, *The Physicists, The History of a Scientific Community in Modern America,* New York: Alfred A. Knopf, 1978.

Donald Fleming and Bernard Bailyn (eds.), *The Intellectual Migration, Europe and America, 1930~1960,* Cambridge, Massachusetts: Harvard University Press, 1969.

Katherine Sopka, *Quantum Physics in America, 1920~1935,* New York: Arno Press, 1981.

Werner Heisenberg, *Physics and Beyond,* New York: Harper and Row, 1971.

Philipp Frank, *Einstein, His Life and Times,* New York: Alfred A. Knopf, 1947.

Albert Einstein, *My First Impressions of the U.S.A*, New York: Crown Publishers, Inc., 1954.

Philipp Frank, *Einstein, His Life and Times,* New York: Alfred A. Knopf, 1947.

Abraham Pais, *Einstein Lived Here,* Oxford and New York: Oxford University Press, 1994.

Gerald Holton and Yehuda Elkana (eds), *Albert Einstein, Historical and Cultural Perspectives,* Princeton: Princeton University Press, 1982.

Maunic R. Davie, *Refugees in America, Report of the Committee for the study of recent Immigration from Europe,* New York: American Metal Company, 1947.

David Clleo, *The German Problem Reconsidered,* London: Cambridge University Press, 1978.

Owen Hannaway, *The German Model of Chemical Education in America, Ira Remsen at Johns Hopkins, 1876~1913,* New York: Columbia University Press, 1976.

Arnold Thackray, *Chemistry in America, 1876~1976,* Boston: Reidel, 1982.

Robert H. Billgmeier, Americans *from Germany, A Study in Cultural Diversity*, Belmont: CA Wadsworth. Publishing, 1974.

Fritz Haber, *The Chemical Industry, 1900~1930, International Growth and Technological Change,* Oxford: Calrendon Press, 1971.

Robert E. Kohler, *From Medical Chemistry to Biochemistry,* Cambridge: Cambridge University Press, 1982.

David S. Wyman, *Paper Walls, America and the Refugee Crisis, 1938~1941,* Amherst: University of Massachusetts Press, 1968.

Walter Adams, *The Refugee Scholars in the 1930s,* in : The Political Quarterly, 39(1968).

Norbert Wiener, *I am a Mathematician,* Cambridge, Massachusetts: Harvard University Press, 1964.

Carl. A. Browme, *The Role of Refugees in the History of American Science*, in: Science, 91(1940).

Lindsay Harmon and Herbert Soldz, *Doctorate Production in United States Universities,* Washington, D. C.: National Academy of Sciences—National Research Council, 1963.

Klaus Hentschel (ed.), *Physics and National Socialism: An Anthology of Primary Sources,* Boston: Birkäuser Verlag, 1996.

István Hargittai, *The Martians of Science, Five Physicists Who Changed the Twentieth Century,* London: Oxford University Press, 2006.

William Hardy McNeill, *America, Britain and Russia, Their Cooperation and Conflict, 1941~1946,* London: Oxford University Press, 1953.

Tom Ambrose, *Hitler's Loss, What Britain and America Gaines from Europe's Cultural Exiles,* London: Peter Owen Publishers, 2001.

第六章　美国人文社会科学的"国际化"发展

在 1933 年开始的这场知识难民潮中，与那些流亡美国的自然科学家一样，流亡人文、社会科学家同样具有独特的地位，这是因为任何科学从根本上讲都是"跨国界"和"国际性"的。著名的流亡神学家保罗·蒂尼希（Paul Tillich）早在 1937 年就看到了这些流亡人文、社会科学家的到来对美国科学文化发展的重要意义，并认为："流亡的经历是对知识分子最为重要的考验，真正的创造性精神也正来源于那些在这个世界上不知疲劳、四处探寻的漫游者。"[1] 美国著名社会学家路易丝·沃思（Louis Wirth）也做出了这样的评判："思想宇宙中的知识分子一直就是到处漂泊、四海为家的人！"[2]

这些人文、社会科学家之所以能在流亡中发挥出他们的创造性精神，当然也要归因于美国提供的那些相当有利的起始条件。尽管有"孤立主义"的舆论空气，有机构制度上的阻碍，有高校"对外来科学家的恐惧症"，但是，这里也有"罗斯福时代"那种乐观主义精神的吸引力。尤其是那些在政治上有极大影响的美国"新政"人士们，他们张开双臂接纳了这些流亡人文、社会科学家和知识分子，并将他们作为思想上的"近亲"来欢迎。在这种气氛中，这些新来者与美国人之间彼此相互做出了保证：为他们各自世界观的"非地方化"做出贡献。在那种特别得到强调的、也是令人庆幸的"跨大西洋组合"

1　Paul Tillich, *Mind and Migration*, in: Social Research 4 (1937), New York, p. 305.

2　Mathias Greffrath,(Hrsg.), *Die Zerstörung einer Zukunft, Gespräche mit emigrierten Sozialwissenschaftlern*, Reinbek: Rowhlt Verlag, 1979, S. 328.

上，这些最有创造力的流亡人文、社会科学家，终于成为了两种文化之间的"桥梁建筑师"，并将美国大学的人文社会科学学科推向了"国际化"发展的新阶段。要了解这一点，有必要将目光特别集中于欧洲流亡人文、社会科学家为美国做出最大贡献的学科领域上，这些学科是艺术史、音乐学、社会学、经济学和国际关系学。

第一节　流亡艺术史专家与美国的艺术史学科

德国是从事艺术史研究最早的国家，甚至这门学科本身就是由德国人开创的。艺术史的第一个教授岗位诞生于 1813 年的哥廷根大学，占据这个岗位的是出生于汉堡的有犹太血统的约翰·多米尼克·费奥尼洛（Johann Dominic Fiorillo）。从那时以后，越来越多有犹太血统的学者在德国大学中占据着这种教授岗位。19 世纪中叶，当艺术史研究在德国大学中确立它的独立地位时，最著名的艺术史专家是柏林大学那位有犹太血统的大师费利克斯·门德尔逊（Felix Mendelssohn）教授。[1]

为什么有犹太血统的人会对艺术史情有独钟呢？这首先是因为对艺术史的研究需要一种直觉与学问之间奇特的融合，实际理论是经常与知识应用并行发展的。犹太人长期以来一直被限制在商业行当之中，贸易交往、借贷、典当、珠宝交易，所有这些都涉及实在、快速的估价。因此，在有着悠久经商传统的犹太民族中，很自然地发展出一种善于观察艺术品的倾向、一种对物件的外观标志特有的敏感性，而这种倾向和能力在他们过去几千年的求生过程中不断获得了提升。珠宝、皮毛、纺织品，所有这些可以触摸的东西不

1　Karl Strobel (Hrsg.), *Die deutsche Universität im 20. Jahrhundert*, Grefswald: SH - Verlag, 1994, S. 32.

断地培养着他们对商品样式和价值的感觉意识，显然，一种对艺术品历史的知识能有助于对这些特殊商品进行准确的估价。[1] 从这个意义上讲，犹太人也是往往鼓励他们的孩子去掌握这方面的知识的。

19 世纪中叶到 20 世纪前 30 年，随着越来越多的犹太子弟进入到德国大学的艺术史专业中学习，在这些人当中出现了越来越多的艺术史专家。其中的著名人物有：保罗·弗兰克尔（Paul Frankl）、马克斯·J. 弗里德伦德尔（Max J. Friedländer）、瓦尔特·弗里德伦德尔（Walter Friedländer）、古斯塔夫·格吕克（Gustav Glück）、阿道夫·戈尔德施密特（Adolph Goldschmidt）、格奥尔格·施瓦成斯基（Georg Swarzenski）、汉斯·蒂茨（Hans Tietz）、阿比·瓦尔堡（Aby Warburg）、埃尔温·帕诺夫斯基（Erwin Panofsky）、维尔纳·魏斯巴赫（Werner Weisbach）、海因里希·沃尔富林（Heinrich Wölfflin）等。[2] 大量艺术史专家的涌现，标志着德国大学的艺术史研究进入了它的"全盛期"，也代表了世界艺术史研究的最高水平。而在当时的美国，艺术史学科的发展还处于刚刚起步的阶段。

一、1933 年以前美国艺术史学科的滞后发展

在美国，艺术史学科的发展要比德国晚得多。19 世纪中期，当德国的艺术史研究进入它的全盛期时，美国人才刚开始对艺术史这一学科表现出兴趣。通过对欧洲相关著作的翻译出版，美国人了解到慕尼黑、柏林、汉堡、维也纳先进的艺术史研究，一些大学开始设置艺术史课程，但即使在最早设置艺术史讲师岗位的密歇根大学和纽约大学，也还完全谈不上对艺术史的研究。从 1850 年到 1890 年间，美国最有才能的文科学生，包括学习艺术史的学生

1　Donald Fleming and Bernard Bailyn (eds.), *The Intellectual Migration, Europe and America, 1930~1960*, Cambridge, Massachusetts: Harvard University Press, 1969, p. 555.

2　Adolph Kohut, *Alexander von Humboldt und das Judentum, Ein Beitrag zur Culturgeschichte des Neunzehnten Jahrhundert*, Leipzig: Teubner Verlag, 1931, S. 33.

在内，往往前往德国留学。这不仅是由于德国的艺术领域深深吸引着美国的年轻人，更是因为他们能在德国大学里通过接受一种被称之为"洪堡模式"的专门训练而获得深造。在这种模式中，研究与教学是紧密结合在一起的，而这种结合在当时的美国大学里还没有出现。直到 1876 年创办约翰·霍布金斯大学时，美国才真正开始引入这种教育模式。

19 世纪末至 1914 年第一次世界大战爆发前，在美国大学的艺术史专业萌芽缓慢成长的同时，各地的艺术陈列馆、博物馆开始建立起来，收藏品也逐渐丰富。第一次世界大战以后，美国那些居领导地位的大学开始设置相应的教授岗位，同时出版了头一批真正与艺术史相关的学术出版物，这也标志着艺术史作为高校独立的学科专业在美国开始得到了承认。随着私人艺术收藏家数量的迅速增加、博物馆的扩大、新发掘工作的完成，美国公众对艺术史问题的兴趣终于被唤醒，并在 20 至 30 年代早期达到了一个前所未有的高潮。科学上的研究，加上受过教育的外行圈子的参与，使得美国公众的这种兴趣不仅从深度上，而且从广度上都在持续不断地扩大。[1] 与此同时，对知识深度的新要求，导致美国的大学开始聘请一批德国学术界的模范人物前来讲学和任教。

最早前往美国讲学的德国艺术史专家是阿道夫·戈尔德施密特，他曾在 1921 年、1927 年两度到哈佛大学讲学，并在 1930 年被美国人挽留下来，担任了纽约大学的艺术史教授。第二位到美国讲学的是古斯塔夫·泡利（Gustav Pauli），这位汉堡艺术博物馆杰出的文化主管，于 1922 年前往哈佛大学日耳曼博物馆讲学，他举办了一期有关早期德国印刷品的专题讨论班，并发表了关于德国从古典主义到"表现主义"的印刷品的公开演讲。第三位是东方学专家阿尔弗雷德·萨尔摩尼（Alfred Salmony），他也于 1926 年至 1927 年

---

1 Helge Pross, *Die Deutsche Akademische Emigration nach den Vereinigten Staaten, 1933~1941*, Berlin: Duncker und Humblot Verlag, 1955, S. 60.

前往哈佛大学讲学。[1]

　　希特勒上台之前，已有好几位德国艺术史专家被聘到美国的大学，担任这门基础学科的教学工作。例如，著名东方学家路德维希·巴赫霍费特（Ludwig Bachhofet）来到了芝加哥大学，著名德国早期绘画研究专家奥斯卡·哈根（Oscar Hagen）领导了威斯康辛大学的艺术系，鲁道夫·迈尔·里夫斯塔（Rudolph Meyer Riefstahl）加盟了纽约大学的艺术系，而威廉·S. 赫克谢尔（William S. Heckscher）来到了哈佛大学的中世纪艺术系。[2] 由于这些人物的到来，美国的艺术史研究已有一定的进步，但仍处于一种相当零散的状态。因此，将它建成一个统一的学科并赋予它国际水平，成为了 1933 年后流亡美国的德国流亡艺术史专家们的任务。

二、美国大学对德国流亡艺术史专家的接纳

　　1933 年 4 月开始的纳粹德国"文化清洗运动"给美国的艺术史学科的发展带来了天赐良机。所有德国大学中凡有犹太血统的艺术史专家均被扫地出门，这些艺术史专家中，少部分随汉堡大学的"瓦尔堡研究所"流亡到英国伦敦，而绝大多数都流亡到美国。这是因为不仅在岗位的安置上、而且在科学研究和教学领域发挥影响的可能性上，美国都有最好的条件。据美国学者科林·埃斯勒（Colin Eisler）的统计，共有 77 名艺术史专家（包括那些当时还没有获得博士学位的第二代流亡学者在内）为逃避纳粹的迫害而来到美国，并在这个国家继续他们的研究。[3]

　　这些流亡艺术史专家中的著名人物有保罗·弗兰克尔、瓦尔特·弗里

1　Udo Kultermann, *Geschichte der Kunstgeschichte, der Weg eine Wissenschaft*, Vienna: Econ-Verlag, 1966, S. 344.

2　Udo Kultermann, *Geschichte der Kunstgeschichte, der Weg eine Wissenschaft*, Vienna: Econ-Verlag, 1966, S. 345.

3　Donald Fleming and Bernard Bailyn (eds.), *The Intellectual Migration, Europe and America, 1930~1960*, Cambridge, Massachusetts: Harvard University Press, 1969, p. 629.

德伦德尔、汉斯·蒂茨、埃尔温·帕诺夫斯基、维尔纳·魏斯巴赫、格奥尔格·施瓦成斯基、卡尔·勒曼（Karl Lehmann）、阿尔弗雷德·萨尔莫尼、雅可布·罗森贝格（Jacob Rosenberg）、理查德·克劳特海默（Richard Krautheimer）、理查德·埃廷豪森（Richard Ettinghausen）、奥托·汉堡格（Otto Hamburger）、马丁·魏因贝格（Martin Weinberger）、查勒斯·德·托尔雷依（Charles de Tolnay）、奥托·本尼希（Otto Benesch）、格奥尔格·M.汉夫曼（George M. Hanfmann）、汉斯·胡特（Hans Huth）以及艾因玛努尔·温特尔尼茨（Einmanuel Winternitz）等。[1]

为德国流亡艺术史专家与美国高校之间进行穿针引线的重要人物是保罗·J.萨克斯（Paul J. Sachs）。保罗·J.萨克斯出生于纽约一个德国犹太移民的家庭，年轻时在哈佛大学学习艺术，毕业后曾在一家艺术机构工作，后成为哈佛大学绘画研究方面的教授，也是在这所名牌大学的艺术史领域中获得重要地位的第一位德裔犹太人。由于他的背景和职业与30年代的流亡学者十分相似，因而也往往被人们视为"移民学者"。保罗·J.萨克斯同时也是一位对美国的博物事业有特别贡献的人。他不仅是美国福格（Fogg）美术博物馆的创立者，而且他在哈佛大学的教学活动为20世纪30年代众多的美国博物馆培养了大批工作人员。由于他始终维系着哈佛大学与纽约新生富翁之间的密切联系，因而能在担任哈佛大学终身教授的同时，出任美国博物馆董事联合会主席以及史密斯学院、波士顿美术博物馆、当代美术协会以及现代美术博物馆的信托人。这位美国博物学界中的头号人物，对1933年后大量的德国流亡学者表达了最深切的同情，许多著名的德国流亡艺术史专家，例如，奥托·本尼希、格奥尔格·M.汉夫曼、汉斯·胡特、雅可布·罗森贝格、格奥尔格·施瓦成斯基、艾因玛努尔·温特尔尼茨以及其他许多人，都是通过

1　Udo Kultermann, *Geschichte der Kunstgeschichte, der Weg eine Wissenschaft*, Vienna: Econ-Verlag, 1966, S. 348.

他的介绍才被美国高校和著名的博物馆接纳的。正是在他的热情帮助下，许多流亡者才在不太友好的工作环境中获得了足够的安全感和稳定感。[1]

纳粹主义在德国的崛起不仅使美国的高校获得了德国高级人才上的大丰收，而且也使美国的博物馆获得了高级人才和艺术品上的双重丰收。在当时的德国，除了高校之外，所有的文化机构，包括博物馆、美术馆在内，也都成为了"文化清洗运动"的重灾区。魏玛时代德国最为著名的 28 家博物馆的馆长都被纳粹驱逐，其罪名是"颓废艺术的坚定支持者"，而"颓废艺术只是犹太人的发明"。不仅这些人被迫流亡，而且他们过去管理的艺术品中也有相当部分流入美国。这要归因于 1937 年纳粹当局在慕尼黑举办的"颓废艺术品展览"。在这次"最后的展览"之后，还举行了大规模的拍卖会，将著名的"表现主义"艺术大师如马赖、伦勃朗、克里、贝克曼以及其他艺术家的"颓废艺术作品"尽数卖掉。来自美国的犹太艺术品商人抓住了这次机会进行了大量收购，并在营救过程中将这些遭到驱逐的博物馆馆长以及大批博物学家接到了美国，因而形成了一种德国艺术家、艺术作品、艺术史专家"同时进口"到美国的奇观。实际上，这也使很多德国的博物学家又在美国与他们过去研究和管理的艺术品重新聚集在一起。[2]

在接纳德国流亡博物学家上，那些美国著名的犹太人家族最为积极。例如，在美国犹太人最为集中的纽约，就有莱辛·罗森沃德（Lessing Rosenwald）家族、所罗门·古根海默（Solomon Guggenheimer）家族、希拉·雷贝（Hilla Rebay）家族、费利克斯·瓦尔堡（Felix Warburg）家族、瓦尔特·科克（Warter Cock）家族。这些犹太人家族不仅对慈善事业、而且对艺术领域都有浓厚的兴趣。他们早在希特勒上台以前就十分关注德国艺术史的学术研

1　Donald Fleming and Bernard Bailyn (eds.), *The Intellectual Migration, Europe and America, 1930～1960*, Cambridge, Massachusetts: Harvard University Press, 1969, p. 592.

2　Paul Ortwin Rave, *Kunstdiktatur in Dritten Reich*, Hamburg: Gebr. Mann Verlag, 1949, S. 28.

究，而纽约那些最大规模的博物馆、艺术图书馆、画廊、艺术精品协会以及纽约大学艺术史研究所，都离不开他们的大力资助。[1] 正是他们，不仅前往德国抢购了那些"颓废艺术品"，而且还为遭到驱逐的德国博物学家们提供了进入美国必不可少的财政担保。

纽约大学的艺术史研究所成立于 1933 年，这个研究所的建立最清楚地说明了艺术史研究在美国的快速发展。短短两年时间里，它就接纳了 6 位著名的德国流亡艺术史专家，即埃尔温·帕诺夫斯基、恩斯特·赫尔茨菲尔德、理查德·埃廷豪森、卡尔·勒曼、奥托·汉堡格、马丁·魏因贝格。再加上 1930 年就到此的阿道夫·戈尔德施密特，很快就形成了一个由德国流亡教授组成的核心集团，从而也使这所大学拥有了一家世界闻名的艺术史研究所。

埃尔温·帕诺夫斯基这样回忆到："1931 年我来访时，纽约大学只有一个很小的艺术系，约一打学生，没有教室，也没有任何设备，只有一间单独的房间做教师的办公室，就连演讲和讨论课都是借用纽约的大都会博物馆来举行的。然而从 1933 年开始，纽约大学便得到源源不断的秘密捐款。据我所知，这个研究所是当时美国唯一的一个在艺术史研究方面完全独立的学术机构。今天，它也是这类大学中最大的、最有活力的、最多功能的机构。"[2] 看到这种发展，这家研究所的主要支持者瓦尔特·科克这样讲道："从某种意义上讲，希特勒真是我最好的朋友，他摇晃着苹果树，而我收集了落下来的苹果。"[3]

三、德国流亡艺术史专家对美国艺术史学科发展的贡献

这场流亡为美国奉献了整整三代德意志的艺术史专家，他们当中既有出

---

1 Donald Fleming and Bernard Bailyn (eds.), *The Intellectual Migration, Europe and America, 1930~1960*, Cambridge, Massachusetts: Harvard University Press, 1969, p. 568.

2 Erwin Panofsky, *Meaning in the Visual Arts*, New York: Doubleday & Company, 1955, p. 332.

3 Paul Ortwin Rave, *Kunstdiktatur in Dritten Reich*, Hamburg: Gebr. Mann Verlag, 1949, S. 46.

生于 19 世纪 60、70 年代的以保罗·弗兰克尔、瓦尔特·弗里德伦德尔、格奥尔格·施瓦成斯基为代表的艺术史老专家，也有出生于 19 世纪末的以理查德·克劳特海默、卡尔·勒曼、埃尔温·帕诺夫斯基、雅可布·罗森贝格、沃尔夫冈·斯特可夫、查勒斯·德·托尔雷依、库尔特·维兹曼（Kurt Weitzmann）为代表的正处于事业高峰期的艺术史专家，更有出生于 20 世纪初的以尤里乌斯·赫尔德（Julius Held）、约翰·雷瓦尔德（John Rewald）、埃迪特·波拉达（Edith Porada）为代表的年轻有为的艺术史专家。他们分别代表了当时对希腊、印度、中世纪的普鲁士以及巴洛克时代或启蒙时期欧洲的文化、文学、历史、艺术、音乐史研究的世界最高水平。[1]

如此之多具有丰富学识且成就突出的人物在美国各高校里从事教学和研究工作，或是在美国各著名博物馆中任职，为美国的学术界带来了更强烈的对直接经验的关注，也极大地深化了美国的艺术史研究。除了这些艺术史专家和博物学家以外，还有一大批德国著名的文学史、音乐史、哲学史专家以及罗马语族语言文学家，例如赫尔伯特·迪克曼（Herbert Diekmann）、恩斯特·赫尔茨菲尔德（Ernst Herzfeld）、维尔纳·耶帕尔（Werner Jaeper）、恩斯特·康特洛维茨（Ernst Kantorowicz）、雷勒·韦勒克（Rene Wellek）、海因里希·齐默尔（Heinrich Zimmer）、埃利希·奥尔巴赫（Erich Auerbach）以及莱奥·斯皮泽尔（Leo Spitzer）等人，也流亡到了美国。[2]他们与艺术史专家一起合作，实现了资源共享，使得丰富而复杂的学术活动，相对于过去的美国特色来说，更具有欧洲的特点。

与美国同行那种依靠狭隘定义的方法或跨部门间无数的合作方式不同，这些来自纳粹德国的流亡学者们在他们的合作中，致力于对所有重要的文化

1　Udo Kultermann, *Geschichte der Kunstgeschichte, der Weg eine Wissenschaft*, Vienna: Econ-Verlag, 1966, S. 352.
2　Paul Ortwin Rave, *Kunstdiktatur in Dritten Reich*, Hamburg: Gebr. Mann Verlag, 1949, S. 51.

领域进行综合的考察，以探讨艺术的历史性结论，而这又是通常为他们的美国同行所忽略的。这类专家中的代表人物是保罗·奥斯卡·克里斯特勒（Paul Oskar Kristeller），他于1939年流亡美国并在哥伦比亚大学任教，在有关哲学、历史、文学问题以及意大利文艺复兴时期的文献资料上所表现出来的丰富学识，使任何一位对重要历史时期感兴趣的美国学者都认为他是不可多得的人才。同样拥有丰富学识的是来自柏林大学的汉斯·巴龙（Hans Baron），他于1939年流亡美国，任教于纽约皇家学院，他的研究成果《意大利早期文艺复兴的危机》，为美国学者米拉德·迈斯（Millaed Meiss）的《黑死病之后的佛罗伦萨》一书做了基础性的工作。[1] 这种新的学术广度导致了"哥伦比亚大学文艺复兴研讨班"这类有意义组织的出现。在这里，历史学、文学、哲学、艺术学、政治学以及有关这一时期科学史方面的专家聚集在一起，卓有成效地产生出大量研究成果。

这些德国艺术史专家通常要比他们的美国同行更加博学，也更乐意对不同时期的艺术及不同的艺术形式进行比较。他们往往能在更为广阔的范围内进行研究，同时又以德国人的严谨避免了那种在其他欧洲国家学者身上经常会出现的"半吊子危险"。与美国人的谨慎、精明、以事实为依据的学者相比，他们并不畏惧价值判断，又十分善于在那种更具有推测性、更大胆、更有刺激性的行动中表现自己，也更乐意从事那种缺少支持的孤独的事业。伴随他们辉煌学术生涯的，是他们在方法上的广度和自由度上所带来的那种精神气质，而这恰恰是美国同行所缺乏的。美国艺术史专家洛伦茨·艾特纳（Lorenz Eitner）曾这样评价过美国与欧洲艺术史专家在方法上的区别："除极少的例外，美国艺术史研究方面的成就是通过精确的技巧和方法，而不是通过新思想的进一步发掘和准确的表达来取得的。他们合理、谨慎、审慎的专长，尽

1　Donald Fleming and Bernard Bailyn (eds.), *The Intellectual Migration, Europe and America, 1930~1960*, Cambridge, Massachusetts: Harvard University Press, 1969, p. 613.

管能避免明显的错误,但也抑制了美国学者的活力,减少了他们的热情,因此,他们转向欧洲寻求恢复刺激性的因素。"[1]

对 16 世纪晚期和 17 世纪的研究,是美国学者从流亡艺术史专家的教学和研究工作中获益的主要领域之一。过去美国学者有关这一时期的著作往往内容丰富,但充满色情描述甚至具有本末倒置的特点,这也解释了美国人当时对意大利"议会改革时期"艺术的冷漠态度。而瓦尔特·弗里德伦德尔有关意大利这一时期的反古典主义风格的教学和研究工作,使许多美国学生继续追求在这一领域中的其他重要结论。在意大利的巴洛克艺术上,特别是有关雕刻、建筑、绘画的领域中,瓦尔特·弗里德伦德尔、理查德·克劳特海默、尤里乌斯·赫尔德(Julius Held)、沃尔夫冈·施特可夫(Wolfgang Stechow)都带出了很多优秀的美国学生,这些学生后来在美国的收藏界成为了最具代表性的人物,并活跃于大学教学和博物馆工作之中。[2]

另外,在装饰艺术领域,这些流亡艺术史专家为美国学生进行了启蒙。例如,鲁道夫·柏林纳(Rudolph Berliner)、汉斯·胡特、格奥尔格·施瓦成斯基、马丁·魏因贝格以及其他流亡学者,为美国高校和博物馆普遍忽视的这个领域带来了新的知识、兴趣和刺激性因素。由于这一领域开始普遍受到重视,许多以前在德国博物馆从事装饰艺术研究和管理的流亡博物学家也开始在美国从事教学工作。

美国人在艺术史方面尤其感兴趣的是拜占廷时期的艺术和印象派艺术。前者因其严肃而少华丽的风格,受到了美国有钱的收藏家们极大的关注,他们甚至投入了大量金钱,以支持这方面的学术研究。流亡艺术史专家理查德·克劳特海默、库尔特·维兹曼(Kurt Weitzmann)为此做出了重要的贡献。

1　Andrew Ritchie, *The Visual Arts in Higher Education*, New Haven: Yale University Press, 1966, p. 57.

2　Donald Fleming and Bernard Bailyn (eds.), *The Intellectual Migration, Europe and America, 1930~1960*, Cambridge, Massachusetts: Harvard University Press, 1969, p. 613.

尤其是克劳特海默，他在美国出版了他的名著《早期基督教与拜占廷建筑》、《古罗马基督教文集》等。他还能以流利的英语进行演讲，带领着听众沿着勇敢发现的旅程进入艺术的殿堂。第二次世界大战期间，他还被请去做军事顾问，为美国空军拟定了一份必须保存下来的罗马最重要的历史遗址的清单目录。[1] 印象主义绘画作品以随意而不奢华的风格，结合了 18 世纪艺术中的自由品质，也一直都是美国人主要的收藏对象，在对这类作品的研究上，流亡艺术史专家克劳斯·贝格尔（Klaus Berger）和瓦尔特·弗里德伦德尔做出了决定性的贡献。

当然，在所有流亡美国的艺术史专家中，最值得称赞的当数埃尔温·帕诺夫斯基。自从 1931 年首次访问美国以来，他就一直与美国学术界保持着密切的联系。1933 年流亡美国后，他成为纽约大学教授，同时也开始在哈佛、普林斯顿、耶鲁等美国众多名牌大学进行频繁的学术交流和讲学活动。在讲学活动中，他体现出一种特殊的才能，能通过演讲来揭示一种规律、传达一种方法，并使听众很快就能掌握对一种文化资源的使用，这是很少有人做得到的。1934 年他被普林斯顿高级研究所聘为终身教授，退休后又重返纽约大学任教，直到 1968 年去世。

埃尔温·帕诺夫斯基对美国的历史学产生了重要的影响，他将博大精深的学术内容带给了广大的学术观众。在对大量资料文献进行严格考证的基础上，他写下了名著《加罗林研究，文艺复兴中的人文主义主题》（1939）、《阿尔伯特·丢勒的艺术与生命》（1943）《哥特人的建筑和经院哲学》（1951）《早期尼德兰的绘画，它的起源与特点》（1951）以及《视觉艺术的含义》（1955）等。所有这些领域的知识，由于过去没有精通古德语的美国学者，故而一直未能在新大陆传播，因此，这些著作为美国读者提供了有关这些陌生领域的

1　Donald Fleming and Bernard Bailyn (eds.), *The Intellectual Migration, Europe and America, 1930~1960*, Cambridge, Massachusetts: Harvard University Press, 1969, p. 584~585.

丰富知识，而他的非凡智慧和深刻理解也使这些领域真正国际化了。[1]

埃尔温·帕诺夫斯基还经常驳斥美国学界中当时十分盛行的那种"流亡者抢了本地人饭碗"的理论。他这样讲道："从一种纯粹临时性的观点出发，我们这些人涌入美国，无疑为美国高校的一个学科专业、为美国公众感兴趣的艺术史的进一步发展做出了贡献。在任何情况下，我的知识都没有排挤一位在美国出生的艺术史专家。我们这些新来的移入者，或是为那些已经存在的学院或大学的专业增添了一班人马，或是接受委托引入了艺术史的课程，而所有这些课程都是以前没有的。而且在任何情况下，由于我们的进入，美国大学生和教师学习和教学的可能性不是减少了，而是增加了。"[2]

流亡美国的有犹太血统的德国人文科学家和社会科学家，一般很难进入美国的名牌大学，然而对于艺术史专家，这些名牌大学还是表示了欢迎。这里除了专门语言上的原因，更在于他们掌握的学识和研究水平确实是美国人当时无法达到的。美国艺术史专家威廉·M. 考尔德（William M. Calder）指出："流亡艺术史专家在美国获得'常青藤盟校'古典艺术学上的教职，打破了一项不说自明的'不聘用来自外国有犹太血统的学者担任终身职位'的政策。事实上，就连最先在哈佛大学任教的保罗·J. 萨克斯也算不上真正的第一代犹太移民，因为他是在美国出生的。而这些流亡而来的专家们为犹太人在我们这一领域获得高级职位一劳永逸地开辟了道路。美国上层社会本身就存在着反犹主义的倾向，这种倾向在东海岸最好的大学中也表现得最为明显，尤其是在古典学的领域里。在此之前，没有任何一个属于第一代犹太移民的人能在这些学校中成为古典哲学的助理教授或全职教授的，而现在情况不同了。"[3]

1　Donald Fleming and Bernard Bailyn (eds.), *The Intellectual Migration, Europe and America, 1930~1960*, Cambridge, Massachusetts: Harvard University Press, 1969, p. 583.

2　Rex Crawford, *The Cultural Migration, The European Scholar in America*, Philadelphia: University of Pennsylvania Press, 1953, p. 93.

3　William M. Cadel, *Die Geschichte der klassischen Philologie in den Vereimigten Staaten*, München: C. H. Beck Verlag, 1966, S. 236.

1933 年以后，众多著名的流亡艺术史专家进入了这类学校，并成为了终身教授。例如，哥伦比亚大学有 6 位，哈佛大学有 3 位，普林斯顿大学有 2 位，其他"常青藤盟校"也至少有 1 位。[1] 尤其是哥伦比亚大学，它与纽约大学在同一座城市里，而纽约这座城市中拥有世界上最大规模的、最富有的犹太人团体，是当时除首都华盛顿之外，美国唯一的一座具有国际性的城市。因此，这里的艺术史专业的发展也最为顺利。

这些流亡艺术史专家们为美国高校带来了新的方法论，开拓了大量迄今一直为人们忽视的研究领域，组建了各高校的艺术史图书馆，并为美国培养出第一代真正的艺术史专家。例如，20 世纪 60 年代以后，那些美国最为著名的艺术史专家：詹姆斯·S. 阿克曼（James S. Ackrman）、约翰·库迪基（John Coodidge）、西德尼·弗里德贝格（Sydney Freedberg）、弗雷德里克·德克雷特尔（Frederick Deknatel）、西摩·斯利夫（Seymour Slive）等人都是他们的学生。[2]

总之，美国的艺术史研究能获得惊人的快速发展，显然与最具影响力的外部动因以及内部需求有着密切的关联。"德国纳粹主义的崛起与美国公众对文化和艺术史的新兴趣，如此具有天意地同时发生了。"[3] 德国流亡艺术史专家的大量涌入，不仅导致了美国艺术史研究视野的进一步开阔，而且也为这一学科在美国大学里的发展做出了具有决定性意义的科学贡献。到 20 世纪下半期，美国对高水平的教师、博物馆管理人员、专业书籍以及新研究目标的渴求，使这个社会以更大的热情接受了德国流亡艺术史专家在美国的徒子徒孙们，新一代的美国艺术史专家的成熟与现代艺术民族化的要求同步出

1 William M. Cadel, *Die Geschichte der klassischen Philologie in den Vereimigten Staaten*, München: C. H. Beck Verlag, 1966, S. 234.

2 Donald Fleming and Bernard Bailyn (eds.), *The Intellectual Migration, Europe and America, 1930~1960*, Cambridge, Massachusetts: Harvard University Press, 1969, p. 623.

3 Erwin Panofsky, *Meaning in the Visual Arts*, New York: Doubleday & Company, 1955, p. 332.

现了。艺术史的研究范围在日益扩大，新的校园遍布从纽约到太平洋西海岸的广大地区，新的博物馆在过去的荒原上兴旺起来，新的画廊成排地出现在每座大城市及中小城市的街道上，所有这些都标志着美国在文化和艺术史研究上的繁荣。

第二节　流亡音乐家与美国的音乐学学科

德意志文化中深厚的音乐传统是举世无双的。在这片讲德语的中欧文化空间里，产生出巴赫、海顿、莫扎特、贝多芬、舒伯特、门德尔松、舒曼、瓦格纳、施特劳斯、鲁宾斯坦、勃拉姆斯等这样一批声名显赫的世界级音乐大师。但是在 1933 年希特勒上台之后，纳粹当局对德国音乐界进行了一场迅速、残忍的清洗。早在 1933 年 4 月初"文化清洗运动"开始之时，一大批植根于德国传统的音乐家被剥夺了合法权利。绝大部分人是因种族原因而遭到驱逐的，哪怕其祖辈中有一人是犹太人，便要背负"玷污了雅利安人纯洁血统"的罪名。此外，与左派政党组织协作，或是与犹太人有关系，或是与激进的艺术家有来往，也同样构成驱逐的理由。纳粹杜撰了"文化布尔什维克"一词，用以指控那种"让人无法接受的现代左派倾向的文化"。无论是演奏家还是作曲家，无论是音乐评论家还是音乐史专家，无论是大学教授还是一般的学者，都遭到询问、调查或公开的抨击。[1] 当这些遭受驱逐的音乐家为了生存而不得不离开这个国家的时候，德国音乐界一个重要部分的流亡也就开始了。

德国音乐家难民首先面临的问题是，没有任何一个欧洲国家愿接受如此之多的难民，尽管他们都是音乐上的天才。如果他们持有护照，这些国家一

1　Joseph Wulf, *Muisk im Dritten Reich*, Gütersloh: Siebert Mohn Verlag, 1963, S. 19.

般允许他们入境逗留，但不允许他们在这里工作，因为这些技艺高超的演奏家和极富创造力的作曲家若被允许进行公开演出活动的话，显然会与本国音乐家形成残酷的竞争局面。在经济大危机期间，这些欧洲国家的民族保护主义和地方主义已变得比以往任何时代都要顽固。流亡音乐家们通过设在瑞士的"在外国的德意志科学家紧急共同体"这个自救组织了解到，有可能允许他们入境和工作的只有两个地方，一个是当时的英属托管地巴勒斯坦，另一个是美国。若选择前者，意味着脱离西方文化，返回到两千多年前犹太人古老贫穷的故乡，这是流亡音乐家万不得已之时才可能选择的道路。而选择后者，则意味着进入到西方文化圈中一个自由发达的国家。不言而喻，流亡美国当然成为这些讲德语的音乐家难民最为普遍的选择，仅是德国和奥地利这两国流亡到美国的音乐家就达 465 人之多。[1]

严格地讲，音乐家内部按其专业特点可分为三种人：演奏家、作曲家和音乐学家。前两种人的运气往往比流亡的演员、作家和科学家要好些，因为音乐是世界性的语言，除日常生活中的交谈，从事演奏艺术和作曲的音乐家在职业上几乎没有与人口头交流的必要。因此，这两种音乐家在离开本国后也往往最能适应客居国的新形势。但是像音乐学家、音乐评论家之类实际上靠文字表达为生的人，其处境远没有以上两种音乐家那般幸运。

一、活跃在美国音乐舞台上的流亡演奏家

拥有高超技艺的演奏家本身就是天生的旅行家，美国总是为这样的人提供一些有利可图的音乐巡回演出。过去，高水平的德国演奏家往往拿着他们辛辛苦苦赚来的美元，立即返回欧洲，还不忘记抨击美国音乐厅的条件"犹如监狱一般"。这是在 19 世纪发生于安东·鲁宾斯坦（Anton

---

1　Donald P. Kent, *The Refugee Intellectual, The Americanization of the Immigrants of 1933~1941*, New York: Columbia University Press, 1953, P. 15.

Rubinstein)、汉斯·冯·毕罗夫(Hans von Bülow)、亨利·菲尤克斯腾帕斯(Henri Vieuxtemps)等人身上的事情。然而到 20 世纪，越来越多的德国音乐家，如米夏·埃尔曼(Mischa Elman)、弗里茨·弗赖斯勒(Fritz Freisler)、埃福伦·齐姆巴利斯特(Efrem Zimbalist)、约瑟夫·赫夫曼(Josef Hofmann)以及尤金·依塞尔(Eugène Ysaye)等人，却发现这座"监狱"变得越来越有吸引力了，因此他们最后定居于美国。1917 年 11 月的俄国革命使一批俄国音乐家于 20 年代前后流亡到美国，这次美国音乐界的最大收获是得到了天才的小提琴大师亚夏·海菲兹(Jascha Heifetz)。在"柯立芝繁荣"时代，这批俄国难民很快就被美国社会所吸收。但是当 20 世纪 30 年代德国音乐家的流亡潮到来时，情况已经发生了变化，美国正处于严重的经济萧条之中，工作机会很少。

20 世纪 30 年代以来的这些德国和奥地利的演奏家都受过严格的专业训练，其技艺和水平要比美国本土音乐家精湛和高超得多。他们擅长于高雅的、有着深厚文化底蕴的欧洲古典室内乐，而不是那种美国通俗的爵士乐；他们的演出强调的是音乐的价值，而不是热闹的气氛。这种演奏风格对美国音乐生活的重要性很快就被人们认识到了，并首先得到了纽约那位颇负修养的伊利莎白·斯普朗格·科里基(Elizabeth Sprangue Coolidge)夫人的巨大支持。于是，从纽约开始，这些杰出的流亡音乐演奏家们的演出活动立即占据了美国各大音乐厅。他们创立了自己的室内乐团体"音乐新朋友"，其中，著名德国流亡钢琴演奏家阿尔图·施纳伯成为了美国高规格演奏艺术家的象征，同样有名气的还有钢琴演奏家鲁道夫·塞尔金(Rudolf Serkin)，他的精湛表演让美国观众如痴如醉；由小提琴演奏家阿道夫·布施(Adolf Busch)、约瑟夫·茨格提(Joseph Szigeti)、中提琴演奏家格雷戈·皮阿提戈斯基(Gregor Piatigorsky)以及大提琴演奏家埃玛努尔·费尔曼(Emanuel Feuermann)组成的"四重奏"更是闻名美国。此外，还有其他的四重奏小型乐团，如"布达佩斯四重奏"、"洛特四重奏"、"科里希四重奏"等，活跃在美国的音乐世界里。[1]

美国交响乐团的指挥职位过去一直就是由国外出生的欧洲指挥家占据的。但20世纪30以后的这批流亡指挥家却带来了新的思想和一种与众不同的、非常中欧化的表演风格。尤其是来自德国的指挥家，他们为培养美国听众的音乐品味下了很大的工夫。前柏林乐团和莱比锡乐团的著名指挥家布鲁诺·瓦尔特，为美国人真正理解和鉴赏古斯塔夫·马赖（Gustav Mahler）的音乐作品奠定了基础。奥托·弗莱姆佩勒成为了洛杉矶乐团首席指挥，并在美国西海岸的音乐生活中发挥了重要的影响力。格奥尔格·策尔（George Szell）不仅担任了纽约大都会歌剧院的指挥，而且还指挥着克利夫兰管弦乐团，因而在美国赢得了巨大的名声。威廉·斯坦因伯格（William Steinberg）也因指挥匹兹堡交响乐团而蜚声海外。皮勒·蒙托伊克斯（Pierre Monteux）影响了旧金山的音乐界，而弗里茨·施蒂德里（Fritz Stiedry）为"音乐新朋友"组建了一个高质量的室内管弦乐团，并加入了大都会歌剧院。

奥地利的指挥家埃里希·莱恩斯多夫（Erich Leinsdorf）和尤里乌斯·鲁德尔（Julius Rudel）到美国时还很年轻，但他们融合了维也纳的传统与美国的智慧，并将这一特点鲜明地体现在歌剧音乐的演奏上。毛里斯·阿布拉瓦内尔（Maurice Abravanel）以及约瑟夫·罗森斯特克（Joseph Rosensteck）先后在大都会歌剧院担任乐队指挥。而埃弗雷姆·库尔茨（Efrem Kurtz）在堪萨斯城，安塔尔·多纳提（Antal Dorati）在明尼西波利斯，保罗·帕雷（Paul Paray）在华盛顿特区，马克斯·鲁道夫（Max Rudlf）在辛辛那提，迪米特里·米特洛波罗斯（Dimitri Mitropoulos）在纽约，都表现得相当活跃。还有来自意大利的指挥家阿尔图诺·托斯卡尼尼（Arturo Toscanini），他以反法西斯主

1　Jarrell. C. Jackman and Carla M. Borden (eds.), *The Muses Flee Hitler, Cultural Transfer and Adaptation, 1930~1945*, Washington, D.C.: Smithsonian Institution Press, 1983, p. 139.

义者的身份,在美国的音乐舞台上,向墨索里尼和希特勒发起了公开的挑战。[1]

总之,来自欧洲的流亡演奏家们以他们高超的演奏技艺征服了美国的公众,极大地改变了他们在音乐世界中的欣赏口味,培育了他们对音乐知识的强烈渴求,同时也为美国高校中刚刚开始起步的音乐学学科的发展准备了生源。

二、活跃在美国高校中的流亡作曲家

在 1933 年流亡以前,柏林音乐学院院长弗朗茨·施雷克尔(Franz Schreker)、音乐学院教授阿诺尔德·勋伯格(Arnold Schoenberg)和保罗·欣德米特(Paul Hindemith)这三人占据了德国音乐界的最高地位。在作为艺术自由职业者的作曲家中,还有库尔特·魏尔(Kurt Weill)、恩斯特·托赫(Ernst Toch)、卡罗尔·拉特豪斯(Karol Rathaus)、斯特凡·沃尔帕(Stefan Wolpe)和恩斯特·弗雷内克(Ernst Frenek)等著名人物。除了弗朗茨·施雷克尔于 1934 年去世以外,这些人都流亡到了美国,并以作曲家或教师的身份留了下来。加入他们流亡行列的还有来自其他国家的作曲家,如著名的贝拉·巴托克(Béla Bartók)、依戈尔·斯特拉文斯基(Igor Strawinsky)、达里尤斯·米豪德(Darius Milhaud)、波胡斯拉夫·马提努(Bohuslav Martinu)、米克罗斯·罗萨(Miklos Rozsa)、亚历山大·坦斯曼(Alexander Tansman)、本杰明·布里腾(Benjamin Britten)等。[2]

特别需要指出的是,在这些讲德语的音乐家流亡美国以前,美国只有很少的大学和学院拥有音乐学院和音乐系,而且其教育水平也仅仅处于初始阶段。而这些著名人物的到来,不仅对美国音乐舞台的发展,而且对美国高校作为统一学科的音乐学的创建和发展,都做出了杰出贡献。

1　Jarrell. C. Jackman and Carla M. Borden (eds.), *The Muses Flee Hitler, Cultural Transfer and Adaptation, 1930~1945*, Washington, D.C.: Smithsonian Institution Press, 1983, p. 139.

2　Joseph Wulf, *Muisk im Dritten Reich*, Gütersloh: Siebert Mohn Verlag, 1963, S. 67.

20 世纪最著名的大作曲家阿诺尔德·勋伯格是这些人物当中最有特点的一位。1874 年 9 月 13 日，他出生于维也纳一个犹太制鞋商的家庭，第一次世界大战后来到德国定居。在音乐史上，这位"新维也纳乐派"的领军人物，突破了延续数百年传统的调性音乐，成为了现代音乐技法"十二音体系"，即"无调性音乐"的开创人。早在魏玛共和国时代，他就被视为"文化布尔什维克主义者"，1933 年被解除柏林音乐学院教授职务后逃离了德国。在巴黎衣食无着时，他意外地收到了一家私立音乐学院发来的任教邀请书，在这个位置上工作了不到半年，便于 1933 年 10 月 31 日到达纽约，并被聘为波士顿马尔金音乐学院教授。勋伯格在美国的第一个冬天过得非常艰难，他既不习惯这里恶劣的气候，也不熟悉英语这门语言，学生的数量也非常少，还经常遭到当地乐队指挥们的冷漠对待。但他还是在这里找到了拥护者、支持者、朋友和忠实的崇拜者。由于勋伯格虚弱的身体不能适应东海岸的寒冷气候，因而于 1934 年举家迁往洛杉矶。1935 年，他被聘为南加利福尼亚大学音乐学院教授，1936 年又被聘为在洛杉矶的加利福尼亚大学音乐学院教授。

勋伯格一直坚守自己的音乐信念，拒不接受美国享乐主义大众社会的物质诱惑，并经常为他在南加利福尼亚的所见所闻而感到厌恶，这也是他对美国社会做出痛苦反应的主要原因。在一封给他流亡英国的朋友、此时正在纽约办个人画展的德国肖像画大师奥斯卡·科柯施卡（Oskar Kokoschka）的信中，他这样写道："你抱怨这个电子游艺室的世界中缺乏文化，我不知道你对这个世界的描述，在这个世界里，我几乎死于厌恶，我不仅仅指那些电影。"[1] 勋伯格曾多次拒绝为好莱坞的电影配乐。一次，好莱坞的一家电影公司想拉他为电影配乐，但由于他开出了 55000 美元的高价而失败。勋伯格事后解释说，

1　Arnold Schoenberg, *Letters*, New York: Random House, 1965, p. 242.

他"开出这个价格绝非因为贪婪，只是为了让对方难以接受"。[1] 但为了使美国公众特别是年轻的美国音乐家了解、接受他的音乐思想，他也为一些大学生的管弦乐团写作品，并认为这能有助于教学。

这位天才的音乐家以前就悲叹过他的音乐作品在欧洲缺乏认同感，因为当时许多忠于传统的指挥家和作曲家对他的"无调性音乐"有争议。这种情况在洛杉矶也同样出现，以致勋伯格曾抱怨过："沃伦斯坦先生（洛杉矶交响乐团指挥）到这儿都6年了，却从来都没有指挥过我的一支曲子。"[2] 但他一直没有改变他的个性，因为他在创作中找到了极大的快乐。在这里，他创作了他一生中最为重要的一批作品，并一直活跃在美国的音乐舞台上。作为"十二音体系"的创始人和指导者，他在美国新一代作曲家中产生了极为强烈的影响。1949年他获得维也纳"荣誉市民"称号，1950年他的随笔录《风格与思想》也在纽约出版。但当他于1951年7月13日在洛杉矶去世时，其家境相当贫困，只有几个人参加了他的葬礼。[3]

然而，在他去世二十多年后，南加利福尼亚大学成立了"勋伯格协会"，协会主席是他的学生、美国新一代音乐家中最为著名的人物伦纳德·伯恩斯坦（Leonard Bernstein）。校园里耸立起一座纪念碑式的大厦来对他表达敬意。在这座"勋伯格纪念馆"里，收藏着他的手稿、笔记、绘画以及其他资料，还有一间极为漂亮的音乐大厅，在此，人们经常演奏勋伯格的音乐作品，并举行有关他的音乐作品的主题讨论会，而这些活动都得到来自联邦德国和美国的某些财团的支持。一位当年在洛杉矶经常感到孤独并被忽视的大作曲家，却在去世多年后得到了远比他曾企盼的多得多的重视，这首先要归因于流亡音乐家们极大地提高了这个国家的音乐水平。正因为如此，才使美国公众产

---

1 Jarrell. C. Jackman and Carla M. Borden (eds.), *The Muses Flee Hitler, Cultural Transfer and Adaptation, 1930~1945*, Washington, D.C.: Smithsonian Institution Press, 1983, p. 141.

2 Arnold Schoenberg, *Letters*, New York: Random House, 1965, p. 265.

3 Heinz Stuckenschmit, *Schoenberg, His Life, World and Work*, London: Calder, 1977, p. 475.

生了对勋伯格及其作品的鉴赏力。

　　大作曲家保罗·欣德米特 1895 年出生于一个日耳曼人的家庭。他被迫流亡是因为他"与犹太人合作演出"，并在 1933 年后拒绝纳粹当局提出的"必须断绝与犹太人的一切关系"的要求。这位柏林音乐学院教授一直以"年轻的德国现代作曲家的指导者"而闻名，并被纳粹分子视为"文化布尔什维克主义者"中的一员。1937 年，他经瑞士、土耳其流亡到美国。同年 4 月 10 日，在美国国会图书馆第一次登台演出，指挥了他尚未完成的作品《亵渎的奏鸣曲》，一举轰动美国乐坛。1940 年至 1953 年他一直担任耶鲁大学教授，而这所大学的音乐学院就是由他一手创建的。保罗·欣德米特对美国年轻一代作曲家的成长影响巨大，他关于和声法和音乐演奏技巧的英文版著作，[1] 直到现在都被作为音乐教材而广泛使用。

　　除了作曲和教学外，保罗·欣德米特还担任了耶鲁音乐委员会主席，并在发展"文艺复兴时期"和"巴洛克时代"的音乐风格中产生了重要影响。欣德米特在美国写下了许多引人注目的作品，他那有些乖戾的现代主义风格变得越来越受人欢迎。与勋伯格一样，他喜欢与那些感觉敏锐但还缺乏经验的美国学生接触，是当时在美国最受欢迎的作曲家之一，其作品的上演率也是最高的。战后他受联邦德国的邀请，回到祖国进行过巡回演出。1953 年，他离开美国前往苏黎世任音乐学院教授，并经常因演出而访问美国，1963 年在法兰克福去世。

　　20 世纪 30 年代在美国定居的最为著名的非德、奥作曲家是匈牙利人贝拉·巴托克、俄国人伊戈尔·斯特拉文斯基和法国人达里尤斯·米豪德。

　　贝拉·巴托克 1881 年 3 月 25 日出生于匈牙利的桑尼可诺·马瑞（现属

1　Paul Hindemith, *Course in Traditional Harmony*, New York: Associated Music Publishers, 1943 以及 Paul Hindemith, *Elementary Training for Musicians*, New York: Associated Music Publishers, 1946.

罗马尼亚）一位知识分子的家庭。他是匈牙利历史上继"钢琴大王"李斯特之后出现的又一位音乐大师。他以匈牙利民间音乐为创作源泉，成为了一位集李斯特、施特劳斯、德彪西、斯特拉文斯基等人所长的著名作曲家和钢琴演奏家。巴托克也是一位坚定的反法西斯主义者。在匈牙利，他因法西斯运动的兴起而忧心忡忡，1940 年在母亲去世后流亡美国。1940 年 4 月 13 日，他作为钢琴演奏家和作曲家，在美国国会图书馆举行的"大学节"上登台亮相，并演奏了贝多芬、德彪西以及他自己的作品。

　　巴托克认为作曲是不可能靠老师来教授的，因此他谢绝了别人为他提供的教授职位，而选择到哥伦比亚大学当一名音乐学的研究员，继续研究民间音乐。他期待能得到美国音乐协会的职位和委任书，结果大失所望。在美国，他患上了难以治愈的"思乡病"。生活在纽约这座大城市里，他感到陌生，甚至是厌恶。尽管他生活得很不愉快，而且身体也每况愈下，但他仍然创作了一批极富灵感的作品。例如，他为波士顿交响乐团创作了《管弦乐协奏曲》、《小提琴奏鸣曲》以及《钢琴协奏曲》。[1] 1945 年 9 月 26 日因患白血病在美国去世。

　　命运对伊戈尔·斯特拉文斯基显得更为宽容。他于 1882 年 6 月 17 日出生于彼得堡近郊，1912 年刚年满 30 岁便离开祖国俄罗斯，移居瑞士等西欧国家，成为了"世界公民"。第一次世界大战后至 20 世纪 30 年代晚期，他一直在巴黎生活，并于 1922 年取得法国国籍。1925 年他第一次访问美国，为波士顿乐团演奏钢琴协奏曲。1939 年第二次世界大战爆发前夕，他作为客座教授，应邀前往美国哈佛大学开设音乐讲座。这一讲学内容后来成书《音乐的诗意》，并于 1942 年出版。[2] 由于战争爆发，斯特拉文斯基留在了美国，

1　Jarrell. C. Jackman and Carla M. Borden (eds.), *The Muses Flee Hitler, Cultural Transfer and Adaptation, 1930~1945*, Washington, D.C.: Smithsonian Institution Press, 1983, p. 143.

2　Igor Stravinsky, *Poetics of Music*, Cambridge, Mass.: Harvard University Press, 1942.

后定居于加利福尼亚，并在 1945 年 11 月成为美国公民。在此期间，他不仅创作了如《星光闪闪的旗帜》等这样著名的管弦乐协奏曲，还专为美国马戏团的一只大象创作了《大象协奏曲》，为美国的摇滚乐队创作了《黑檀树协奏曲》。这些作品于 1946 年在卡内基音乐厅首次公演时，深受美国听众的喜爱。

在加利福尼亚的日子里，斯特拉文斯基主要与他年轻的美国助手罗伯特·克拉夫特（Robert Craft）一起著述他的六卷本《对话与回忆》。这套书在他有生之年于美国出版，成为美国高校音乐学专业的必读书。20 世纪 50 年代后，他从自己过去奇异的创作风格转到了勋伯格的"十二音体系"作曲法上来，并被美国作曲家视为榜样。1962 年他接受苏联政府的邀请，回到阔别了 50 年的祖国进行访问。这位 80 岁高龄的大音乐家在莫斯科演奏了自己创作的作品，不仅受到了祖国人民的热情欢迎，而且受到了苏联最高领导人赫鲁晓夫的接见。这次访问使他与苏联音乐界之间长达数十年的相互攻击和谩骂终于画上了句号。[1]

法国著名作曲家达里尤斯·米豪德，出生于普罗旺斯一个古老的犹太家族。1940 年 6 月 15 日流亡美国。事实上，无论是南美或北美，对他来说都不陌生。第一次世界大战期间，他曾在巴西待过，20 年代也曾访问过纽约。当时，美国的爵士音乐作为一种纯粹杂耍式的表演音乐，在新奥尔良和哈莱姆非常风行。受此影响，从这时起，米豪德便开始经常将爵士音乐的技巧运用于自己的作品中，甚至是自己创作的芭蕾舞剧之中，这在欧洲作曲家中并不多见。在美国流亡期间，他常以自己作品的指挥家、演说家的身份出现，先后访问过费城、纽约、波士顿，并应哈佛、普林斯顿等名牌大学的邀请前往演出。

1940 年 9 月，加州的米尔斯学院为他提供了一个教授岗位。对于这所规

1　Boris Schwarz, *Stravinsky in Soviet Russian Criticism*, in: The Musical Quarterly 48 [July 1962], p. 359.

模虽小但很有自由气息的业余女子艺术学院，他感到非常满意，一待就是7年。与勋伯格相比，米豪德显得更加逍遥自在。他不在乎教的是专业的或是业余的学生，只要他们很认真地学习自己的功课就行。他对美国人将学习音乐作为提高人们修养的做法非常赞赏。对米尔斯学院学生们的喜爱也能从他的自传《没有音乐的音符》中看出来："我的这些美国女学生通常都非常有天赋，每当看到她们那么轻松地完成自己的作业时，我无法放下我的那份惊讶。她们非常自信，总是让自己从复杂和压抑的情绪中解放出来。她们的作品都是在轻松和爱好的驱动下完成的，而且她们每年都要举行两场公众音乐会。"[1]

米豪德谱写的旋律极为流畅，他能在规定的几小时内迅速完成创作，技巧上无不显示出他名家的风采。他在美国的第一部作品是为伊利莎白·斯普朗格·科里基夫人而作的《弦乐四重奏》（作品10号），并于1940年10月30日在美国国会图书馆为庆贺这位夫人生日的一年一度的音乐会上首次公演。哥伦比亚广播电台管弦乐团、圣·路易斯管弦乐团等多次邀请他去演奏他的作品，纽约作曲家联盟也为他的作品做出特别的节目安排。他全身心地投入创作，从不挑剔对方是为了何种目的。例如，他为美国高校的各种校园乐队、管弦乐团、大学生合唱团谱过许多名曲，为伊曼纽尔教堂写过《安息日之晨拜》，甚至为好莱坞也创作过不少电影歌曲。这种自由的心态和大度往往是很多德高望重的德国流亡作曲家所做不到的。

在此还要提及德国音乐大师弗朗茨·施雷克尔在柏林音乐学院的三位高足，即著名作曲家斯特凡·沃尔帕、恩斯特·弗雷内克和卡罗尔·拉特豪斯。

斯特凡·沃尔帕1902年出生于柏林。他1933年流亡巴勒斯坦，后又于1938年流亡到美国。斯特凡·沃尔帕先后在费城音乐学院、北卡罗来纳黑山学院以及长岛大学担任音乐教授，不仅他的作品得到了现代音乐行家们的高

1　Darius Milhaud, *Notes Without Music*, New York: Alfred A. Knopf, 1953, p. 284.

度评价，而且他所教授的作曲法课程也在全美闻名。许多美国的著名作曲家，如埃兹拉·拉德曼（Ezra Laderman）、拉尔夫·谢佩（Ralph Shepey）、戴维·图德（David Tudor）、莫顿·费尔德曼（Morton Feldman）等，都是他的学生。[1]

恩斯特·弗雷内克 1900 年出生于维也纳。1927 年他在柏林音乐学院毕业后，便以其创作的爵士乐歌剧在德国取得过轰动一时的成就，后又转向更复杂、更精细的欧洲传统创作风格。1937 年流亡美国后，他创办了瓦萨学院音乐系；1942 年他又创办了哈默莱学院音乐系，1947 年后长期担任加州大学音乐系教授，成为了全美闻名的音乐教育家。

卡罗尔·拉特豪斯 1895 年出生于德帝国统治下的波兰地区。他年轻时进入柏林音乐学院，成为了弗朗茨·施内克尔的高足。早在 20 世纪 20 年代，他便活跃于欧洲音乐界，其作品经常出现在柏林国家歌剧院和柏林爱乐乐团的音乐会上，并由著名指挥家埃里希·克雷伯（Erich Kleiber）和威廉·富特文格勒指挥演奏。他也是有声电影传入后世界上第一位为电影作曲的音乐家。1932 年，他离开柏林到达巴黎，1940 年法国战败后，他又经伦敦流亡美国。在好莱坞作短暂停留后，他被聘为纽约城市大学女王学院教授，直到 1954 年去世。在这里，他不仅创办了这所大学的音乐系，而且通过他的卓越领导，也使它成为了美国东海岸实力最为雄厚的音乐系。从 1952 年开始，拉特豪斯受纽约大都会歌剧院委托，为英美诗歌谱写了大量民间歌曲，深受美国人民的喜爱。他创作的《第四弦乐四重奏》，获得了美国音乐听众协会颁发的"社会公众奖"。

尽管拉特豪斯被视为电影音乐的第一位专家，但他并不能适应好莱坞的工作方式。实际上，这种情况在这些中欧流亡作曲家身上相当普遍。因为他们过去都受过良好的教育，也是代表高等文化的严肃音乐家，而他们为之工作的老板，通常只是些为大众消费制作电影的学识浅薄之辈。作为德意志文

1　Jarrell. C. Jackman and Carla M. Borden (eds.), *The Muses Flee Hitler, Cultural Transfer and Adaptation, 1930~1945*, Washington, D.C.: Smithsonian Institution Press, 1983, p. 146.

化精英的成员，这些流亡作曲家是习惯于被人尊重的，但他们却经常感到自己受到了他们好莱坞老板的侮辱，尽管这些老板也几乎都是犹太人。

在流亡作曲家中，除了以上著名人物外，还有库尔特·魏尔（Kurt Weill）、埃里希·科恩戈尔德（Erich Korngold）、弗朗茨·瓦克斯曼（Franz Waxman）、恩斯特·托赫、弗里德里希·霍兰德尔（Friedrich Hollander）和埃内斯特·戈尔德（Ernest Gold）这样的人物。这些更年轻的流亡作曲家与老一辈的流亡作曲家在生活形式上并没有太大的不同，一方面他们都在某所美国高校中出任音乐教授，另一方面他们也同样活跃于美国的音乐舞台。所不同的是，他们接受了好莱坞工作的挑战，并在电影音乐领域里干得非常出色。

三、流亡音乐学家与美国音乐学学科的发展

与流亡演奏家和作曲家不同，流亡音乐学家是一群靠音乐学理论为生的人，但他们对美国音乐学学科发展的影响甚至比前两者更大。任何一家音乐学院或音乐系，若只有演奏技艺和作曲技法的传授，而没有音乐学理论的教育和研究，也就不构成一门完整统一的音乐学学科。在此，音乐学理论是整个学科的灵魂，它包括音乐史、音乐理论、音乐评论等专业分支，也是整个音乐发展的理论基础。从这个意义上讲，音乐学既是一门特殊的艺术学科，同时也是作为人文科学的一个重要分支而存在的。正因为如此，欧洲尤其是德国的大学一般都设立了这门学科。

然而在 1930 年以前，美国还没有音乐学这门学科，更不要说在美国攻读音乐学博士学位了。第一位获得音乐学博士学位的美国人是奥托·金克尔戴伊（Otto Kinkeldey），他于 1909 年前往柏林大学攻读音乐学博士学位。但由于美国不仅没有这门学科，而且直到 20 世纪 20 年代末，也没有在大学和学院里设置音乐学的教师岗位，因此，学成归国的金克尔戴伊只能在纽约公共图书馆和康乃尔大学图书馆做一名管理员。直到 1934 年，由金克尔戴伊发起，

美国才开始建立起音乐学的团体组织，并通过国会图书馆来领导美国的音乐界，而它最初的 9 位成员都是在欧洲获得音乐学博士学位的。

美国对音乐历史知识和理论的渴求与这场流亡潮相遇了。1933 年后，欧洲流亡音乐学家像潮水一般涌来，而且那些在 1900 年以前出生的学者往往是带着他们在欧洲已有的名声而来的，他们当中有库尔特·萨克斯（Curt Sachs）、阿尔弗雷德·爱因斯坦（Alfred Einstein）、卡尔·盖里格（Karl Geiriger）、胡戈·莱希腾特里特（Hugo Leichtentritt）、奥斯瓦尔德·约纳斯（Oswald Jonas）、保罗·内特尔（Paul Nettl）、艾里·阿佩尔（Eilli Apel）、埃玛努尔·温特尼茨（Emanuel Winternitz）等这样的著名人物。他们来到美国后，尽管在克服语言障碍方面遇到不少困难，但由于他们很快就被分配到美国各高校中，承担起组建音乐学专业的重任，因而成为了这一领域的代表人物。

除了这些人物之外，还有一大批更年轻的流亡音乐学家，如奥托·贡波希（Otto Gombosi）、莱奥·施拉德（Leo Schrade）、费利克斯·萨查尔（Felix Salzaer）、埃里希·赫尔茨曼（Erich Hertzmann）、曼弗雷德·布科夫策尔（Manfred Bukofzer）、爱德华·洛温斯基（Edward Lowinsky）、汉斯·蒂施勒（Hans Tischler）、汉斯·特奥多尔·达维德（Hans Theodor David）等。这些年龄三十来岁的专家往往能更为迅速地克服语言上的障碍，更好地适应美国的新环境，因而在美国的学院和大学里，成为了音乐学教学和研究工作的主要力量。[1]

音乐学在美国的惊人发展是与美国音乐学团体人数的快速增长相应的。今天，这一团体的会员已超过了 3000 人。这种发展当然要追踪到 20 世纪 30 年代的欧洲流亡音乐家、尤其是他们当中绝大多数有德国背景的音乐学家。正是由于他们的到来，美国大多数的大学和学院才有了自己的音乐学院和音乐学系，才建立起专门的图书馆。在这里，几乎所有的教员都是流亡音乐家

---

1 Jarrell. C. Jackman and Carla M. Borden (eds.), *The Muses Flee Hitler, Cultural Transfer and Adaptation, 1930~1945*, Washington, D.C.: Smithsonian Institution Press, 1983, p. 149.

和音乐学家。他们是美国新一代音乐学家的良师益友，对美国在这一领域的发展做出了决定性的贡献。自从他们到来之后，美国的年轻人再也不用像 30年代以前那样，必须跑到欧洲才能完成他们的艺术和科学训练了。不仅如此，这些流亡音乐家们还在美国各大学和学院里发挥了一种更有意义的文化功能。通过对所有专业方向的大学生开设一种普及性、介绍性和概括性的短训班课程和通识课，极大地唤醒、促进、培养了美国的年轻人对音乐方面的强烈兴趣。[1] 总之，正是欧洲流亡音乐家的大规模涌入，才使美国音乐学学科的发展进入到它真正的成熟期。

第三节　保罗·F.拉萨斯菲尔德与美国的社会学

艺术史和音乐学是流亡而来的欧洲人文学者在美国大学发挥其科学影响的两个最为众所周知的例子。而在社会学领域里，也许任何流亡学者的个人影响都无法与奥地利流亡社会学家保罗·F.拉萨斯菲尔德（Paul F. Lazarsfeld）相比。因为正是由于这个人的到来，才为美国的社会学专业带来了一场彻底的、根本性的新塑造。

要评价保罗·F.拉萨斯菲尔德对美国社会学以及现代社会科学发展上的贡献，必须从四个方面来进行考察：一是他在大量本质性问题的研究上所取得的辉煌成就；二是他在各个相关领域中创立起来的新方法论；三是他在美国和欧洲的经验社会研究组织的制度化过程中的领导地位；四是他开创了"数学社会学"的崭新方向。他向人们证明：那些今天在整个世界上都被认为是"典型的美国产物"的东西，从根本上讲，是由他本人于 1933 年以前在维也纳时

1　Helge Pross, *Die Deutsche Akademische Emigration nach den Vereinigten Staaten, 1933~1941*, Berlin: Duncker und Humblot Verlag, 1955, S. 62.

就开始创立的，只是由于纳粹主义导致的这场"知识的流亡"，才最后带到了美国。

一、流亡美国以前的保罗·F. 拉萨斯菲尔德

保罗·F. 拉萨斯菲尔德 1901 年出生于奥地利首都维也纳，在大学期间是学数学专业的。从某种程度上讲，对于这位后来的社会家来说，这的确是一个令人难以想象的出发点，但却有着深刻的政治背景。拉萨斯菲尔德的父母都是奥地利的社会民主党人。第一次世界大战以前，奥地利社会民主党的领导人就经常进出他家，而他本人也早在青年时代就已在政治上相当活跃了。1919 年他才 18 岁，就与朋友们一起创立了"社会主义中学生联盟"。那时正值奥地利民主主义的兴旺时代，受父母的影响，拉萨斯菲尔德已开始探讨如何为民主社会培养一代新人的问题，为此，他积极研究心理学并从事某些教育学上的试验。1924 年，他甚至在还没有完成自身学业的情况下，便与朋友们一起组织了"社会主义中学生夏令营"和"冬令营"活动，以培养青少年的民主意识。[1]

保罗·F. 拉萨斯菲尔德自己谈到了其中的原因："当时奥地利的社会民主主义学生运动非常活跃，但是在民族主义高潮涌来后渐渐处于守势。我们反思我们的宣传没有获得成功的原因，想进行心理学的研究来解释它。当时我有这种看法：暴力革命需要经济学家，胜利的革命需要工程师，而失败的革命需要心理学家。而那时我已经'太老了'，不太可能成为一名革命者，所以我想成为一名业余的教育者。我在社会主义者小学校园里当过顾问，在工人阶级的青年子弟学校里当过助教，所有这些努力都是为传播社会主义思想而做的。"在这个过程中，"一批在科学和哲学方面的著名学者对我产生了很大的影响，如恩斯特·马赫（Ernst Mach）、亨利·波因卡勒（Henri

---

[1]　Ilja Srubar (Hrsg.), *Exil, Wissenschaft, Identität. Die Emigration deutscher Sozialwissenschaftler, 1933~1945*, Frankfurt am Main: Suhrkamp Verlag, 1988, S. 71.

Poincaré）和阿尔伯特·爱因斯坦（Albert Einstein）。给我印象最深的是，他们认为，纯粹的'明了'是一条通向发现的道路。因此兴趣往往会融入一种信念：'了解事情是怎样发生的'，这是最优先的教育目标。"[1]

1925年获数学博士学位后，保罗·F.拉萨斯菲尔德找到的头一份工作是在维也纳的一所中学里担任数学和物理学教师。两年后，他参加了维也纳大学著名心理学教授卡尔·布勒（Karl Bühler）和莎洛特·布勒（Charlotte Bühler）夫妇举办的讨论班。当时布勒夫妇刚创立"心理学研究所"不久，他们对在统计上拥有非凡知识的年轻人拉萨斯菲尔德留下了深刻印象，便立即聘他为助手，让他教社会心理学课程。离开中学成为大学教师后，拉萨斯菲尔德写下了《心理学家和教师的统计实习课》（1929）的小册子，后又受莎洛特·布勒教授的委托，写下了关于无产阶级青年人的职业选择问题的论文集《青年人与职业》（1931）。

在《青年人与职业》一书中，保罗·F.拉萨斯菲尔德强调，"当前的成人心理学其实针对的是中产阶级的成年人，而我主张对工人阶级青年人的心理问题进行单独研究。他们一般都在14岁时就开始工作了，这本著作就是围绕着这两类人之间的显著区别而展开的。"[2]拉萨斯菲尔德认为，对"无产阶级青年人问题"的讨论，能对"剥削"进行社会心理学上的重新解释。"这些14岁就开始工作的年轻人被剥夺了成为中产阶级成年人的丰富经验。因此，工人阶级从未得到过全面的发展，以致未能扩大自己的眼界。他们总是处于较低的职位上，而失业又会使工人阶级的眼界进一步缩小，这本身就说明了客观环境对个人反应的影响。显然，德国和奥地利城市的职业结构以及商业波动，直接影响了工人阶级青年人的职业计划，而家族的宗教信仰却与中产

1　Donald Fleming and Bernard Bailyn (eds.), *The Intellectual Migration, Europe and America, 1930~1960*, Cambridge, Massachusetts: Harvard University Press, 1969, p. 272~273.

2　Paul F. Lazarsfeld, *Jugend und Beruf, Kritik und Material*, Jena: Fischer Verlag, 1931, S. 4.

阶级青年人的职业计划有关。"[1] 显然，这种对社会分层和工人阶级青年人的社会重要性的关注，有一种很明显的马克思主义倾向。

保罗·F.拉萨斯菲尔德很早就认识到，"洞察力和定量化结合起来是社会学研究的关键"。他认为："即使是最具体的研究，如果被恰当地解释与整合，就可能有重要的发现。所谓重要，意味着更高层次的整合。"1933 年，他提出了进行社会学研究的四项原则："一、无论对于任何对象，必须进行客观的观察和反思；二、案例研究必须恰当地与数据分析结合起来；三、当今的数据必须用早期研究的数据来补充；四、自然的数据必须与实验的数据结合起来。"他还进一步强调："仅是进行描述还远远不够，要探索事物背后的真理，为此必须通过各种调查，收集大量的数据。要使一种理论发展成一个有机的整体，就要弄清各个部分的逻辑特征以及它们是如何形成这种状态的，这些都是经验主义研究的必要条件。"[2] 这表明年轻的拉萨斯菲尔德在当时已经是一位相当成熟的社会学专家了。

就在此时，拉萨斯菲尔德听说他的一位女学生受美国一家公司的委托，要她在奥地利做一些调查，了解"为什么各种不同的消费者会各自偏爱某种特定品牌的肥皂"。这启发了拉萨斯菲尔德：当人们愿意为这种调查支付金钱的时候，就必然能从同一源泉中筹集到更多的金钱，这样，调查研究便能在更有系统、更为长远的基础上组织起来。[3] 在莎洛特·布勒教授的帮助下，拉萨斯菲尔德自己创立了一个名为"经济心理研究中心"的机构，它并不隶属于维也纳大学那家由布勒夫妇领导的"心理学研究所"，而是完全独立的。他的绝大多数合作者，或是布勒"心理研究所"的学生，或是它以前的学生。

1　Donald Fleming and Bernard Bailyn (eds.), *The Intellectual Migration, Europe and America, 1930~1960*, Cambridge, Massachusetts: Harvard University Press, 1969, p. 277.

2　Donald Fleming and Bernard Bailyn (eds.), *The Intellectual Migration, Europe and America, 1930~1960*, Cambridge, Massachusetts: Harvard University Press, 1969, pp. 282~283.

3　Ilja Srubar (Hrsg.), *Exil, Wissenschaft, Identität. Die Emigration deutscher Sozialwissenschaftler, 1933~1945*, Frankfurt am Main: Suhrkamp Verlag, 1988, S. 72.

"经济心理研究中心"直接将商业上的市场调查与标准的科学研究联系起来，以进行意义重大的社会心理学研究。这意味着在一个还没有被明确定义的学术界与商业界之间的中间地带里，创造出一种处于大学之外的研究机构。这种机构是合法的，也是作为私人组织来发挥功能的，以致它能从事商业性的或是任何一种性质的委托研究工作，而这种机构的意义在当时还没有被世界上任何一所大学的研究所认识到。

这个"研究中心"一方面获得了通向商界以及接受市场研究委托的入口，另一方面也因此而加强了它作为一个独立企业的合法性。但是，这个"研究中心"完全不是为了纯商业的目的。除拉萨斯菲尔德和他的助手们微薄的工资外，所有剩余的收入从一开始就都被用于一般的社会心理学研究，因为拉萨斯菲尔德要求，所有的人必须在不计报酬的情况下，出于对事业的热爱，从事绝大多数非商业性的研究工作。这种组织模式正是拉萨斯菲尔德后来在美国创立的许多研究机构的榜样，也是他在美国的头 20 年间一直坚持的。在这种工作模式中，拉萨斯菲尔德和他的助手们通过来自市场的研究委托，从事着一种新的社会心理学研究，发展起一种与中产阶级消费特征理论不同的"无产阶级消费者的特征理论"。[1] 另外，受维也纳广播台的委托，他们还通过大量调查，针对节目选择上各种阶级成员的不同反映，进行了世界上第一次严肃认真的对广播听众的研究，这后来也在美国成为了关于广播听众研究中最具特点的标志之一。[2]

这个"研究中心"最著名的非商业性研究成果，是拉萨斯菲尔德和他的两名助手合著的那本《马里塔尔的失业者》（1933）一书，实际上是作者对维也纳南部一个名叫"马里塔尔"的小村庄进行的有关失业问题的调查报告。

1　Rosenmayer Höllinger (Hrsg.), *Soziologie, Forschung in Österreich*, Wien: Böhlau Verlag, 1969, S. 43.

2　Otto Schatz (Hrsg.), *Die Elektronische Revolution*, Graz: Styria Verlag, 1975, S. 197.

这本书尽管后来在纳粹"焚书运动"中成为了牺牲品，但是到 20 世纪 60 年代，已用德文再版了三次，并有法文、意大利文甚至朝鲜文的版本。它在 1933 年问世时，立即引起了美国洛克菲勒基金会的关注，并因此为拉萨斯菲尔德提供了一年的访问学者奖学金。

1933 年 9 月，拉萨斯菲尔德到达纽约，并拜访了哥伦比亚大学社会学系的罗伯特·S. 林德（Robert S. Lynd）教授。林德教授很快就喜欢上这位颇有创见的年轻人，并当即聘请拉萨斯菲尔德作为他的助手在自己身边工作。5 个月后。即 1934 年 2 月，奥地利爆发内战，保守党人推翻了民主政权，陶尔福斯上台执政后，禁止社会民主党人的活动，并建立起独裁统治。当奥地利民主制度最后的残余被扫除掉时，拉萨斯菲尔德的父母和亲戚均被逮捕入狱，如果他在访问学者奖学金期满后回国的话，也将面临同样的命运。洛克菲勒基金会显示出对他艰难困境的理解，将这笔奖学金又延长了一年。但这一年期满以后，奥地利的政治局势依然严峻，纳粹主义势力开始抬头，以致返回的尝试对他来说毫无意义。因此，拉萨斯菲尔德决定干脆留在美国。[1]

二、进入美国社会学领域的保罗·F. 拉萨斯菲尔德

1935 年夏天，由于匹兹堡大学的戴维·克莱格（David Craig）教授的市场研究所为他提供了一个正式岗位，因此他很快回到维也纳，将他的学习签证换成一种通常的移民签证。但是正当他从美国驻维也纳领事馆获得移民美国的签证时，克莱格教授自己却突然间离开了这所大学，并来电劝他不要来了，因为匹兹堡大学已不能为他提供工作了。但拉萨斯菲尔德下定决心，不惜冒任何风险，用自己仅剩下的 150 美元买了"一艘美国慢船上的三等舱船票，于 1935 年 10 月再度到达了纽约，成为了一名既无工作也无金钱的流

1　Ilja Srubar (Hrsg.), *Exil, Wissenschaft, Identität. Die Emigration deutscher Sozialwissenschaftler, 1933~1945*, Frankfurt am Main: Suhrkamp Verlag, 1988, S. 78.

亡者"。[1]

　　就在这个关头，哥伦比亚大学的罗伯特·S.林德教授伸出了援手，为他在新泽西州的艾塞克斯郡青年济贫局弄到了一份工作。这个地方济贫局需要收集 10000 张针对 14 岁至 25 岁的无业青年的生活条件调查表，然后交给当时新成立的纽瓦克大学，以供研究使用。林德教授知道这项调查正需要一名内行的主管人，而在这方面，有经验的拉萨斯菲尔德是再合适不过的人选了。今天回顾起来，这是一个历史性的时刻，正是从这时开始，不仅拉萨斯菲尔德在美国的大学生涯开始了，而且美国社会学研究组织的制度化也同时开始了。

　　在《回忆录》中，拉萨斯菲尔德谈到他与纽瓦克这所新大学的校长弗兰克·金登（Frank Kingdon）的首次见面。他向校长建议，"利用这个调查工程，能为纽瓦克大学的一个研究中心奠定基础。"[2]当这位校长对此表示赞同后，拉萨斯菲尔德便立即开始根据他当年在维也纳建立的那家"经济心理研究中心"的方针来组建这个中心。拉萨斯菲尔德在这所大学每周承担 8 小时的教学任务，而这所大学支付他一半的工资，并为他提供研究空间——一家以前的啤酒厂。与此同时，作为这个中心的主任，他得通过青年济贫局的资助，以及其他商业性的研究委托来获得他的另一半工资，并保证这个中心的经营费用和他助手们的工资。

　　这是美国大学中第一次设立这样一种联合性聘用岗位。一方面，他是学校的成员；另一方面，他又是一位并不真正属于这所大学的研究机构的领导人，因为这个机构的绝大部分经费，来源于大学外部通过委托的科研项目而得到的资助。

1　Donald Fleming and Bernard Bailyn (eds.), *The Intellectual Migration, Europe and America, 1930~1960*, Cambridge, Massachusetts: Harvard University Press, 1969, p. 303.

2　Donald Fleming and Bernard Bailyn (eds.), *The Intellectual Migration, Europe and America, 1930~1960*, Cambridge, Massachusetts: Harvard University Press, 1969, p. 288.

1936 年，洛克菲勒基金会根据心理学家哈德利·坎特里尔（Hadley Cantril）的建议，为一个两年期限的项目"关于广播对听众的影响研究"，向普林斯顿大学提供了一笔高达 67000 美元的款项。由于林德教授知道拉萨斯菲尔德曾在维也纳做过这方面的调查研究，因而积极推荐他来做这个项目的负责人。这对于拉萨斯菲尔德本人在美国的生涯来说是一个重要的突破。他在接受这个项目的同时，提出了一个根本性的前提条件：即尽管这个项目在形式上属于普林斯顿大学，但它真正的工作必须在纽瓦克大学他的研究机构中进行。这是因为他想在这个项目完成之后，仍然拥有这个能发挥功能的研究所。当普林斯顿大学满足了这个条件后，现代大众传媒研究便在以前的那家啤酒厂里开始了。[1]

大量的研究论文立即以难以想象的速度一个接一个地从纽瓦克大学产生出来，许多其他大学的社会学系的学生也很快来到拉萨斯菲尔德的身旁，以便能认识这个广播研究的新领域，并从事这一研究。为此，洛克菲勒基金会还专门针对拉萨斯菲尔德的助手设立了奖学金，获得这种奖学金的就包括查尔斯·Y. 格罗克（Charles Y. Glock），他后来成为了拉萨斯菲尔德事业上的头一位接班人。

由于这项研究硕果累累，洛克菲勒基金会又将这个项目延长了一年。到 1939 年，林德教授劝说普林斯顿大学放弃了这个项目，并将其转让给了哥伦比亚大学。与此同时，拉萨斯菲尔德来到了哥伦比亚大学，他过去领导的研究中心也从纽瓦克大学撤出，搬到了哥伦比亚大学原医学院的大楼里，其经营模式与过去一样。它必须通过商业性或其他的研究委托来获取每一项资助。也就是说，拉萨斯菲尔德"得到的只是一份狩猎的执照和打猎的自由"。[2]

1　Donald Fleming and Bernard Bailyn (eds.), *The Intellectual Migration, Europe and America, 1930~1960*, Cambridge, Massachusetts: Harvard University Press, 1969, p. 305.

2　Ilja Srubar (Hrsg.), *Exil, Wissenschaft, Identität. Die Emigration deutscher Sozialwissenschaftler, 1933~1945*, Frankfurt am Main: Suhrkamp Verlag, 1988, S. 81.

1940 年，哥伦比亚大学社会学系由于一位教授的突然去世而空出了一个教授岗位。系里教员中的"经验派"与"理论派"之间为这个岗位的接班人问题发生了严重的争端，最后妥协的结果是：这个正教授的岗位被分解成为一个额外教授的岗位和一个助理教授的岗位，使这两派中的任何一派都能有自己的代表。在林德等人的支持下，拉萨斯菲尔德作为"经验派"获得了那个额外教授的岗位，而一位"理论派"的人物罗伯特·K.默顿（Robert K. Merton）获得了助理教授的岗位。在成为额外教授后，拉萨斯菲尔德这位"外来者"却与默顿立即成为了好朋友，并共同开创了经验与理念之间的密切联系。在以后的漫长岁月里，这种联系决定了哥伦比亚大学社会学的发展方向，并在美国的社会学发展中扮演了一种决定性的角色。

拉萨斯菲尔德的研究机构在归并哥伦比亚大学后更名为"应用社会学研究所"。它虽具有一种大学研究所通常的合法地位，但仍然得通过其他来源的研究委托来满足它预算的 90%，而学校提供的经费只占这个研究所预算的10%。[1] 因此，这个研究机构仍然保持在大学的某种边缘地位上。从此以后，当美国其他大学的社会学研究所成立时，都遵循这种由拉萨斯菲尔德引入的模式。那种完全与大学一体化的社会学研究所，直到今天，在欧、美世界里都是极为罕见的。直到 1949 年，当拉萨斯菲尔德因突出的成就和巨大的影响成为哥伦比亚大学社会学系的主任时，他才放弃了在这个研究所中的领导地位。

三、保罗·F. 拉萨斯菲尔德对美国社会学学科的贡献

拉萨斯菲尔德的突出成就已成为了社会学这门学科中极为重要的组成部分。社会学中许多重要的思想和工作方法都要归功于这个人的先锋精神和思想财富。在 1980 年出版的由罗伯特·K.默顿主编的《代代相传的社会学传统》一书中，著名社会学家詹姆斯·S.科尔曼（James S. Coleman）描绘了他的老

1 Ilja Srubar (Hrsg.), *Exil, Wissenschaft, Identität. Die Emigration deutscher Sozialwissenschaftler, 1933~1945*, Frankfurt am Main: Suhrkamp Verlag, 1988, S. 81.

师拉萨斯菲尔德在"对行为的经验性考察"上所做的开创性贡献："自从《马里塔尔的失业者》一书出版后，分析不再是针对一个共同体所作的分析，而是针对社会联系中的个体决断所作的分析。这种调查研究的方法给社会学打上了这样的烙印，以致我们今天所做的一切都是这样的，这是一种拉萨斯菲尔德式的或哥伦比亚式的传统。"科尔曼还提到了这种分析的路径，并特别强调："这种在奥地利形成的技术，是一种有充分影响力的方法。今天，占压倒优势的社会学家都在采用定量分析研究的方法，而这是由拉萨斯菲尔德为这门学科所开辟的新方向，这种方向是以对行为的经验性分析为目标的。"[1]

拉萨斯菲尔德最重要、最持久的贡献在于，他使经验性的社会研究登上了"大雅之堂"，美国各大学的经验性社会研究是因为他的努力才逐渐得到承认的。是他将社会研究从那种"有辱一所大学的名声"的非难中解放出来，是他引导社会学的教授和学生们，通过大规模的询问调查以及使用机械装置对数据进行处理的方法，不断推动了经验性社会研究的发展。仅在1939年年初至1941年年底不足三年的时间里，拉萨斯菲尔德就出版或发表了2部著作、3本文集和38篇论文。1941年至1950年，他又出版或发表了4部著作、3本文集和40多篇论文，这在当时的社会学界无人可比。[2]

拉萨斯菲尔德第二个伟大的贡献在于，他事实上发明了一种组织模式，这种模式使从事经验性的社会研究成为了可能。当时他面临着这种选择：或是接受大量的商业性的研究委托，用这种方式至少能在有限的范围内从事意义重大的社会研究；或是不接受商业性的委托，实际上也就不可能从事任何经验性的社会研究。因为除了这种商业性委托工作外，几乎没有从事这种社会研究的其他经济来源。他选择了前者，从而也就创造了一种自由的空间。

1　Robert K. Merton (eds.), *Sociological Traditions from Generation to Generation, Glimpses of the American Experience*, Norwood: N.J. Ablex Publishing, 1980, p. 164.

2　Robert K. Merton / James S. Coleman / Peter H. Rossi (eds.), *Qualitative and Quantitative Social Research, Papers in Honor of Paul F. Lazarsfeld*, New York: The Free Press, 1979, p. 387.

正是在这种自由空间里，经验性社会研究的发展才成为了可能。

这是一个意义重大的社会变化和改革的时代。自 1929 年世界经济大危机爆发以来，许多国家的政府被迫以一种迄今为止无法想象的规模来干预经济，并动用所有可能的新纲领和新计划来供养数以百万计的失业者。这些纲领和计划本身需要大量关于人的生活和需要的新数据和新知识。但无论是那些采用与人口统计相类似的数据收集方法的传统型政府官员，还是那些只能对社会问题进行理论性研究的大学，都只能掌握数量上极为有限的个人情报，而不能提供亟须的新数据和新知识。与此同时，由于具有大批量生产、大众消费、大众分配和大众传媒特点的现代大众社会的形成，经济界和工业界也需要各种各样有关他们消费者的信息，即关于他们的消费观点、购买动机以及对特定商品和服务的偏好等方面的新信息。这就需要有人来指引如何获取并分析这种数据信息的道路。而拉萨斯菲尔德在相当长的时间里，正是唯一在做这件事的人。正是他创立了这一学派，并在许多地方建立起类似的研究机构。他的这些贡献不仅改善了社会研究的技术，而且也改变了专家们在研究上的观察方式和行动方式。

在第一次访学美国的最初日子里，拉萨斯菲尔德便在他早先于维也纳进行的市场研究的基础上，于 1934 年在《哈佛商业评论》上发表了《市场研究的心理学面貌》一文，1935 年又在《民族市场评论》上发表了《询问为什么的艺术》一文。这些用英语写成的论文立即在美国社会学界引起轰动，也使他在这个领域中的领导地位很快得到了公认。在这些论文中，拉萨斯菲尔德强调指出，"仅仅只询问消费者为什么更喜欢某类特定商品或某个特定品牌的商品是远远不够的，还必须作更深入的理解，必须揭示购买者做出他的决定时的心理动机和社会联系。"[1]

1　Ilja Srubar (Hrsg.), *Exil, Wissenschaft, Identität. Die Emigration deutscher Sozialwissenschaftler, 1933~1945*, Frankfurt am Main: Suhrkamp Verlag, 1988, S. 88.

拉萨斯菲尔德关于广播听众以及后来关于电视观众的研究工作，也能在他 1932 年接受维也纳广播电台的委托而从事的研究中找到最早的表达。他那时就认识到，广播这种舆论工具对这个时代来说是占统治地位的，它已经成为了大众化教育的根本性工具，并以卓越的方式履行着这一任务。他得出了这些相当简约的结论："小人物听小电台"，"人们接受他们希望接受并提供给他们的东西"。头一个公式是说，"一个社会中的少数民族成员，特别是那些下层的社会经济阶层中的成员，最喜欢听那些小电台，因为这些小电台的节目是用他们各自不同的母语或方言来播放的。实际上，这些小电台也是有意地迎合这种听众的简单口味的。"第二个公式是说，"具有普遍教育意义的政治广播节目，首先是那些受过教育的人爱听的，受这种节目教育的人们，也往往更喜欢听轻音乐和幽默节目。至于那种带有千丝万缕的复杂性的、没完没了的家庭故事，则是那些家庭妇女们最爱听的。"[1]

拉萨斯菲尔德还对 1940 年总统选举期间的美国选民进行过深入的研究，其成果《人民的选择》一书，改变了过去所有时代的舆论研究者、社会学家和政治学家探讨公共舆论和选民决断的方式和方法。他通过对 600 人在 1940 年总统选举前的 6 个月里反复询问 6 次，并在选举后又马上进行第 7 次询问的方法，对发生在一次接一次的采访之间个人舆论和立场变化的模式进行了调查，并对这种变化的因果关系及其影响进行了深入的分析。类似的革新也出现在他的《社会上下联系分析》以及《投票》等论著之中，从中揭示的规律，证明对非政治的运用领域，如对特定服装的款式、电影的选择上，也同样有效。

拉萨斯菲尔德在他的《回忆录》中讲道：当他的一位女学生接受一项委托，去调查为什么消费者会喜欢购买一种特定品牌的肥皂时，他就想到了决断的形成过程，并认为这种决断的形成过程从原则上讲总是相同的，至于决断的

---

1 Ilja Srubar (Hrsg.), *Exil, Wissenschaft, Identität. Die Emigration deutscher Sozialwissenschaftler, 1933~1945*, Frankfurt am Main: Suhrkamp Verlag, 1988, S. 89.

对象是什么则无所谓:"我的维也纳市场研究的来源就在这里:从方法论上讲,社会选举与买肥皂有着等值的结果。"[1]

在对"马里塔尔失业者"的研究中,拉萨斯菲尔德就已经有意识地将数据收集的质量和数量方法统一起来,即一方面通过直接的观察和访问,另一方面从市长办公室、街面上的店铺以及其他来源如报纸、图书馆的订单中收集可使用的数据。这种"多元方法论"同时也是为两个目标服务的。一是为了证明:与流行的观点相反,质量与数量研究之间并不存在矛盾,不如说,这两者是互相补充的,在同一份研究的内部都是有价值的。二是为了证明:主观的印象是能够通过有系统的量化而被客观化的。例如,对于失业者来说,时间的概念开始失去了意义。"你拿着马表就能证实:那些不再能做任何有充分意义工作的男人,比起那些还得在家务中为了家庭的团结而履行义务的妇女,通常走起路来要慢得多,而且也经常得多地在半路上站着闲聊。"[2]另外,他通过孩子们在学校里写的《我对圣诞节的期望是什么》的命题小作文,证明了这一点:"要满足马里塔尔村庄的孩子们在圣诞节的愿望,通常只需花费满足邻近村庄孩子们愿望所需要的三分之一的代价。因为这些地方尽管也受到了失业的强烈震动,但不像马里塔尔所受的震动那么彻底。而在马里塔尔,唯一的一家工厂倒闭了,绝大部分已被撤除。"正如他自己说明的这项研究的目的那样,他要研究的是这个失业的村庄,而不是失业的个人;他要揭示的是:"社会结构控制着个人变化。"[3]

从维也纳到纽约,拉萨斯菲尔德也过渡到一种完全不同的研究条件中。他所面临的任务是,从有关被询问者个人的信息的大量抽样中来获得一种有

1　Donald Fleming and Bernard Bailyn (eds.), *The Intellectual Migration, Europe and America, 1930~1960*, Cambridge, Massachusetts: Harvard University Press, 1969, p. 279.

2　Paul. F. Lazarsfeld, Marie Jahoda, Hans Zeisel, *Die Arbeitslosen von Mariethal*, Frankfurt am Main: Campus Verlag, 1961, S.57.

3　Paul. F. Lazarsfeld, Marie Jahoda, Hans Zeisel, *Die Arbeitslosen von Mariethal*, Frankfurt am Main: Campus Verlag, 1961, S.58.

充分意义的见解。这种过渡将他引向了一种对"多变量分析"的研究。正是通过他所引入的数学统计与分析方法而建立起来的"多变量分析"模式，在经历了长达 10 年之久的考验后，最终决定了哥伦比亚大学社会研究的传统，决定了美国社会学发展的方向。1947 年，在拉萨斯菲尔德的指导下，他多年的工作助手汉斯·蔡塞尔（Hans Zeisel）完成了自己的成名作《用数字说话》。在这本书的前言中，拉萨斯菲尔德写道："为了处理日常谈话与统计工作方法之间的真空地带，对两个变量之间的相互关系的研究，成为了这本书的一个中心论题。这份研究是在这种观点指导下进行的，就是要看它们在引入了第三个，即那个测试变量之后，能否被解释为'真正的'或是'虚假的'相互关系。"[1]

在创立"数学社会学"的方法论上，除了"多变量分析"模式外，拉萨斯菲尔德还做出了许多其他的根本性创造和贡献，如调查表的设计、指数表格的设计以及抽样的"滚雪球方法"等等。与此同时，拉萨斯菲尔德在这个新领域里也是一位伟大的组织者。1950 年，作为哥伦比亚大学社会学系的系主任，他邀请某些用数学方法处理社会科学中的系列问题的杰出专家前来系里作报告，并将这些报告发表在由他主编的那本名为《社会科学中的数学思想》的著作中。当这本著作出版之时，也就是"数学社会学"变成一门公认的专门学科的时刻。拉萨斯菲尔德在扩大这种新发展中扮演了中心性的角色，他主持召开了一系列的国际学术会议，向战后欧洲的年轻社会学家们介绍这种最新的方法。1955 年，他与人合编了名为《社会研究的语言》的论文集，收录了 60 篇著名论文，其中就有他个人的 10 篇论文。1966 年他主编了《在数学社会科学中的读物》的论文集，这本论文集成为掌握社会研究新方法论的最基本的工具。1972 年他又主编了《社会研究的语言之续集》，其中收入

---

1 Hans Zeisel, *Say it with Figures*, New York: Harper and Row, 1968, p. 2.

了他个人的 13 篇论文。[1]

拉萨斯菲尔德的间接影响还通过大量研究机构体现出来，这些机构或是由他本人，或是由他以前的学生和助手，建立或参与建立起来的。这些学生和助手绝大多数都在美国，某几位在外国。例如，他以前的学生查尔斯·Y. 格罗克在 1951 年至 1957 年成为了他的接班人，出任由他创立的哥伦比亚大学"应用社会学研究所"的主任，后又在伯克利和加利福尼亚大学建立起类似的研究所。密歇根大学的"调查研究中心"是由他最早的一位助手伦西斯·利克尔特（Rensis Likert）建立的；芝加哥大学的"国家舆论研究中心"是由他的助手哈里·菲尔德（Harry Field）建立的；而伊利诺斯大学、威斯康辛大学的社会学研究所以及华盛顿特区的"社会科学研究部"都是由他的学生罗伯特·鲍尔（Robert Bower）建立的；宾夕法尼亚大学的"人之行为研究中心"是由他的学生塞缪尔·克劳斯纳（Samuel Klausner）建立的；伯克利大学的"社会行为研究所"是由他的学生迪安·曼海默（Dean Manheimer）建立的。而欧洲的奥斯陆大学、华沙大学以及维也纳大学的这类研究所则是在他的亲自参与和指导下建立的。查尔斯·Y. 格罗克指出："拉萨斯菲尔德的遗产至少已经延伸到了第三代人：如厄尔·巴比（Earl Babbie），"这位格罗克的弟子，"已在夏威夷大学建立了'调查研究中心'。"[2]

要想准确地描绘这位伟大的社会学家在人类这一专业领域中的影响，是一种相当大胆的冒险。现在已有各种各样的硕士和博士论文论述他、他的工作以及由他建立起来的那些研究所。但要想对他的论文和著作的引证情况进行统计，会涉及一种目录学上的研究，仅是这些内容就足够一家图书馆的所有工作人员工作几个月了。而得到他指导的学生，包括美国和美国以外的，

1　Ilja Srubar (Hrsg.), *Exil, Wissenschaft, Identität. Die Emigration deutscher Sozialwissenschaftler, 1933~1945*, Frankfurt am Main: Suhrkamp Verlag, 1988, S. 95.

2　Paul F. Lazarsfeld, *Qualitative Analysis, Historical and Critical Essays*, Boston: Allyn & Bacon, 1972, p. 33.

其数量也至少在 1000 至 1500 人之间。[1]

拉萨斯菲尔德晚年也成为大量荣誉的获得者，这些荣誉首先表达了国际科学界对他所取得的辉煌成就的高度认同。1959 年，国际社会学联合会第四届世界大会请他作关于研究方法论方面的总结报告。1970 年，国际社会科学界主编《社会科学和人文科学中的主要研究趋势》一书时，特邀拉萨斯菲尔德来写"社会学"这一章。他还被先后授予芝加哥大学、哥伦比亚大学以及维也纳大学的名誉博士，并长期担任美国社会学学会主席和美国公共舆论研究协会会长。

保罗·F.拉萨斯菲尔德本人则是这样评价自己成就的意义的："当我的学术生涯开始时，欧洲的社会科学，尽管对具体研究的兴趣已有明显的表征，但总体来讲，仍然受着哲学和推理性思想的支配。而在美国，行为主义和操作主义正支配着学术界，但已有极少数人对经验主义感兴趣。正是在这种情况下，我把美国学术界与欧洲学术界联系起来。我，一个欧洲的实证主义者被美国那些已意识到社会科学新动向的人们当作珍品来热烈欢迎。在欧洲，社会科学的发展因希特勒的统治而止步，而在美国，社会科学的发展却越来越宽广，并趋向多元化和精细化，但亟须制度化。我的经历和兴趣使我有可能在这一发展上发挥作用。显然，我所做的大部分事情无论怎样最终都会有人去做的，但是，知识的移植需要媒介，幸运的是，我成了这一媒介。"[2]

总之，没有其他任何一位来自欧洲的流亡社会学家，能比保罗·F.拉萨斯菲尔德在这门学科上具有更大的影响力。当拉萨斯菲尔德于 1976 年去世时，美国著名社会学家詹姆斯·S.科尔曼在悼词中这样讲道："保罗·F.拉萨斯菲尔德给社会科学留下的财富部分是他写下的著作，这种财富更多地体现在

1　Ilja Srubar (Hrsg.), *Exil, Wissenschaft, Identität. Die Emigration deutscher Sozialwissenschaftler, 1933~1945*, Frankfurt am Main: Suhrkamp Verlag, 1988, S. 98.

2　Donald Fleming and Bernard Bailyn (eds.), *The Intellectual Migration, Europe and America, 1930~1960*, Cambridge, Massachusetts: Harvard University Press, 1969, p. 271.

那种本质性的、独具特点的形式中。正是利用了这些财富，社会学才得以向前推进。"而另一位美国著名的社会学家雷蒙德·博顿（Raymond Boudon）则感叹道："许多由他所引入的思想今天已经变得如此使人坚信不疑，以致几乎没有任何人还能将自己作为这门学科中的始创者。"[1]

第四节　德意志"经济改革派"与罗斯福"新政"

德意志经济学家的流亡规模及意义很少为人所知。事实上，当 1936 年 9 月有犹太血统、有民主进步思想的科学家因纳粹"文化清洗运动"被尽数逐出大学校园时，他们构成了德国高校中第三大的受难者集团，仅排在医学家（459 人）、化学家（165 人）之后，数量达 148 人之多，[2] 占当时德国高校中经济学师资力量的 24%。在某些高校，如法兰克福大学，甚至达到 40% 以上。因此，经济学成为了德国受害最严重的学科。[3]

这些遭受驱逐的经济学家恰恰代表了一种具有现实意义的研究新方向，这种方向是在 20 世纪 20 年代德国社会和政治的例外局势中发展起来的。它所具有的革新性、现实性以及未来指向性还很少被人们充分认识到。在这种方向上承担研究义务的，大多是更年轻的德意志经济学家。他们已经脱离了著名的德意志国民经济学派——"历史学派"——的传统轨道，并形成了一个被称之为"德意志经济改革派"的集团。在这个集团中，处于中心地位的

1　Ilja Srubar (Hrsg.), *Exil, Wissenschaft, Identität. Die Emigration deutscher Sozialwissenschaftler, 1933~1945*, Frankfurt am Main: Suhrkamp Verlag, 1988, S. 84.

2　Claus Dieter Krohn, *Wissenschaft im Exil, Deutsche Sozial-und Wirtschaftswissenschaftler in den USA und die New School for Social Research*, Frankfurt am Main: Campus Verlag, 1987, S. 19.

3　Report on Rockefeller Foundation , 2. 18. 1936, Rockefeller Foundation Archives, Record Group 2, 141/1050.

首先是"基尔学派"的阿道夫·勒韦（Adolf Löwe）、汉斯·奈塞尔（Hans Neisser）、格哈德·科姆（Gerhard Colm）、阿尔弗雷德·克勒尔（Alfred Kähler）以及弗里茨·布尔夏特（Fritz Burchardt）。另外还有来自原海德堡大学的埃米尔·雷德勒（Emil Lederer）以及他的弟子雅可布·马夏克（Jacob Marschak），来自汉堡大学的爱德华·海曼（Eduard Heimann）等人。正是这些人为罗斯福"新政"提供了革新性的推动力，并在这场"新政"的具体实践中发挥了重要的作用。

一、流亡美国的"德意志经济改革派"集团

在 1933 年进入流亡后，除了极少的例外，这个"改革派"集团中的绝大多数成员都在纽约的"社会研究新学院"创办的那所名为"流亡大学"的研究生院里找到了一个新的活动场所。也正是在这里，出现了一个质量上最为重要、数量规模上也最大的社会科学的流亡中心。[1] 当然，它首先涉及阿尔文·约翰逊（Alvin Johnson）这位"社会研究新学院"奠基人和领导者的亲身投入；涉及那种允许流亡科学家们在一种相当匀质性的环境中继续从事研究工作的制度性框架；更重要的是，它还涉及这些科学家们的特殊观念、他们研究工作的质量以及他们在科学理论上的革新性实质。

这些"改革派"经济学家在 1933 年以前德国高校的学术活动中只处于边缘地位，这不仅相对于那个一直还有影响的德意志"历史学派"而言是有效的，而且相对于那个奥地利的"新古典主义"的"边际效用学派"来说也同样是有效的。在 20 世纪 20 年代，"边际效用学派"在奥地利的学术边缘上已经逐渐变得强大起来，并在德国高校中赢得了越来越多的影响。而"历史学派"却已经开始走向没落，仅仅只是在纳粹主义的"种族经济"中才经历了一场

1　Wolfgang Frühwald und Wolfgang Schieder (Hrsg.), *Leben im Exil, Probleme der Integration deutscher Flüchtlinge im Ausland 1933~1945*, Hamburg: Hoffmann und Campe Verlag, 1981, S. 227.

短暂的复兴。

　　"新古典主义者"向英国或美国的流亡并没有出现任何特别的问题，因为从很大程度上讲，奥地利人的那种抽象—推论式的模式理念，以及他们在市场经济体制上所承担的理论义务，是与盎格鲁－美利坚那种占统治地位的科学倾向相一致的。这方面的一个证据是，他们中许多更年轻的代表早在流亡之前就已经有多年的美国访学经历了。在讲英语的经济学界中，人们将这个"奥地利学派"视为一种重要的、尤其能从论证上对抗凯恩斯主义新挑战的潜力。例如，弗里德里希·A. 冯·哈耶克（Friedrich. A. von Hayek）在1932 年就被作为凯恩斯主义的批评家而聘往伦敦，同样出自这一学派的约瑟夫·A. 熊彼特（Joseph A.Schumpeter）也在这一年前往美国，并获得了哈佛大学经济学教授的岗位。在他身上有这种传闻，据说他"宁愿选择墨索里尼，也不愿选择罗斯福"。[1]

　　而德意志"改革派"集团中的绝大多数人都是社会民主主义者，他们是在第一次世界大战后的复员阶段中通过官方活动才真正开始从事经济学研究的，也是作为 1919 年德国"社会化委员会"的成员才彼此相识的。战争、1918 年革命的经历以及社会民主主义，所有这些，决定了他们特殊的问题意识和未来的工作方向。对于这个集团来说，"经济理论始终都是为一种经济和社会政策上的实践服务的"。[2] 因此，他们的研究工作不仅反对"新古典主义"的模式抽象化，而且反对那种在理论分析上是卓越的、而在行动实践上却是僵化的正统马克思主义的理论方案，也反对那种 1918 年后在工人运动中经常出现的无理论的实践主义。在 1933 年进入流亡后，他们将这种思想方法和实践经验带到了"社会研究新学院"，而这些东西本身就来自德国的社会

1　Helmut F. Pfanner (Hrsg), *Kulturelle Wechselbeziehungen im Exil-Exile across Cultures*, Bonn: Bouvier Verlag Herbert Grundmann, 1986, S. 315.

2　Harald Hagemann und Heinz D. Kurz, (Hrsg), *Beschäftigung, Verteilung und Konjunktur, Zur Politischen Ökonomik der modernen Gesellschaft. Festschrift für Adolph Lowe*, Bremen: Springer-Verlag, 1984, S. 37.

民主主义传统，在美国是没有范例的，当然也是不为美国人所熟悉的。

　　影响这些流亡经济学家们理论发展的变数是罗斯福"新政"。在罗斯福就任总统之前，美国还并不存在任何与"新政"有联系的意识形态体系和完整的经济纲领，充其量不过有些针对危机的治疗建议。在 1932 年的竞选斗争中，罗斯福和他的顾问们首先是用低消费理论上的证据来与占统治地位的危机状态作斗争的。尽管在"新政"的开始阶段，罗斯福政府也寻求加强消费者的购买力，然而，却在财政上实践着一种与之相矛盾的纲领，一种严格的预算紧缩和免税政策，一种坚持"预算平衡"的传统自由主义的财政政策，以致几乎没有任何克服大萧条的真正冲动能来自国家。[1] 还不如说，在罗斯福的官僚班子和一小群批评型的社会科学家圈子里，"新政"第一阶段的真正意义在于唤起了一种乐观主义的情绪，表达了一种对新的、非正统主义思想的坦率接受态度。事实上，在随后年代里，他们是在摸索中才逐步奠定了现代美国的经济和社会政策基础的。

　　罗斯福政府在经济政策上的这种非固定性，恰恰为这些来自德国的"改革派"经济学家提供了某种修正性的前景。因为他们早在 20 年代就已经赢得了一种完整理论的特点，而且他们的工作重点也恰恰在于对 1918 年后在德国有深远影响的低消费理论进行批评式的检验，并对一种合乎时代精神的国家财政政策做出新的确定。

　　在这方面，"基尔学派"自 20 年代中期以来已显示出惊人的创造性。它的领导人阿道夫·勒韦为经济发展趋势研究提供了重要的推动力，以致他被人们称之为"具有现实主义的现代经济发展趋势研究的精神导师"和"德意志现代经济研究的奠基人"。[2] 汉斯·奈塞尔对货币理论进行的基本研究，

1　Daniel R. Fusfeld, *The Economic Thought of Franklin D. Roosevelt and the Origins of the New Deal*, New York: Columbia University Press, 1956, p. 207.

2　Helmut F. Pfanner (Hrsg), *Kulturelle Wechselbeziehungen im Exil-Exile across Cultures*, Bonn: Bouvier Verlag Herbert Grundmann, 1986, S. 318.

也给凯恩斯留下过极为深刻的印象。格哈德·科姆将金融理论扩展为一种重要的宏观经济学上的税收理论。而勒韦的弟子阿尔弗雷德·克勒尔和弗里茨·布尔夏特则为一种未来的"增长理论"作好了准备，尽管这种理论的影响力直到 20 世纪 70 年代以后才真正得到人们的承认和尊重。

"基尔学派"的理论得到了海德堡大学经济学教授埃米尔·雷德勒的响应。除了"技术进步"问题外，埃米尔·雷德勒还首先研究了"集中化运动"的经济效率问题。他的弟子雅可布·马夏克也曾在基尔工作过，属于那个当时还很小的"在经济学上有绝招的圈子"中的成员，后来在美国成为了"现代数量经济学"的开路先锋。而汉堡大学的爱德华·海曼在他 1929 年出版的那本关于《资本主义的社会理论》的名著中，头一次建立起一种坚实的社会政策理论。与以前所有的社会政策理论不同的是，"它不是以一种与经济秩序相脱离的对社会弱势群体的救济性保护为方向的，而是以一种充满活力的有关社会转型的工具来出现的。"[1]

这个集中于"流亡大学"的科学家集团，因前普鲁士高级官员阿诺尔德·布雷希特（Arnold Brecht）、汉斯·施陶丁格（Hans Staudinger）以及来自柏林社会教育管理部门的弗莉达·温德尔里希（Frieda Wunderlich）的加盟而得到了补充。这些人的纯学术生涯尽管是在这所"流亡大学"中才开始的，但在离开德国以前，除了在政府机构中的职能外，他们也一直在从事科学活动。例如，阿诺尔德·布雷希特曾对公共性的财政经济问题做过重要的研究，汉斯·施陶丁格曾出版过一本引起多方关注的著作《作为企业主的国家》，这为他后来在美国进行的关于公共性供养行动的理论研究和实践提供了基础。

在 30 年代美国经济处于严重危机和长期萧条的背景下，正是这些来自德

1　Ilja Srubar (Hrsg.), *Exil, Wissenschaft, Identität. Die Emigration deutscher Sozialwissenschaftler, 1933~1945,* Frankfurt am Main: Suhrkamp Verlag, 1988, S. 146.

国的流亡经济学家为罗斯福"新政"提供了大量非正统主义的、具有现实意义的建议，这些建议远远超越了那些当时在英国进行讨论、后来在美国与凯恩斯的名字相联系开端。为证明这个集团为罗斯福"新政"提供的革新性推动力，只需展示他们在"经济增长理论"和金融理论上的贡献就足够了。

二、"德意志经济改革派"对"经济增长理论"的贡献

在"经济增长理论"方面，阿道夫·勒韦的理论研究最具有范示性意义。勒韦进入经济理论研究的大门是从一次针对罗莎·卢森堡（Rosa Luxenburg）的低消费理论的批评开始的。1926年，他以一篇名为《比例失调的资本主义发展动力》的论文，探讨了当时人们广泛关注的关于经济景气可能性的问题，并提出了另一种社会主义有关危机的理论解释。这篇论文也被誉为"关于经济发展趋势可能性的第一次理论上的说明"。[1] 对于1930年以后进行的有关危机的讨论来说，这项工作提供了一种质量上的新开端。

在传统的低消费理论的假设中，经济的周期性和危机是由于不平等的收入分配带来的需求脱节造成的。而在勒韦看来，周期性和危机并不存在于这个进程中，因为它们几乎不能被解释为周期性的运动。这种购买力的减少在别的地方必然会表现为收入的增长，以致收入的重新分配也并不能保证经济免受危机的侵害。因此，他认为，"经济周期性运动的原因必须到制度的出发局势中去寻找，必须到具有技术进步'独立变量'的生产结构中去寻找。"[2]

这种理论首先得到了海德堡大学的埃米尔·雷德勒的支持。埃米尔·雷德勒在他于1931年出版的《技术进步与失业》一书中这样写道："资本构成

1　Harald Hagemann und Heinz D. Kurz, (Hrsg), *Beschäftigung, Verteilung und Konjunktur, Zur Politischen Ökonomik der modernen Gesellschaft. Festschrift für Adolph Lowe*, Bremen: Springer-Verlag, 1984, S. 37.

2　Claus Dieter Krohn, *Wissenschaft im Exil, Deutsche Sozial-und Wirtschaftswissenschaftler in den USA und die New School for Social Research*, Frankfurt am Main: Campus Verlag, 1987, S. 114.

绝不意味着增长与就业，还不如说，投资的速度和方向才是具有决定性意义的。尽管有资本的积累，但是当对劳动力的需求长期落后于对劳动力的供给时，也就是在所谓'合理化状态'中的时候，失业将会是结构性的。"[1] 因此，技术进步、它对劳动力市场的影响，以及它对经济制度不稳定的影响等问题，成为了这些"改革派"经济学家们研究工作的中心性领域。在这个领域中，他们提供了重要的理论：一是"经济增长理论"。要知道，过去所有的有关理论都还只是以实物资本构成的数量面貌为论题的；二是"经济政策的计划化"。在这里，"计划"并不意味着任何强制性的经济，而是指对不同的经济部门进行不同的资源配置，以保证充分就业和稳定增长的途径。

阿道夫·勒韦出版于60年代的《关于经济学的知识》一书，是对这些在20年代就开始了的研究工作的总结。这些研究工作不仅提供了一种经济政策理论，而且提供了一种社会科学的方法论。勒韦将政治经济学的中心任务集中于这两点："一是对广泛的、经济上的宏观目标做出定义，这决定了它在民主进程中的选择；二是工具分析，这种分析与占统治地位的理论相反，它探讨的不是造成影响的原因，而是探讨如何达到目标的手段。"[2]

对于这些德意志"改革派"经济学家在20年代就已经提出的关于"技术进步"的问题，"新古典主义"的经济学家们是无知的，也没有发表过任何议论，因为他们首先将注意力集中在市场上那种相当理想的竞争前提上，集中在那种"水平性"的平衡条件上。根据他们的"平衡理论"设想，危机和周期性或是被作为短期摩擦引起的偏离，或是被作为因政治制度带来的外源性干预的结果。因此，对经济自我医治的呼吁，过去和现在也一直都是他们的危机治疗法的最后语言。在他们那里，技术结构也从未被视为问题。因为他们认

1　Emil Lederer, *Technischer Fortschritt und Arbeitslosigkeit*, Tübingen: J. C. B. Mohr Verlag, 1931, S. 72.

2　Ilja Srubar (Hrsg.), *Exil, Wissenschaft, Identität. Die Emigration deutscher Sozialwissenschaftler, 1933~1945*, Frankfurt am Main: Suhrkamp Verlag, 1988, S. 148.

为，"技术变化带来了工资率和利息率的变化，技术并不能长期释放劳动力。"根据他们静态的分配理论模式，生产因素的价格构成仅仅被定义为"市场上的另一些财产"，"通过合理化释放出来的劳动力将在别处被再度抵消"。因此，他们将长期性失业仅仅视为"工会垄断性的提高工资的结果"。[1]

"基尔学派"恰恰对此展开了批评。在这些"改革派"经济学家们看来，"新古典主义"的推论忽略了这一点：在相互关联的各种不同的工业生产中，在各个具体的生产阶段之间，不仅存在着"水平性的"平衡关系，而且存在着"垂直性的"比例关系。根据弗朗修斯·奎斯奈（François Quesnay）的经济理论以及卡尔·马克思（Karl Marx）的再生产公式，"基尔学派"的代表们自 20 年代末以来，将那个老的积累、技术和就业的所谓"古典主义的三位一体"重新置入分析的前景之中。在对这种理论的新思考中以及由此导出的经济政策战略中，人们能够看到这些"流亡大学"的经济学家们做出的具有决定性意义的、在当时也是唯一性的贡献。

今天，与之相关的经济学家都将阿道夫·勒韦的弟子阿尔弗雷德·克勒尔于 1932 年完成的那篇博士论文，即《通过机器来解放工人的理论，一篇对现代技术化进程进行总体经济表述的论文》，作为重要的里程碑来看待。这篇博士论文"不仅为那场持续至当时的讨论提供了一份极好的教义史上的概要，而且在发展一种由增长、技术变化和就业所决定的多领域模式上，提供了一种划时代的开路先锋的工作"。[2] 与绝大多数以需求理论为方向的表述不同的是，克勒尔寻求将就业赤字建立在资本理论的基础上。在他看来，这个理论问题涉及技术变化的前提和伴随状态，而且这种技术变化只有在考虑了时间因素的情况下，并对经济过程进行整体性描述时才能查明。这是一种

---

1   Ludwig Mises, *Die Ursachen der Wirtschaftskrise*, Tübingen: J. C. B. Mohr Verlag, 1931, S. 87.
2   Ilja Srubar (Hrsg.), *Exil, Wissenschaft, Identität. Die Emigration deutscher Sozialwissenschaftler, 1933~1945*, Frankfurt am Main: Suhrkamp Verlag, 1988, S. 150.

从质量上进行观察的新方法，当"新古典主义者"后来也试图用马克思的再生产公式来理解这整个进程时，已经晚了至少 50 年。

克勒尔的特殊贡献在于，他在一种有关 8 个部门的模式中，发展了一种有关经济过程的总变化公式。这种公式澄清了各个工业分枝部门之间相互依赖的生产关系，说明了周期性变化和失业的原因，以及一种经济平衡发展的条件。他对国民经济循环关系的表达被视为"投入产出模式"的头一个方案，这个方案在所有的关键点上都与后来被称之为"列昂捷夫体系"的经济特征完全一致。而华西里·W. 列昂捷夫（Wassily W. Leontief）也正是通过运用克勒尔的理论分析美国的经济结构，才创立了自己的体系，并于 1973 年获得了诺贝尔经济学奖。[1]

流亡美国之后，克勒尔寻求从经验上加固这种只在理论上得到发展的模式基础。在为《社会研究》杂志撰写的首篇论文《技术失业理论的验证问题》中，他根据德意志和美利坚发展的例子证明，"第一次世界大战后的那场强有力的'合理化运动'，在技术变化方面，并没有表达一种对战前趋势的直线式的继续，而是标明了变化深度方面的新质量，以及结构变化在时间上的短期性，因而对 1929 年开始的那场经济危机的长期性和严重性产生了根本性的影响。"[2] 在这篇论文中，他提出了"生产率曲线比生产曲线以更快的速度上升"的理论，这为测度由于技术变化所带来的劳动力释放提供了一个重要的指示器。此外，他还更新式地不断加强对"经济增长理论"的继续精确化。例如，

1　著名经济学家华西里·W. 列昂捷夫（Wassily W. Leontief, 1906~1999）同样来自基尔大学世界经济研究所。作为"基尔学派"的成员，他曾担任过著名经济学家阿道夫·勒韦（Adolf Löwe, 1893~1995）的研究助理，由于在 1930 年随父亲移居美国，因而未将此人列入"改革派"的流亡经济学家圈子。正是在著名经济学家阿尔弗雷德·克勒尔（Alfred Kähler, 1900~1981）的博士论文基础上，华西里·W. 列昂捷夫以 1936 年的一篇介绍"投入产出"理论和方法的论文《美国经济体系中投入产出的数量关系》和 1941 年出版的专著《美国经济结构，1919~1929》，获得了 1973 年的诺贝尔经济学奖。——作者

2　Alfred Kähler, *The Problem of Verifying the Theory of Technological Unemployment*, in : Social Research 2 (1935), p. 439.

随着"技术进步"的发展，到40年代，劳动力的质量结构问题以及教育增长的潜力问题也成为了他的新论题。[1]

　　而在美国本土经济学家当中，这类工作当时都还只是例外。只有著名的凯恩斯主义者阿尔文·汉森（Alvin Hansen）在1930年对基尔做了一次访问归来后，才在1931年发表过一篇关于这个论题的文章。为此，直到1942年，汉斯·奈塞尔还在惋惜："这样重要的问题居然还是美国经济学的'后娘养的前妻之子'。"[2] 这种现象直到1945年以后才发生变化。当这条在凯恩斯主义革命中的红线被美国部分经济学家们抓住时，"增长理论"才开始有所发展，而这正是德意志"改革派"经济学家的理论创新长期推动的结果。

三、"德意志经济改革派"对现代金融理论和实践的贡献

　　对"新政"的具体实践做出最重要贡献的是"基尔学派"的金融学家格哈德·科姆。此人不仅极大地丰富了同时代人的金融知识，还给当时的财政理论带来了一场革命。比起其他那些在"新学院"中具有创新性的同事们，科姆在美国获得了更为可观的威望和名声。以下的例子就能证明科姆给"新政"带来的那种革新性的推动力。

　　由于在德国国民经济的传统中国家控制的份额一直较大，财政学在德国也得到了最快、最为广泛的发展，因此，科姆早在1927年便通过他的教授资格论文《国家支出的国民经济理论》，吸收了传统财政学的基础部分。而在30年代的美国，"财政学还处于一种十分可怜的状态。""新政"开始之时，美国的税收体系还反映的是19世纪老自由主义的"夜警国家"的意识形态，税收往往被定义为"从经济中抽走了生产性的用度"，因而在"新政"的头几年中，也"一直成为与危机作斗争的现实主义纲领的一种沉重负担"。[3]

1　Ilja Srubar (Hrsg.), *Exil, Wissenschaft, Identität. Die Emigration deutscher Sozialwissenschaftler, 1933~1945*, Frankfurt am Main: Suhrkamp Verlag, 1988, S. 151.

2　Hans Neisser, *Permanent Technological Unemployment*, in: American Economic Review 32 (1942), p. 50.

3　Gerhard Colm, *The Ideal Tax System*, in: Social Research 1 (1934), p. 319.

从当时美国政府和国会大量任命的研究委员会以及私人提出的倡议中，就能显示出，这种同时代人的知识在美国还相当缺乏。

从根本上讲，传统的金融理论往往只研究如何不受私人经济的干扰来获得国家税收的问题。而科姆的大学教授资格论文，不仅涉足一个新的科学领域，而且提出了一种完整的国家干预模式。这种模式远远早于凯恩斯的模式，也远远超越了这位英国经济学家以后的理论。科姆的财政政策方案有着不同于凯恩斯模式的关键点，"它不是以一种国家对危机引起的需求不足的反应性校正为目标的，而是以借助国家预算对经济实行长期性、有计划的塑造为目标的。"[1]

早在20年代，科姆便已经看到了国家的支出政策以及它在经济上的影响。在经济大危机爆发以前，由于那种在所有工业化国家中实践的"亲周期性财政政策"，科姆已经对那种"金融政策必须服从于市场经济的规律性，并因此必须服从于一种严格的预算平衡"的理论表示了怀疑。还不如说，他寻求做出这种证明："除生产者和消费者之外，国家作为'第三支柱'，一方面构成了经济进程的一个完整的组成部分，另一方面，它也是'一个自身经济体制的载体'。这种载体不同于那些以单独的经济成就为方向的私人，它必须为经济的发展趋势和社会制度的稳定化履行多维性的功能。与占统治地位的经济学说相反，这绝非通常人们所认为的那种理性，而是'目的选择的另一种理性'。没有这种理性，现代市场就根本不再能发挥功能。"[2]

除了经济进程中公共财政的功能和目的外，科姆还寻求对公共支出额度给出一种标准的确定理由。在德国，有关这方面的讨论同样有着长期的传统，

1　Claus Dieter Krohn, *Wissenschaft im Exil, Deutsche Sozial-und Wirtschaftswissenschaftler in den USA und die New School for Social Research*, Frankfurt am Main: Campus Verlag, 1987, S. 135.

2　Claus Dieter Krohn, *Wissenschaft im Exil, Deutsche Sozial-und Wirtschaftswissenschaftler in den USA und die New School for Social Research*, Frankfurt am Main: Campus Verlag, 1987, S. 136.

在此只需提及 19 世纪末柏林大学教授阿道夫·瓦格纳（Adolph Wagner）提出的 "不断增长的国家支出法则" 就够了。[1] 在经济大危机期间的 1932 年，作为当时德国联邦议院中普鲁士邦政府发言人的阿诺尔德·布雷希特，曾就国家财政问题，将德国与那个人口更少、城市化程度更低的法国进行过比较，并提出了进一步的 "支出与人口密集化之间的累进性平行法则"，[2] 这个法则为 "瓦格纳法则" 提供了一种更为精确化的表达。他所表述的这个法则，其目的在于，实事求是地为德国更高的国家支出额进行辩护。而当时德国联邦议院中的绝大多数代表都是批评所谓 "浪费性的德意志支出额"，而主张 "预算平衡" 的。

正是在 "布雷希特法则" 的基础上，流亡中的科姆根据美国的数据，包括工业聚集在内的数据，很容易从多方面对这一法则加以证实和补充，而这对于相关领域的法人团体的财政平衡具有重大的意义。此外，科姆还在这种财政研究中看到了非常重大的社会问题。因为随着日益加强的工业化、日益增长的人口以及日益提高的生活水平，对公共之手的需求也在上升，它的缺乏可能导致对这种民主体制忠诚的丧失，进而导致这种政治制度的瘫痪，正如他曾在德国所经历过的那样。因此，他强调了当时人们普遍感到惊奇的这个事实："从最广泛的意义上讲，社会支出，在哪怕只有更小客观困境的富裕的国里，也要比在贫穷国家里的额度更高。"[3] 从这个意义上讲，不仅科姆关于经济进程中公共财政功能的确定工作为科学研究带来了新领域，而且他关于公共支出额度的确定工作也同样带来了科学研究的新方向。这些由德

1　Christian Rist, *History of Monetary and Credit Theory, From John Law to the Present Day*, London: Alien and Unwin, 1940, p. 101.

2　Arnold Brecht, *Internationaler Vergleich der öffentlichen Ausgaben*, Leipzig: Kröner Verlag, 1932, S. 6.

3　Gerhard Colm, *Theory of Public Expenditures*, in: Annals of The American Academy of Political and Social Science 183 (1936), p. 6.

意志"改革派"财政专家带到美国来的新理论，比美国科学界先进了好几十年。在美国，显然是在政府聘用了科姆和布雷希特的情况下，与美国公共支出规模的确定相关的研究才在 50 年代初开始出现，而所有这些研究不过表达了一种对"流亡大学"经济学家们工作成果的再分析。

1939 年，科姆被聘往联邦预算局担任财政部主任，并在战争结束后的 1946 年进入美国总统的顾问班子。科姆能在美国开始一种闪电式的生涯绝非偶然。因为在当时的美国，不仅是金融学，而且连一种有秩序的财政实践都还处于起步阶段。在这个美国财政政策处于结构性转变的阶段中，科姆提供了无法估量的推动力。他所领导的财政部，其工作目的在于建立一种国民经济上的总预算体制。这种体制应为国家行动设立广泛的经济政策框架，为国会设立新的监督机制，为政府规定未来的行动纲领。这就是那种每年一度的政府财政预算制度，这种制度后来也被许多国家广泛采用。在这项工作中，为克服迄今国民收入统计数据上的缺乏，科姆做了大量工作。他"将国民收入的计算与国家预算、国民经济总预算紧密联接起来，并由此得出财政计划的数据"。[1]

在这里，也再度体现出科姆的工作与凯恩斯主义模式之间的区别。凯恩斯主义模式在财政经济上只规定了要弄清公共财政的净收入额，因为在凯恩斯那里，私人投资被视为真正的动力因素。而在科姆领导的联邦预算局财政部专家组那里，除国民收入的发展外，财政经济上还应显示出，在紧接着的未来中究竟应投入多少常备性资金到经济中去。科姆还根据新的国民经济总预算得出了这个结论："每个经济领域都能独立自主地通过感应而引起充满活力的变化，以致会对其他的税收因素产生影响。"[2]

---

1 Gerhard Colm, *From Estimates of National Income to Projections of the Nation's Budget*, in: Social Research 12 (1945), p. 350.

2 Ilja Srubar (Hrsg.), *Exil, Wissenschaft, Identität. Die Emigration deutscher Sozialwissenschaftler, 1933~1945*, Frankfurt am Main: Suhrkamp Verlag, 1988, S. 155.

在战争经济条件下，这类问题还没有显得那么具有紧迫性，然而，当人们围绕着战后返乡士兵的重新一体化和充分就业问题展开公开讨论时，具体财政政策上的战略便显得必不可少。自 1944 年秋以来，科姆为国家预算所做的准备工作一直在进行，并在 1946 年颁布的《充分就业法》中达到了实践上的高潮。这个法案的出台标志着"新政"的高潮和结束，也被誉为"美国经济政策的大宪章"，[1] 而科姆决定性地参与了对它的塑造，因为这个法案首先包含了他走在前面的有关财政经济的重要思想。在这里，决定财政和金融政策方向的不再是过去，而是瞄准未来的眼光，瞄准在政治上被定义为宏观目标的眼光，预算政策必须为实现这种宏观目标而奋斗。

在华盛顿政府中，科姆的意义能得到进一步的证实。1946 年年初，他作为美国专家被派往德国，为建立西德意志经济和货币关系的新秩序做准备。他与以前共同流亡美国的雷蒙德·戈尔德施密特（Raymond Goldschmidt）以及美国银行家约瑟夫·道奇（Joseph Dodge）一起，提出了那份以他们的名字命名的《Colm-Dodge-Goldsmith 计划》。这个计划构成了 1948 年 6 月西德意志货币改革的基础。在这个计划中，他们将消除战争条件下的通货膨胀与一种广泛的"负担平衡"联系在一起。毫无疑问，这种意图反映了这两位流亡经济学家在第一次世界大战后德意志"超通货膨胀"时代中的具体经历。这场"超通货膨胀"曾导致了一种以纸面财富占有者为代价、有利于实物资本占有者的巨大的财富重新分配，而这也正是魏玛共和国不稳定的一个中心性因素。然而，在新的杜鲁门政府中，随着"冷战"的开始，朝夕间发生了扭转，最保守的美国陆军部承担了对德国政策的责任。他们反对这个计划中原有的"社会目标"，科姆也于 1949 年辞去了专家职务，因此，这个计划最后是在没有贯彻"负担平衡"内容的情况下极为艰难地实现的。[2]

1　Alvin Hansen, *The American Economy*, New York: McGraw-Hill Book Company, 1957, p. 81.
2　Helmut F. Pfanner (Hrsg), *Kulturelle Wechselbeziehungen im Exil-Exile across Cultures*, Bonn: Bouvier Verlag Herbert Grundmann, 1986, S. 323.

四、"德意志经济改革派"与罗斯福"新政"的关系

在第二次世界大战结束以后，这些来自德意志的"改革派"经济学家们，要想在"冷战"来临的时代背景下，在杜鲁门政府中继续施展他们创新性的科学潜能，已经相当不容易了。

科姆于 1949 年从德国政策顾问班子中退出，并结束了他在国家行政机构中的所有活动，成为了"国家经济计划协会"主席。阿诺尔德·布雷希特则早在 1946 年已当选为"美国政治学学会"副主席并长期兼任哈佛大学客座教授。而汉斯·施佩尔（Hans Speier）也被聘为"兰德公司研究所"所长。著名数量经济学家雅可布·马夏克，从"流亡大学"转聘到芝加哥大学。长期以来，他一直担任"考勒斯委员会"主席，这个委员会寻求拓宽在经济科学中的数学运用。欧文·费希尔（Irving Fischer）、拉格纳·弗里希（Ragnar Frisch）、奥斯卡·兰格（Oscar Lange）、韦斯利·C. 米切尔（Wesley C. Mitchell）等，这些国际上最有影响的经济学家都是这个委员会的成员。1970 年，马夏克被推选为"美国经济学会"主席，只是由于他突然去世才没有正式走马上任。[1]

阿道夫·勒韦和汉斯·奈塞尔也接到了芝加哥大学的聘书。查尔斯·比尔德（Chales Beard）向他们发出邀请时，将这所美国名牌大学的条件描绘为"光芒四射、高歌猛进的航船"，但是勒韦和奈塞尔的回答是："这艘航船仍然不能与我们那艘有些破旧的新学院的拖网渔船上的工作氛围和团队精神相竞争。"[2] 他们继续留在了"新学院"。

这些流亡而来的德意志"改革派"经济学家之所以在美国学术界中受到如此重视，当然与他们在罗斯福新政中所扮演的角色紧密相关。他们不仅参

1　Lewis A. Coser, *Refugee Scholars in America, Their Impact and Their Experiences*, New Haven: Yale University Press, 1984, p. 151.

2　Ilja Srubar (Hrsg.), *Exil, Wissenschaft, Identität. Die Emigration deutscher Sozialwissenschaftler, 1933~1945*, Frankfurt am Main: Suhrkamp Verlag, 1988, S. 158.

与奠定了"新政"的理论基础，而且在实践上参与了对它的塑造。他们终于在罗斯福领导下的美国，看到他们曾在魏玛共和国中徒劳希望的东西变成了现实。要知道，在当时的美国，就连这场"新政"也是很不容易被经济学界的人士所接受的。正是由于这些有犹太血统、有社会民主主义思想的德国流亡经济学家在罗斯福执政时期得到了美国政府的聘用，并在"新政"的实施过程中发挥了重要作用，罗斯福的纲领才被不少美国保守主义的经济学家攻击为"社会主义的阴谋"，"New Deal（新政）"也才在美国公众中经常被诋毁为"Jew Deal（犹太人的新政）"[1]。当然，这也恰恰说明了他们在"新政"成功上所产生的影响。

这些德意志"改革派"经济学家能够在"新政"成功上产生影响，首先是因为他们能够用他们在德国得到发展的对特殊问题的视角和研究工具来探讨美国的经济问题，而这些视角和工具在实际经济政策开发中的意义和功能在当时还几乎不为美国人所知。此外，还要加上这些德国人进行的那种广泛向前发展的跨学科研究，这种研究认为，社会问题的解决，只有通过经济学、社会学、政治学和心理学的联合行动才有可能。而且，这些来自德国的流亡经济学家对社会政策问题的理解，本身就是反对纯理论化、反对任何狭隘的专家主义化、反对由许多美国同行们宣称的那种科学的价值自由的。在 30 至 40 年代的美国"新政"时代里，他们在理论上的吸引力和影响力反映出美国"新政"人士在危机中对经济自由主义的拒绝，同时也要归因于"新古典主义"的抽象模式中本身缺乏伦理上的准则。由此看来，这些德国流亡经济学家会被称之为"罗斯福总统智囊班子的外部指导者"绝非偶然。[2]

在这些德国流亡经济学家们留下的理论遗产中，人们还能找到他们对经

1　William E. Leuchtenburg, *Franklin D. Roosevelt and the New Deal, 1932~1940*, New York: Harper & Row, 1963, p. 277.

2　Helmut F. Pfanner (Hrsg), *Kulturelle Wechselbeziehungen im Exil-Exile across Cultures*, Bonn: Bouvier Verlag Herbert Grundmann, 1986, S. 325.

济科学贡献上的更多证据。例如，阿尔弗雷德·克勒尔早在 1932 年的研究中就曾指出："在经济学教义形成的漫长历史中，对工业化社会的技术结构提出批评性的见解，是直截了当地依赖于经济发展趋势的。那场由戴维·里卡多（David Ricardo）和卡尔·马克思所引入的关于机器和技术的讨论，自 19 世纪末以来，由于'新古典主义'理论上的胜利，立即就在工业增长的背景下中止了。然而，在 1929 年后的世界经济大危机期间，德意志'改革派'经济学家们再度接受了这类思考。"[1]　自 20 世纪 70 年代以来，在工业化国家中，技术结构问题已随着"计算机革命"带来的日益增长的失业问题而重新登场，并赋予了这种理论复兴以特别重要的意义。因为对于技术结构问题，"新古典主义"以及只瞄准短期倾向的凯恩斯主义并没有提供任何解决方案。今天，这种理论在美国和西欧更年轻的经济学家们那里，已经引起了日益增长的关注。他们终于开始将强调短期性有效需求的凯恩斯主义理论与长期的积累进程以及属于其中的结构性变化理论联系起来。[2]

第五节　流亡法学家与美国的国际关系学

在纳粹德国的"文化清洗运动"中，遭到驱逐的有犹太血统、有民主进步思想的法学家达 112 人之多，他们中的 90% 以上都流亡到了美国。属于这个集团的人，一般都获得过博士学位，接受过严格意义上的法学训练，只有少部分人属于哲学或政治科学的毕业生。令人感兴趣的是，约 100 名流亡美国的德意志法学家中，就有 64 人在美国各大学中占据了政治学的教授岗位，

---

[1] Helmut F. Pfanner (Hrsg), *Kulturelle Wechselbeziehungen im Exil-Exile across Cultures*, Bonn: Bouvier Verlag Herbert Grundmann, 1986, S. 326.

[2] Harald Hagemann und Peter Kalmbach (Hrsg), *Technischer Fortschritt und Arbeitslosigkeit*, Frankfurt am Main: Europäische Verlagsanstalt, 1983, S. 3.

并大多活跃在国际关系学这一新型的学科领域里。或者说，这一新型学科就是由他们在美国创立的。[1] 联结他们法学家的出身与国际关系学的落脚点的正是这场流亡。在此，只需展示他们当中的 4 位典型人物的流亡经历与学术成就，便能说明这些讲德语的流亡法学家们在美国创立国际关系学上的杰出贡献。

一、汉斯·克尔森的"准则主义"

当人们试图将德意志流亡学者对美国的国际政治理论发展的意义纳入到一种类型学的系列中去的时候，汉斯·克尔森（Hans Kelsen）无疑能作为一位典型人物来介绍。这位出生于奥地利的德国前科隆大学的国家法专家，不仅是这个令人感兴趣的集团中的一位最老资格的代表，而且他在方法论上也能追溯到那种长期给德国政治打下烙印的"普遍国家学说"的传统之中。他在 1918 年以前设计的并在 1918 年后的维也纳得到过完全贯彻的"纯法学"理论，是对德意志实证主义法学的一场根本塑造。

作为新康德哲学的信徒，克尔森的方法论使德国传统的"国家学说"摆脱了所有自然法和社会学的附属物，从而将国家秩序与法律秩序内在地、前后一致地统一起来。他通过澄清"法律的准则特点是什么"的问题，为法学带来了一场无法估量的进步。另一方面，他所创立的"准则主义"摆脱了那种与旧实证主义的权威独裁理论之间的牵连，并与 1918 年以后在德国和奥地利已发生变化的政治环境相适应，因而也为这些国家的代议制民主提供了法学理论上的基础。

克尔森的"准则主义"对国际政治科学的发展也同样是有意义的。尽管法学实际上已相当早地跨越了民族国家的地平线，但他的"准则主义"抛弃

1　Ilja Srubar (Hrsg.), *Exil, Wissenschaft, Identität. Die Emigration deutscher Sozialwissenschaftler, 1933~1945*, Frankfurt am Main: Suhrkamp Verlag, 1988, S. 165.

了那种对德意志的"国家法"传统来说最为根本性的"主权"教义，并用那种比"内部的"国家法更高一级的"外部的"国家法的新教义取代了它。[1]
然而这种理想主义在当时还只是一种纯准则上的东西，仅仅从法律面貌上讲是令人感兴趣的。随着 20 世纪 30 年代欧洲危机的不断加深，人们越来越不相信那种各国都应该遵守的国际秩序了。先是德国魏玛共和国崩溃，后是奥地利共和国的瓦解，最后是希特勒的扩张主义，以及英法为首的西方大国的绥靖政策，使"国联"体现的那种国际上的国家秩序被摧毁掉了。1933 年 10 月，被驱逐出科隆大学的克尔森，尽管先被洛克菲勒基金会以及美国的"援助德国流亡学者紧急委员会"安置到了英国，但他却来到了日内瓦，以示他对这个国联首都的最后忠诚。直到 1940 年继续流亡到美国时，他也很少看到有改变他原则上的理论框架的必要。[2]

如果人们要去探讨克尔森在不间断的学术活动中对盎格鲁－撒克逊法学体系的影响，那就必须首先注意到，这位法学大家显然是拒绝对美国的实用主义法学体系做出一种科学史上的让步的。他在 20 世纪 40 至 50 年代写下了大量关于战争与和平、联合国组织的法律基础以及国际法的新地位的重要著作，如 1942 年出版了《国际关系中的法律与和平》、1950 年出版了《联合国的法律》、1955 年出版了《国际法的原则》等。在这些著作中，他仍然保持着他初来美国时作为标准的国际法专家和"纯法学家"的形象，因此，他的影响仅限于国际法理论上。当然，在美国这一法学学科的专业方向上，他为法哲学的基础赢得了极为重要的意义。但是，克尔森在美国始终未能找到进入政治科学的入口，未能找到进入一种新科学文化的入口。而在美国，正

---

1 Hans Kelsen, *Das Problem der Souveränität und die Theorie des Völkerrechts*, Tübingen: J. C. B. Mohr Verlag, 1920, S. 102.

2 John H. Herz, *Vom Überleben, Wie ein Weltbild entstand*, Düsseldorf: Droste Verlag, 1984, S. 94.

是政治科学，为发展一种综合理论提供了最为有利的前提条件。

二、汉斯·摩根索的"政治现实主义"

从某种程度上讲，汉斯·摩根索（Hans Morgenthau）的发展生涯能作为与汉斯·克尔森相反的类型来追述。汉斯·摩根索1928年在法兰克福大学所做的博士论文《国际司法，它的本质与它的界限》中就已经假定："法律上的抽象必然被政治概念，如'政治紧张'之类的中心范畴所取代。"[1] 汉斯·摩根索比汉斯·克尔森小20岁，在这场流亡中，他先经日内瓦和马德里，最后到达美国。与克尔森不同的是，他以一种完全激进的立场来领会这场30年代的国际危机。

汉斯·摩根索在美国所作的科学上的首次亮相，是他于1946年在芝加哥出版了他的《科学人对抗权力政治》。在这本著作中，他不仅愤慨地清算了"国联"的所谓合法性和道义，而且无所顾忌地批评了美国的外交自由主义。这种自由主义早在威尔逊身上就已经找到了它对外政策上以及现存理论上的掘墓人。20世纪30年代国际危机局势中出现的种种难题，实际上是每一位法学家都必须要去面对和解决的。汉斯·摩根索这位外来的流亡者，便开始主动接触一种与欧洲背景明显不同的科学和政治文化。[2] 也唯有如此，他才能对美国的政治科学施加影响。

汉斯·摩根索在美国开始学术生涯的场所是著名的芝加哥大学，这所大学在美国的社会科学和政治科学的发展史中扮演着一种特殊角色。这所大学拥有像梅里安（Merrian）、拉斯韦尔（Lasswell）以及赖特（Wright）这样的名家，他们不仅为美国的"行为学革命"做好了准备，并且还贯彻了它。正

---

[1] Hans Morgenthau, *Die internationale Rechtspflege, ihr Wesen und ihre Grenzen*, Leipzig: Universitätsverlag von Robert Noske, 1928, S.72.

[2] Reiner Erb und Michael Schmidt (Hrsg.), *Antisemitismus und jüdische Geschichte*, Berlin: Ullstein Verlag, 1987, S.243.

是在贯彻这样一种现存的"美利坚主流"的背景下，摩根索通过他一系列的重要著作，如《国家间的政治，为权力与和平而斗争》（1948）[1]、《捍卫民族利益》（1951）等，[2] 完整地提出了他的"政治现实主义"，但与此同时，他又在贯彻这种原则性的方式上与那种"行为革命"有所不同。

摩根索提出的"政治现实主义"，实际上意味着一种"政治的非道德化"。这类似于芝加哥学派提出的"权力现实主义"，也可以将它归结为一种"民族利益的核心"，摩根索将此奉为"所有对外政治的最高道义原则"。[3] 但另一方面，摩根索又从科学上以极大的努力反对美国"权力现实主义"方法论上的以及研究技术上的内涵。他反对那种量化、那种经验性研究的优先地位，以及那种对工具理论的理解。他所坚持的东西，正是老欧洲理论的伟大传统，这种传统坚信人的自然属性的不可改变性，以及它与政治、权力的牵连性。他坚持一种悲观主义的人类形象，在他看来，"这种人类形象具有某种神学上的身份特点"。因此，他将一种"不可能停息的、邪恶的对权力的追求"视为"人类形象的核心"。[4]

摩根索对 20 世纪 50 至 60 年代美国的影响是巨大的，他甚至被人们称之为"国际关系学"这门独立学科的缔造者。作为"保守主义学派"的奠基人，他并没有将自己局限于国际关系的理论研究上，而是深入到政治文化之中。他极少将自己投入到那种为华盛顿的官僚机构提供具体政策咨询的活动中，而是多次对那种意识形态上的反共产主义提出警告，对越南战争公开表示反对。他将自己的精力主要投入到那种闪烁着理智光芒并渗入公众的思想

1　Hans Morgenthau, *Politics Among Nations: The Struggler for Power and Peace*, New York: Alfred A. Knopf, 1948.

2　Hans Morgenthau, *In Defense of the National Interest*, New York: Alfred A. Knopf, 1951.

3　Hans Morgenthau, *In Defense of the National Interest*, New York: Alfred A. Knopf, 1951, p. 34.

4　Hans Morgenthau, *Scientific Man versus Power Politics*, Chicago: The University of Chicago Press, 1946, p. 194.

表述中。这种表述是与接受"民族利益的优先权"联系在一起的，而这种接受又是或多或少与建议美国采取一种积极的世界政治的建议有机地结合在一起的。

从追求知识上的独立自主到表达具体的权力思想，这种突变也是与这个人的气质相适应的。摩根索在他的学术活动中带来了一系列文化政治方面的著作。他用一种极为传统的理论纲领给美国新一代极为现代的政治权力精英打上了思想烙印。在这种政治文化中，从社会科学上的研究转向实际政治的这种过渡，在美国比在欧洲国家里容易得多。人们只要想想另一位比他更年轻的德意志流亡学者亨利·基辛格（Henry Kissinger）就够了，此人正是由于深受他的理论影响才最后走向美国的外交舞台的。总之，汉斯·摩根索的道路反映的是在美国社会活动场所中的一位德意志保守自由主义代表人物的生涯，这种自由主义公开承认它与美国民主主义之间的区别。

流亡法学家们要想将德国传统的法学学科如国家法和国际法等输入美国，是很少有机会能为美国的政治科学所接受的。但是，如果他们将他们的知识才能转向"政治现实主义"的话，那么局势就会变得对他们有利得多。

三、约翰·H. 赫茨的"现实自由主义"

约翰·H. 赫茨（John H. Herz）的例子却不同于以上这两种选择。作为克尔森的弟子和德意志自由民主党人，约翰·H. 赫茨曾在1942年应聘于美国战略服务局（OSS），并对美国政治科学的标准、范围持一种非常积极的看法，这种立场也使他成为了美国政治科学体系中一位引人注目并引起多方关注的人物。

事实上，约翰·H. 赫茨于1951年出版的重要著作《政治现实主义与政治理想主义》，表明他处于现实主义与理想主义这两种极端之间的中间路线上。他所提出的"现实自由主义"为这两种极端找到了一条调解的道路。他将国际关系的理论建立在这种新的"现实自由主义"的基础上，并在美国大学中开创了这些研究和教学领域。在和平与世界秩序的问题上，他显示出一种清醒，这种清醒虽是经历过"大屠杀"时代痛苦考验的那一代人身上所共有的，但在他身上，这种现实主义的目光却是遥遥领先的。他不是在人类"恶的本性"中，而是在内政和外政特定的社会和心理局势中，来寻找这个事实，即权力和利益动机是统治国际关系的最终原因。

在约翰·H. 赫茨看来，那种"'权力与安全困境'是一种关键性的局势"。[1]他认识到："在当今时代里，一种'均势'模式不止是苍白的意识形态。帝国主义和扩张主义过去是、现在也是、将来还会是国际局势中诸多因素有规律的产物。这些因素包括从客观的危机条件到主观的人为操纵，例如，有意识的沙文主义和片面的强权政治就属于这种人为操纵。"[2]到20世纪50年代，由于冷战和原子军备竞赛的来临，约翰·H. 赫茨看到了一种由诸多因素形成的总局势。他认为，"一种国际关系理论不仅仅是一种附加性因素，当它被扩展为一种批评性的而且首先是着眼于未来的'和平学'的时候，还可能会是一种加速灾祸的因素"。[3]

赫茨的理论设计是由许多新的、建设性的因素组合而成的。"准则主义者"克尔森和"政治现实主义者"摩根索，都同样想到了"民族对外政治的优先权"，而在赫茨这里，这种教义是失效的。他早在流亡日内瓦时就完成了关于纳粹主义的国际法研究，并已经证明："理性的国际法会反常地变成种族主义的国际法。这种反常化仅仅只能被理解为一种以内部政治为条件的、对体制来说是必须的对世界强权追求的结果。"[4]

1　John H. Herz, *Political Realism and Political Idealism*, Chicago: University of Chicago Press, 1951, p. 28.

2　John H. Herz, *International Politics in the Atomic Age*, New York: Columbia University Press, 1959, p. 227.

3　Ilja Srubar (Hrsg.), *Exil, Wissenschaft, Identität. Die Emigration deutscher Sozialwissenschaftler, 1933~1945*, Frankfurt am Main: Suhrkamp Verlag, 1988, S. 171.

4　John H. Herz, *Die Völkerrechtslehre des Nationalsozialismus*, Zürich: Europa Verlag, 1938, S. 261.

在这种思想的指导下，约翰·H.赫茨与格温多林·卡特（Gwendolin Carter）一起合作，进行了比较政治研究，于1952年出版了两人的合著《主要的外国大国》，1961年又出版了《20世纪中的政府与政治》。尽管这种比较政府研究在美国已有长期的传统，然而它现在才真正开始出现在与国际政治理论的有效关联之中。今天，这种超越民族体系的比较，已成为区别化地理解全球政治关系的一种最不可缺少的方法。在赫茨看来，"政治制度的文化和社会前提就仿佛是那种耕作层，必须翻掘它，才可能分析国际冲突增长的原因，并找到成熟的解决方案。尤其那个年轻的德意志联邦共和国，必须让自己注意到这一点，才能达到它民主关系的稳定化"。[1]

也许正是要将那种不可比较的东西彼此联系起来的思考和比较上的耐心，才使国际政治理论走出了困境并获得了发展。用善意的目光看待东方的人民民主，并将它们客观地纳入到一种国际均势之中，这不仅属于一种知识和道义，更是一种科学史上的理论。它是从流亡美国的德意志社会科学家的影响史中得出来的，当然也是从约翰·H.赫茨的影响史中得出来的。

四、卡尔·W.多伊奇的"普遍主义"与"技术主义"

卡尔·W.多伊奇（Karl W. Deutsch）是这四位流亡者中最年轻的一位，他踏进了"比较政治研究"道路上的另一个岔口。对他后来的发展具有决定性意义的是，这位在1938年流亡之前刚刚在布拉格大学拿到法律学博士学位的26岁的年轻编外讲师，却在流亡美国后又立即来到哈佛大学重新攻读美国的博士学位。如果说，这位有犹太血统的年轻流亡者首先将捷克斯洛伐克这个多民族国家中的伦理冲突作为他的知识行李带在身上的话，那么这表明，"对这种知识的加工从一开始就处于美国的'唯科学主义'和'行为主义'

1　Ilja Srubar (Hrsg.), *Exil, Wissenschaft, Identität. Die Emigration deutscher Sozialwissenschaftler, 1933~1945,* Frankfurt am Main: Suhrkamp Verlag, 1988, S. 172.

的潮流之下，而这些潮流在美国也才刚刚开始走上胜利的道路"。[1]

卡尔·W. 多伊奇的"美国化"上升之路，通过他 1942 年至 1945 年间服务于美国战略服务局的工作，通过他在战后重返哈佛大学并在 1951 年获得美国博士学位，通过他随后被聘于麻省技术研究所而得到了不断的延伸。这家研究所在 40 年代就已经是美国在工艺学上最先进的研究中心了。这显然为他在头一代政治科学流亡者中造就了一种特别地位，而他恰恰还是属于这头一代流亡者的。他对经验主义定量分析法的接受是与他自身打有烙印的那些理论上的兴趣联系在一起的。这种联系在他身上产生了一种划时代的效果，一种跨学科的开端。它不仅包括了社会科学，同时还包括了技术学科如统计学和计算机科学。正是在他的身上，这种联系在一种当时还不为欧洲人所知的研究实践中被具体化了。

这就是那种"普遍主义"与"技术主义"的综合，也可以说是"德意志的"与"美利坚的"思想的幸运综合。这不仅使卡尔·W. 多伊奇成为了一位国际关系方面的理论家，而且成为了一位政治学领域中的改革家。在 20 世纪 50 年代发表的论著中，他通过工作程序化和量化的方法踏上了一条中间道路，这条道路也是约翰·H. 赫茨正在寻找的。当然，从今天"后经验主义"的背景来观察，某些由他而得到更清楚表达的东西，在 50 年代还是首先被视为闻所未闻的新生事物，并被作为西方社会科学的未来而出现的。[2] 事实上，由卡尔·W. 多伊奇提出的理论纲领，成功地重新定义了某些美国和欧洲国际主义传统中的基本概念。

卡尔·W. 多伊奇在国际关系学中的领先地位，体现在那种对概念进行质量分析和定量分析的综合倾向中。例如，在 1953 年出版的《民族主义与社

1　Karl W. Deutsch, *Tides among Nations*, New York: Free Press, 1979, p. 27.

2　Ilja Srubar (Hrsg.), *Exil, Wissenschaft, Identität. Die Emigration deutscher Sozialwissenschaftler, 1933~1945*, Frankfurt am Main: Suhrkamp Verlag, 1988, S. 173.

会联络交往》一书中，他不再将"主权"定义为"在一个特定的政治和空间范围之内对权力的一种实质性的浓缩"，而是将它定义为"对物质和精神资源进行的一种动员化和功能化"。"各种不同的社会和政治上的代理者，如经济、国家和文化等，都是专门研究它们的，与之相应的结果也就是联络交往关系的'集束（Clusters）'。"[1]"伸张'主权'不外乎就是：当国际关系还保持在一般的频率和强度时，这种动员化和功能化却超过一种特定的频率和强度。"[2]因此，国际关系是可以测度的，国际关系上"和谐的一体化"也是可以想象的。这种测度方法能为产生一种解决国际冲突的和平方案做出贡献。

这种思考模式和方法上的变化意味着一种实质性的进步和一种控制论倾向。它指引人们通过积累大量的数据，来研究那些涉及到国际政治质量的问题，研究有关世界和平以及与之相关的经济和文化条件问题。1964 年出版的由他主编的《政治和社会指示器世界手册》在这方面是一种雄心勃勃的经验性总结，表明他"希望用经验性的社会研究手段来拉住和平"。

卡尔·W.多伊奇在美国以及西方社会科学共同体中留下的痕迹如此明显，以致对他的成果进行更仔细的列举成为多余。1969 年，他当选为"美国政治科学学会"主席；1976 年至 1979 年，又出任"国际政治科学学会"主席。总之，正是这位来自布拉格的德意志犹太人，以他非凡的才能，以及一种迅速的"美国化"，变成了经验性社会研究取得世界性胜利的一位象征性人物。[3]

通过对以上四位流亡法学家学术生涯的分析，不仅能看到他们对美国的国际关系学发展上的重要影响，而且还能发现在其中起决定性作用的因素。

1　Karl W. Deutsch, *Nationalism and Social Communication*, New York: John Wiley & Sons, 1953, p. 46.

2　Karl W. Deutsch, *Nationalism and Social Communication*, New York: John Wiley & Sons, 1953, p. 81.

3　Ilja Srubar (Hrsg.), *Exil, Wissenschaft, Identität. Die Emigration deutscher Sozialwissenschaftler, 1933~1945*, Frankfurt am Main: Suhrkamp Verlag, 1988, S. 175.

这不仅包括他们自身的能力和美国所具有的条件，而且还包括时间和"代"的因素。唯有当流亡者有足够的年轻、足够的活力在故乡与客居地、老身份与新身份认同之间进行那种困难重重的综合时，也就是说，唯有当他们能够找到自身文化与客居国文化之间的文化适应点时，他们才能在两种文化的相互作用中建设性地施展他们的才能。指出这一点是很重要的，因为这种综合本身就是一种流亡者与客居国之间成功实现"一体化"的基本条件。这种一体化能接受多种形式，它决不是一味的"同化"和一味的排斥，而是或多或少既有亲合又有排斥的。

自 20 世纪 40 年代初以来，美国便处于一种积极推行世界政治的持续化过程中，国际关系学（science of international relation）很自然地变成了美国政治学的一个革新性中心。在这个领域里，德意志流亡科学家发挥了他们巨大的影响力，他们通过自己的眼界、气质和才干，将社会科学（social science）和政治学（political science）组合成了一门批评性的世界科学。

总之，这场"科学的流亡"，作为一种对纳粹暴政的摆脱，作为一种在侵略性的民族主义中遭到毁坏的文化的逃亡方式，本身产生出一种强烈的"国际化"发展的驱动力。这种"国际化"发展所带来的根本性的质量关联，不仅是作为政治上、科学上、知识上的范畴而存在的，也是作为一种经历方式而存在的，这些流亡美国的欧洲人文、社会科学家们，本身就是这场"科学流亡"经历方式的主体与客体。正因为如此，当他们非凡的创造力和革新力与这个具有个人主义成就伦理、极高的职业动员化和长久的移民传统的美国社会相遇时，他们是能够比美国本土同时代的人文、社会科学家更多地带来具有"国际性"的新知识、新方法、新理论和新视野的，也是能够给美国大学的学科发展带来新的推动力的。从这个意义上讲，美国大学的现代化能够在 1933 年后获得快速的新发展是与这些欧洲流亡科学家的创造性努力分不开的。从此，人文、社会科学学科发展的"国际化"趋势，成为了人类大学现代化发展的新特点。

本章参考书目

德文

Mathias Greffrath,(Hrsg.), *Die Zerstörung einer Zukunft, Gespräche mit emigrierten Sozialwissenschaftlern,* Reinbek: Rowhlt Verlag, 1979.

Karl Strobel (Hrsg.), *Die deutsche Universität im 20. Jahrhundert,* Grefswald: SH - Verlag, 1994.

Adolph Kohut, *Alexander von Humboldt und das Judentum, Ein Beitrag zur Culturgeschichte des Neunzehnten Jahrhundert,* Leipzig: Teubner Verlag, 1931.

Helge Pross, *Die Deutsche Akademische Emigration nach den Vereinigten Staaten, 1933~1941,* Berlin: Duncker und Humblot Verlag, 1955.

Udo Kultermann, *Geschichte der Kunstgeschichte, der Weg eine Wissenschaft,* Vienna: Econ-Verlag, 1966.

Paul Ortwin Rave, *Kunstdiktatur in Dritten Reich,* Hamburg: Gebr. Mann Verlag, 1949.

William M. Cadel, *Die Geschichte der klassischen Philologie in den Vereimigten Staaten,* München: C. H. Beck Verlag, 1966.

Joseph Wulf, *Muisk im Dritten Reich,* Gütersloh: Siebert Mohn Verlag, 1963.

Ilja Srubar (Hrsg.), *Exil, Wissenschaft, Identität. Die Emigration deutscher Sozialwissens- chaftler, 1933~1945,* Frankfurt am Main: Suhrkamp Verlag, 1988.

Paul F. Lazarsfeld, *Jugend und Beruf, Kritik und Material,* Jena: Fischer Verlag, 1931.

Paul. F. Lazarsfeld, Marie Jahoda, Hans Zeisel, *Die Arbeitslosen von Mariethal,* Frankfurt am Main: Campus Verlag, 1961.

Rosenmayer Höllinger (Hrsg.), *Soziologie, Forschung in Österreich,* Wien: Bühlau Verlag, 1969.

Otto Schatz (Hrsg.), *Die Elektronische Revolution,* Graz: Styria Verlag, 1975.

Claus Dieter Krohn, *Wissenschaft im Exil, Deutsche Sozial-und Wirtschaftswissenschaftler in den USA und die New School for Social Research,* Frankfurt am Main: Campus Verlag, 1987.

Rockefeller Foundation Archives(RFA).

Wolfgang Frühwald und Wolfgang Schieder (Hrsg.), *Leben im Exil, Probleme der Integration deutscher Flüchtlinge im Ausland 1933~1945,* Hamburg: Hoffmann und Campe Verlag, 1981.

Helmut F. Pfanner (Hrsg), *Kulturelle Wechselbeziehungen im Exil-Exile across Cultures,* Bonn: Bouvier Verlag Herbert Grundmann, 1986.

Harald Hagemann und Peter Kalmbach (Hrsg), *Technischer Fortschritt und Arbeitslosigkeit,* Frankfurt am Main: Europäische Verlagsanstalt, 1983.

Harald Hagemann und Heinz D. Kurz, (Hrsg), *Beschäftigung, Verteiling und Konjunktur, Zur Politischen Ökonomik der modernen Gesellschaft. Festschrift für Adolph Lowe*, Bremen: Springer-Verlag, 1984.

Emil Lederer, *Technischer Fortschritt und Arbeitslosigkeit*, Tübingen: J. C. B. Mohr Verlag, 1931.

Ludwig Mises, *Die Ursachen der Wirtschaftskrise*, Tübingen: J. C. B. Mohr Verlag, 1931.

Arnold Brecht, *Internationaler Vergleich der öffentlichen Ausgaben*, Leipzig: Kröner Verlag, 1932.

Hans Kelsen, *Das Problem der Souveränität und die Theorie des Völkerrechts*, Tübingen: J. C. B. Mohr Verlag, 1920.

John H. Herz, *Vom Überleben, Wie ein Weltbild entstand*, Düsseldorf: Droste Verlag, 1984.

Hans Morgenthau, *Die internationale Rechtspflege, ihr Wesen und ihre Grenzen*, Leipzig: Universitätsverlag von Robert Noske, 1928.

Reiner Erb und Michael Schmidt (Hrsg.), *Antisemitismus und jüdische Geschichte*, Berlin: Ullstein Verlag, 1987.

英文

Paul Tillich, *Mind and Migration*, in: Social Research 4 (1937).

Erwin Panofsky, *Meaning in the Visual Arts*, New York: Doubleday & Company, 1955.

Donald Fleming and Bernard Bailyn (eds.), *The Intellectual Migration, Europe and America, 1930~1960*, Cambridge, Massachusetts: Harvard University Press, 1969.

Andrew Ritchie, *The Visual Arts in Higher Education*, New Haven: Yale University Press, 1966.

Rex Crawford, *The Cultural Migration, The European Scholar in America*, Philadelphia: University of Pennsylvania Press, 1953, p. 93.

Donald P. Kent, *The Refugee Intellectual, The Americanization of the Immigrants of 1933~1941*, New York: Columbia University Press, 1953.

Jarrell. C. Jackman and Carla M. Borden (eds.), *The Muses Flee Hitler, Cultural Transfer and Adaptation, 1930~1945*, Washington, D.C.: Smithsonian Institution Press, 1983.

Arnold Schoenberg, *Letters* , New York: Random House, 1965.

Heinz Stuckenschmit, *Schoenberg, His Life, World and Work*, London: Calder, 1977.

Paul Hindemith, *Course in Traditional Harmony*, New York: Associated Music Publishers, 1943.

Paul Hindemith, *Elementary Training for Musicians*, New York: Associated Music Publishers, 1946.

Igor Stravinsky, *Poeties of Music*, Cambridge, Mass.: Harvard University Press, 1942.

Boris Schwarz, *Stravinsky in Soviet Russian Criticism*, in: The Musical Quarterly 48 [July 1962].

Darius Milhaud, *Notes Without Music*, New York: Alfred A. Knopf, 1953.

Robert K. Merton (eds.), *Sociological Traditions from Generation to Generation, Glimpses of the American Experience*, Norwood: N.J. Ablex Publishing, 1980.

Robert K. Merton / James S. Coleman / Peter H. Rossi (eds.), *Qualitative and Quantitative Social Research, Papers in Honor of Paul F. Lazarsfeld,* New York: The Free Press, 1979.

Hans Zeisel, *Say it with Figures*, New York: Harper and Row, 1968.

Paul F. Lazarsfeld, *Qualitative Analysis, Historical and Critical Essays*, Boston: Allyn & Bacon, 1972.

Daniel R. Fusfeld, *The Economic Thought of Franklin D. Roosevelt and the Origins of the New Deal,* New York: Columbia University Press, 1956.

Alfred Kähler, *The Problem of Verifying the Theory of Technological Unemployment,* in : Social Research 2 (1935).

Hans Neisser, *Permanent Technological Unemployment,* in: American Economic Review 32 (1942).

Gerhard Colm, *The Ideal Tax System*, in: Social Research 1 (1934).

Christian Rist, *History of Monetary and Credit Theory, From John Law to the Present Day,* London: Alien and Unwin, 1940.

Gerhard Colm, *Theory of Public Expenditures*, in: Annals of The American Academy of Political and Social Science 183 (1936).

Gerhard Colm, *From Estimates of National Income to Projections of the Nation' s Budget,* in: Social Research 12 (1945).

Alvin Hansen, *The American Economy*, New York: McGraw - Hill Book Company, 1957.

Lewis A. Coser, *Refugee Scholars in America, Their Impact and Their Experiences,* New Haven: Yale University Press, 1984.

William E. Leuchtenburg, *Franklin D. Roosevelt and the New Deal, 1932~1940,* New York: Harper & Row, 1963.

Hans Morgenthau, *Politics Among Nations: The Struggler for Power and Peace,* New York: Alfred A. Knopf, 1948.

Hans Morgenthau, *In Defense of the National Interest,* New York: Alfred A. Knopf, 1951.

Hans Morgenthau, *Scientific Man versus Power Politics,* Chicago: The University of Chicago Press, 1946.

John H. Herz, *Die Völkerrechtslehre des Nationalsozialismus,* Zürich: Europa Verlag, 1938.

John H. Herz, *Political Realism and Political Idealism*, Chicago: University of Chicago Press, 1951.

John H. Herz, *International Politics in the Atomic Age*, New York: Columbia University Press, 1959.

Karl W. Deutsch, *Tides among Nations,* New York: Free Press, 1979.

Karl W. Deutsch, *Nationalism and Social Communication,* New York: John Wiley & Sons, 1953.

结束语　世界科学文化中心的洲际大转移

在 1933 年希特勒上台以前，世界科学文化中心并不在今天的美国，而在当时的德国。

自从 1810 年柏林大学作为"人类历史上第一所现代化大学"建立以来，在洪堡创立的"科学、理性、自由"原则的指引下，德国的教育现代化取得了令世人惊叹的伟大成就，成为世界各国仿效的样板。到 19 世纪末 20 世纪初，德国步入科学和教育的辉煌时代，取代英国和法国，成为了世界科学文化中心。那时的美国，虽已成为全球第一大经济体，但在科学、教育方面，只能算是德国的学生。然而 1933 年 1 月希特勒纳粹党在德国的上台，不仅改变了德国历史的命运，而且改变了德国科学文化和教育事业的命运。

1933 年 4 月 7 日，奉行种族主义的希特勒政权，通过《重设公职人员法》，宣布解聘所有"非雅利安血统"的公职人员。由于德国的大学教师属于实行自我管理、具有法定资格的国家部属公职人员，因此这场针对公职人员的"一体化"运动，在大学校园中很快发展成为一场驱逐有犹太血统、有民主进步思想的知识分子的"文化清洗运动"。成千上万的犹太知识精英从德国社会文化生活领域中被驱逐出去，不仅标志着纳粹主义者对"洪堡原则"的彻底抛弃，同时也意味着多少世代以来犹太人对中欧文化的适应突然间出现了一场痛苦的终结。

从整个第三帝国境内共逃出 50 万犹太难民，他们流向了 75 个国家。面对这场滚滚而来的难民潮，传统的移民国家美国成为了最大的难民接受国，接受了 13 万，其中包括了绝大部分有犹太血统的科学家和文化精英。下面，从四个方面来总结这场"文化的流亡"与世界科学文化中心洲际大转移之间的关系问题。

一、流亡美国的知识难民潮

1933 年 4 月通过《重设公职人员法》从德国大学校园中开始的这场"文化清洗运动"，是纳粹主义"文化同质性要求"的真实体现，也是作为对犹太少数民族大迫害的第一个信号而出现的。

这场"文化清洗运动"，在整个纳粹德国中导致 2400 名有犹太血统、有民主进步思想的科学家遭到驱逐，以致到 1939 年 8 月，高校教师岗位中的 45%，已被纳粹党内不学无术的党棍们占领。遭到驱逐的作家、记者、音乐家、造型艺术家、舞台艺术家、编剧、导演、制片人总计达 6000 多人，再加上 4000 多名医生、律师、工程师，遭到驱逐的犹太知识精英总数达 12000 人以上。

尽管从比率上讲，2400 名遭到驱逐的德、奥、捷科学家并不代表德语文化空间科学潜力的全部，而且从原德国大学中遭到驱逐的 1800 多名科学家也只占其中的 39%，但是从质量上讲，他们却代表了其中最有价值的部分，仅是当时和后来的诺贝尔自然科学奖项得主就达 25 名之多！当这样一大批优秀的科学家被纳粹党不学无术的党棍们替换掉时，当这些纳粹党棍们转而反对"纯粹的理论"、"抽象的和不切实际的"科学和文化的时候，也就意味着德国的世界科学文化中心地位的失落。

美国知识界的领袖们，看到了通过接收纳粹德国流亡科学家来发展美国科学的良机。然而，在出逃的约 1400 多名有犹太血统的科学家当中，只有不足三分之一 的人首先选择了美国，而绝大多数人都将邻近的、文化差异相对较小的欧洲国家作为他们流亡的首选国。尽管这些流亡科学家主观上的犹豫，对于推迟他们移入美国产生了较大影响，但是美国"孤立主义"的影响也不可低估，因为它不仅限制了罗斯福政府在接收犹太难民问题上的行动余地，而且也加剧了美国高校中普遍蔓延的"对外来科学家的恐惧症"。在美国经济仍然处于萧条的状况下，这种"恐惧症"中反映出来的反犹主义情绪，本身也在阻碍着对欧洲流亡科学家的接收。

显然，一场欧洲流亡科学家向大西洋彼岸的整体性转移，还需要诸多方面的条件：流亡者前往美国的主观愿望，能提供工作岗位的美国大学的欢迎态度，大量资金作为这场转移的有力支持，国际局势的紧迫性所造就的压力等等。

为打破这种流亡与接收之间的僵局，美国知识界领袖人物组成的"援助德国流亡学者紧急委员会"，与洛克菲勒基金会、舒尔茨基金会、卡内基基金会等美国私人性资助团体一起，在"拯救科学"的名义下采取了种种措施，逐步化解了美国高校中"对外来科学家的恐惧症"，从而为接收德国流亡科学家创造了有利条件。与此同时，纳粹德国战前扩张政策的成功以及战争初期"闪电战"的速胜效应，制造出一种事关生死的威胁力。它不仅迫使美国社会开始放弃孤立主义，也迫使绝大多数德国流亡科学家彻底放弃了他们当初继续留在欧洲诸国的幻想，并与来自欧洲沦陷国家的流亡科学家一起，形成了一场人类历史上前所未有的、高文化素质的知识难民潮。这场知识难民潮，正是在纳粹炮火的逼迫下，才流向了大西洋彼岸的美国。

到 1945 年，美国接收的犹太难民总计达 130000 人。在犹太知识难民集中到达美国的 1933 至 1941 年间，仅来自德、奥的犹太难民就达 104098 人，他们当中的 7.3%，即 7622 人属于知识难民。在这些知识难民当中，仅是来自德、奥大学的科学家就达 1090 名，他们当中至少有 700 多人是正教授，其余为律师、医生、记者、工程师、音乐家、造型艺术家、作家、编剧、导演、制片人等这样的学者型和艺术型的文化流亡者。这意味着从德、奥两国社会和文化生活中被驱逐的约 12000 名文化精英中，至少有 63% 被美国接收，而在出逃的约 1400 名流亡科学家中，也至少有 77% 被美国接收。这就充分说明了美国接收的犹太难民中所特有的文化知识"含金量"。

这些欧洲知识难民来到美国时，往往没有预料到自己会发生对这个新社会环境适应上的困难，也没有想到他们的生活方式将会发生变化，当语言、思乡、生存以及文化观念上的冲突等等问题都摆在他们面前时，他们才感受到，流亡美国仅仅意味着一场重新学习的开端。然而，这些欧洲知识难民本身是带着一种对家乡现存社会环境和政治局势的强烈反感而来的，这在相当大程度上加强了他们融入美国社会的决心。加之在美国这个具有个人主义成就伦理、极高的职业动员化和长久移民传统的国家里，新环境产生的压力恰恰激发起他们强烈的创造力和革新力，使他们将人文科学与艺术、社会科学与数学、学术与实用性、欧洲与美国真正地联系起来。因此，"在适应中创造"成为了他们的生活方式，也最终将他们造就成了最为优秀、最具有"国际化"创造力的"世界公民"。

二、欧洲知识难民对美国科学文化的重大贡献

接收这场以上千名讲德语的流亡科学家为代表的欧洲知识难民潮对美国来说意味着什么呢？

据流亡美国的意大利女历史学家劳拉·费米（Laura Fermi）的估算，"在美国，培养一名科学家到他能开始职业生涯为止时的费用，至少需要 45000 美元，仅是在那 700 多名德国大学教授身上，就为美国节约了大约 3200 万美元"。[1] 然而，这种表面上看来精确的有关教育经济上的赢利数字，与欧洲

1　Laura Fermi, *Illustrious Immigrants. The Intellectual Migration from Europe, 1930~1941*, Chicago: University of Chicago Press, 1968, p. 3.

流亡科学家对美国科学发展的根本性促进相比，显然是微不足道的。

首先，以原子核物理学的发展为代表的"大科学时代"的到来，是流亡科学家对美国整个科学系统产生决定性影响的鲜明例证。美国的原子核物理科学能在 1933 年后得到快速发展，无疑要归功于流亡科学家们的全面影响。没有这些来自德国、意大利、法国、丹麦和匈牙利等国流亡科学家的智慧，美国根本不可能制造出像原子弹、氢弹这样的核武器。不仅这些核武器是在欧洲流亡科学家们的具体建议和设计下制造出来的，甚至连战后"对核能实行国际监督"的体系也是在他们发起的"和平利用原子能"的运动中建立起来的。

另外，人们也能在有关诺贝尔自然科学奖项得主的材料中找到这方面的鲜明例证：1933 年以前，美国曾有 5 名得主，在世者只剩 3 名；德国曾有 32 名得主，在世者仍有 19 名。然而，仅是这场从 1933 年开始的德国科学家的流亡潮，就为美国送来了第一代流亡者中以爱因斯坦为代表的 7 名得主以及后来的 8 名新得主。[1] 到 1945 年，德国 1933 年以前得主中的在世者只剩 9 名，加上新增加的 5 名，总数为 14 名；而美国 1933 年以前得主中的在世者虽只剩 7 名，但由于有这批流亡科学家为代表的欧洲新生科学力量的加盟，却迅速增加了 18 名，使总数达到了 25 名，从而远远超过德国，成为了诺贝尔自然科学奖项得主最多的国家。[2] 这 25 人中还不包括那些 1945 年以后在美国获得诺贝尔奖的流亡科学家，也不包括那些随父母到达美国后才完成学业、并在后来获得诺贝尔奖的第二代流亡者。正是这些杰出人物的到来，才给美国的大学带来了德国学术体系中最先进的方法论和最严谨的学风。今天，美国的诺贝尔自然科学奖项得主总计已超过了 200 名，这显然与这批流亡科学

1　这 15 名诺贝尔自然科学奖项的得主，均指在美国的第一代流亡者中的得主，而不涉及第二代流亡者中的得主。——作者

2　Wolfgang Benz, *Die Juden in Deutschland, 1933~1945*, München: C. H. Beck Verlag, 1988, p. 412.

家在美国开拓的新方向，以及由此在美国大学中营造出来的特殊学术竞争氛围紧密相关。

当然，这些欧洲文化科学精英人物对美国的贡献远不止体现在自然科学领域里，在人文、社会科学及其运用领域里，他们的才华也同样大放异彩。美国大学中作为统一学科的艺术史专业、音乐学专业是他们开创的，经验性社会学研究的组织方式以及进行"多变量分析"的"数学社会学"是他们创造的，以数量分析理论为代表的"数量经济学"是他们开创的，罗斯福"新政"的理论基础是他们参与奠定的，美国的国家财政预算制度是他们倡导和建立的，政治学领域中三大新方向"区域研究"、"国际关系研究"和"政治学理论研究"是他们开创的，甚至连罗马语族语言文学、格式塔心理学、精神分析学这些新学科领域也都是通过他们从欧洲引进来的。

美国著名文化科学史专家哈理·莱文对他们的贡献做出了这样的评价："当20世纪的这段犹太人的流散史充满着连续性的时候，我们能够验证到那种与1453年君士坦丁堡陷落时相类似的情境，那时，具有催化作用的知识注入了西欧。然而，当今事件的规模要大得多，文化迁出的速度要快得多，来自国家的数量要多得多，难民们天才的光芒要灿烂得多，他们研究的领域也要广泛得多。这使我们能够在一个朴实的起点上，在我们已有的领域中，追随着这些先进的思想财富前进。欧洲学科力量的这种损失，对我们的收获竟是如此之大，以致我们美国的高等教育完全成熟了，我们美国的大学完全国际化了！" [1]

同样重要的是，这些欧洲知识难民也是为美国带来"现在"而非"过去"的人，他们为美国的建筑、设计、绘画、雕刻、艺术品交易、音乐、戏剧、美术、出版以及流行界带来了全新的发展以及态度上的转变。当今人们津津乐道的

---

[1] Donald Fleming and Bernard Bailyn (eds.), *The Intellectual Migration, Europe and America, 1930~1960*, Cambridge, Massachusetts: Harvard University Press, 1969, p. 480.

"现代"一词，在这些知识难民到来以前的美国文化中通常是不存在的。20世纪30年代中期以前，美国与欧洲先进趋势之间存在着典型的"文化代沟"，欧洲至少领先美国20年。那时的美国在文化上是缺乏自信的，也是以仰视的目光来看待欧洲丰富的文化遗产的。然而在随后的10年间，由于纳粹极权主义的统治以及战争的毁灭性影响使欧洲明显倒退，而美国则在这些涌入的欧洲"先锋派"们的帮助下迅速获得了巨大进步，从而在第二次世界大战结束之后，已经完全颠倒了大西洋两岸的文化发展局势。

1969年美国学术界公布了一份涉及所有学科领域中最为杰出的300名科学家的传记名单，他们当中的79%，即238人是讲德语的、有犹太血统的科学家。也正是他们，在美国成了几乎所有新科学传统的奠基人。[1] 他们之中有"相对论之父"爱因斯坦，"计算机之父"冯·诺伊曼，"现代宇航之父"冯·卡门，"原子弹之父"西拉德，"氢弹之父"特勒，"对称性之父"维格纳，大数学家库朗、外尔，现代建筑学家格罗皮乌斯、米斯·范·德·罗，艺术史专家帕诺夫斯基、克里斯特勒，音乐大师勋伯格、斯特拉文斯基，社会学家拉萨斯菲尔德，政治学家汉娜·阿伦特等等。正是由于有这些世界一流的知识精英的加盟，美国才迅速地登上了全球科学和文化的制高点。

1989年，法兰克福德意志图书馆公布了一份有关讲德语的文化知识精英在1933~1945年流亡期间出版的文化、科学论著的档案，其中涉及11846本学术专著和7749篇科学论文，它们当中的80%以上是在美国完成的。[2] 所有这些，不仅说明纳粹暴政导致的这场流亡给美国科学带来了多么巨大的收益，同时也说明它给德国科学造成了多么沉重的损失。最早看到这场流亡给

1　Donald Fleming and Bernard Bailyn (eds.), *The Intellectual Migration, Europe and America, 1930~1960*, Cambridge, Massachusetts: Harvard University Press, 1969, pp. 675~720.

2　Deutsche Bibliothek Frankfurt am Main, *Deutsches Exilarchiv 1933~1945, Katalog der Bücher und Broschüren*, Stuttgart: J. B. Metzlersche Verlagsbuchhandlung, 1989, p. Ⅷ.

美、德科学潜力带来彼此消长意义的是那些美国知识界的领袖们，他们用这
句话来评价这些流亡科学家们的到来："我们应该为希特勒竖立一座纪念碑，
以此来感谢他为促进美国科学、文化事业的发展所做出的伟大贡献！"[1]

尽管也有人提出这样的假设：即使没有这场 20 世纪 30 年代来自欧洲的
知识难民潮，美国凭借自身的实力和长期的发展，也总有一天会成为世界科
学文化的中心的。然而历史的真实性是这样证明的：正是希特勒种族政策
下的"文化清洗运动"以及战争初期"闪电战"的速胜效应，正是目光远
大的美国知识界领袖们以及私人基金会组织的援救努力，正是这些流亡而
来的欧洲知识精英们非凡的创造力和革新力，才在最短的时间里，以最快
的速度，完成了这场世界科学文化中心最具历史意义的、也是史无前例的
洲际大转移。

三、新世界科学文化中心的确立与"科学国际化"的胜利

当绝大多数高水平的德国知识难民流亡到盎格鲁－撒克逊人的世界里时，
为什么不是欧洲的英国，而偏偏是大西洋彼岸的美国，取代德国成为了新的
世界科学文化中心呢？在此，除了有这两个国家不同的地缘战略局势外，还
有这两个国家社会文化环境上的原因。

20 世纪 30 至 40 年代，处于战争前沿的英国，本身缺乏像美国那种不断
扩张的大学教育体系以及发展迅速的高级研究中心。在英国的科学界，当时
只是在与战争紧密相关的武器研制领域和医学研究领域里，才向高水平的德
国流亡科学家立即提供了继续他们职业生涯的机会。在文化上，这个国家从
没有太强烈地感觉到有接受欧洲大陆背景的理想主义和现代主义的必要性。
等到英国在战后能够通过各种学科中的教席为德国流亡科学家们提供财政保

---

1 Laura Fermi, *Illustrious Immigrants. The Intellectual Migration from Europe, 1930~1941*, Chicago: University of Chicago Press, 1968, p. 78.

障时，却不能提供在开放的市场条件下更多的发展前景。正因为如此，流亡英国的约 430 名德国科学家中有 180 人在战争期间离开了英国并前往美国，留下来的 250 人也从未感到自己被英国社会真正地接受。

而在传统的移民国家美国，情况恰恰相反。这里不仅远离大战的战场，而且本身就是一个文化包容性较强的自由竞争的社会，当时又处于科学、教育和文化发展的上升期，因而往往能为流亡科学家提供施展才能的广阔天地。两个著名的例子能充分说明问题：流亡英国的科学家恩斯特·钱恩的伟大发现，竟然不能说服英国政府去实施一个富有远见的计划：建立一种新型的制药工业来生产抗生素；而流亡美国的建筑学家拉茨罗·莫何里－纳吉，却毫不费力就说服了芝加哥商业界为他的"新世界包豪斯"建筑学院提供大量的信贷支持。

至于大西洋彼岸的其他国家，尽管它们也有移民传统，但当时只愿意接收农场、森林、矿山和血汗工厂所需要的廉价劳动力，而不是知识精英。例如，加拿大政府就曾公开宣布，它"宁愿要农民，不愿要艺术家；宁愿要伐木工，不愿要文人；宁愿要矿工，不愿要诗人；宁愿要石匠，不愿要学者"。[1]尽管也有部分欧洲知识难民流亡到这些国家，但他们除了能勉强维持生计外，往往无所作为。因此，这一点毫不奇怪，美国能够对那些已经流亡到英国的知识难民产生越来越强烈的吸引力，更不要说对那些流散到其他不发达国家的知识难民所产生的吸引力了，他们绝大多数都在 1945 年后涌向了美国。

欧洲知识难民的流亡经历充分说明：高水平的知识难民并不是流亡到任何一个国家都能创造出科学和文化成就的。没有一种良好的社会文化和科学上的环境，即使是一流的科学家也很难开展他们的工作；反之，在一种受激励的环境之下从事研究工作，即使是科学领域中的新手，也可能调动高度的

---

1 Jarrell. C. Jackman and Carla M. Borden (eds.), *The Muses Flee Hitler, Cultural Transfer and Adaptation, 1930~1945*, Washington, D. C.: Smithsonian Institution Press, 1983, p. 258.

创造性并产生出丰厚的成果。美国能成为接纳高水平的知识难民最多的国家，证明了这个真理：唯有能吸纳全世界最优秀人才的地方，才可能成为新的世界科学文化中心。

欧洲知识难民集中性地涌向美国，以及美国成为新的世界科学文化中心，这一进程本身体现了一场"科学国际化"的胜利。

尽管早在 1933 年希特勒上台前，以爱因斯坦为代表的著名科学家们就已经开始跨越民族国家的边界线了。然而，在 1945 年二战结束后，各国科学家和学者们跨越民族国家边界的规模和程度则是前人难以想象的。他们不仅来自那些摆脱了殖民主义枷锁的发展中国家，同样也来自那些欧洲老牌的发达国家。他们走出国门不仅是为了寻求新知识，也是为了寻求知识或学术传导上富有成效的工作环境和位置。而恰恰是那些接纳了高水平的欧洲流亡科学家而声誉迅速提升的美国大学，成为了世界各国学者们最为向往的地方。尤其自然科学类的学生，对诸如麻省理工学院和加州理工学院这样的美国高校更是趋之若鹜。与此同时，由于吸纳欧洲知识难民的成功经验让美国尝到了甜头，美国开始形成更加自觉的科学、教育的开放机制，面向全球的知识精英，敞开交流之门、移民之门，面向全球的青年才俊，敞开留学之门、就业之门，这正是美国在二战以后一直保持全球领先地位的秘诀之一。而美国自己的大学生，也不再像 30 年代以前他们的父辈那样感到有前往欧洲留学、寻求先进教育的必要性了。

不同大陆之间的思想交流，越来越不依靠定居者，而依靠口袋里装有返程机票的旅行者来进行了。今天，他们参加数千英里以外的学术会议，已经能通过更舒适、更便捷的交通工具来达到了。他们能够从巴黎飞往芝加哥，从纽约飞往伦敦，从东京飞往波士顿……。而过去那种从拜占廷到意大利、从哥廷根到剑桥的博学者的艰难出行，已不再是海外文化交流的首要途径了。这场"科学国际化"标志着西方文明中"国家地方主义时代"的终结，它是通过纳粹统治时期的这场欧洲知识难民潮，才在这种"大西洋文明"中找到它的历史地位的。

四、对纳粹德国文化专制政策的反思

在纳粹统治崩溃之后的数十年间，当年被迫流亡海外的欧洲知识难民中的 26%，带着各种各样的经历、新的知识和科学方法，回归到"德意志第三帝国"的后继国家——德意志联邦共和国、德意志民主共和国和奥地利——的土地上，并对这些国家的文化重建做出了重要贡献。[1] 此外，还有更多取得了外国国籍的知识难民，他们不是以定居者的身份，而是以客座教授或名誉教授的身份，通过学术报告旅行，再度出现在德语国家的科学界里。无论他们作为"重归故里者"，还是作为经常来访的"新美国人"、"新英国人"，都保持着与外部世界的广泛接触，并由此带来了一场长久的、紧密的、科学文化上的国际交流。那种由纳粹主义者追求的文化上的孤立化和种族化，在这个暴政结束后，导致的是一种决然相反的文化上的开放化和国际化。

但是，这样的结果绝不意味着这场文化精英们的流亡给德意志文化带来的损失能在整体规模上有所减少。因为这场流亡是以流亡者个人的牺牲为代价的，也是以流亡者群体遭受到的可怕的、近乎于永久性的严重命运为代价的，更是以德国丧失它的世界科学文化中心地位为代价的。

事实上，纳粹集中营里的死亡数字并不是衡量犹太人灾难的唯一尺度，巨大的不幸让多少幸存者产生了心灵上的鸿沟。多少人在客居国遭到了排外主义和反犹主义的攻击，多少人因此丧失了自信心和创造力，又有多少人由

1　"重归故里者"中的 60% 去了德意志联邦共和国，21% 去了德意志民主共和国，19% 去了奥地利。在他们当中，流亡人文科学家占 27%，文学家和艺术家也占 27%，紧随其后的是流亡演员和导演，占 24%，流亡自然科学家、工程师和医生共占 12%，流亡时事评论家或记者占 9%。参见 Horst Möller, *Exodus der Kultur, Schriftsteller, Wissenschaftler und Künstler in der Emigration nach 1933*, München: C. H. Beck Verlag, 1984, S. 112.

于没能成功地在客居国站住脚，而不再能继续他们的科学、文化或艺术工作。对于那些丧失了家庭成员、财产和住所的流亡者来说，无论是时间、药物或毒品，都无法抚慰他们剧痛的伤口，以致他们与战后集中营里的生还者一样，遭遇了恶劣的精神问题。在此，人们只需想想这些著名人物的命运就够了：斯特凡·茨威格、瓦尔特·本杰明、瓦尔特·哈森克勒弗尔、库尔特·图霍尔斯基、恩斯特·托勒、恩斯特·魏斯、卡尔·爱因斯坦……，他们都是因为在流亡期间陷入绝望而自杀身亡的。除了这些著名人物外，又有多少知识难民被以各种不同的方式提前赶进了死亡。甚至在战后，流亡男性的自杀率也几乎相当于其他人群的 10 倍！ [1]

更为重要的是，那种导致科学、文化、艺术上取得伟大成就的"德意志—犹太文化的共生现象"也走到了它的终点。这种"文化共生现象"，无论从规模上讲，还是从特点上讲，都不可能再生了。而且，由于这场浩劫，在科学、文化和艺术的不少领域里，对新风格、新形式、新方法、新结果的接受，在讲德语的土地上受到了长期的推延，某些甚至推迟了近 20 年。所有这些都影响到德意志的科学、文化、艺术的发展。从这个意义上讲，这场文化流亡给德意志带来的严重损失，即使在纳粹暴政结束之后，也是完全不可逆转的。

发端于 1933 年纳粹德国的这段文化流亡史已在 1945 年后画上了句号，但它给人类社会带来的深刻教训和启示却是永久性的。它充分说明：奉行文化专制政策会给一个民族带来怎样的灾难；而奉行文化开放政策又会给一个民族带来怎样的利益！对文化的态度、对科学的态度、对教育的态度、对知识分子的态度，决定着一个社会的进步、落后或反动！所有这些，都在今天成为了对纳粹德国的历史进行深刻反思的重要支撑点。

当然，这段文化流亡史给人们带来的反思还远不止于此。众所周知，在

---

1 Tom Ambrose, *Hitler's Loss, What Britain and America Gaines from Europe's Cultural Exiles,* London: Peter Owen Publishers, 2001, p. 210.

20世纪30年代以前,欧美大学的科学家们一直是享有充分的"大学自治"和"学术自由"的，在社会相对平稳发展的局势下，一般也是不愿直接介入国家政治的。但是，当希特勒的暴政废除了这种"大学自治"与"学术自由"时，也就将科学家与国家政治强行地捆绑在一起了。当人们指责那些留在德国的日耳曼科学家公开屈服于纳粹暴政的时候，不要忘记，在这种科学家与国家政治的强制联系中，他们从总体上讲还处于某种相对被动的位置上。然而，当纳粹暴政所导致的这场知识难民潮涌向美国时，这些深受纳粹暴政之苦的欧洲流亡科学家，已经将他们未来的希望寄托在一场"民主战胜法西斯"的斗争上了。因此，恰恰是他们，在美国学术界成为了一批最积极、最主动地与国家政治相结合的人。

关于这一点，人们能够从流亡经济学家对"新政"的理论支持中，从流亡国际法专家对美国对外政策的关注中，从流亡政治学家在美国战略服务局的工作中，当然，也能够从他们在战后作为美国国务院的顾问帮助协调西德占领区政策的努力中，得到清楚的验证。或许人们会认为，为国家政治服务是新型的社会科学必然的发展趋势，它所反映的无非是一个民主社会中的知识分子们发挥才能主动性的问题。然而，当这种趋势也同样出现在自然科学领域里时，问题就不那么简单了。在此，人们只需举出流亡核物理学家力促罗斯福政府尽快研制原子弹的建议，以及他们在"曼哈顿工程"中担当"科研主角"的例子就够了。

正是这场成功的核试验开启了人类的"大科学时代"，它使得战后的自然科学处于一个崭新的发展平台上。在这个新平台上，任何自然科学家已不再可能仅仅依靠自身的才能和实行"大学自治"的高校本身所筹集到的经费，来实现科学前沿上的重大突破了，而来自政府与军方的计划、项目或订货，以及随之而来的国家庞大的财政资金支持，成为了所有高端科学研究的前提。它所导致的结果就是，政府与军方的势力从此渗入了"学术自由的堡垒"——

大学，战后的科学家们已经不再能回到过去那种古典式的、理想型的"知识分子"角色中去了。

本章参考书目

德文

Wolfgang Benz, *Die Juden in Deutschland, 1933~1945,* München: C. H. Beck Verlag, 1988.

Deutsche Bibliothek Frankfurt am Main, *Deutsches Exilarchiv 1933~1945, Katalog der Bücher und Broschüren,* Stuttgart: J. B. Metzlersche Verlagsbuchhandlung, 1989.

Horst Möller, *Exodus der Kultur, Schriftsteller, Wissenschaftler und Künstler in der Emigration nach 1933,* München: C. H. Beck Verlag, 1984.

英文

Donald Fleming and Bernard Bailyn (eds.), The Intellectual Migration, Europe and America, 1930~1960, Cambridge, Massachusetts: Harvard University Press, 1969.

Laura Fermi, Illustrious Immigrants. The Intellectual Migration from Europe, 1930~1941, Chicago: University of Chicago Press, 1968.

Tom Ambrose, *Hitler' s Loss, What Britain and America Gaines from Europe' s Cultural Exiles,* London: Peter Owen Publishers, 2001.